Band 25

Forschung und Praxis der Sexualaufklärung und Familienplanung

Wenn Teenager Eltern werden ...

Lebenssituation jugendlicher Schwangerer und Mütter sowie jugendlicher Paare mit Kind

Eine qualitative Studie im Auftrag der BZgA
von Dr. Monika Friedrich und Dr. Annette Remberg
unter Mitarbeit von Christine Geserick, MA

Stand: März 2005
Bundeszentrale für gesundheitliche Aufklärung
Köln, 2005

Bibliographische Information der Deutschen Bibliothek

Die Deutsche Bibliothek verzeichnet diese Publikation in der Deutschen Nationalbibliographie; detaillierte bibliographische Daten sind im Internet über http://dnb.ddb.de abrufbar.

ISBN 3-933191-88-2

Herausgeberin
Bundeszentrale für gesundheitliche Aufklärung (BZgA)
Ostmerheimer Str. 220, 51109 Köln
Tel. 0221/8992-0
http://www.bzga.de

Redaktion
Mechthild Paul
Birgit Gaschina-Hergarten

Lektorat, Konzept und Gestaltung
Kühn Medienkonzept & Design GmbH, Hennef

Satz
kippconcept gmbh, Bonn

Druck
Degensche Druckerei, St. Augustin

Auflage
1./5./03.05

Dieser Band der Fachheftreihe ist kostenlos erhältlich unter den folgenden Bestelladressen:
per Post – BZgA, 51101 Köln
per Fax – 0221/8992-257
per E-Mail – order@bzga.de

Bestellnummer: 133 000 25

Inhalt

Teil 3 Anwendungsorientierte Schlussfolgerungen aus der Analyse

Vorwort

Die Zahl der minderjährigen Schwangeren steigt in Deutschland derzeit an und signalisiert ein Problem, das in der Öffentlichkeit mit großer Aufmerksamkeit wahrgenommen wird und sexualpädagogischen Handlungsbedarf herausfordert.

Um gezielte Maßnahmen ergreifen zu können, dieser Entwicklung zu begegnen, sind weitere empirische Untersuchungen nötig. Die **Bundeszentrale für gesundheitliche Aufklärung (BZgA)** hat im Rahmen ihres gesetzlichen Auftrages § 1 SchKG* zum Ziel, Schwangerschaftskonflikte zu vermeiden und dies insbesondere bei jungen Minderjährigen.

Um geeignete Konzepte zu entwickeln und Maßnahmen zur Unterstützung jugendlicher Schwangerer zu planen, brauchen wir Informationen über diese Zielgruppe. Es gibt bislang nur wenig empirisches Material darüber,

- wie es bei den jungen Frauen zu den frühen Schwangerschaften gekommen ist,
- wie sie mit der Situation umgehen und
- wie ihre Zukunftsperspektiven einzuschätzen sind, wenn sie sich für das Austragen der Schwangerschaft entscheiden.

Noch weniger ist bisher über die Väter bekannt bzw. über die Entwicklung der Partnerschaften von Paaren, die in sehr jungem Alter Eltern geworden sind.

Vor diesem Hintergrund führten Dr. Monika **Friedrich** und Dr. Annette **Remberg** von der **Universität Münster** mit Förderung der **BZgA** eine qualitative Längsschnittstudie durch. Die Untersuchung hat nicht nur die Sichtweise der jungen Schwangeren und Mütter zum Gegenstand, sondern erfasst ebenfalls die Reaktionen und Einstellungen der Väter zur Elternschaft. Somit können auch Aussagen über bestehende Partnerschaften gemacht werden. Die Untersuchung ist folgenden Leitfragen nachgegangen:

- Wie gehen Jugendliche mit den Veränderungen um, die durch eine (ungeplante) Schwangerschaft und die daraus folgende Elternschaft entstehen?
- Warum kommt es in solch jungem Alter bereits zu einer Schwangerschaft?
- Wie viel Unterstützung brauchen jugendliche Schwangere und junge Eltern, um der neuen Lebenssituation gewachsen zu sein? Und: Wie muss diese Unterstützung aussehen?

---

* Vgl. Schwangerschaftskonfliktgesetz, § 1 Gesetz zur Vermeidung und Bewältigung von Schwangerschaftskonflikten, z.B. unter http://www.bmfsfj.de/Kategorien/gesetze,did=20748.html

- Welche Selbsthilfepotenziale können jugendliche Schwangere und junge Eltern entwickeln?

- Welche Auswirkungen hat die frühe Elternschaft auf eine bestehende Partnerschaft?

Die Forscherinnen arbeiteten bei der qualitativen Untersuchung mit drei leitfadengestützten Interviewserien über einen Zeitraum von zwei Jahren und unterzogen die Lebenssituation der jungen Frauen einer genauen Analyse. Beim letzten Interview wurden auch die leiblichen bzw. sozialen Väter befragt.

Die befragten jungen Schwangeren waren zwischen 14 und 20 Jahre alt. Die beiden Forscherinnen gehen hier von einem weiter gefassten Jugendbegriff aus, der Selbstständigkeit und Unabhängigkeit, z. B. vom Elternhaus, mit einschließt. Dieser Status wird aber in Anbetracht langer Ausbildungszeiten immer später erreicht.

Die BZgA stellt mit der qualitativen Studie allen professionell Tätigen, die mit der Zielgruppe in Kontakt stehen, ein Instrument zur Verfügung, jugendliche Eltern stärker in den Blick zu nehmen. Die Analysen und Schlussfolgerungen der Autorinnen bieten Hintergrundwissen für Fachpersonal in Beratungsstellen, Behörden und in der Jugendarbeit, aber auch in der medizinischen Versorgung. Sie erhalten Hinweise für die praktische Arbeit mit jungen Schwangeren und Müttern, sowie für den Umgang mit jungen Vätern. Ziel der BZgA ist es, über die Information der fachlich Tätigen die Zukunftsprognose sehr junger Mütter und Väter zu verbessern und ihnen adäquate Hilfestellung dabei zu geben, ihre Elternschaft zu bewältigen.

Bundeszentrale für gesundheitliche Aufklärung
September 2004

Teil 1

Theoretische Grundlagen

Aufbau der Studie

Mutter- und Vaterschaft im Jugendalter

Methodik des Erhebungsverfahrens

Die vorliegende Studie entwickelte sich in zwei Stufen. Im Jahr 1998 erteilte uns die BUNDESZENTRALE FÜR GESUNDHEITLICHE AUFKLÄRUNG den Auftrag, eine qualitativ angelegte Studie durchzuführen. Sie hatte den Titel „Sie ist doch selber noch ein halbes Kind …“ und sollte die Lebensbedingungen, Einstellungen und das Verhütungsverhalten jugendlicher Schwangerer und Mütter untersuchen.

Schon im Verlauf der ersten Serie von Interviews mit jugendlichen Schwangeren kristallisierte sich heraus, dass Praxiserfahrungen früherer Jahre und die noch heute vorherrschende Meinung, junge Mädchen würden von den Kindsvätern „verlassen“, wenn sie schwanger geworden sind, sich bei unserer Befragung nicht bestätigten: Im Gegenteil, ein hoher Prozentsatz der werdenden Väter war nicht nur präsent, sondern auch bereit, die Vaterrolle zu übernehmen. Da Vaterschaft allgemein und Elternschaft sehr junger Männer im Besonderen bisher wissenschaftlich noch nie Forschungsgegenstand waren, wurde der Forschungsauftrag im Jahre 2000 erweitert. Die „Perspektive der jugendlichen und jungen Väter“ zu relevanten paar- und elternspezifischen Themen konnte in die Studie einbezogen werden, da sich die Möglichkeit ergab, mit einem großen Teil der Partner der jungen Mütter unserer Stichprobe ebenfalls Interviews zu führen. Bei dieser Gruppe handelt es sich um leibliche und soziale Väter.

Die erste Interviewserie mit den jugendlichen Schwangeren fand im Winter 1998/1999 statt, die zweite Befragung der nun jugendlichen Mütter im Herbst und Winter 1999/2000. Etwa neun Monate später konnten wir die dritte Interviewserie mit den jungen Müttern und dem größten Teil ihrer Partner bzw. Ehemänner beginnen und im Frühjahr 2001 beenden.

1 Aufbau der Studie

Die Studie ist in vier Teile gegliedert. Teil 1 umfasst Hintergrundinformationen zur Entwicklung des Projekts und zum Forschungsdesign. Den Teil 2 bilden die Auswertungen der drei Interviewserien. Aus den Ergebnissen der Analyse wurden Schlussfolgerungen für die Beratungspraxis gezogen. Sie finden ihren Niederschlag als anwendungsorientierte Anregungen in Teil 3. Der Anhang, Teil 4, enthält darüber hinaus das aufbereitete Datenmaterial aus demografischen und statistischen Angaben zur Gesamtstichprobe. Zur Veranschaulichung ist die grobe Struktur des Heftes im Folgenden grafisch dargestellt.

Teil 1 Theoretische Grundlagen

- Aufbau der Studie
- Mutter- und Vaterschaft im Jugendalter
- Methodik des Erhebungsverfahrens

Teil 2 Die Analysen

- Interview 1: Vorstellungen und Erfahrungen der jugendlichen Schwangeren
- Interview 2 und 3: Lebenssituation junger Mütter ohne Partner und jugendlicher Paare mit Kind
  - a) Junge Mütter ohne Partner
  - b) Junge Eltern in einer Paarbeziehung

Teil 3 Anwendungsorientierte Schlussfolgerungen zur Analyse

- Unterstützungsbedarf junger Schwangerer
- Unterstützungsbedarf junger Mütter ohne Partner
- Unterstützungsbedarf junger Paare mit Kind

Teil 4 Anhang

- Demografische und statistische Informationen
- Literatur

Analytische Kategorien der Interviews

Entsprechend den Informationen zum Forschungsdesign, die in „Teil 1 – theoretische Grundlagen“ dargestellt werden, bilden die darauf folgenden analytischen Auswertungen von drei Interviewserien den umfangreichsten Teil dieses Heftes. Alle drei im Laufe von zwei Jahren durchgeführten Befragungen orientieren sich an dem für das Erstinterview entwickelten Leitfaden. Die Interviewteile greifen wiederholt die gleichen Themenbereiche (analytische Kategorien) auf und zeichnen Veränderungen in den Einschätzungen der Befragten nach. Die Interviewleitfäden sind dementsprechend ähnlich strukturiert, wie das folgende Schaubild zeigt.

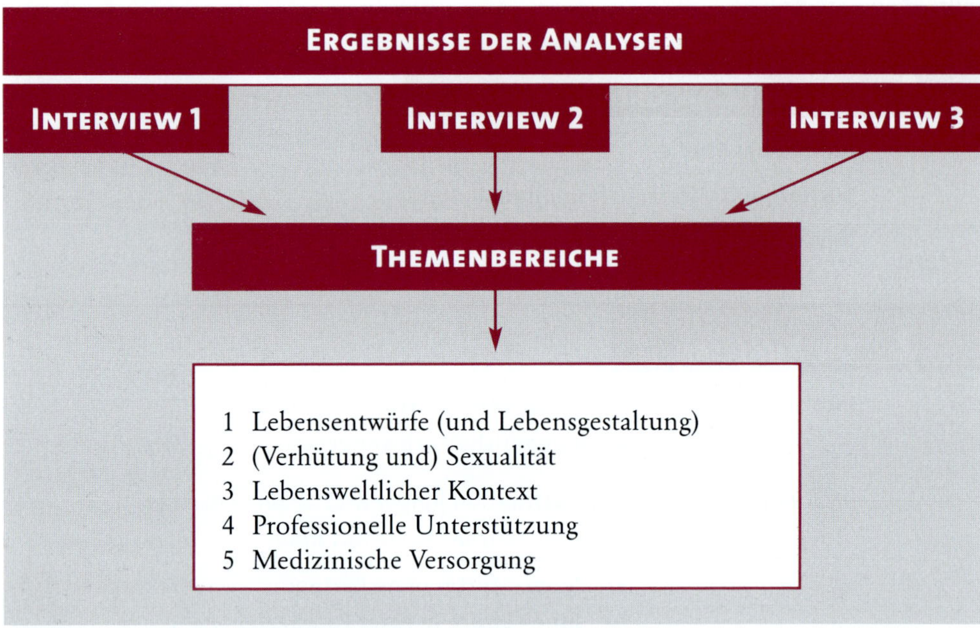

Auswertung der Interviewserien

Es wurden jeweils drei Interviews mit den jungen Frauen durchgeführt und zum Zeitpunkt des Drittinterviews zusätzlich ein Interview mit 20 dazu bereiten Partnern der Frauen. Die Ergebnisse der Erstbefragung während der Schwangerschaft sind zusammengefasst im Teil:

Vorstellungen und Erfahrungen der jugendlichen Schwangeren.

Die gravierende Veränderung findet mit der Geburt des Kindes statt, denn das Leben als junge Mutter stellt völlig neue Anforderungen. Das zweite und dritte Interview mit den jungen Frauen lässt erkennen, ob sie diesen Anforderungen gewachsen sind, sich ihre Einstellungen verändern und wieweit sie den Prozess der Anpassung an ein neues Leben bewältigt haben. Die Auswertung des zweiten und dritten Interviews erfolgt daher gemeinsam, aber je nach Lebenssituation der jungen Mütter – allein lebend oder in einer Paarbeziehung – für diese beiden Gruppen separat, wobei das Erstinterview jeweils die Orientierungsdaten liefert.

Die Lebenssituation einer jungen Frau mit Kind wird entscheidend dadurch geprägt, ob ihr ein Partner zur Seite steht oder nicht. Da in die vorliegende Studie auch die Aussagen von 20 präsenten Vätern Eingang fanden, erweiterte sich die Bandbreite der Themen um paarspezifische Aspekte. Vor diesem Hintergrund wurde für die beiden Gruppen eine getrennte Auswertung vorgenommen. Die Ergebnisse werden dargestellt in den Teilen:

Junge Mütter ohne Partner

und

Junge Eltern in einer Paarbeziehung.

Auswahl der Interviewauszüge

Um das Vorgehen bei der Auswertung der Interviews zu verdeutlichen, wurden für die vorliegende Publikation beispielhafte Interviewteile aus den Analysen des sehr viel umfangreicheren Endberichtes zur Studie entnommen. Die Interviewsequenzen wurden in die jeweiligen Themenkomplexe integriert, die sich während der Laufzeit der Studie als analytische Kategorien ergeben hatten.

Nach der Erstbefragung wurden die jungen Frauen von uns bezüglich eines Themenfeldes einem bestimmten Verhaltens-, Einstellungs- oder Reaktionstypus zugeordnet. Nach dem dritten Interview wird deutlich, inwieweit die Schwanger- bzw. Mutterschaft zu Veränderungen bei Einstellungen oder Verhalten führt. Ob die jungen Frauen Kontinuität oder Veränderung in ihrem Verhalten und ihren Einstellungen zeigen, lässt sich so anhand der Einordnungen nachvollziehen.

Die Interviewauszüge illustrieren eine solche Einordnung und vermitteln einen Eindruck über die qualitativen Inhalte der Befragungen. Die Zitate dienen einerseits als Belege für die Ergebnisse, zum anderen zeigen sie die Verfahrensweise bei der Erarbeitung der Analysen. Darüber hinaus veranschaulichen sie die Erkenntnisse, die zur Bildung von verschiedenen Verhaltens- und Reaktionstypen führten.

Interviews auf CD-ROM

Für Interessierte wurden die für die Analyse wichtigen Interviewpassagen katalogisiert, durchnummeriert und auf einer CD-ROM, die diesem Heft beiliegt, als pdf-Datei verfügbar gemacht. Die Datei lässt sich mit dem Programm „Acrobat Reader" bzw. „Adobe Reader" öffnen.

In Teil 2 dieses Heftes, „Die Analysen", finden Sie unter den beispielhaften Interviewauszügen entsprechende Angaben, welche weiteren Interviewsequenzen die Ergebnisse der Analyse belegen.

Lesehilfe für die verwandten Zitate

Da es uns um die Inhalte dessen geht, was unsere InterviewpartnerInnen über ihre Lebenssituation berichten, haben wir Dialekteigenheiten oder grammatische Sprechfehler, die die Lesbarkeit der verwandten Zitate beeinträchtigt hätten, korrigiert, ohne dass z.B. wichtige Elemente des jugendspezifischen Sprachstils oder Formulierungseigenheiten der Befragten verloren gehen. Wir haben zudem Erläuterungen in runden Klammern eingefügt, wenn z.B. wegen der erforderlichen Wahrung der Anonymität Städte- oder Eigennamen abgekürzt werden mussten. Kurze, von uns vorgenommene Auslassungen in den Antworten sind mit drei Auslassungspunkten gekennzeichnet, eckige Klammern verweisen auf Auslassungen größeren Umfangs, z.B. mehrerer folgender Fragen und Antworten, die jedoch für die jeweilig vorgenommene Analyse nicht relevant waren.

Mit An- und Abführungszeichen sind wir folgendermaßen umgegangen: Die Interviewpassagen wurden wie Zitate behandelt. Anführungszeichen benutzen wir nur zu Beginn einer Interviewsequenz, Abführunsgzeichen wurden am Ende eines Zitates gesetzt. Das Gleiche gilt, wenn Passagen durch eine Kommentierung unsererseits unterbrochen werden.

Da beim Erzählstil häufig in der direkten Rede berichtet wird und im Interview erwähnte Dritte wörtlich zitiert werden, haben wir diese „Zitate in den Zitaten" in einfache Anführungsstriche gesetzt.

Beispieltext überarbeitete Version „Reaktionen der Eltern auf die Schwangerschaft“:

[...]

Diana 1: „Ja, beim zweiten Mal (Ultraschalluntersuchung), wo ich dann beim Arzt dann war und wiederkam, stand dann meine Mutter schon vor der Tür: ‚Und?‘ Ich dann so: ‚Ja, schwanger.‘“

Int.: Aha.

Diana 1: „(Worauf die Mutter erwiderte): ‚Na ja, lass mal, ich hab auch mit sechzehn das erste Kind gekriegt.‘ Und jetzt ist sie glücklich.“
(1. Int. 18, S. 11 ff., 17 Jahre)

Die Quellenangabe bezieht sich auf die Interviewserie, hier die erste, weist die Interviewnummer und die Seitenzahl im Transkript aus und gibt das Alter der Interviewpartnerin zum Zeitpunkt der Befragung an.

2 Mutter- und Vaterschaft im Jugendalter

Vor dem Hintergrund vielfältiger gesellschaftlicher Veränderungen in den letzten Jahrzehnten wird es zunehmend schwierig, den Begriff Jugend präzise zu fassen. Die Abgrenzung zwischen Kindheit und Jugend ebenso wie die zwischen Jugend und Erwachsensein kann unter verschiedenen Blickwinkeln höchst unterschiedlich ausfallen.

2.1 Überlegungen zum Begriff Jugend

Besonders in den Sozialwissenschaften ist Jugend als abgrenzbare Lebensphase fragwürdig. Baacke und Heitmeyer[1] zitieren bereits 1985 z. B. Neidhard, der betonte, dass es in hochkomplexen Industriegesellschaften auf Grund gesellschaftlicher Differenzierungs-, Pluralisierungs- und Veränderungsprozesse keine allgemein gültige Definition von „Jugend" geben kann, „die in allen gesellschaftlichen Bereichen gleichermaßen anerkannt wäre".

Hier wird nur Bezug genommen auf die Schwierigkeit, eine Definition von „Jugend" für alle gesellschaftlichen Bereiche zu finden, aber das Abgrenzungsproblem stellt sich noch weitaus grundsätzlicher dar:

> „In der Soziologie definiert man als Jugendlichen, wer nicht mehr Kind und noch nicht Erwachsener ist. Das ist allerdings eine Definition, die das Problem gleich in zwei Richtungen verschiebt, weil wir nun in der Lage sein müssen anzugeben, wann Kindheit aufhört und wann Erwachsenendasein anfängt. Überdies verändert sich die Wirklichkeit in recht kurzen Zeitspannen. Wenn der Eintritt ins Erwerbsleben als ein Markierungspunkt für das Erwachsenenalter angesehen wird, dann folgt daraus, dass durch die Erweiterung der höheren Bildung, aber auch dadurch, dass auf Grund der Wartezeiten auf Studienplätze ... der Eintritt ins Berufsleben immer weiter hinausgeschoben wird. Auf der anderen Seite werden gleichzeitig rechtliche Regelungen geändert: Die Volljährigkeit wird in der Bundesrepublik jetzt mit 18 Jahren erreicht. So wird ein Teil der Grenze zum Erwachsenen vorverlegt, während ein anderer Teil der Grenze hinausgeschoben wird."[2]
>
> Allerbeck und Hoag

Wird schon vor ca. 20 Jahren auf die schnelle Veränderung der Wirklichkeit verwiesen, so steht vor dem Hintergrund der unbestritten weiteren Beschleunigung gesellschaftlicher Veränderungsprozesse außer Frage, dass heute Jugend kaum mehr als klar abgrenzbarer Begriff zur Verfügung steht und immer jüngere bzw. ältere junge Menschen einbezieht.

1 Baacke und Heitmeyer (1985), S. 49

2 Allerbeck und Hoag (1985), S. 182 f.

Vor diesem Hintergrund verwundert auch nicht, dass die *Shell Studie „Jugend 2000"* Jugendliche im Alter von 15 bis unter 25 Jahren befragte.[3] Das *Statistische Jahrbuch für die Bundesrepublik Deutschland* setzt die untere Grenze gar bei zehn und die obere bei unter 25 Jahren fest, wenn es um Zahlenmaterial zu jugendspezifischen Themen geht. Der Begriff Jugend schließt demnach sehr unterschiedliche Altersgruppen ein, die sowohl im Grad ihrer physischen Reifung als auch in der psychosozialen Entwicklung nicht unterschiedlicher sein könnten.

Es bedarf folglich umso mehr spezifischer Begründungen für die Ausdehnung bzw. Eingrenzung auf bestimmte Altersgruppen im Rahmen sozialwissenschaftlicher Auseinandersetzung mit Themen, die sich auf Jugend beziehen. Wir haben für unsere Studie zur Lebenssituation jugendlicher Schwangerer und Mütter als obere Altersgrenze das Alter unter 21 Jahre gewählt.[4]

Für diese obere Altersgrenze haben wir uns auch entschieden, weil in der Regel im Alter von 19, 20 Jahren noch wesentliche Statusübergänge stattfinden, z.B. von einer Ausbildung ins Berufsleben oder von der Schule ins Studium. Werden Jugendliche in solchen Transitionsphasen schwanger, wird die geplante biografische Kontinuität beeinträchtigt und gravierende Neuorientierungen für den weiteren Lebensweg sind erforderlich. Sie müssen nun parallel zu der Verantwortung für ein Kind bewältigt werden.

Identitätsbildung

Jugend wird auch „als Phase der Bewältigung einer zentralen Aufgabe, die der Identitätsbildung"[5], verstanden.

> „Identität kann als das zentrale Thema des Jugendalters angesehen werden ... Nun ist Persönlichkeitsentwicklung und -bildung ein Prozess, der im Spannungsfeld von individuellen Anlagen und Umwelteinflüssen, zwischen innerer Realität wie z. B. Körperkonstitution, Temperament, und äußerer Realität wie z. B. Schule, Arbeit, Medien, Peergroup verläuft. Bei diesem Wechselspiel, das sich im Jugendalter besonders zuspitzt, geht es um Individualität und soziale Integration zugleich."[6]
>
> **Wanzeck-Sielert**

3 Deutsche Shell (Hg.) (2000), Band 2, S. 8

4 Eine untere Grenze zu setzen, wäre im Rahmen unserer Forschung nicht sinnvoll gewesen, weil wir gerade „ganz junge schwangere Mädchen" in unsere Studie einbeziehen wollten. Da die Menarche und die damit verbundene Empfängnisfähigkeit in immer früherem Lebensalter eintreten und sexuelle Aktivität altersmäßig ebenfalls in jüngerem Alter zu beginnen scheint, wäre eine Festlegung auf ein bestimmtes Mindestalter kontraproduktiv gewesen.

5 Vgl. Lenz (1986), S. 25 f.

6 Wanzeck-Sielert (2002), S. 27

Um eine eigenständige Identität aufbauen zu können, müssen sich Jugendliche komplexen Entwicklungsaufgaben stellen. Einige für die Studie relevante sollen hier genannt werden[7]:

- Ausbildung/Beruf: Entwicklung und Vorstellungen von Strategien über das, was der/die Jugendliche werden will und was er/sie dafür können bzw. erlernen muss;
- PartnerIn/Familie: Entwicklung von Vorstellungen, wie feste Beziehungs- bzw. EhepartnerInnen und die zukünftige Familie aussehen sollen;
- Rolle: Aneignung der Verhaltensmuster, die in der gegebenen Gesellschaft immer noch von einer Frau bzw. einem Mann erwartet werden;
- Zukunftsperspektiven: Entwicklung von Vorstellungen und Strategien zur Lebensgestaltung;
- Sexualität: Aufnahme intimer hetero- bzw. homosexueller Beziehungen zu PartnerInnen;
- Ablösung/Autonomie: Loslösung von Elternhaus und Familie, unabhängig werden und
- Peers: Aufbau eines Freundeskreises sowie neuer, vertiefter Beziehungen zu AltersgenossInnen.

Da man davon ausgehen kann, dass Jugendliche, wenn sie sehr jung Mütter werden, diese Entwicklungsaufgaben in der Regel noch nicht bewältigt haben, wird erkennbar, dass die Anforderungen an sie durch eine ungeplante Schwangerschaft noch vielfältiger werden.

Gesellschaftliche Bedingungen

Auf die wachsende Komplexität gesellschaftlicher Bedingungen und wie diese sich auf individuelle Identitätsentwicklungsaufgaben auswirken, verweist z.B. **Bilden**. Sie definiert Identität (Individualität) nicht mehr als eine einheitliche Größe, sondern als dynamisches System vielfältiger „Selbste“:

> „In einer Phase gesellschaftlicher Umbrüche, radikalisierter Individualisierungsprozesse und globaler Völkerwanderungen, die jede Gesellschaft zur multikulturellen Gesellschaft machen, können individuell und kollektiv die Ängste und das Sicherheitsbedürfnis, die Suche nach Eindeutigkeit und Einheitlichkeit dominieren, können Aus- und Abgrenzungsprozesse als Selbstschutzmechanismen die Oberhand gewinnen. Doch wenn wir überleben wollen, müssen wir mit Unbestimmtheit, Offenheit, mit Vielfalt und Widersprüchen in der Realität und in uns selbst leben lernen.“[8] **Bilden**

7 In Auszügen nach Wanzeck-Sielert (2002), S. 27
8 Bilden (1999), S. 248

Bezogen sich diese Entwicklungsaufgaben vor der Schwangerschaft bereits auf ein Bündel „Selbste", die eine Identität als erwachsene junge Frau umfassen, nämlich auf

> „... die Ausgestaltung der geschlechtlichen Identität, die Modifizierung des Verhältnisses zu den Eltern und die von ihnen abgegrenzte Gestaltung eigener Liebes- und Arbeitsbeziehungen"[9],
>
> **Flaake** und **King**

so sehen sich Jugendliche mit Kind noch zusätzlich der Aufgabe gegenüber, ihre Identität als Mutter zu finden.

Elternschaft und der richtige Zeitpunkt

Zu unserer Entscheidung, die Altersgrenze bei unter 21 Jahren festzusetzen, führten aber auch alltagsweltliche Einschätzungen zum „zu frühen Zeitpunkt" für eine Schwangerschaft, die vielfältig begründet sind und von den jungen Mädchen und Frauen selbst, besonders aber von ihrem sozialen Umfeld, vorgenommen werden. Solche Einschätzungen beinhalten z. B. diffuse Vorstellungen vom „richtigen Zeitpunkt" für ein Kind, von erforderlicher „Reife" für Mutterschaft. Jugend ist die Zeit, in der Heranwachsende ihr Leben genießen, sich „ausprobieren", experimentieren können und „Spaß" haben sollen. Die Verantwortung für ein Kind beeinträchtigt, so die Einschätzungen, diese Möglichkeiten. Aber auch alltagspraktische Erwägungen vor dem Hintergrund gesellschaftlicher Erwartungen, die sich auf den Abschluss einer Berufsausbildung und die eigenständige Existenzsicherung, besonders auch von Mädchen beziehen, spielen eine Rolle.

Auf die Altersstruktur bei den jugendlichen und jungen leiblichen bzw. sozialen Vätern unserer Stichprobe hatten wir keinen Einfluss, da wir Zugang zu ihnen als Partner oder Ehemänner unserer Interviewpartnerinnen gewannen. Drei Viertel unserer Interviewpartner gehören zur Altersgruppe der unter 25-Jährigen und 15 % dieser Altersgruppe zu den unter 21-Jährigen. Sie übernehmen die Vaterrolle für ein eigenes oder ein fremdes Kind (soziale Väter) zu einem Zeitpunkt in ihrer eigenen Sozialisationsgeschichte, der sowohl von den meisten von ihnen selbst als auch von ihrem sozialen Umfeld in der Regel als „sehr früh" oder „zu früh" empfunden wird.[10]

Ebenso wie ihre Partnerinnen sind auch sie noch in der Jugendphase durch die Aufgabe gefordert, eine eigenständige männliche Erwachsenenidentität zu entwickeln und gleichzeitig in die Vaterrolle hineinzuwachsen.

---

9 **Flaake** und **King** (1998), S. 13

10 Bei dem letzten Viertel der befragten jungen Väter, die 25 Jahre und älter sind, berichten einige von ihnen selbst, dass sie „Spätentwickler" seien, womit sie alltagssprachlich andeuten, dass sie ihr chronologisches Alter nicht in Übereinstimmung mit ihrer sozialen Entwicklung sehen.

„Männerbilder“

Der Aufbau einer stabilen männlichen Erwachsenenidentität ist heute – neben der o.g. Vielfalt der damit verbundenen Entwicklungsaufgaben, die alle Jugendlichen zu leisten haben –, noch zusätzlich gebrochen durch Anforderungen, einem „neuen Männerbild“ gerecht zu werden. Es darf z.B. nicht sexistisch sein und das mögliche männliche Verhaltensrepertoire nicht ideologisch auf die klassische Männerrolle als „Erzeuger und Ernährer“ einschränken. Traditionale Männerbilder und die daran orientierten „Normalbiografien“ aber

> „existieren unwidersprochen und unreflektiert neben modernisierten Anforderungen und Erwartungen. Die Bewältigungsleistung wird ins Individuelle verlagert, ohne Jungen und Männern flankierend (z.B. im Bildungssystem) die Kompetenzen zu vermitteln, die zur Bewältigung dieser Widersprüchlichkeiten notwendig wären.“[11]
>
> Winter und Neubauer

Aber auch die Ablehnung der Inhalte des neuen „Männerbildes“ und der Rückzug auf die Orientierung an traditionalen männlichen Lebensentwürfen sind nicht risikofrei, denn, so formulieren Böhnisch und Winter[12]:

> „Der traditionelle Lebensentwurf ‚Mann‘ bringt Jungen und Männern heute Probleme und Kosten der Lebensbewältigung, die diese traditionale Männlichkeit nicht nur für jene, die durch sie abgewertet werden[13], sondern auch für die Männer selbst Abhängigkeiten, Selbstblockierungen und Leiden bringen können.“
>
> Böhnisch und Winter

Sie sind deswegen nicht risikofrei, weil die jungen Männer im Alltag ihrer Partnerschaften zunehmend mit z.T. unausgesprochenen, manchmal aber auch explizit formulierten Erwartungen seitens ihrer Partnerinnen konfrontiert sind, die Elemente des Bildes vom „neuen Mann“[14] enthalten. Das gilt besonders für das Verhältnis der jungen (sozialen) Väter zu den Kindern ihrer Freundinnen, aber auch für die leiblichen Väter. Ihre Partnerinnen erwarten immer häufiger von ihnen, dass sie „... die vorwiegend Frauen zugeschriebenen und auf sie projizierten emotional-reproduktiven Anteile“[15] in den Beziehungen zu ihren Kindern umsetzen. Diese Forderungen sind für die meisten jungen Väter aber kaum realisierbar, da sie häufig in ihrer Sozialisationsbiografie (noch) gar

11 Winter und Neubauer (1998), S. 37 f.

12 Böhnisch und Winter (1997), S. 211

13 Hier sind Frauen gemeint.

14 Hier geht es um Aspekte der individuellen Ebene wie u.a. die Fähigkeit, Emotionen zu zeigen, Beziehungsarbeit zu leisten, Empathie zu empfinden und zu vermitteln.

15 Vgl. Böhnisch und Winter (1997), S. 161. Unter dem sozialwissenschaftlichen Kürzel „emotional-reproduktiv“ sind Fähigkeiten zusammengefasst, die in Bezug auf Vaterschaft die emotionalen Möglichkeiten, pflegend, nährend, väterliche Zuwendung gebend beinhalten, Fähigkeiten, die auch heute noch immer überwiegend der Frau zugeschrieben werden.

nicht die Möglichkeit hatten, solche Fähigkeiten auch nur „in sich wahrnehmen, zulassen und als eigene Möglichkeiten des Selbst entwickeln“[16] zu können.

Verschärft wird dieses Risiko noch dadurch, dass die in der Diskussion um männliche Sozialisation auch formulierte Voraussetzung für Wahrnehmen und Zulassen dieser möglichen Anteile des männlichen Individuums eines partnerschaftlichen Diskurses bedarf[17], den die meisten jungen Väter und Mütter ihrerseits (noch) nicht leisten können.

Sowohl unsere Interviewpartnerinnen als auch die meisten ihrer Partner sind zu einem Zeitpunkt Eltern geworden, zu dem sie inmitten der Entwicklung ihrer Identität als erwachsene Frauen und Männer waren, d.h. diese noch nicht abgeschlossen hatten. Sie müssen nun versuchen, gleichzeitig eine weitere sozialisatorische Aufgabe zu meistern, nämlich eine Identität als kompetente Eltern zu entwickeln.

2.2 Informationen zu Mutter- und Vaterschaft im Jugendalter

Wissenschaftliche Untersuchungen zum Thema Schwanger- bzw. Mutterschaft im Jugendalter wurden bisher kaum durchgeführt. Das Thema ist brisant, aber wenig erforscht.

Auch wenn das Volumen wissenschaftlicher Publikationen zum Thema nicht sehr groß ist, so lassen sich doch gewisse Basisinformationen zusammentragen[18]. Anders sieht es bei jugendlicher Vaterschaft aus.

Daten zu früher Vaterschaft

Väter, und besonders auch allein erziehende Väter, kommen als Gruppe zunehmend in den Blick der Medien, besonders populärwissenschaftlicher Printmedien.[19] Väter sind auch durchaus, mit unterschiedlichem Erkenntnisinteresse, seit vielen Jahren Thema in der Literatur zur Sozialisation[20] von Jungen und Männern oder der zum Geschlechterverhältnis[21], aus feministischer Sicht, und der der kritischen Männerforschung. Allerdings spielen Adoleszente, die Vater werden oder sind und Verantwortung für ihr oder ein fremdes Kind übernehmen, noch keine Rolle in der wissenschaftlichen oder populärwissenschaftlichen Literatur.

16 Vgl. Böhnisch und Winter (1997), S. 161

17 Vgl. ebd.

18 Derartige Basisinformationen liefern z.B. die „Statistischen Jahrbücher der Bundesrepublik Deutschland“.

19 Vgl. z.B. das Geo-Themenheft (2001), S. 144–172

20 Vgl. die bereits zitierte Publikation von Böhnisch und Winter (1997) und andere im Literaturverzeichnis angegebene Arbeiten

21 Vgl. z.B. Behnke (1997)

Die Gründe für die fehlende wissenschaftliche Auseinandersetzung mögen vielfältig sein. Sie verweist aber u.a. auch darauf, dass sich andeutende Veränderungen, wie z.B. eine stärkere Familienorientierung jugendlicher Väter, ihre wachsende Bereitschaft zur Verantwortungsübernahme für ein Kind und die Suche nach sozialer und emotionaler Sicherheit in der eigenen kleinen Familie, noch nicht ins wissenschaftliche Blickfeld getreten sind.[22]

Es gibt keinerlei Daten zu jugendlichen und jungen Vätern, die bereit sind, nach der Zeugung eines Kindes auch die Vaterrolle zu übernehmen. So können hier auf der Basis unserer Untersuchungen nur Vermutungen darüber angestellt werden, dass sich in der Akzeptanz von Vaterschaft und der Bereitschaft zur Übernahme der Verantwortung für ein Kind Veränderungen abzeichnen.

Akzeptanz der Vaterschaft

Zwei Jahre nach der Geburt des Kindes leben von 36 befragten Müttern 29 in festen Partnerschaften. Davon ist knapp die Hälfte noch mit den leiblichen Vätern ihrer Kinder zusammen. Die anderen haben neue Partner, die bereit sind, die soziale Vaterschaft für das Kind ihrer Partnerin zu übernehmen, bis hin zu geplanter Adoption. Die Paare leben in verschiedenen Varianten fester Partnerschaften. Dadurch geraten auch die jungen Väter in den wissenschaftlichen Blick.

Der überraschend hohe Anteil präsenter leiblicher und sozialer Väter kann als Hinweis auf eine allgemein zunehmende Bereitschaft von Jungen und jungen Männern gedeutet werden, schon in jugendlichem Alter Verantwortung als Vater und fester Partner zu übernehmen. Könnte dieser Hinweis auch mit repräsentativen Zahlen belegt werden, dann wäre auch die Anzahl der anwesenden jungen Väter nicht unbedeutend. Bezeichnenderweise gibt es keinerlei Informationen zu sehr jungen und adoleszenten Vätern im *Statistischen Jahrbuch der Bundesrepublik Deutschland*.

---

22 Diese fehlende Aufmerksamkeit steht im Gegensatz zu Erfahrungen in der sozialpädagogischen Praxis. Mutter-Kind-Einrichtungen z.B. sehen sich durch die zunehmende Präsenz jugendlicher Väter einer Herausforderung gegenüber, der sie meist ohne Rückhalt in ihren Konzeptionen und ohne wissenschaftliche Basisinformationen begegnen müssen.

3 Methodik des Erhebungsverfahrens

Die vorliegende qualitative Studie ist sowohl in ihrer Fragestellung als auch in ihrer Vorgehensweise anwendungsorientiert.[23] Folglich sind auch das Forschungsdesign und die gewählten Methoden daran orientiert, Informationen über die Lebenswelt der im Zentrum des Interesses stehenden Zielgruppe zu gewinnen.

3.1 Theoretisch-methodologischer Rahmen

Die Arbeit bewegt sich in den Argumentationslinien des symbolischen Interaktionismus. Ohne dass hier Entwicklungen und verschiedene Ausprägungen dieser soziologischen Perspektive ausführlich dargestellt werden können, sollen einige der für unsere Arbeit grundlegenden Annahmen vorangestellt werden. Damit erhalten die Analysen einen „Rahmen", der den lebensweltlichen Erfahrungen jugendlicher Schwangerer und Mütter und jugendlicher Väter „Halt", „Sicherheit" und eine „Perspektive" gibt. Diese Grundannahmen können in Anlehnung an Denzin[24] wie folgt beschrieben werden:

„1. ... Menschen (handeln) gegenüber ‚Dingen' auf der Grundlage der Bedeutungen ... die diese Dinge für sie besitzen.[25]
2. Die Bedeutung der Dinge entsteht in der sozialen Interaktion.
3. Bedeutungen werden ‚durch einen Prozess der Interpretation verändert, in dem selbstreflexive Individuen symbolisch vermittelt interagieren'.[26]
4. Menschen erschaffen die Erfahrungswelt, in der sie leben.
5. Die Bedeutung dieser Welten sind das Ergebnis von Interaktionen und werden durch die von den Personen jeweils situativ eingebrachten selbstreflexiven Momente mitgestaltet.
6. Die Interaktion der Personen mit sich selbst ist ‚mit der sozialen Interaktion verwoben und beeinflusst sie ihrerseits'.[27]
7. Formierung und Auflösung, Konflikte und Verschmelzungen gemeinsamer Handlungen konstituieren das ‚soziale Leben der menschlichen Gesellschaft', wie Blumer sagt. Gesellschaft besteht aus den gemeinsamen oder sozialen Handlungen, ‚die von (ihren) Mitgliedern geformt und vollzogen werden'.[28]
8. Ein komplexer Interpretationsprozess erzeugt und prägt die Bedeutungen der Dinge für die Menschen. Dieser Vorgang gründet im kulturellen Bereich, ‚im Kreislauf der Kultur'[29], in dem Bedeutungen durch die Massenmedien definiert und Identitäten, auch in der Werbung, in geläufigen kulturellen Schemata repräsentiert werden."[30]

23 Vgl. Denzin in: Flick, Kardorff und Steinke (2000), S. 14, 24 Vgl. ebd., S. 138 f.,
25, 26 Vgl. Blumer (1969), S. 2, dt. 1973, S. 81, 27, 28 Vgl. Blumer (1981), S. 153,
29 Vgl. du Gay, Hall, Janes, Machey u. Negus (1997), S. 3, 30 Vgl. Denzin in: Flick, Kardorff u. Steinke (2000), S. 138 f.

Werden also Bedeutungen, und damit auch Bedeutungszuschreibungen, ebenso wie die Erfahrungswelt der Menschen bis hin zu ihren Identitäten als interaktiv konstituiert verstanden, sind sie auch über soziales Handeln veränderbar.

Darüber hinaus ist für unsere Arbeit von Bedeutung, was als „narrative Wende" des symbolischen Interaktionismus beschrieben wird unter Berufung auf **Lemert**, der erst einmal für die verschiedenen Soziologien postuliert, dass sie

> „aus Geschichten (bestehen), die Menschen darüber erzählen, was sie über ihre Erfahrungen im sozialen Leben herausgefunden haben."[31] **Lemert**

Damit wird auch der symbolische Interaktionismus sehr treffend beschrieben, wie **Denzin** nach diesem Zitat von **Lemert** zusammenfasst, dass er nämlich verschiedene Geschichten über die soziale Welt umfasst,

> „... Geschichten, die sich Menschen selbst über ihr Leben und die Welten, in denen sie sich bewegen, erzählen, Geschichten, die gelingen, aber auch scheitern können."[32] **Denzin**

Dass diese Geschichten auch scheitern können, verweist auf einen zweiten wichtigen Aspekt der „narrativen Wende", den **Denzin** wie folgt beschreibt[33]:

Symbolische Interaktionisten

> „untersuchen Erzählungen und Diskurssysteme und unterstellen, dass diese Strukturen dem Alltagsleben Kohärenz und Bedeutung verleihen. (Ein System von ***Diskursen*** ist eine Möglichkeit zur Repräsentation der Welt.) Systeme von Diskursen fassen Wissen über die Welt zusammen und produzieren dieses Wissen zugleich.[34] Diese diskursiven Systeme sind selten einfach wahr oder falsch. In der Welt der menschlichen Angelegenheiten werden Wahrheit und Fakten auf unterschiedliche Weise konstruiert. Ihre Bedeutungen sind in konkurrierende Diskurse eingebettet. Damit sind sie in die Kämpfe um Machtpositionen oder Wahrheitsdefinitionen verwickelt, und es stellt sich die Frage, wer die Definitionsmacht über Wahrheit und Unwahrheit besitzt."[35] (Hervorhebung im Original) **Denzin**

---

31 **Lemert** (1997), S. 14

32 Vgl. **Denzin** in: **Flick, v. Kardorff** und **Steinke** (2000), S. 145

33 Ebd., S. 145

34 Hier bezieht sich **Denzin** auf **Foucault** (1980), S. 27.

35 Vgl. **Denzin** in: **Flick, v. Kardorff** und **Steinke** (2000), S. 145; hier verweist **Denzin** auf **Hall** (1996), S. 205.

Wenn Wahrheit und Fakten, d. h. wahr und unwahr bzw. richtig und falsch, dadurch konstruiert werden, dass Menschen in Diskursen gleichsam „aushandeln", ob ihre oder die der anderen Gültigkeit haben, dann ist zu berücksichtigen, dass sie es keineswegs gleichberechtigt tun bzw. tun können. Ob ihre Geschichten gelingen oder scheitern, hat mit Definitionsmacht zu tun. Für Einblicke in lebensweltliche Zusammenhänge ist demnach wichtig, was die Menschen als ihre Wahrheit, als ihre „Sicht der Dinge", präsentieren. Es ist aber auch maßgeblich, ob sie diese vor dem Hintergrund anderer Sichten, die z. B. „Definitionsmächtigere" vertreten, auch durchsetzen können.

Dennoch bleibt für weitergehende Analysen Voraussetzung, erst einmal die Geschichten der Betroffenen zu kennen, ihr Wissen über die Welt, und die Erfahrungen, die sie damit machen, zu ermitteln. Da aber die Erfahrungen, die die Gesellschaftsmitglieder machen, nicht offen auf der Hand liegen, und so nicht unmittelbar erforscht werden können, fragen

> „symbolische Interaktionisten, auf welche Weise in Diskurssystemen (Interviews, Geschichten, Rituale, Mythen) verankerte Erzählungen Erfahrungsgehalte wiedergeben ... Formen und Bedeutung der Alltagserfahrungen lassen sich immer in narrativen Repräsentationen wieder finden. Diese Repräsentationen sind gestaltete Texte, die in Form von Geschichten erzählt und weitergegeben werden. **Bruner** betont in diesem Zusammenhang ausdrücklich, dass Repräsentationen ‚gestaltet werden müssen, um erfahrbar zu werden'.[36] Daher untersuchen symbolische Interaktionisten gestaltete Texte, vollzogene Rituale, erzählte Geschichten, gesungene Lieder, gelesene Romane, aufgeführte Dramen."[37] **Denzin**

Für unsere Analyse haben wir das Diskurssystem „qualitatives leitfadengesteuertes Interview" gewählt. Von offenen Fragen zu bestimmten Themenbereichen angeleitet, haben die jungen Schwangeren und später Mütter sowie ihre Partner von „ihrer Sicht der Dinge" berichtet und ihre Geschichten von ihren Erfahrungen mit Schwanger-, Mutter- und Vaterschaft erzählen können. In ihre „Geschichten" sind also ihre Erfahrungen eingebettet, ebenso wie ihr Umgang mit ihnen, ihre alltagsweltlichen Erklärungen für bestimmte Erfahrungen und die Konsequenzen, die sie daraus gezogen haben und noch ziehen werden.

3.2 Forschungsdesign

Bei der Untersuchung handelt es sich erstens um eine Längsschnittstudie, die u. a. das Ziel verfolgt, Veränderungen in Sicht- und Handlungsweisen der Forschungssubjekte

36 Vgl. Bruner (1984), S. 7

37 Vgl. Denzin in: Flick, v. Kardorff und Steinke (2000), S. 146

durch wiederholte Erhebungen zu dokumentieren.[38] Zweitens ist eine Fallstudie integriert, in der in einer einmaligen Befragung eine neue und „ergänzende" Zielgruppe zu ähnlichen, aber für sie relevante Themen befragt wurde. Der Begriff „Fall" ist hier gefasst als „soziale Gemeinschaft", nämlich die Paar- bzw. Familiensituation jugendlicher Paare mit Kind.

Die Möglichkeit, eine Fallstudie in die Längsschnittstudie zu integrieren, ergab sich erst im Verlauf der Zeit zwischen der ersten und zweiten Interviewserie mit der ursprünglich anvisierten Zielgruppe der jugendlichen Schwangeren und Mütter. *Konkret:* Während der ersten Interviewserie mit den jugendlichen Schwangeren stellte sich heraus, dass ein bedeutender Teil der Kindsväter mit ihren schwangeren Freundinnen in verschiedenen Formen von Partnerschaft zusammenlebte und bereit war, die Verantwortung für ihr Kind zu übernehmen. Dadurch entstand ein unerwarteter Zugang zu jugendlichen und jungen Vätern, einer Zielgruppe, die sonst kaum erreichbar ist, da es keinerlei strukturierte Anlaufstellen oder „Sammelplätze" für sie gibt.[39]

Vor diesem Hintergrund haben wir überlegt, wie diese Zielgruppe in die laufende Studie integrierbar wäre. Durch die thematische Erweiterung der Längsschnittstudie um paarspezifische Aspekte konnte die Fallstudie mit der Zielgruppe jugendliche und junge Väter in die Ausgangsstudie mit zusätzlichem Erkenntnisgewinn einbezogen werden. Diese Vorgehensweise verdeutlicht den prozessualen Charakter qualitativer Studien, der sich nicht in der Möglichkeit erschöpft, Prozesse wie z. B. Veränderungen in der lebensweltlichen Situation der Zielgruppe, analytisch zu fassen, sondern selbst Prozesscharakter trägt.[40]

Forschungsleitende Fragestellungen und Zielsetzung der Studie

Da die Studie anwendungsorientiert ausgerichtet ist, konnten wir nicht theorieentwickelnd vorgehen.[41] Sie strebt vielmehr an, detaillierte analytische Beschreibungen zu erarbeiten. Zwar waren bestimmte Themenbereiche, die z. B. Eingang in die Struktur der Interviewleitfäden fanden, im Vorhinein konzipiert, allgemeines Ziel der Datenerhebung war es aber auch, die Themenbereiche und die aus ihnen entwickelten Fragen so offen zu gestalten, dass sie Raum für neue Erkenntnisse zulassen.

Die Themenbereiche, die für die erste Studie zu jugendlichen Schwangeren und Müttern im Zentrum des Interesses stehen und vorab vorläufig festgelegt worden sind, beziehen

---

38 Vgl. Flick in: Flick, v. Kardorff und Steinke (2000), S. 256; Flick weist hier auch darauf hin, dass Längsschnittstudien als Forschungsstrategie in der qualitativen Forschung selten angewandt werden.

39 Mögliche Zugänge, wie z. B. über Zeitungsannoncen etc., kamen nicht in Frage, da Fragestellung und Zielsetzung der ursprünglichen Studie den Einbezug „fremder" jugendlicher und junger Väter nicht angemessen machten.

40 Vgl. Flick in: Flick, v. Kardorff und Steinke (2000), S. 257

41 Vgl. Glaser und Strauss (1998). Da es sich um eine Drittmittelforschung handelt, ist Theorieentwicklung u. a. nicht mit den Intentionen der Auftraggeberin kompatibel. Vgl. dazu Flick in: Flick, v. Kardorff und Steinke (2000), S. 258.

sich auf die je spezifischen Inhalte der subjektiven Sicht und der individuellen Erfahrungen in Verbindung mit Aspekten der soziokulturellen und sozioökonomischen Lebenssituation der Jugendlichen.

Die Ergebnisse aus der Analyse der Daten, die zu den einzelnen Themenbereichen erhoben wurden, sollen als Grundlage für zielgruppenadäquate Präventionsarbeit, Beratung und Betreuung dienen. Die jungen Mädchen befinden sich in einer Entwicklungsphase, in der die z. B. in § 5 Abs. 1 SFHÄndG (Schwangeren- und Familienhilfe-Änderungsgesetz) angesprochene „Verantwortung der Frau" noch nicht ohne weiteres vorausgesetzt werden kann. Deshalb spielen die Kenntnis der Sichtweisen der Jugendlichen ebenso wie deren Veränderungen vor dem Hintergrund der Erfahrungen mit Kind eine bedeutende Rolle für die Beratungs- und Betreuungspraxis. Die Längsschnittstudie zur Lebenssituation jugendlicher Schwangerer und Mütter geht folgenden forschungsleitenden Fragestellungen nach:

1. Welches Wissen haben jugendliche Schwangere über Schwangerschaftsverhütung?
2. Welche diesbezüglichen Umsetzungsmöglichkeiten hatten und haben sie in ihren Partnerschaften, welche Einstellungen bezüglich Schwangerschafts- und Krankheitsprävention spielen bei ihnen und – aus ihrer Sicht – bei ihren Partnern eine Rolle und welche Auswirkungen haben sie?
3. Wie erleben sie ihre Sexualität und wie verändern sich ggf. ihre sexuellen Erfahrungen nach der Geburt des Kindes?
4. Welche Vorstellungen haben sie von Schwanger- und Mutterschaft (mit Bezug zu Schule, Ausbildung, Beruf und späterer Erwerbstätigkeit, zur materiellen Absicherung für sich und ihr Kind, zur Vereinbarkeit von Erwerbsarbeit und Mutterschaft, zu Vorstellungen von einem Leben mit Kind, zu Partnerschaften und zu Beziehungen zur Herkunftsfamilie und zu Peers)?
5. Welche Bedeutung haben Beratungs- und Betreuungsangebote (inkl. Einschätzung der Erfahrungen mit ihnen)?
6. Welche Veränderungen der Inhalte der o. g. Aspekte lassen sich vor dem Hintergrund der Erfahrungen aus einem Leben mit Kind erkennen? Welches sind ggf. die lebensweltlichen und erfahrungsbedingten Zusammenhänge für solche Veränderungen?
7. Wie gehen die Jugendlichen mit den Erfahrungen und ggf. den daraus resultierenden Veränderungen um?
8. Welche personalen und sozialen Ressourcen können die jugendlichen Schwangeren und Mütter aktivieren und wie verändern sich diese über den Forschungszeitraum?

Die nach 30 von 36 Monaten Laufzeit[42] der Längsschnittstudie begonnene Fallstudie zur Lebenssituation der jugendlichen und jungen Väter in festen Partnerschaften hat die Untersuchung folgender Themenbereiche – insbesondere mit Blick auf paarspezifische Aspekte – zum Ziel:

42 Die erweiterte Studie hatte jetzt eine Laufzeit von 48 Monaten.

1. Wie versuchen die jungen leiblichen und sozialen Väter ihr Leben mit Kind zu gestalten, wie sorgen sie z. B. für das Kind?
2. Wie erleben sie ihre Sexualität in der Partnerschaft?
3. Wie verhüten sie, nachdem ein Kind gezeugt und geboren wurde bzw. nachdem sie die Rolle des sozialen Vaters übernommen haben?
4. In welchen Lebenssituationen befinden sie sich als Paar mit Kind?
5. Wie sieht ihre Eingebundenheit in soziale Netze aus?
6. Wie reagiert das soziale Umfeld (Herkunftsfamilie und Peers) nach der Geburt des Kindes auf die frühe Elternschaft?
7. Welche Einstellungen haben die jungen Eltern dann jeweils zu Mutter- und Vaterschaft?
8. Wie sollten ggf. erforderliche Beratungs- und Unterstützungsmöglichkeiten für beide Elternteile gestaltet werden?

Auf der Basis der Inhalte dieser Themenbereiche wurden Interviewleitfäden mit relevanten offenen Fragen entwickelt. Für die leiblichen und die sozialen Väter wurden jeweils spezifische, ihrer Vaterrolle angemessene Versionen erarbeitet.

Methodisches Vorgehen

Die Erhebungsinstrumente sind themenzentrierte Interviewleitfäden mit „Fragen", die Erzähl- bzw. Berichtscharakter haben, um den Interviewpartnerinnen die größtmögliche Freiheit zu geben, aus ihrem lebensweltlichen Kontext heraus „ihre Sicht der Dinge" mitzuteilen. Mit dem Erzähl- bzw. Berichtscharakter der „Fragen" beabsichtigen wir, auch die Möglichkeit für neue und ggf. andere Inhalte der lebensweltlichen Erfahrungen der jugendlichen Schwangeren und Mütter und später auch der jungen Väter offen zu halten als die, die wir vor dem Hintergrund unseres aus der Literatur erarbeiteten Vorwissens in die Themenbereiche einfließen lassen konnten.

Entwicklung der Erhebungsinstrumente

Die Themenbereiche des Leitfadens für die erste Interviewserie mit jugendlichen Schwangeren sind im Wesentlichen auf die Erfahrungen gerichtet, die sie mit der Schwangerschaft in jugendlichem Alter gemacht haben. Der Leitfaden beinhaltet aber auch Themenbereiche, die geeignet sind, Daten zu relevanten Inhalten aus angrenzenden lebensweltlichen Bereichen zu erheben, wie z. B. Beziehungen zu den Herkunftsfamilien oder zu Peers.

Der Leitfaden für die zweite Interviewserie baut auf dem für die Erstinterviews auf. Er führt die Fragen zu den Erfahrungen – jetzt als junge Mütter – und zu angrenzenden Themenbereichen fort. Einige Themenbereiche, die für frühe Mutterschaft relevant sind, wurden erweitert – wie z. B. der zu den Erfahrungen mit KinderärztInnen.

Bei der Entwicklung des dritten Interviewleitfadens verfuhren wir analog zu der des zweiten Leitfadens. Zeitgleich konnten wir mit der dritten Interviewserie auch junge leibliche und soziale Väter befragen, die mit jugendlichen Müttern in „festen" Beziehungen[43] lebten.

Im Interviewleitfaden für die Befragung der jungen Väter legten wir die Themenbereiche ähnlich denen der jugendlichen Schwangeren und Mütter an, um die Möglichkeit zu haben, in der Analyse paarspezifische Auswertungen vorzunehmen.

Informationen zur Stichprobe

In der ersten Phase der Studie machten wir uns intensiv Gedanken, wie wir Zugang zu jugendlichen Schwangeren erhalten konnten, ohne strukturell mit milieuspezifischen Verzerrungen konfrontiert zu sein. Auch wenn der Zugang zu jugendlichen Schwangeren, die in verschiedenen Formen von Mutter-Kind-Einrichtungen leben, der leichteste und zeitlich effektivste Weg gewesen wäre, hätten wir gleichsam „sehenden Auges" nur eine bestimmte Klientel ansprechen können. Denn in diesen Einrichtungen leben überwiegend jugendliche Schwangere, die bereits Kontakte zu verschiedenen Instanzen der Jugendhilfe gehabt haben. Sie kommen in aller Regel aus problembelasteten sozialen Milieus.

Akquisition der Stichprobe

Unsere These war – und ist – jedoch, dass Mädchen und junge Frauen aus allen sozialen Schichten und Milieus schwanger werden. Folglich nahmen wir – telefonisch und/oder schriftlich – bundesweit Kontakt zu insgesamt ca. 130 Einrichtungen und Einzelpersonen wie Schwangerschafts- und Konfliktberatungsstellen, FrauenärztInnen, natürlich auch Mutter-Kind-Einrichtungen und diversen Heimen auf, da wir deren Klientel nicht systematisch ausschließen wollten. Wir gingen aber auch Hinweisen auf Jugendliche, die schwanger geworden waren, aus dem privaten Umfeld nach.

Wir baten die jeweiligen Kontaktpersonen um ihre Unterstützung, diejenigen jungen Schwangeren, die zu unserer Altersgruppe gehören, über unser Projekt zu informieren und uns – auf der Basis strikter Anonymität und Freiwilligkeit – Kontakte zu vermitteln. Die Resonanz war groß, aber nicht alle unserer Vermittlerpersonen hatten in der Zeit, die wir uns aus forschungspraktischen Gründen für die Akquisition der Stichprobe setzen mussten, auch Kontakt zu jugendlichen Schwangeren in unserer Altersgruppe.

Um die Bereitschaft jugendlicher Schwangerer, an unserem Projekt teilzunehmen, zu erhöhen, hatten wir eine Freecall-Telefonnummer für die Kontaktaufnahme eingerichtet.

43 Hier übernahmen wir die Aussagen der jungen Paare, die ihre Beziehungen selbst als „feste Partnerschaften" bezeichneten.

Innerhalb eines Zeitraumes von etwa einem halben Jahr konnten wir 47 junge Mädchen und Frauen für die Teilnahme an unserer Studie gewinnen.[44]

Wir führten die ersten Interviews bundesweit meist in den Einrichtungen, an einem mit den Jugendlichen verabredeten Treffpunkt in den jeweiligen Heimatorten oder, in seltenen Ausnahmefällen, in unserem Büro durch. Wir gaben den jungen Frauen – und später auch den jungen Männern – am Anfang des Interviews die Möglichkeit, sich ein Pseudonym auszudenken, unter dem sie durchgängig in unserer Studie zur Wahrung der Anonymität auch zitiert werden. Einige der Befragten bestanden aber auf der Verwendung ihres Klarnamens. Wählten bzw. hatten mehrere von ihnen den gleichen Namen, wurde dieser zusätzlich nummeriert.

Die folgenden zweiten und dritten Interviews fanden überwiegend in den jeweiligen Wohnungen unserer Interviewpartnerinnen statt, z.T. in Anwesenheit der Kinder.

Datengrundlage der Studie

Während der zweiten Interviewserie konnten wir noch 82 %[45] der Interviewpartnerinnen befragen, in der dritten war nur eine Interviewpartnerin nicht mehr bereit teilzunehmen, sodass wir beim dritten Interview noch eine Stichprobe von 36 Teilnehmerinnen hatten.[46] Zum Zeitpunkt des dritten Interviews mit den jungen Müttern lebten 29 von ihnen in festen Partnerschaften/Ehen. Zwanzig ihrer Partner waren ebenfalls zu einem Interview bereit, sodass wir eine für qualitative Studien ausreichende Stichprobengröße erreichen konnten.[47]

Die Datengrundlage für den Endbericht bilden insgesamt 131 qualitative Interviews: 47 Erstinterviews mit den jugendlichen Schwangeren, 37 Zweitinterviews mit den nun jungen Müttern, je 20 Interviews mit beiden PartnerInnen, der in festen Partnerschaften lebenden jungen Eltern und sieben Interviews mit jungen Müttern ohne festen Partner.

---

44 Zwei der Interviews mit jungen Mädchen, die sich für einen Schwangerschaftsabbruch entschieden hatten, wurden später nicht in die Auswertung einbezogen. Ursprünglich hatten wir geplant, auch Jugendliche zu befragen, die einen Schwangerschaftsabbruch vornehmen lassen wollten oder vorgenommen hatten. Der Zugang zu den meisten von ihnen war aber verstellt durch die mangelnde Bereitschaft junger Mädchen, sich vor oder kurz nach der für sie schwierigen Entscheidung befragen zu lassen. Eine weitere Hürde ergab sich aber schon im Vorfeld durch die Schwierigkeiten der Schwangerschaftskonfliktberaterinnen, in der zeitlich begrenzten Beratungszeit und bei der Komplexität der Konflikte, die jungen Mädchen überhaupt anzusprechen.

45 Basis sind die 45 ausgewerteten Interviews der ersten Serie. Legen wir die ursprünglichen 47 Interviews zu Grunde, sind es knapp 79 %. Die beiden Interviewpartnerinnen mit Abbrucherfahrungen haben wir nicht mehr befragt, nachdem wir ihnen die Gründe hierfür erläutert hatten.

46 Diese ungewöhnlich hohe Teilnahme über den Zeitraum von ca. zwei Jahren reflektiert das große Interesse der betroffenen Jugendlichen, von ihren Erfahrungen zu berichten, ist aber auch auf z.T. regelrecht detektivische Arbeit zurückzuführen, die wir leisten mussten, um die Jugendlichen jeweils nach ca. einem Jahr wiederzufinden. Sie sind telefonisch schwer zu erreichen, da sie ihre Handy-Rechnungen manchmal nicht bezahlen können, aber auch schriftlich, da sie häufig umziehen, Terminvorschläge nicht oder nicht rechtzeitig beantworten, oder die verabredeten Termine vergessen.

47 Neun der Partner der jungen Mütter waren trotz der intensiven Vermittlungsbemühungen ihrer Partnerinnen nicht bereit, sich befragen zu lassen.

Neun junge Mütter lebten zum Zeitpunkt des dritten Interviews zwar in Paarbeziehungen, ihre Partner waren jedoch zu einem Interview nicht bereit. Die Antworten dieser neun jungen Frauen konnten nicht in die Auswertung der dritten Interviews einbezogen werden, da wir die Analyse auf paarspezifische Aspekte ausgerichtet haben. Bei der Auswertung einiger Fragenkomplexe wurden bei der Analyse der ersten Interviewserie nur 45 Interviews ausgewertet, weil zwei der jungen Schwangeren einen Abbruch vorgenommen hatten oder planten.Vor diesem Hintergrund waren einige Fragen nicht relevant und konnten so auch nicht gestellt werden (z.B. Fragen zu Vorstellungen zum Leben mit Kind). Bei auch für diese beiden Jugendlichen relevanten Fragen wurden ihre Antworten mit in die Analyse einbezogen.

Die Länge der Interviews mit den jungen Schwangeren und dann Müttern variiert von einer Stunde bis mehr als drei Stunden, die der Interviews mit den jungen Vätern von 45 Minuten bis zweieinhalb Stunden. Die auf Tonträger aufgenommenen Interviews wurden von Studierenden nach einheitlichen Vorgaben wörtlich transkribiert, die Transkripte dann von uns anhand der Audiokassetten überprüft und überarbeitet, d.h. Nicht-Verstandenes ergänzt und, bei Hörfehlern, korrigiert.

Teil 2

Die Analysen

Interview 1:

Vorstellungen und Erfahrungen der jugendlichen Schwangeren

Interview 2 und 3:

Lebenssituation junger Mütter ohne Partner und jugendlicher Paare mit Kind

- Junge Mütter ohne Partner
- Junge Eltern in einer Paarbeziehung

Interview 1: Vorstellungen und Erfahrungen der jugendlichen Schwangeren

Im ersten Teil untersuchen wir, welche Vorstellungen die jugendlichen Schwangeren von ihrem zukünftigen Leben haben und welche Perspektiven sie entwickeln. Welche Einstellungen sie zu verschiedenen Lebensbereichen gewonnen und welche Erfahrungen sie mit der Tatsache gemacht haben, sehr früh schwanger geworden zu sein, sind weitere Fragestellungen, mit denen wir uns auseinander setzen werden.

Überblick über die behandelten Themen

Im Kapitel *Lebensentwürfe* der jugendlichen Schwangeren befassen wir uns mit einigen relevanten Aspekten der Lebensplanung der jugendlichen Schwangeren.

Ausgehend von der Annahme, dass die in der Jugendzeit häufig noch nicht klar umrissenen Lebensentwürfe junger Mädchen durch ihre Schwangerschaft und die Entscheidung für das Kind zusätzlich ins Wanken geraten, haben wir uns mit ihren Vorstellungen zum weiteren schulischen bzw. beruflichen Werdegang befasst. Dabei interessiert uns besonders, welche Auswirkungen die Schwangerschaft auf die beruflichen oder schulischen Pläne der Jugendlichen hat: Verfolgen sie z. B. ihre ursprünglichen Berufspläne weiter? Streben sie neue, der künftigen Mutterschaft aus ihrer Sicht angemessenere Ziele an?

Das Konzept des Lebensentwurfs umfasst aber auch die Vorstellungen von Partnerschaft. Die jungen Frauen machen sich während der Schwangerschaft meist intensive Gedanken, wie ihr weiteres Leben mit Kind gestaltet werden soll. Deshalb interessieren wir uns für ihre Einstellungen zu Heirat und „klassischer“ Ehe, besonders aber für die Inhalte, die ihnen für eine Partnerschaft wichtig sind.

Bei unseren Interviewpartnerinnen handelt es sich um Jugendliche, die sich für das Austragen des Kindes entschieden haben. Daher hatten wir uns zum Ziel gesetzt, ihre Einstellungen zu ihrer Schwangerschaft herauszuarbeiten. Hier ist zu unterscheiden, ob die Jugendlichen ihre Schwangerschaft akzeptieren, ob sie ihr ambivalent oder negativ gegenüberstehen bzw. ob sie sie als zum rechten Zeitpunkt oder als überraschend empfinden.

Ein weiterer wesentlicher Aspekt für die Lebensentwürfe und -gestaltung sind die finanziellen Perspektiven, die sie für sich sehen. Diese Dimensionen haben wir ebenfalls analytisch verfolgt, um herauszufinden, wie sie ihre finanzielle Situation als Schwangere beurteilen und wie sie ihre künftige wirtschaftliche Situation einschätzen.

Das Kapitel *Sexualität* beschäftigt sich mit Sexualaufklärung, mit dem Erleben der Kohabitarche, den weiteren sexuellen Erfahrungen und dem Erleben von Sexualität. Ein weiterer wichtiger Aspekt ist dabei die Kommunikation über Kontrazeption mit dem Kindsvater.

Da die jungen Mädchen z. T. schon früh sexuell aktiv waren und schwanger wurden, war von analytischem Interesse, welche Erfahrungen sie mit Sexualaufklärung gemacht haben. Wir sind daher der Frage nachgegangen, wie sie von ihnen genannte Aufklärungsinstanzen und ihr Wissen über Verhütungsmethoden und -mittel beurteilen.

Aber nicht nur Erfahrungen mit Aufklärung und Wissen um Präventionsmöglichkeiten sind relevante Faktoren in der Auseinandersetzung mit jugendlicher Sexualität, sondern auch die Erfahrungen beim „ersten Mal". Sie haben Auswirkungen auf das weitere Sexualverhalten Jugendlicher. In diesem Zusammenhang interessieren wir uns für das Erleben der Kohabitarche und sind den „Mythen vom ersten Mal" und ihren Auswirkungen auf das sexuelle Erleben nachgegangen. Aber auch die situativen Zusammenhänge und die sexuelle Erfahrung des Partners, seine Sensibilität der jungen Frau gegenüber und der Aspekt der Verhütung beim ersten Mal sind hier von Bedeutung.

Anschließend stehen weitere sexuelle Erfahrungen und das Erleben bei nachfolgenden sexuellen Begegnungen im Mittelpunkt. Sie können u. a. auch relevant werden für zukünftiges Präventionsverhalten, ggf. für weitere ungeplante Schwangerschaften, und sie sind grundlegend für die künftige Einstellung zu Sexualität.

Von besonderer Bedeutung für den Bereich Sexualität sind aber auch die Kommunikationsmöglichkeiten über Kontrazeption und die „Erklärungen" der jungen Mädchen für das Zustandekommen der ungeplanten Schwangerschaft.

Beim Thema *Lebensweltlicher Kontext* gehen wir von der Annahme aus, dass das soziale Umfeld eine wichtige Rolle für jugendliche Schwangere spielt. Wissend, dass dieser Kontext sehr komplex ist, haben wir uns bei der Analyse beschränkt auf die Dimensionen: Reaktionen der Herkunftsfamilien und der Gleichaltrigen sowie Unterstützungserfahrungen im sozialen Umfeld.

Die Reaktionen der Eltern, als wichtige Bezugspersonen, auf die frühe Schwangerschaft sind für die jugendlichen Schwangeren von besonderer Bedeutung. Wir sind den Fragen nachgegangen, mit welchen typischen Elternreaktionen sich die jugendlichen Schwangeren auseinander setzen müssen und wie sie ihr Verhältnis zu ihren Eltern einschätzen.

Da auch die Gleichaltrigen im Jugendalter eine besondere Rolle spielen, waren deren Reaktionen auf die Schwangerschaft der Freundin analytisch von Interesse. Sie wirken sich direkt auf die gegenwärtigen und zukünftigen Peerkontakte der jugendlichen Schwangeren aus.

Die Unterstützung im sozialen Nahfeld gewinnt für die jugendlichen Schwangeren eine neue oder andere Bedeutung. Daher haben wir uns mit den Erfahrungen beschäftigt, die die jungen Mädchen mit Unterstützung machen und wie sie sich diesen Angeboten gegenüber verhalten.

Im Kapitel *Medizinische Versorgung und professionelle Unterstützung* wenden wir uns den Kontakten zu medizinischen Versorgungseinrichtungen, Beratungsstellen und Ämtern zu. Die jugendlichen Schwangeren sind nicht nur auf Unterstützung im sozialen Umfeld angewiesen, sondern haben auch neue bzw. anders begründete Kontakte zu Professionellen der verschiedensten Art.

So sind für die Gesundheit des werdenden Kindes Konsultationen bei GynäkologInnen erforderlich. Die jungen Schwangeren nehmen diese Termine z.T. vor dem Hintergrund ihrer Erfahrungen beim ersten Besuch eines Frauenarztes oder einer Frauenärztin wahr. Daher haben wir uns mit ihren Erfahrungen bei der „Erstkonsultation" auseinander gesetzt.

Ihre neuen Lebensumstände bringen es mit sich, dass sie vielfältige neue Kontakte zu diversen Beratungsstellen, Behörden und Ämtern knüpfen müssen. Sie machen dabei unterschiedliche Erfahrungen, die wir näher betrachtet haben. Wir sind besonders daran interessiert, mit welchen Anliegen die jugendlichen Schwangeren sich an die Schwangerenberatungsstellen wenden, welche Erwartungen sie haben und welche Erfahrungen sie dort machen.

In eigenen Angelegenheiten kommen jugendliche Schwangere – häufig zum ersten Mal – in Kontakt mit verschiedenen Behörden. Deshalb werden ihre Erfahrungen insbesondere mit dem Jugendamt und dem Sozialamt aufgegriffen. Sie stellen sich im Erleben der Jugendlichen sehr unterschiedlich dar und bestimmen ihre Lebenssituation als jugendliche Schwangere maßgeblich mit.

Eine Reihe der von uns befragten jugendlichen Schwangeren lebt in unterschiedlichen Einrichtungen. Wir haben uns mit den Motivationen für die Wahl einer institutionellen Wohnform befasst und mit den positiven Erfahrungen, aber auch mit den Schwierigkeiten, von denen sie berichten.

Im Folgenden konzentrieren wir uns auf die Darstellung der Ergebnisse der Analysen. Analog zum „Überblick über die behandelten Themen" werden die Auswertungen zu den einzelnen analytischen Kategorien vorgestellt. Je nach Thema zeigen sich bei den jugendlichen Schwangeren verschiedene Einstellungsmuster, aus denen Einstellungs-, Verhaltens-, Umgangs- oder Reaktionstypen gebildet wurden. Inwieweit diese Muster nach der Geburt der Kinder Bestand haben oder sich verändern, wird im Teil „Interview 2 und 3: Lebenssituation junger Mütter ohne Partner und junger Paare mit Kind" herausgearbeitet.

1 Lebensentwürfe

Diese analytische Kategorie umfasst sechs wesentliche Themenkomplexe. Sie konnten aus den ersten Interviews als Dimensionen dessen erarbeitet werden, was den jugendlichen Schwangeren bezüglich ihrer neuen Lebenssituation als Schwangere und ihren Vorstellungen, „wie es nun weitergeht", wichtig ist. Diese Dimensionen sind:

- berufliche Vorstellungen – differenziert nach: vor und während der Schwangerschaft, mit bzw. ohne Präsenz der Kindsväter – mit den ggf. auftretenden Veränderungen durch die Schwangerschaft;
- Vorstellungen der jugendlichen Schwangeren von Partnerschaft, ebenfalls differenziert nach An- oder Abwesenheit der Kindsväter;
- Einstellungen zur frühen Schwangerschaft differenziert nach An- oder Abwesenheit der Väter der Kinder;
- Gegenwartssituation und Perspektiven der wirtschaftlichen Lage der jugendlichen Schwangeren.

Die Analyse aller Dimensionen basiert auf 45 der 47 Erstinterviews. Zwei Interviews mit Jugendlichen, die einen Schwangerschaftsabbruch vornehmen ließen, wurden hier nicht einbezogen, da sie, wahrscheinlich u.a. wegen des Abbruchs, z.B. keine Veränderungen in ihren beruflichen Vorstellungen thematisieren. Sie haben ihre Einstellung zu einem Kind zum jetzigen Zeitpunkt zudem durch den Abbruch bereits klargestellt.

1.1 Berufliche Vorstellungen

Eine eigene Berufstätigkeit hat für die jugendlichen Schwangeren einen hohen Stellenwert. Stellvertretend für viele unserer Interviewpartnerinnen formuliert Peggy die Bedeutung eines eigenen Berufes (Sie hat zum Zeitpunkt des ersten Interviews noch keinen Schulabschluss und absolviert beim dritten Interview ein Berufsvorbereitungsjahr.):

Peggy: „(Berufstätigkeit ist mir) sehr wichtig, weil, ich möchte meinem Kind irgendwann mal was bieten und möchte meinen Eltern auch zeigen, dass ich was kann, ne. Nicht, dass ich irgendwo dann da stehe und hab nichts und bin dann irgendwo bloß so'n kleiner Sozialhilfeempfänger und kann meinem Kind irgendwo nichts bieten. Und meine Geschwister, die haben ihr Leben dann irgendwo schon erreicht, was sie wollten. Und ich bin dann halt nur die Kleine, die nun halt nichts gemacht hat, nichts erreicht hat in ihrem Leben!" (1. Int. 41, S. 11, 19 Jahre)

Eine Lehre machen bzw. eine begonnene Lehre abschließen möchten 15 der 45 befragten jungen Schwangeren.

14 der Interviewpartnerinnen möchten eine u.a. durch die Schwangerschaft unterbrochene Schulausbildung beenden und dann „auf alle Fälle" eine Lehre machen.

Fünf Schwangere planen, eine Ausbildung im Rahmen weiterführender schulähnlicher Zusammenhänge (z.B. Ausbildung als Kinderpflegerin, Altenpflegerin, aber auch berufsbildendes Jahr nach Beendigung der Schule ohne Abschluss) zu absolvieren bzw. zu beenden.

Zwei Schwangere möchten ein Studium beginnen bzw. fortsetzen.

Ebenfalls zwei Schwangere planen, keine Lehre zu machen, aber nach einer „Babypause" zu arbeiten (ohne genauere Vorstellungen, welche Arbeit sie dann aufnehmen möchten, aber mit der Begründung, dass sie nicht von Sozialhilfe abhängig bleiben oder werden wollen bzw. später einmal eine eigene Rente beziehen möchten).

Sieben junge Frauen haben keine bzw. diffuse Vorstellungen, ob und wie ihre künftige Mutterschaft mit einer Berufstätigkeit zu vereinbaren ist.

Zum Zeitpunkt der Erstbefragung hatten also die meisten jungen Frauen konkrete Ausbildungs- und Berufsziele. Inwieweit diese Wünsche bzw. Pläne durch die Schwangerschaft bereits beeinflusst oder revidiert waren, konnte erst durch die Analyse der Daten überprüft werden. Denn die Angaben z.B. der 15 jungen Frauen, die eine Lehre beginnen oder abschließen möchten, sagen nichts darüber aus, ob sie vor Eintritt der Schwangerschaft eine andere bzw. höhere Qualifikation anstrebten.

Die Analyse der Daten ergab die folgenden beruflichen „Veränderungstypen" während der bzw. durch die Schwangerschaft:

- die Konstanten
- die aktiv Realistischen
- die resignativ Realistischen
- die ganz Jungen
- die durch die Schwangerschaft Stabilisierten
- Sonderbiografien

Zusammenfassend lässt sich sagen, dass die größte Zahl der jugendlichen Schwangeren ihre beruflichen Pläne wegen der Schwangerschaft lediglich aufschieben.

Charakteristika der Konstanten

Die Berufswünsche dieser Gruppe (die *Konstanten*; 20 Mädchen = ca. 44%)[1] haben sich in Anbetracht der Schwangerschaft gegenüber ihren ursprünglichen Plänen nicht oder nicht wesentlich geändert, sie streben einen Schulabschluss und anschließend eine Lehre an oder wollen sie fortsetzen, beabsichtigen, ein Studium zu beginnen oder weiterzuführen bzw. eine schulähnliche Ausbildung in pflegerischen Berufen zu absolvieren.

Deutlich wird bei diesen jugendlichen Schwangeren auch, dass eine eigenständige Berufsausbildung einen hohen Stellenwert für sie hat. Sie bringen mit ihren Motivationen, auch mit Kind eine eigenständige berufliche Absicherung anzustreben, auch zum Ausdruck, dass das „klassische Modell" der Zuständigkeit der Frau für Kind und Haus keine wesentliche Rolle mehr spielt. Die jungen Frauen gehen ganz im Gegenteil gleichsam selbstverständlich davon aus, dass sie sich der „Doppelbelastung" durch die (meist größere oder alleinige) Zuständigkeit für das Kind und eine eigenständige berufliche Tätigkeit stellen werden.

Auffallend ist, dass die Jugendlichen dieses Typus hinsichtlich ihrer Berufsplanung *keine erkennbaren Unterschiede* aufweisen, die auf die *An- oder Abwesenheit der Väter* der Kinder zurückzuführen sind.

Charakteristika der aktiv Realistischen

Auch die jungen Frauen, die ihre beruflichen Ziele der neuen Situation – eines Lebens mit Kind – revidierend angepasst haben (die *aktiv Realistischen*; 7 Mädchen = ca. 15%), betrachten einen eigenen Beruf als wichtig. Sie machen zwar gewisse Abstriche in Richtung einer Realisierbarkeit, gehen aber diese angepassten Berufswünsche motiviert an. Bei ihnen wird ebenfalls deutlich, welchen hohen Stellenwert sie einer eigenständigen beruflichen Zukunft beimessen.

Die beiden jungen Frauen dieses Typs, die ihre Kinder allein aufziehen werden, da die Väter der Kinder nicht mehr präsent sind, fühlen sich – mehr oder weniger explizit geäußert – gerade wegen ihres Status als Alleinerziehende verpflichtet, eine adäquate Ausbildung zu machen. Aus Verantwortung dem Kind gegenüber, aber auch wegen ihrer Rolle als Erziehende mit Vorbildfunktion für das Kind, wollen sie eine Ausbildung abschließen. Äußerungen dieser oder ähnlicher Art wurden von den jungen Frauen, deren Freunde und Väter der Kinder präsent sind, nicht gemacht.

---

1 Alle Prozentzahlen sind gerundet und ergeben auf Grund der Rundung nicht volle 100%.

Charakteristika der resignativ Realistischen

Bei fünf der jugendlichen Schwangeren (die *resignativ Realistischen*; 5 Mädchen = ca. 11%) wurde eine eher resignativ-realistische Einstellung ihrer beruflichen Zukunft gegenüber deutlich. Sie erkennen, ihre früheren beruflichen Vorstellungen lassen sich mit Kind nicht mehr realisieren. Sie finden sich damit ab, entwickeln aber, wenn auch mit z.T. deutlichem Bedauern, neue berufliche Perspektiven.

Vier von ihnen haben einen Partner, nur eine der jugendlichen Schwangeren, die diesem Typ zugeordnet wurde, hat seit einiger Zeit nichts mehr vom Vater des Kindes gehört. Sie hat offenbar sehr problematische Erfahrungen vor der Schwangerschaft gemacht und hatte zu diesem Zeitpunkt keine konkreten Pläne bezüglich eines beruflichen Werdegangs. Sie fügt sich resignativ in ihre jetzige Lebenssituation. Die von ihr geäußerten Berufspläne scheinen aber nicht konkrete Absichten zu reflektieren, sondern wirken eher als Versuch, die gestellte Frage zu beantworten.

Charakteristika der ganz Jungen

Eine kleine Zahl der befragten Schwangeren war zum Zeitpunkt der Befragung sehr jung oder in einem sehr frühen Stadium der Schwangerschaft (die *ganz Jungen*; 4 Mädchen = ca. 9%). Sie wurden von der Schwangerschaft „überrascht“ und konnten in Anbetracht ihres jungen Alters auf diese neuen Lebensumstände kaum mit klaren Berufsvorstellungen reagieren. Die hatten sie vor der Schwangerschaft allerdings auch nicht und sie reagieren mit Bewältigungsstrategien wie „Offenhalten“ möglicher beruflicher Ambitionen: „Mal sehen, was kommt“ oder „Kompensation“ im Sinne von „Das hätte ich sowieso nicht geschafft“.

Auch bei diesem Typus ist *kein Unterschied* der Motive festzustellen zwischen denen, deren *Partner und Väter der Kinder präsent* sind, und der einen Jugendlichen, die von ihrem Freund verlassen wurde.

Charakteristika der Stabilisierten

Eine ebenfalls kleine Zahl von Jugendlichen (die *Stabilisierten* = 3 Mädchen = ca. 7%) hat sich vor dem Hintergrund von schwierigen Biografien (Drogenszene, kriminelles Milieu, Heimkarriere) durch die Schwangerschaft bezüglich beruflicher Pläne stabilisiert. Sie haben sich während der Schwangerschaft z.T. intensiv mit beruflichen Plänen auseinander gesetzt und sind nunmehr motiviert, sie auch umzusetzen, da sie Verantwortung für das Kind tragen.

Die An- bzw. Abwesenheit der Väter hat für diese jungen Frauen keine Auswirkung auf die beruflichen Pläne.

Sonderbiografien

Dem Typus *Sonderbiografien* (6 Mädchen = ca. 13 %) wurden jugendliche Schwangere zugeordnet, deren Lebenssituation in drei Fällen eine konkrete Planung ihrer beruflichen Zukunft nicht zulassen (Asylbewerberinnen). Bei diesen drei jungen Frauen sind die Kindsväter präsent.

Zwei der deutschen Befragten mit „Sonderbiografie“ sind schon Mutter und bereits in der konkreten Situation, ihren Alltag mit Kind und beruflichen Plänen koordinieren zu müssen. Vor dem Hintergrund der Anforderungen durch das Kind treten konkrete berufliche Pläne offenbar in den Hintergrund und werden diffuser. Bei beiden sind die Väter der Kinder nicht mehr präsent. Einer der Kindsväter verunglückte tödlich, der andere ist in Haft, und die jugendliche Mutter hat einen neuen Freund, der die Rolle eines „sozialen Vaters“ zu übernehmen bereit scheint. Die dritte deutsche Jugendliche ist die einzige von allen Interviewpartnerinnen, die schon sehr früh und gezielt schwanger werden wollte. Auch für sie hat offenbar „Beruf“ einen geringen Stellenwert und Berufsvorstellungen bleiben letztlich diffus.

Interviewzitate auf CD-ROM

Die in der Analyse verwandten Interviewpassagen wurden durchnummeriert und auf einer CD-ROM verfügbar gemacht. Hier finden Sie alle Interviews zu diesem Unterkapitel

Die Konstanten	Nr. 1 - 8
Die aktiv Realistischen	Nr. 9 - 12
Die resignativ Realistischen	Nr. 13 - 15
Die ganz Jungen	Nr. 16 - 20
Die durch die Schwangerschaft Stabilisierten	Nr. 21 - 23
Sonderbiografien	Nr. 24 - 27

Für jeden Typus wurden die Interviewpassagen differenziert nach An- oder Abwesenheit des Kindsvaters

Interviewauszug: Die resignativ Realistischen

Als typisch für diesen resignativen Realismus soll hier eine junge Schwangere zitiert werden, die die zwölfte Klasse eines Gymnasiums besucht und ihr Abitur auch mit Kind machen möchte, sich aber nicht sicher ist, ob sie das auch schafft.

Dieses Beispiel soll zeigen, welche Art von Interviewaussagen Grundlage für die analytische Entwicklung der verschiedenen Veränderungstypen waren. Auch in späteren Abschnitten dieses Teils der Studie werden Beispiele von Passagen aus Interviews zur Veranschaulichung der analytischen Arbeit eingefügt.

Ophelia: „Na, meine Zukunft hab ich mir schön vorgestellt. Ich hab mir, also ich ... ich hab mich auch nie gebunden so an Orte oder so. Ich wollte ... auf jeden Fall viel Geld verdienen, das hab ich mir immer gewünscht. Und ich wollte halt 'nen guten Beruf, 'nen guten Schulabschluss machen (Abitur) und, ja ich wollte, ich wusst nicht, aber ich wollte gern ins Ausland, auf jeden Fall, gehen ... Und ich hätte gerne in England halt was gemacht, so, da studiert, oder in irgendeinem anderen Land. Aber – Ja (resignativ).

Frage: Und welche Vorstellungen hast du jetzt von deiner Zukunft?

Ophelia: Na, jetzt krieg ich halt 'n Baby, und ich möchte auf jeden Fall, – was ich halt versuche, – ich möchte die Schule versuchen zu Ende zu machen, wenn ich das zeitlich schaffe. Und, ja, falls ich das mit dem Abitur nicht schaffe, will ich auf jeden Fall das Fach-Abi machen. Und dann, ja, überleg ich halt, dann wollte ich vielleicht ... 'ne Ausbildung machen nach dem Fach-Abi. Also ich wollte auf keinen Fall so 'n Jahr aussetzen oder so. Weil ich halt – ja, weil ich denke ... das erfüllt mich, glaub ich, nicht, wenn ich so den ganzen Tag nur, – ich mein, das ist ja auch schön, so 'n Kind, aber ich glaub, ich müsste auch noch was anderes haben, außer so 'n Kind immer den ganzen Tag. [...]

Ophelia: Und ich möchte auf jeden Fall, – also arbeiten. Das ist für mich voll wichtig. Dass ich halt so nicht irgendwie so nur zu Hause rumhänge. Weil, ich mein, der ... (Vater ihres Kindes) – wenn ich jetzt mit dem zusammenbleibe – der ist in zwei Jahren mit seinem Studium fertig – dann könnt ich genauso gut sagen, ich zieh jetzt das Kind groß und er geht arbeiten und – aber das will ich nicht. Also ich will schon irgendwas machen auch." (1. Int. 14, S. 5 f., 18 Jahre)

Aus diesen Äußerungen wird sehr deutlich, dass die 18-jährige Gymnasiastin die Aussichten, die sie mit Kind für sich als realisierbar ansieht, als Abstrich von ihren ursprünglichen beruflichen Zukunftsplänen empfindet. Sie erkennt aber, dass sich ihre Pläne, im Ausland zu studieren, mit Kind nicht mehr realisieren lassen und stellt ebenfalls in Zweifel, ob sie das Abitur jetzt noch schaffen kann. Sie passt sich den neuen Gegebenheiten eines Lebens mit Kind zwar an, indem sie ggf. „nur" das Fachabitur anstrebt. Sie fühlt sich zudem mit dem Gedanken an eine „Nur-Mutter-Rolle" nicht ausgefüllt. Ophelia ist eine typische Vertreterin der jungen Frauen, die ihre Mutterschaft explizit mit einer Berufstätigkeit verbinden möchten, die einer eigenen beruflichen Tätigkeit einen hohen Stellenwert für ihre Persönlichkeitsentwicklung zumessen. Bei ihr kommt noch hinzu, dass sie nicht sicher ist, ob sie auf Dauer mit ihrem Freund und Vater des Kindes zusammenbleiben möchte.

1.2 Allgemeine Vorstellungen von Partnerschaft

Der folgende Teil der Untersuchung befasst sich mit den Vorstellungen der befragten jugendlichen Schwangeren zu Partnerschaft und Ehe. Dabei ergeben sich aus den Daten zwei Aspekte, die von den jungen Frauen als wichtig erachtet werden, nämlich ihre Erwartungen in Bezug auf Heirat und traditionelle Ehe und die Inhalte der Vorstellungen von Partnerschaft und Ehe.

Aus den Daten werden Wertvorstellungen erkennbar, die ihnen als Grundlage ihrer Beziehungen als unabdingbar erscheinen, denen sie sich verpflichtet fühlen und die sie auch von ihren Partnern vertreten sehen möchten.

Die von den jugendlichen Schwangeren formulierten Wertvorstellungen machen – gleichsam zwischen den Zeilen – deutlich, dass sie z.T. hohe Erwartungen an ihre Partner bzw. an eine Beziehung haben. Aus den Äußerungen kann jedoch nicht ohne weiteres geschlossen werden, dass die Jugendlichen glauben, dass sich diese Vorstellungen (wie z.B. *Treue, Offenheit/Ehrlichkeit, gegenseitiges Vertrauen*), „wie es sein sollte", mit ihren Freunden oder zukünftigen Partnern auch ungebrochen realisieren lassen. Dem stehen z.T. negative Erfahrungen entgegen – insbesondere bei den Jugendlichen, deren Partner nicht mehr präsent sind, aber auch bei einigen jungen Schwangeren, die mit den Vätern der Kinder noch zusammen sind und mit ihnen schon Erfahrungen wie Unzuverlässigkeit, Unehrlichkeit oder fehlende Treue gemacht haben.

Gleichzeitig wird erkennbar, dass es sich um eine Art „sprachlichen Rückzugs" auf Begriffe handelt, von denen die Jugendlichen glauben, sich gegenüber der Interviewerin verständlich machen zu können. Es handelt sich dabei jedoch um mehr oder weniger beliebig interpretierbare und für die Jugendlichen wohl kaum präzise formulierbare Vorstellungen.[2] Nachfragen, was sie darunter verstehen, können selten beantwortet werden oder machen deutlich, welche z.T. noch diffusen Vorstellungen hinter diesen konventionalisierten Begrifflichkeiten stecken.

Die von den jugendlichen Schwangeren formulierten allgemeinen Vorstellungen von Partnerschaft zeigen, dass sie ihre Wünsche an die Beziehungen in einem hohen Maße an ihren jeweils spezifischen Erfahrungen mit den Kindsvätern oder früheren Freunden messen. Sie haben sich z.T. bereits weit gehend von jugend-typischen Vorstellungen, „wie es sein sollte", entfernt und passen ihre Wünsche bis zu einem gewissen Grad an das – aus ihrer Sicht – mit den jungen Männern ihres Umfeldes „Machbare" an. Sie streben harmonische Beziehungen zwar an, wissen aber aus ihren Erfahrungen und daraus abgeleiteten Erkenntnissen, dass es keine durchgängige Harmonie geben kann. Allein die Häufigkeit, mit der diese Thematik angesprochen wird, zeigt aber auch, wie problema-

2 Es sei dahingestellt, ob erwachsene Interviewpartnerinnen solche Vorstellungen ohne weiteres konkretisieren könnten.

tisch sich ihre Erfahrungen, mit wahrscheinlich oft konfliktbeladenen und durch Streit gekennzeichneten Beziehungen, für sie darstellen. Nur wenige junge Frauen berichten von einer Beziehung mit wenig Streit und gegenseitigem Verständnis. Der Differenzierungsgrad dessen, was sie unter harmonischen Beziehungen verstehen, ist nach Erfahrung, sozialem Milieu und Alter der Befragten natürlich höchst unterschiedlich.

Ein fast gleich bedeutsamer Aspekt ihrer Vorstellungen von Partnerschaft ist die *Übernahme von Verantwortung für das Kind*. Sie selbst betonen ihre Verantwortung für das Kind, stellen sehr häufig ihre Lebensplanungen, z.B. in Bezug auf die eigene Berufsbildung, auf ein Leben mit Kind ein. Sie erwarten oder erhoffen sich Partner, die sich ebenfalls verantwortlich zeigen, denn die jungen Frauen sind überwiegend der Meinung, das Kind brauche einen Vater. Sie machen ebenfalls deutlich, dass sie in ihrer Partnerschaft das Gefühl haben möchten, der Kindsvater „kümmere" sich auch um sie.

Ein weiterer für die jungen Frauen wichtiger Punkt ist der *Bestand der Beziehung*. Selbst meist sehr jung, empfinden sie ihre Beziehungen häufig als noch nicht stabil und befürchten, in Zukunft von den Kindsvätern verlassen zu werden oder sie haben z.T. diese Erfahrung bereits gemacht. Sie fordern von ihren Partnern ein, zu ihnen und ihrem (gemeinsamen) Kind zu stehen oder von einem neuen Partner mit ihnen und ihrem Kind eine feste und dauerhafte Beziehung einzugehen und verantwortlich die Rolle des sozialen Vaters zu übernehmen.

Einige der jungen Frauen vertreten jedoch auch andere Auffassungen. Sie haben in ihrem sozialen Umfeld Erfahrungen mit Scheidungen und nicht beständigen Partnerschaften gemacht, die sie zu dem Schluss kommen lassen, *dauerhafte Beziehungen/Ehen seien unrealistisch und für sie nicht wünschenswert*.

Das Gelingen einer Partnerschaft steht für eine Reihe der Befragten in engem Zusammenhang mit der Fähigkeit und Bereitschaft eines Paares, konstruktiv streiten und anstehende Probleme gemeinsam lösen zu können. Für sie sind der Umgang mit *Streit und die Möglichkeiten der Problemlösungen* in einer Partnerschaft wichtiger als die Vermeidung von Streit.

Sind viele der jugendlichen Schwangeren an Nähe und gemeinsamen Aktivitäten mit dem Kindsvater interessiert, so steht doch für einige der jungen Frauen das Gelingen einer stabilen Partnerschaft mit *gegenseitigen Zugeständnissen von Freiräumen* in Verbindung. Zu große Nähe und einengende Eifersucht, aber auch das Gefühl kontrolliert zu werden, sehen sie als Bedrohung für Beziehungen, die sie deshalb entweder schon selbst beendet haben bzw. auf Dauer nicht weiterführen möchten. Oder sie empfinden sie gleichsam als „Falle", aus der sie zwar noch keinen Ausweg gefunden haben, aber sie stellen auf jeden Fall Bedingungen für den Bestand der Beziehung. Ihr Beharren auf eigenen Spielräumen in der Beziehung kann auch als Gegenwehr gegen Dominierungsversuche der Kindsväter (und Erfahrungen damit) verstanden werden, die sie als bedrohlich für sich und ihre Partnerschaft erleben.

Einige jugendliche Schwangere sehen auch in *Heiterkeit, „Spaß haben" und gemeinsamen Unternehmungen*, wie gemeinsamer Discobesuch oder Einkaufsbummel, wichtige Faktoren für gelingende Partnerschaften, und erwarten von ihren Partnern die Bereitschaft diese Wünsche zu teilen. Das Einbeziehen des Kindes in gemeinsame Aktivitäten hat für sie dabei eine große Bedeutung.

Vergleichsweise selten betonen die Befragten explizit die Bedeutung *materieller Absicherung* durch den Partner oder die Belastung der Beziehung durch finanzielle Probleme. Auch hier spielen offensichtlich Erfahrungen mit dem Partner vor dem Hintergrund der Schwangerschaft die ausschlaggebende Rolle für die allgemeinen Aussagen zu Vorstellungen von Partnerschaft. Implizit hingegen wird an vielen Stellen der Interviews deutlich, dass die materielle Zukunftssicherung nicht nur als wichtig angesehen, sondern z.T. sogar als Bedingung für den Weiterbestand der Beziehung gestellt wird.

Einige junge Schwangere verdeutlichen auch, dass sie in der Partnerschaft Wert auf ausgewogenes „Geben und Nehmen" legen. Fehlt diese Ausgewogenheit, fühlen sich die werdenden Mütter *ausgenutzt*, insbesondere dann, wenn der Partner seine Interessen einseitig durchzusetzen versucht.

Unsere Studie spiegelt die sich auch in anderen Jugendstudien abzeichnende Tendenz wider, nach der gerade sehr junge Mädchen durchaus „traditionelle" Sichtweisen von Ehe und Familie vertreten und heiraten möchten. Es kann nicht überraschen, wenn der *Wunsch zu heiraten* bei den Jugendlichen, deren *Partner und Kindsvater während der Schwangerschaft präsent* ist, deutlich stärker ausgeprägt ist als bei denen, die ihr Kind ohne Unterstützung des Partners bekommen. Sie haben die Erfahrung gemacht, dass auf den *Vater des Kindes wenig Verlass* ist und entwickeln nicht zuletzt vor dem Hintergrund dieser Erfahrung vergleichsweise häufiger eine *ablehnende Haltung* gegenüber einer legalisierten Beziehung.

Interviewzitate auf CD-ROM

Die in der Analyse verwandten Interviewpassagen wurden durchnummeriert und auf einer CD-ROM verfügbar gemacht. Hier finden Sie alle Interviews zu diesem Unterkapitel

Wertvorstellung	Nr. 28 - 37
Inhalte der Vorstellungen von Partnerschaft	Nr. 38 - 68

Differenziert nach: gegenseitiges Verständnis und wenig Streit, Übernahme von Verantwortung für das Kind, Bestand der Beziehung, Problemlösung, gegenseitiges Zugeständnis von Freiräumen, Gemeinsamkeit, materielle Absicherung, keine Ausnutzung

Erwartungen in Bezug auf Heirat	Nr. 69 - 75

Differenziert nach: An- bzw. Abwesenheit der Partner

1.3 Einstellungen zur frühen Schwangerschaft

„Der biographische Übergang in die Elternschaft ist auch heute in der Regel ***nicht*** das Ergebnis eines rationalen Planungsprozesses auf individueller Grundlage; nicht einmal das Ergebnis eines Entscheidungsprozesses im engeren Sinn."[3]

Was Burkart für Schwangerschaften allgemein formuliert, trifft in besonderem Maße auf die frühen Schwangerschaften unserer Interviewpartnerinnen zu. Bis auf wenige Ausnahmen sind die Befragten ungeplant schwanger geworden. Der Begriff „ungeplant" ist u.a. auf den Zeitpunkt der Schwangerschaft bezogen, er bedeutet aber auch bei einigen unserer Interviewpartnerinnen „nicht zwangsläufig unerwünscht beziehungsweise als in der Möglichkeit nicht erwogen".[4]

Ähnlich wie Osthoff[5] beschreibt, darf bei den Reaktionen der jugendlichen Schwangeren auf die frühe Schwangerschaft die Bedeutung ihres sozialen Umfeldes nicht außer Acht gelassen werden. Diese Reaktionen der den Jugendlichen nahe stehenden Personen, besonders die der Kindsväter, spielen bei den jugendlichen Schwangeren eine wichtige Rolle. Die Einstellung der Interviewpartnerinnen zu ihrer frühen Schwangerschaft kann durch vier Typen beschrieben werden:

- Akzeptanz der frühen Schwangerschaft
- Ambivalenz und negative Einschätzung
- Schwangerschaft zum rechten Zeitpunkt
- Überraschende Schwangerschaft

Die weitaus meisten der Schwangerschaften der jungen Frauen unserer Stichprobe waren ungeplant. Doch wie schon oben ausgeführt, folgt daraus nicht zwingend die Unerwünschtheit oder gar Ablehnung einer Schwangerschaft. Zahlreiche Varianten der Reaktion auf die Gewissheit, schwanger zu sein, zeigen sich dementsprechend bei unseren Interviewpartnerinnen. Sie reichen von einer sofortigen Annahme der Schwangerschaft und Freude darüber, über Ambivalenz der neuen Situation gegenüber bis hin zu einer spontanen Ablehnung und erst späteren Akzeptanz.

3 Burkart (1997), S. 127, Hervorhebung im Original
4 Wimmer-Puchinger (1982), S. 99, zitiert nach Vaskovics (1997), S. 156 f.
5 Osthoff (1999), S. 91 ff.

Akzeptanz der frühen Schwangerschaft

Dem Einstellungstypus *Akzeptanz* konnte die überwiegende Mehrzahl unserer Interviewpartnerinnen (27 = 60%) zugeordnet werden. Sie machen – unterschiedlich nuanciert – deutlich, dass ihre Schwangerschaft zum jetzigen Zeitpunkt nicht geplant war. Sie empfinden sie als zu früh, freuen sich nun aber auf das Kind. Bei den meisten von ihnen sind die Kindsväter präsent, sechs der jugendlichen Schwangeren werden ihr Kind ohne den Kindsvater bekommen.

Ambivalenz und negative Einschätzung

Fünf unserer Gesprächspartnerinnen (bei drei von ihnen ist der Vater des Kindes präsent) betonen, die Tatsache, jetzt schon schwanger zu sein und Mutter zu werden, löst bei ihnen erkennbar *ambivalente bis negative Einschätzungen* aus. Ambivalenz ist einerseits gekennzeichnet durch Ängste bezüglich ihrer Fähigkeiten, so jung eine gute Mutter sein zu können und Trauer wegen des Verlusts der Möglichkeit, an jugendspezifischen Aktivitäten teilzunehmen. Aber andererseits ist sie auch charakterisiert durch die positive Gewissheit, noch jung zu sein, wenn das Kind größer ist. Negative Einschätzungen werden u.a. deutlich in Ängsten, für Erziehungsverantwortung zu jung zu sein.

Schwangerschaft zum rechten Zeitpunkt

Sechs der befragten Jugendlichen (drei von ihnen ohne Präsenz des Kindsvaters) äußern sich dahin gehend, zum richtigen Zeitpunkt schwanger geworden zu sein. Sie argumentieren entweder pragmatisch, dass ihre und des Kindes Existenz durch die Einrichtung, in der sie leben, gesichert ist und sie selbst anspruchslos seien. Oder aber sie begründen ideell, dass sie sich z.B. schon seit Jahren ein Kind gewünscht hätten.

Überraschende Schwangerschaft

Bei zwei sehr jungen Schwangeren (14 und 16 Jahre alt, beide ohne Beziehung zum Kindsvater) lagen Familie und Kinder noch jenseits des Denkhorizonts. Für eine 18-Jährige kam die Nachricht insofern überraschend, als sie während früherer gynäkologischer Probleme die Information erhalten hatte, ohne Hormonbehandlung nicht schwanger werden zu können. Die beiden sehr jungen Schwangeren entwickelten eine pragmatische Einstellung gegenüber der *überraschenden Schwangerschaft* und arrangieren sich mit ihrer neuen Situation. Die Ältere zeigt eine negative Einstellung mit Klagen über zu wenig Hilfen und fühlt sich überfordert.

Interviewzitate auf CD-ROM

Die in der Analyse verwandten Interviewpassagen wurden durchnummeriert und auf einer CD-ROM verfügbar gemacht. Hier finden Sie alle Interviews zu diesem Unterkapitel

Akzeptanz der frühen Schwangerschaft	Nr. 76 - 81
Ambivalenz und negative Einschätzung	Nr. 82 - 86
Schwanger zum richtigen Zeitpunkt	Nr. 87 - 88
Überraschende Schwangerschaft	Nr. 89

1.4 Wirtschaftliche Situation

Bei der Auseinandersetzung mit ihrer neuen Lebenssituation spielt die Sorge um die gegenwärtige sowie künftige materielle und finanzielle Absicherung für die jungen Schwangeren eine große Rolle. Daher baten wir sie, ihre wirtschaftliche Situation einzuschätzen – auch bereits mit Blick auf das spätere Leben mit Kind. Die jungen Frauen schilderten ihre momentane Lebenssituation und nannten uns die Grundlagen ihrer Existenzsicherung, soweit sie diese bereits überschauen konnten.

Art der Existenzsicherung

Kaum mehr als ein Drittel der Interviewteilnehmerinnen gibt an, hauptsächlich durch die Jugendhilfe abgesichert zu sein. Die Mädchen leben in einer Mutter-Kind-Einrichtung, in Wohnungen mit Betreuung oder in einem (Flüchtlings-)Kinderheim. Mehr als die Hälfte von ihnen erhält finanzielle Hilfe durch die Eltern oder nahe Verwandte, wobei die elterliche Unterstützung sehr unterschiedlich ausfällt: von gelegentlichen Zuwendungen (10 bis 25 €) bis zu regelmäßigen (Unterhalts-)Zahlungen von einigen 100 € (z.B. auf Grund von Zuzahlungsverpflichtungen für die Unterbringung der Schwangeren).

Geringfügig weniger als ein Drittel der Befragten lebt noch bei den Eltern oder einem Elternteil, mehrheitlich bei den Müttern, die z.T. Sozialhilfeempfängerinnen sind und allein für den Unterhalt sorgen.

Sechs junge Frauen geben an, weit gehend von eigenen Einkünften (z.B. Ausbildungsentgelt) zu leben, wobei vier von ihnen auf zusätzliche Unterstützung von ihren Eltern zurückgreifen und bislang bei diesen wohnen konnten.

Ein weiterer Teil nennt als Lebensgrundlage eine Kombination aus kontinuierlichen staatlichen Leistungen (Sozial-, Jugendhilfe) und/oder befristeten schwangerschaftsbedingten Unterstützungen, kombiniert mit privater finanzieller Hilfe von Verwandten, eigenen Eltern, Eltern des Freundes oder vom Freund selbst. Diese jungen Frauen wohnen entweder allein oder bereits mit ihrem Freund zusammen, eine noch bei ihren Eltern.

Vier Schwangere leben von den Einkünften ihrer Kindsväter, wobei drei von ihnen mit ihrem Freund in einer gemeinsamen Mietwohnung leben. Zwei von ihnen werden daneben von ihren Eltern bzw. einem Elternteil unterstützt.

Zwei allein lebende und eine bei ihren Eltern lebende Volljährige bekommen keinerlei Zuwendungen von ihren Eltern oder lehnen die Vorstellung ab, von ihren Eltern Geld anzunehmen. Sie sind allein auf staatliche Leistungen angewiesen.

Typologie zum Umgang mit der Situation

Die Einstellungen, die die jungen Schwangeren zu ihrer veränderten wirtschaftlichen Situation haben, sind von verschiedenen Faktoren abhängig und je nach individueller Lebenslage, persönlicher Reife, Konsumorientierung, gewohntem Lebensstandard u. Ä. sehr unterschiedlich.

Zur Beurteilung ihrer derzeitigen wirtschaftlichen Situation und zum Umgang mit den Veränderungen ergibt sich folgende Einstellungs- bzw. Verhaltenstypologie:

Die *Pragmatischen* nehmen ihre finanzielle Lage als gegeben hin, auch wenn sie angespannt ist. Zum Teil haben die jungen Frauen bereits vor ihrer Schwangerschaft eigenverantwortlich mit geringen finanziellen Mitteln auskommen müssen. Dies erklärt ihren pragmatischen Umgang mit Geld, der sie in die Lage versetzt, auch mit nur „kleinem Geldbeutel" alle für die Geburt ihres Kindes notwendigen Einkäufe zu tätigen. So greifen sie auf kostengünstigste Einkaufsmöglichkeiten zurück (z. B. über Kleinanzeigen „Gebrauchsgüter aus zweiter Hand").

Im Gegensatz hierzu sind einige andere junge Schwangere sehr zufrieden mit dem Umfang staatlicher Unterstützung, besonders diejenigen, die nun über mehr Geld als vor ihrer Schwangerschaft verfügen. In der Regel gelingt es ihnen, alles für ihr Kind Notwendige zu beschaffen und mit ihrem Geld hauszuhalten. Sie haben kaum Ausgaben für Freizeitaktivitäten oder Konsumgüter und ihre materiellen Ansprüche sind eher bescheiden: die *Zufriedenen*.

Dagegen bemängeln die *Unzufriedenen*, die staatlichen Leistungen seien nicht ausreichend und erlaubten es ihnen kaum, sich persönliche Wünsche (z. B. einen Frisörbesuch) zu erfüllen. Sie klagen über Schwierigkeiten, sich mit dieser Situation zu arrangieren und bedauern es, ihren vor der Schwangerschaft gewohnten Lebensstandard senken zu müssen.

Die *Sich-Einschränkenden*, die zwar eine Verschlechterung ihrer finanziellen Situation feststellen – besonders im Vergleich zu der vor ihrer Schwangerschaft –, zeigen sich dennoch optimistisch, mit den finanziellen Mitteln zurechtzukommen. Sie stellen sich auf ihre neue wirtschaftliche Situation ein, indem sie z.B. ihre Kaufgewohnheiten ändern und persönliche Wünsche zurückstellen. Dabei weisen einige von ihnen darauf hin, den Umgang mit Geld bereits erlernt zu haben.

Wie deutlich wird, sind die meisten jugendlichen Schwangeren bereit, die neuen Lebensbedingungen zu akzeptieren und sich den veränderten wirtschaftlichen Verhältnissen anzupassen, selbst wenn sie diese als schwierig oder gar als Verschlechterung erleben. Viele der Mädchen haben Überlegungen angestellt, wie sie mit ihren finanziellen Mitteln auskommen können, beispielsweise indem sie sich bei aufschiebbaren oder unnötigen Anschaffungen selbst disziplinieren. Und sie haben Strategien entwickelt, um sich eine positive oder optimistische Einstellung zu ihrer finanziellen Situation aufrechterhalten zu können. Sie halten sich z.B. einen konkreten Zeitraum der Entbehrungen vor Augen – etwa bis der Kindsvater seine Ausbildung beendet haben wird und ein höheres Gehalt beziehen wird.

Angesichts ihres jugendlichen Alters ist es besonders bemerkenswert, wie sehr sie als Schwangere bereit und in der Lage sind, die Befriedigung ihrer Bedürfnisse – z.T. explizit auf Grund empfundener Verantwortung für ihr Kind – zurückzustellen. Dies wird durch zwei weitere Typen bestätigt, die sich bei der Frage herauskristallisierten, wie sich die jungen Frauen ihre wirtschaftliche Situation nach der Geburt ihres Kindes vorstellen: die *Verzichtenden* und die *Bescheidenen*.

Für einige junge Schwangere ist allerdings die Einschätzung ihrer wirtschaftlichen Situation nach der Geburt ihres Kindes zu diesem Zeitpunkt kaum möglich. Sie können die für den Unterhalt eines Kindes anfallenden Kosten nicht überblicken oder sie haben noch keine abschließenden Bescheide über die Höhe staatlicher oder anderer Unterstützungen.

Gründe für verschiedene Einstellungen

Ob die jugendlichen Schwangeren ihre jetzige und künftige wirtschaftliche Lage eher positiv oder negativ beurteilen und wie sie mit ihrem Geld zurechtkommen, hängt vielfach von ihrer Lebenssituation und ihren bisherigen Erfahrungen ab. Haben sie Unterstützungszusagen aus ihrem sozialen Umfeld und übernimmt der Vater ihres Kindes ebenso viel Verantwortung wie sie selbst, wirkt sich dies positiv auf ihre Einstellung aus, da sie die Sorge um die Existenzsicherung nicht allein tragen müssen.

Ein anderer Aspekt ist der gewohnte Lebensstandard der jungen Frauen: Eine Auszubildende, die mietfrei bei ihren Eltern lebt und bisher frei über ihr Ausbildungsgehalt verfügen, sich ihre Wünsche weit gehend erfüllen und dabei noch regelmäßig Geld zurücklegen konnte, mag größere Schwierigkeiten haben, mit der neuen finanziellen Situation zurechtzukommen als eine aus sozial weniger privilegierten Familienverhältnissen stammende Schulpflichtige, die vor ihrer Schwangerschaft in der Regel über sehr wenig Geld verfügte und möglicherweise „Trebeerfahrungen" hat. Mädchen, die bislang unter schwierigeren Umständen leben mussten, haben häufig auch als Schwangere geringere materielle Ansprüche als andere mit gut situiertem familiären Hintergrund. Vielfach mussten sie lernen, mit geringen finanziellen Mitteln auszukommen und können sich deshalb in der neuen Situation, die in jedem Fall größere Anschaffungen allein schon des Kindes wegen erfordert, schneller zurechtfinden. Andererseits besteht bei ihnen auch die Gefahr, dass sie sich bei ihren Ausgaben finanziell übernehmen, da sie nun über einen monatlichen Etat verfügen, der für sie zuvor unerreichbar war, denn schließlich muss auch der Umgang mit *mehr* Geld erlernt werden.

Wie flexibel sich die Jugendlichen auf ihre neue finanzielle Situation einstellen und wie gut sie mit ihren Mitteln haushalten können, hängt auch davon ab, inwieweit sie den eigenverantwortlichen, planerischen und vorausschauenden Umgang mit Geld beherrschen. Doch selbst wenn sie bereits mit Geld umgehen können, bewegen sie sich in ihrer neuen Situation als jugendliche Schwangere auf unsicherem „Terrain", was finanzielle Belastungen und Planungen anbetrifft. Die Unerfahrenheit auf manchen Gebieten des alltäglichen Lebens – beispielsweise das Beziehen einer Wohnung – macht es ihnen schwer, die auf sie zukommenden Ausgaben einzuschätzen.

Interviewzitate auf CD-ROM

Für Interessierte wurden die in der Analyse verwandten Interviewpassagen durchnummeriert und auf einer CD-ROM verfügbar gemacht. Hier finden Sie alle Interviews zu diesem Unterkapitel

Beurteilung der momentanen wirtschaftlichen Situation — Nr. 90 - 96

Differenziert nach: die Pragmatischen, die Unzufriedenen, die Zufriedenen, die sich Einschränkenden, die Bescheidenen

Beurteilung der zukünftigen Situation mit Kind — Nr. 97 - 101

Differenziert nach: die Verzichtenden und die Bescheidenen

2 Sexualität

In diesem Kapitel werden verschiedene Themenkomplexe der Kategorie Sexualität betrachtet, die bei sexueller Aktivität im Jugendalter für junge Mädchen wichtig sind. Es handelt sich dabei um Themenkomplexe, die aus den Interviewdaten erarbeitet werden konnten. Sie können als Dimensionen dessen betrachtet werden, was die jugendlichen Schwangeren als wichtig erachten, wenn es um ihre Sexualität und die Gründe für das Entstehen der Schwangerschaft geht.

Diese Dimensionen gewähren sowohl quantitative als auch inhaltliche Einblicke und verdeutlichen Aspekte der für die jungen Frauen lebensweltlich bedeutsamen Facetten von Sexualität.

- Sexualaufklärung und Wissen über Verhütungsmethoden bzw. -mittel
- Das „erste Mal“: Erleben des ersten Geschlechtsverkehrs und Kontrazeption
- Weitere sexuelle Erfahrungen und Erleben von Sexualität
- Schwanger – warum? Kommunikation über Kontrazeption mit dem Kindsvater

Im folgenden Text sind die Daten aus allen 47 Leitfadengesprächen der ersten Interviewserie analytisch berücksichtigt, denn auch die beiden Jugendlichen, die einen Schwangerschaftsabbruch vornehmen ließen bzw. planten, haben relevante Aussagen zu den hier interessierenden Themen machen können.

2.1 Sexualaufklärung und Wissen über Verhütungsmethoden bzw. -mittel

Bei diesem Thema sind wir besonders daran interessiert, Einblicke (aus der Sicht der jungen Schwangeren) zu gewinnen, welche „Instanzen“ die Aufklärung übernommen bzw. Informationen vermittelt haben, wie die Inhalte der erfahrenen Aufklärung aussehen und welches Wissen über Verhütungs- bzw. Kontrazeptionsmethoden und -mittel vorhanden ist. Wichtig ist uns auch herauszufinden, welchen Stellenwert diese Informationsquellen und die dort erhaltenen Informationen für die jungen Frauen haben.

Informationsquellen

Ein quantitativer Überblick (Mehrfachnennungen) ergibt, dass unsere 47 Interviewpartnerinnen am häufigsten Freundinnen/Gleichaltrigengruppe nennen, über die sie Informationen zum Themenbereich Sexualität erhalten haben. Eltern/Verwandte und Schule werden fast ebenso häufig genannt, gefolgt von diversen Medien (von Kinderbüchern über meist während der frühen Pubertät konsumierte einschlägige Jugendzeitschriften und Fernsehen/Filme bis hin zu pornografischen Materialien). Viel seltener werden ältere Geschwister genannt, ebenso selten Erzieherinnen, wenn die jungen Frauen in Einrichtungen leben bzw. lebten.

Bemerkenswert erscheint in diesem Zusammenhang, dass Aufklärung durch Institutionen wie Beratungsstellen oder durch GynäkologInnen von den insgesamt 47 Interviewpartnerinnen je nur zweimal genannt werden. Acht junge Frauen betonen, dass sie nicht aufgeklärt wurden oder in der Pubertät keine Ansprechpersonen für Fragen zur Sexualität hatten.[6]

Die meisten unserer Gesprächspartnerinnen geben mehrere Quellen bzw. Personen an, mit denen sie sich über Sexualität unterhalten bzw. von denen sie aufklärendes Wissen vermittelt bekommen haben.

Einige von ihnen betonen, ihr Wissen über Sexualität „nur durch eigene Erfahrung" gewonnen zu haben, obwohl sie an anderer Stelle auch angeben, z. B. noch andere Personen als AnsprechpartnerInnen gehabt zu haben. Diesen wird jedoch offensichtlich kein besonderer Stellenwert beigemessen, wenn es um die subjektive Sicht geht, ob sie von anderen Personen oder Institutionen über sexuelle Themen ausreichend und adäquat informiert bzw. aufgeklärt worden sind. So berichtet z. B. eine 19-Jährige:

FRAGE: „Bist du irgendwann mal aufgeklärt worden?

ALEX: Nee, das hat sich so selber (ergeben).

FRAGE: Hattet ihr überhaupt nie in der Schule so was wie Sexualkunde?

ALEX: Doch, aber nur ganz kurz. Und da haben wir gar nicht ausführlich drüber geschwätzt.

FRAGE: Und von deinen Eltern bist du auch nicht aufgeklärt worden?

ALEX: Nee, mit denen hab ich nicht so drüber geredet.

FRAGE: Und wie hast du dann überhaupt über Sex, was man so wissen will als Kind und Jugendliche, erfahren?

ALEX: Jetzt mit Freunden, so geschwätzt."
(1. Int. 36, S. 24, 19 Jahre)

Die Jugendliche macht nicht nur deutlich, dass sich ihre „Aufklärung" gleichsam „von selbst" ergeben hat, sie betont auch, dass andere Informationsquellen für sie keinen bedeutsamen Stellenwert hatten. Die schulische Behandlung des Themas war ihr nicht ausführlich genug, mit den Eltern hat sie „nicht so drüber geredet" und der Austausch mit Gleichaltrigen war für sie ebenso nicht von Bedeutung.

---

6 Hier handelt es sich im Wesentlichen um junge Schwangere, die Asylbewerberinnen, im Ausland geborene Deutschstämmige oder mit permanenter Duldung schon seit dem Grundschulalter hier lebende Ausländerinnen sind. Aber auch einige junge Frauen, die als Deutsche hier geboren und aufgewachsen sind, äußern sich in dieser Weise.

Qualität von Sexualaufklärung

Die jugendlichen Schwangeren beurteilen die Qualität der Aufklärung sehr unterschiedlich.

Gespräche mit Gleichaltrigen über Sexualität werden als „nicht ernst zu nehmen", „Rumalbern" beschrieben und bestimmte Themen werden tabuisiert, weil sie als peinlich empfunden werden. Solche Gespräche sind eher als „Vergleich" der eigenen Erfahrungen mit denen der anderen Jugendlichen zu verstehen. Hier wird deutlich, dass es sich weniger um Wissensvermittlung oder gegenseitige Aufklärung handelt, sondern mehr um Versuche, die eigenen sexuellen Erfahrungen einzuordnen, zu bewältigen und sich der eigenen „Normalität" zu versichern.

Aufklärungsgespräche mit den Eltern, meistens mit den Müttern, werden nur von wenigen unserer Gesprächspartnerinnen als positives Erlebnis beschrieben. Die meisten äußern sich dazu ambivalent bis sehr negativ. Viele der Jugendlichen empfinden elterliche Aufklärungsbemühungen als „unangenehm", „blöd", „peinlich" oder „ein bisschen heikel". Auch gehen die Jugendlichen davon aus, dass ihre Eltern kein Verständnis für die von ihnen selbst als wichtig empfundenen sexuellen Erfahrungen haben. Sie sind der Meinung, dass bestimmte sie interessierende Themen nicht angesprochen werden können, weil sie vermuten, ihre Mütter seien zu „gehemmt" und damit keine adäquaten Gesprächspartnerinnen für sie. Oder sie fürchten, über ihre sexuellen Erfahrungen „ausgehorcht" zu werden. Manche der Jugendlichen reagieren auf Fragen nach bereits gemachten Erfahrungen mit Halbwahrheiten, um ihre Mütter zu schonen. Die jungen Mädchen vermuten, dass ihre sexuellen Erfahrungen ihre Mütter schockieren würden und suchen sie „zu schützen". Andere berichten, dass ihre Mütter sie nicht aufgeklärt, sondern nur diffus vor einer möglichen Schwangerschaft „gewarnt" hätten.

Schulischer Aufklärungsunterricht war für die meisten „langweilig", das Thema im schulischen Kontext „peinlich" oder der behandelte Stoff wurde ihren Interessen und Fragen, z.B. nach emotionalen Aspekten von Sexualität, nicht gerecht. Außerdem wurde er aus der Sicht der Jugendlichen entweder „zu früh" oder „zu spät" vermittelt, war ihnen zu abstrakt (Reproduktionsbiologie), zu wissenschaftlich und traf ihre Lebensrealität nicht oder nicht mehr.

Bei medialen Aufklärungsmaterialien hatten die Jugendzeitschrift „Bravo" und – seltener – „Bravo TV" für die meisten einen hohen Stellenwert bei der eigenen Aufklärung. Sie boten für sie „die Aufklärung schlechthin". In einigen Fällen wurden auch Liebesfilme im Fernsehen und Pornografie konsumiert und als Aufklärungsinstanzen genannt.

Schon hier zeigt sich, wie wichtig eine Differenzierung dessen ist, was von den jungen Schwangeren als „Aufklärung" verstanden wird und wie sie selbst die Quellen ihrer Informationen einschätzen. Da es sich um junge Frauen handelt, die, mit wenigen Ausnahmen, ungeplant – und meistens zum Zeitpunkt der Empfängnis auch ungewollt –

schwanger wurden, ist es von Bedeutung, ihre Einschätzung für gelungene oder misslungene Aufklärung zu kennen. Dies ist die Voraussetzung dafür, lebensweltlich orientierte und für die Jugendlichen relevante Aufklärungskriterien zu entwickeln.

Schon bei der Aufforderung, die ihnen bekannten Verhütungsmittel aufzuzählen, werden deutliche Unterschiede erkennbar. Die weitaus meisten der Interviewpartnerinnen können auf Anhieb die weit verbreiteten und allgemein bekannten Verhütungsmittel wie Pille und Kondom, etwas weniger häufig Spirale, Schaumzäpfchen bzw. Gels und Krems, benennen. Seltener werden die „Kalendermethode" und die „Dreimonatsspritze" erwähnt, auch die „Pille danach" zählt für einige der Interviewpartnerinnen zu den Verhütungsmitteln. Demgegenüber wird der Coitus interruptus nur einmal erwähnt, ebenso wie die Sterilisation des Mannes. Eine Einordnung der Totaloperation der Frau und Entfernung der Eierstöcke als „Verhütungsmethoden" wurde ebenfalls von einer jungen Frau vorgenommen.

Die meisten der Befragten sind in der Lage, drei bis sechs Kontrazeptiva aufzuzählen, einige von ihnen sogar mehr. Es fällt jedoch auf, dass sie über deren Funktions- und Wirkweisen nur sehr unvollständig informiert sind. Das wird besonders auch bezüglich des Schutzes vor Krankheiten wie Aids oder Geschlechtskrankheiten deutlich. Es ist nahe liegend, dass solch unzureichendes Wissen dann auch in konkreten sexuellen Situationen eher zur Verunsicherung beiträgt, als dass es eine sichere Basis für präventives Handeln darstellt.

Hinzu kommt, dass vielfach auch alltagsmythische Einstellungen das vorhandene Wissen konterkarieren. Solche Einstellungen sind u. a. Ablehnung der Pille, weil sie „dick macht" oder als „chemischer Eingriff" in den Körper verstanden und somit als übermäßig schädlich angesehen wird; „Schaumzäpfchen" gelten zudem als besonders unsicher. Eine weitere Einstellung ist, dass jegliche Verhütung sinnlos sei, weil die Jugendliche, wie schon ihre Mutter, ein „gebärfreudiges Becken" habe, daher auch mit Verhütung schwanger werden könne und sich eine Verhütung deshalb nicht „lohne". Die Spirale wird als besonders gefährlich angesehen, da sie Verwachsungen und Entzündungen bewirke und daher für sehr junge Frauen unter keinen Umständen in Frage komme.

Weiter sind es – meist einmalige – Erfahrungen der Jugendlichen mit bestimmten Kontrazeptiva, besonders mit Kondomen, die negative Einstellungen gegenüber ihrer Verwendung bewirken und so die Umsetzung des Wissens in Anwendungsstrategien dann späterhin beeinträchtigen oder verhindern.

Es sind sowohl abstrakt gebliebener Lehrstoff, mangelnde präzise Information, „Halbwissen" über die Wirkungsweisen der Kontrazeptiva, negative Erfahrungen und altersunangemessene Verwendungsnotwendigkeiten, die die praktische Umsetzung des durchaus bei vielen vorhandenen Aufklärungswissens um Verhütungsmittel und -methoden für diese Jugendlichen lebensweltlich gleichsam untauglich machen. Alltagsmythische Informationen und massive Ängste vor Schwangerschaft führen darüber hinaus zu Unsicherheiten bei der Anwendung von Kontrazeptiva (z. B. Einnahme der „Pille danach“ trotz Verhütung mit der „Pille“). Selbst frühzeitig vorgenommene, umfassende, kontinuierlich betriebene und nach den Berichten der Jugendlichen als angemessen empfundene Aufklärung hat diese jungen Mädchen nicht vor einer Schwangerschaft geschützt. Auch das reichlich vorhandene mediale Angebot, das die Interviewpartnerinnen als Informationsquellen angeben und konsumieren, führte nicht zu einem konsequenten Verhütungsverhalten.

Schlussfolgerungen wie: „... eine insgesamt gesehen verbesserte Sexualaufklärung der Jugendlichen“[7] bedürfen einer inhaltlichen Ergänzung. Das wird ersichtlich bei Betrachtung dessen, was ihnen bei ihren ersten konkreten Sexualerfahrungen handlungsrelevant zur Verfügung steht. Zweifelsfrei kann konstatiert werden, dass in vielen gesellschaftlichen Bereichen wie Elternhaus und Schule tabufreier und häufiger über Sexualität gesprochen wird. Die Themen „Sexualität und Verhütung“ sind gesellschaftsfähig geworden, nicht zuletzt als Folge kontinuierlicher Aufklärungskampagnen. Jugendlichen stehen mehr und komplexere Informationsquellen zur Verfügung und sie nutzen sie auch. Bisweilen äußern einige Jugendliche sogar einen gewissen Überdruss. Zweifelhaft bleibt hingegen, welche konkreten Auswirkungen diese Aufklärungsbemühungen letztlich bei einem Teil der Jugendlichen haben, wenn sie ihre ersten sexuellen Erfahrungen machen.

Interviewzitate auf CD-ROM

Die in der Analyse verwandten Interviewpassagen wurden durchnummeriert und auf einer CD-ROM verfügbar gemacht. Hier finden Sie alle Interviews zu diesem Unterkapitel

Wissensvermittlung durch Gleichaltrige	Nr. 102 - 109
Aufklärung durch Eltern/andere Erwachsene	Nr. 110 - 122

Differenziert nach: positive Erfahrung und ambivalente bzw. negative Erfahrung

Aufklärung durch die Schule	Nr. 123 - 130

Differenziert nach: Beurteilung des Unterrichts, Thema Sexualität als Unterrichtsstoff

Aufklärung durch Literatur und Medien	Nr. 131 - 142

Differenziert nach: Bedeutung von „BRAVO“/BRAVO-TV und Fernsehfilme, Aufklärungsliteratur, Pornographie

Wissen über Verhütungsmethoden	Nr. 143 - 154

7 Osthoff (1999), S. 59, bezieht sich mit dieser Einschätzung auf die Ergebnisse der Replikationsstudie von Schmid-Tannwald/Kluge (1998): Sexualität und Kontrazeption aus der Sicht der Jugendlichen und ihrer Eltern, in: BZgA (Hg.): Forschung und Praxis der Sexualaufklärung und Familienplanung, Köln.

Interviewauszug: Aufklärung durch die Schule

In den meisten Fällen wurde im Biologieunterricht Grundwissen über Reproduktionszusammenhänge und Verhütung vermittelt. Die Interviewpartnerinnen machen aber deutlich, dass dieser Unterricht in vielen Fällen für sie meist langweilig war.

Nicole 2: „In Bio oder so. Haben wir das gemacht.

Frage: Und wie war das?

Nicole 2: Na ja, manchmal war es langweilig, manchmal nicht. Es geht so ... Wir haben das schon in der Schule geübt, also nicht gesehen, also gelernt über die Verhütung und so. Haben wir schon durchgesprochen und so.“ (1. Int. 42, S. 21, 16 Jahre)

Die Begründung, warum dieser Unterricht für viele der Schülerinnen langweilig war, gibt eine 14-Jährige:

Frage: „... Hattest du Aufklärung?

Nancy 1: Ja, so was hatten wir, aber in der fünften Klasse oder so.

Frage: Und wie war das?

Nancy 1: Na ja, es ging. Also dann wusste man doch schon, was war ... Doch, es ging.“ (1. Int. 08, S. 14, 14 Jahre)

Neben der angesprochenen Langeweile macht aber eine Reihe unserer Interviewpartnerinnen auch deutlich, dass es ihnen peinlich war (oder ist), das Thema in schulischem Zusammenhang anzusprechen, auch wenn sie im Nachhinein erkennen, dass sie trotzdem etwas gelernt haben:

Sibel: „Ähm! Wir hatten das erste Mal Sexualkunde in der vierten Klasse. Das fand ich sehr lächerlich (lacht). Hab ich mich also gut darüber amüsiert. Dann hatten wir das in der sechsten Klasse noch mal. Da kamen mir ab und zu doch mal ... weil ich das auch etwas witzig fand, obwohl es schon peinlich war, darüber zu reden.

Frage: Da warst du also zwei Jahre älter, oder?

Sibel: Ja. Ja, so ungefähr. Aber da, da (im Unterricht) hat man ja halt schon vieles mitgekriegt, weil man sich ja, auch wenn es einem peinlich ist, nicht vom Unterricht ausschließen (kann). So, in der Zeit hab ich dann auch noch 'ne Fünf in Biologie gekriegt, weil ich nur am Lachen war (lacht).“ (1. Int. 04, S. 41, 16 Jahre)

Aus diesen vergleichsweise noch recht ausgewogenen und positiven Einschätzungen der Jugendlichen wird bereits die Zwiespältigkeit schulischer Aufklärungsbemühungen deutlich. Die jungen Frauen problematisieren in ihren Äußerungen sowohl die zeitliche Verankerung aufklärender Inhalte in den Curricula der Schule als auch die Art und Weise, wie die Themen behandelt werden – schon hier wird das für die Schülerinnen Prekäre der Aufklärungsarbeit der Institution Schule ersichtlich. Die jeweiligen Zeitpunkte der in den Lehrplänen verankerten Inhalte sind für die Jugendlichen individuell oft nicht angemessen. Der Zeitpunkt ist für sie entweder zu früh bzw. zu spät gewählt, worauf Aspekte wie Peinlichkeit, Lächerlichkeit und Langeweile verweisen.

2.2 Das „erste Mal“: Erleben des ersten Geschlechtsverkehrs und Kontrazeption

Die meisten unserer Interviewpartnerinnen gaben sehr bereitwillig Auskunft sowohl über den Zeitpunkt ihres ersten Geschlechtsverkehrs[8] als auch darüber, wie sie diese erste intime Beziehung zum anderen Geschlecht erlebten und ob sie dabei verhütet haben.

Alter beim „ersten Mal“

Wie nicht anders zu erwarten, war die Altersspanne bei der Kohabitarche unserer Interviewpartnerinnen sehr breit und reichte von 12 Jahren bis zu 18 Jahren. Die meisten von ihnen hatten ihren ersten Koitus mit 14 Jahren (13 Mädchen), fast ebenso viele mit 15 Jahren (10 Mädchen). Acht Jugendliche hatten ihren ersten Geschlechtsverkehr mit 13 Jahren, fünf geben an, dass sie bereits mit 12 Jahren intime Beziehungen zum anderen Geschlecht aufgenommen haben. Ebenfalls fünf der jugendlichen Schwangeren waren beim ersten Geschlechtsverkehr 16 Jahre, drei 17 Jahre und eine der älteren in der Stichprobe 18 Jahre alt. Zwei Interviewpartnerinnen gaben keine Auskunft.

Altersverteilung beim „ersten Mal“

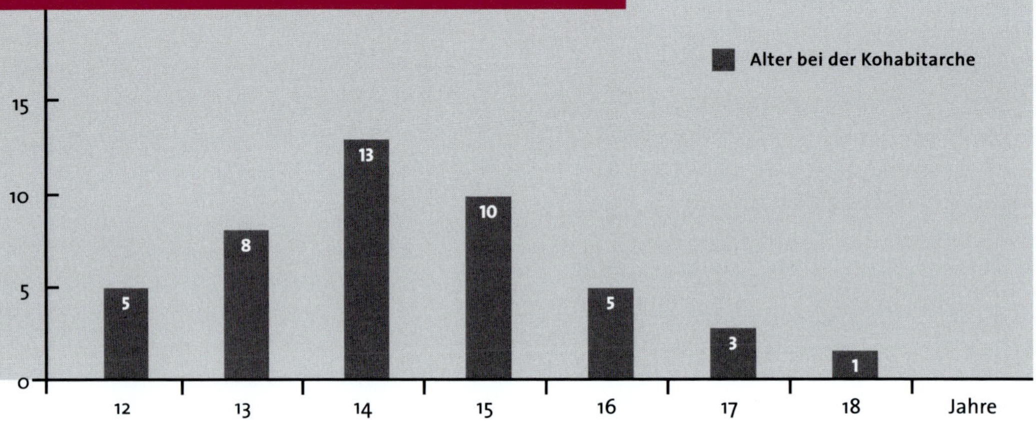

---

8 Sechs der jugendlichen Schwangeren berichteten in diesem Zusammenhang von sexuellen Missbrauchs- und Vergewaltigungserfahrungen. Dieser sehr schwierige Themenkomplex lag nicht im Rahmen unserer Untersuchung. Wir mussten daher in der je spezifischen Interviewsituation entscheiden, ob es für die betroffene junge Schwangere zumutbar erschien, über diese Erfahrung Näheres zu berichten. Da wir weder die erforderliche beraterische bzw. therapeutische Kompetenz im Umgang mit diesen Erfahrungen haben noch in der Interviewsituation immer klar abschätzen konnten, welche Reaktionen ggf. gestellte Nachfragen bei den jungen Mädchen auslösen würden, haben wir z. B. nicht immer das Alter bei den sexuellen Übergriffen bzw. später, den Zeitpunkt des ersten Koitus (in diesen Fällen nach den Gewalterfahrungen) erfragen können. Die meisten der betroffenen Interviewpartnerinnen berichteten jedoch sehr offen und z.T. sehr ausführlich über diese Gewalterfahrungen bzw. ihre Erlebnisse beim „ersten Mal aus eigenem Entschluss“. Das Alter bei den Vergewaltigungen reicht von 8 Jahren, über 9 oder 10 Jahren, bis zu 12 Jahren, eine Jugendliche macht keine Angaben zum Alter; eine andere nennt ebenfalls kein Alter zum Beginn des sexuellen Missbrauchs durch ihren Stiefvater und eine weitere deutet nur an, dass sie mit etwa 11 Jahren missbraucht wurde.

Erleben des „ersten Mals“

Bei der großen Altersdifferenz zum Zeitpunkt der Kohabitarche liegt der Schluss nahe, dass die Jugendlichen diese erste intime Beziehung zum anderen Geschlecht altersdifferenziert sehr unterschiedlich erfahren haben: Erlebt eine 12- oder 13-Jährige vor dem Hintergrund ihres geringen Alters den ersten Geschlechtsverkehr anders, ggf. belastender, als eine 18-Jährige, die entwicklungsbedingt reifer ist und dadurch vielleicht auch freier in ihrer Entscheidung Geschlechtsverkehr aufzunehmen? Kann eine ältere Jugendliche das Erleben dann ggf. positiv strukturieren?

Aber schon bei einem ersten Blick auf die Schilderungen des „ersten Mals“, wird deutlich, dass das Alter wenig geeignet ist, eine sinnvolle Differenzierung vorzunehmen. Den ersten Geschlechtsverkehr erlebten auch 12-, 13- und 14-Jährige als positiv, während eine Reihe der wesentlich Älteren, z. B. eine Interviewpartnerin, die ihren ersten Geschlechtsverkehr mit 17 Jahren hatte, und die junge Frau, die 18 Jahre alt war, in ihren Schilderungen deutlich negative Erfahrungen beschreiben.

Die Auswertung unserer Daten machte deutlich, dass das Erleben des „ersten Mals“ nicht nur *überwiegend negativ* geschildert wird, sondern dass es aus der Sicht der befragten jungen Mädchen vielfältige strukturierende Momente gibt, die das Erleben jeweils beeinflussen. Mythen vom „ersten Mal“ (positive und negative) strukturieren die Erwartungen und können bestätigt oder enttäuscht werden. Als positiver Mythos wird kolportiert, das „erste Mal“ sei etwas besonders Schönes, Einmaliges, man sei danach „ein anderer Mensch“. Der negative Mythos verweist auf Schmerzen und unangenehme Empfindungen, Sexualität sei etwas Schmutziges, Verwerfliches. Auch die Situationen, in denen die jungen Mädchen das „erste Mal“ erleben, spielen eine wichtige Rolle, ebenso wie der von den Jugendlichen als richtig oder falsch (meist als zu früh) empfundene Zeitpunkt der Kohabitarche. Von Bedeutung sind aber auch die Erfahrung oder Unerfahrenheit des Partners in sexuellen Dingen und besonders seine Sensibilität gegenüber der jungen Frau bei deren erster sexueller Erfahrung.

Verhütung beim „ersten Mal“

Die meisten der jugendlichen Schwangeren geben zwar an, bei der Kohabitarche verhütet zu haben, in der Regel mit der Pille. Es kann aber nur selten davon ausgegangen werden, dass dabei kontrazeptive Intentionen eine Rolle spielten bzw. strategisch planendes Handeln. Eigenverantwortlicher Schutz vor unerwünschter Schwangerschaft, einer HIV-Infektion oder Geschlechtskrankheiten waren auch nicht die ausschlaggebenden Motive.

Das Verhütungsverhalten der meisten Interviewpartnerinnen bei ihrer Kohabitarche ist daher als sehr prekär einzustufen. Viele von denen, die mit Kondomen verhütet haben, verließen sich darauf, dass ihre Sexualpartner in der Situtation ein Kondom parat hatten oder nahmen die Pille aus anderen medizinischen Gründen.

Ein interessantes Ergebnis ist, dass von den Interviewpartnerinnen, die nicht verhütet haben, elf ihre erste Koituserfahrung als negatives Erlebnis schildern, während nur zwei ihr „erstes Mal“ positiv schildern. Von den Jugendlichen, die mit der Pille verhütet haben, berichten acht von positiven Erinnerungen an ihre Kohabitarche, nur eine von negativen Erfahrungen. Mit Kondom haben sieben Interviewpartnerinnen mit positiv geschilderter erster Erfahrung verhütet, zwölf mit negativer Erfahrung. Von den vier Jugendlichen, die nicht mehr wissen oder keine Angabe machen, ob sie verhütet haben, äußern sich drei negativ über ihre erste Intimerfahrung.

Interviewzitate auf CD-ROM

Die in der Analyse verwandten Interviewpassagen wurden durchnummeriert und auf einer CD-ROM verfügbar gemacht. Hier finden Sie alle Interviews zu diesem Unterkapitel

Erleben der Kohabitarche	Nr. 155 - 158
Mythen vom „ersten Mal“	Nr. 159 - 168
Situative Zusammenhänge	Nr. 169 - 172
Zeitpunkt der Kohabitarche	Nr. 173 - 178
Sexuelle Erfahrung/Sensibilität des Partners	Nr. 179 - 183
Reaktionen der Mädchen auf die Erfahrung der Kohabitarche	Nr. 184 - 186
Verhütung beim ersten Koitus	Nr. 187 - 195

2.3 Weitere sexuelle Erfahrungen und Erleben von Sexualität

Sexualität gilt heute als wichtiger Aspekt der Autonomieentwicklung Jugendlicher und ihrer Loslösung von der Herkunftsfamilie, wie Schmidt betont.[9] Zudem zeigen Studien zur Jugendsexualität, dass Mädchen „unterwegs zur sexuellen Selbstbehauptung“ sind, d.h., dass

> „die sexuelle Initiative heute deutlich seltener als früher vorrangig vom Jungen und deutlich häufiger als früher vorrangig vom Mädchen ausgeht; dies gilt sowohl für Petting als auch für Geschlechtsverkehr (auch für den ersten Geschlechtsverkehr). Mädchen lassen sich von Jungen seltener unter Druck setzen, sie haben seltener das Gefühl, ‚es‘ dem Jungen zuliebe zu tun oder tun zu müssen, und Jungen scheinen dies überwiegend zu akzeptieren.“[10]
>
> Schmidt

Diese inhaltliche Bestimmung der These, Mädchen übernehmen „... häufiger die Kontrolle in heterosexuellen Situationen“ und fordern „mehr Autonomie in Beziehungen“[11], legt nahe, dass Mädchen heute vor dem Hintergrund der Liberalisierung jugendlicher Sexualität mehr Möglichkeiten haben, sexuell aktiv zu werden. Außerdem ist anzunehmen, dass sie diese Möglichkeiten auch selbstbestimmter nutzen.[12]

Vor diesem Hintergrund war es interessant herauszuarbeiten, wie unsere z.T. sehr jungen schwangeren Interviewpartnerinnen ihre weiteren Erfahrungen mit Sexualität beschreiben und ob bzw. wie sie selbst den Aspekt der sexuellen Selbstbehauptung als Möglichkeit in ihren weiteren Beziehungen sehen bzw. interpretieren.[13]

Erfahrungen mit weiteren Sexualpartnern

Knapp ein Viertel der Jugendlichen hat Sexualerfahrung nur mit einem Intimpartner, mehr als die Hälfte aller Befragten aber mit mehr als zwei jungen Männern.

Zehn unserer Interviewpartnerinnen berichten, dass ihr erster Sexualpartner der einzige und der Vater ihres Kindes sei, bei 13 von ihnen ist der Vater des Kindes der zweite Sexualpartner. Sieben sind bei ihrem dritten Intimpartner schwanger geworden, drei berichten von insgesamt vier Beziehungen, in denen sie Geschlechtsverkehr hatten, je eine der Befragten von insgesamt fünf bzw. sechs Jungen. Acht Interviewpartnerinnen konnten oder wollten keine genaue Zahl nennen. Sie antworteten „mit mehreren Jungen“ nach dem „ersten Mal“, und vier formulierten ähnlich unspezifisch, dass sie mit „vielen“ bzw. „extrem vielen“ weiteren Partnern Intimverkehr hatten.

Sexuelle Erfahrung ist – wie nicht anders zu erwarten – an Alter geknüpft. Aber das Alter der jungen Frauen ist auch hier keine systematische Größe. Jüngere Mädchen haben auf Grund ihres Alters in der Regel weniger Koituserfahrung. Zwei der 14-Jährigen sind von ihrem ersten Sexualpartner schwanger geworden, eine Dritte hatte vor dem Vater ihres Kindes einen anderen Freund, mit dem sie ihr „erstes Mal“ erlebte. Es trifft hingegen keineswegs immer zu, dass die Älteren unter unseren Interviewpartnerinnen vergleichsweise mehr Intimpartner hatten.

---

9 Vgl. Schmidt (1993), S. 2

10 Vgl. ebd., S. 5

11 Ebd., S. 5

12 Ebd., S. 1. Aus diesen Liberalisierungstendenzen lässt sich nicht unmittelbar schließen, dass die jungen Mädchen auch häufiger oder früher Koituserfahrung sammeln. So betont Schmidt in seiner ersten These, dass „Beginn und Ausmaß heterosexueller Erfahrungen Jugendlicher ... sich in den letzten 20 Jahren nur geringfügig verändert“ haben.

13 Unsere Stichprobe ist zum einen nicht repräsentativ, zum anderen handelt es sich hier um Jugendliche, die zu einem biografisch frühen Zeitpunkt schwanger geworden sind. Sie gehören daher eher nicht zu denjenigen, die die sexuelle Liberalisierung selbstbestimmter nutzen.

Die Erfahrung beim „ersten Mal“ strukturiert die sexuelle Aktivität bzw. Abstinenz der befragten jugendlichen Schwangeren nicht in wesentlichem Ausmaß oder bei allen jungen Frauen. Zwar haben wir durchaus Äußerungen einiger Befragter, die deutlich machen, dass ein negatives Erleben der Kohabitarche zu sexueller Abstinenz über längere Zeit, z.T. über Jahre, führen kann. Aber eine als negativ geschilderte sexuelle Ersterfahrung kann durchaus auch zu reger sexueller Aktivität führen. In diesen Fällen ist es dann wohl die Vermutung der jungen Mädchen, dass sexuelles Erleben mit anderen Partnern andere und schönere Erfahrungen bringen könnte.

Nur für wenige Interviewpartnerinnen ist Sexualität etwas Normales in ihrem Leben und etwas Selbstverständliches in Beziehungen zu Jungen. Weit mehr der jugendlichen Schwangeren haben eine mit Scham und Ablehnung verbundene Einstellung zu Sexualität. Sie verweist auf soziale Verurteilung sexueller Aktivität in ihrem Umfeld und zeigt sich in defizitärer Selbstbewertung und selbstempfundener Inferiorität. Auch eine zwiespältige Einstellung des Umfeldes sexueller Aktivität gegenüber, die die widersprüchlichen Erwartungen an Sinnlichkeit und Sittlichkeit reflektiert, führt bei den Jugendlichen zu negativer Einstellung ihrer eigenen Sexualität gegenüber. Einige versuchen dann aber, über sexuelle Aktivität die Möglichkeiten ihrer sexuellen Empfindungen auszuloten, um positivere Erfahrungen zu machen und ggf. ihre Einstellungen zu revidieren.

Darüber hinaus werden die Einstellungen der jungen Mädchen zu Sexualität ganz wesentlich von der Möglichkeit bestimmt, Vertrauen in die ernsthaften Absichten der Jungen zu gewinnen. Die jungen Frauen leisten einen Vertrauensvorschuss und reagieren mit negativen Einstellungen zu Sexualität, wenn ihr Vertrauen enttäuscht wird. Aber auch ihre Unfähigkeit, sich in bestimmten, für sie unangenehmen Situationen zu verweigern, beeinflusst ihre Einstellung zu Sexualität negativ. Der Weg zu sexueller Identität und Selbstbestimmung gestaltet sich für die jungen Frauen auch in Anbetracht der bestehenden Schwangerschaft eher schwierig.

Interviewzitate auf CD-ROM

Die in der Analyse verwandten Interviewpassagen wurden durchnummeriert und auf einer CD-ROM verfügbar gemacht. Hier finden Sie alle Interviews zu diesem Unterkapitel

Weitere Sexualbeziehungen nach dem ersten Mal	Nr. 196 - 198
Einstellung zu und Erleben von Sexualität	Nr. 199 - 215

Differenziert nach: positiv, negativ und Veränderung durch Erfahrung

2.4 Schwanger – warum? Kommunikation über Kontrazeption mit dem Kindsvater

Gerade vor dem Hintergrund der geschilderten häufigen Schwierigkeiten junger Mädchen, den Stellenwert sexueller Beziehungen für sich zu ermessen, ist von besonderem Interesse, wie es zu den Schwangerschaften kam. Eine wichtige Rolle spielt dabei die Frage, ob eine Kommunikation über Kontrazeption zwischen den Partnern stattgefunden und wie diese Kommunikation ausgesehen hat.

Keine Verhütung trotz Kommunikation

Aus den geschilderten Inhalten zur Verhütungskommunikation wird deutlich, dass in vielen Fällen die Initiative dazu von den Mädchen ausgeht und offenbar auch ausgehen muss. Denn sowohl sie selbst als auch besonders ihre Partner verankern die Verantwortung für Verhütung wie selbstverständlich bei der Frau.

Manche Paare, die ihr meist inkonsequentes Verhütungsverhalten kommunizieren, entwickeln eine Art „positiven Fatalismus“, der sie eine Schwangerschaft riskieren und akzeptieren lässt – auch zu einem eigentlich als zu früh empfundenen Zeitpunkt. Akzeptieren die Mädchen ihre (alleinige) Verantwortung für Prävention und wollen sie Verhütung praktizieren, stoßen sie z.T. auf heftigen Widerstand ihrer Sexualpartner. Sie müssen in diesem Fall viel Energie aufwenden sowie Konsequenz und Durchsetzungsvermögen beweisen, um Verhütung zu erreichen. Selbst wenn die Partner zu Mitverantwortung bereit sind, zeigen sie sich, ebenso wie die jungen Mädchen, in den konkreten sexuellen Situationen mit der konsequenten Umsetzung von Verhütung überfordert.[14] Diese Überforderung resultiert zum einen aus widersprüchlichen Erwartungen an Sexualität und an Prävention, zum anderen aus dem jeweiligen psycho-sozialen Entwicklungsstand der Jugendlichen.

Gründe für fehlende Kommunikation

Die jugendlichen Paare, die nicht über präventive Maßnahmen kommunizieren, fokussieren die Überforderungen, die aus dem Spannungsverhältnis widersprüchlicher Erwartungen an Sexualität resultieren. Eine Variante des Versuchs einer „Auflösung“ dieses Spannungsverhältnisses ist, gar nicht erst an Prävention und die Kommunikation darüber zu denken, sie zu vergessen. Mädchen haben z.T. nicht den Mut, das Thema über-

14 Es sei hier noch einmal darauf hingewiesen, dass auch Ältere vergleichbare Probleme haben können. Umso deutlicher wird die Überforderung der z.T. sehr jungen Mädchen – und offenbar auch der jungen Männer –, Kontrazeption und Infektionsprophylaxe konsequent zu betreiben.

haupt anzusprechen, die Jungen scheinen – sehr unterschiedlich motiviert – ebenfalls kein Interesse an einer solchen Kommunikation zu haben. Bewusster und möglicherweise auch unbewusster Kinderwunsch, besonders der jungen Mädchen, aber auch einiger junger Männer, sprechen ebenfalls gegen eine Präventionskommunikation. Bei besonders problembelasteten Biografien der Mädchen potenziert sich ihre Unfähigkeit, an Prävention und an die Kommunikation darüber zu denken bzw. sie umzusetzen.

Erklärungsmuster für die Schwangerschaft

Weniger als die Hälfte der jugendlichen Schwangeren hat beim Koitus mit dem Kindsvater verhütet (20 von 47).

Aus den von den Jugendlichen genannten „Gründen" für das Zustandekommen der Schwangerschaft lassen sich Erklärungsmuster herausarbeiten.

1. Erklärungsmuster
„Pillen-Unfälle" bei Jugendlichen, die angeben, verhütet zu haben

Die jungen Schwangeren beteuern, die Pille regelmäßig eingenommen zu haben und finden Erklärungen für ihre Schwangerschaft nur in medizinischen oder quasi-medizinischen Zusammenhängen: Bei Einnahme von Antibiotika „versagte" die Pille, die Kontraindikation war ihnen nicht bekannt. Sie haben die Pille schon in sehr jungem Alter eingenommen und meinen, ihr Körper hätte nicht mehr ausreichend darauf reagiert. Sie berichten auch, die Pille hätte in Stress-Situationen versagt.

Sie haben also unzureichendes Wissen über die Wirkweise dieses Kontrazeptivums. Sie suchen nach Erklärungen außerhalb ihres eigenen Verantwortungsbereiches.

2. Erklärungsmuster
„Pillen-Unfälle" bei unregelmäßiger Einnahme des Kontrazeptivums

Hier finden die Schwangeren keine außerhalb ihres eigenen Verhaltens liegenden Erklärungen, sondern schildern ihre Erfahrungen mit der Nachricht, dass sie schwanger seien. Sie berichten entweder, dass sie die Tatsache der Schwangerschaft als gegeben hingenommen haben, oder von Verwirrung und Unsicherheiten ob der neuen Situation. Sie erwähnen aber auch ernste Konflikte mit den Partnern wegen der Schwangerschaft.

Sie wissen also um ihre mangelnde Disziplin bei der Einnahme des Kontrazeptivums und erkennen, dass sie ihrer Eigenverantwortung nicht gerecht geworden sind.

3. Erklärungsmuster „Interims-Unfälle" bei geplanter Verhütung

Einige Jugendliche berichten, dass sie fest entschlossen waren, die Pille zu nehmen, hatten sie aber vorher abgesetzt, da sie längere Zeit keinen Freund hatten. Die sexuelle Begegnung mit dem neuen Freund kam dann für sie überraschend und sie schliefen mit ihm ungeschützt. Andere hatten zwar das Kontrazeptivum, schliefen aber mit dem neuen Freund vor dem vom Arzt empfohlenen ersten Einnahmetermin. Andere kamen zu Terminen für die Verschreibung der Pille zu spät, erhielten erst Wochen später einen neuen Termin und hatten in der Zwischenzeit Geschlechtsverkehr.

Diese jungen Frauen waren nicht in der Lage, ihre sexuellen Kontakte rational zu planen und waren mit der dafür erforderlichen strategischen Rationalität überfordert.

4. Erklärungsmuster „Unfälle" bei anderen Verhütungsmethoden

Hier berichten die jungen Schwangeren von Unverträglichkeit oder unerwünschten Nebenwirkungen der Pille (Gewichtszunahme), die sie veranlassten, andere Kontrazeptiva auszuprobieren (z.B. Kondome oder Knaus-Ogino-Methode) und sehen sich als „Opfer" deren höheren Restrisikos. Kondom-„Unfälle" werden auch in Verbindung mit der Eigendynamik sexueller Situationen gesehen, nämlich als situative Unsicherheit, ob der Partner auch wirklich ein Kondom benutzte. Der Sexualakt wird mit Vertrauen in den Partner verbunden, sodass die jungen Mädchen nicht mehr nachprüfen (wollen), ob der Partner ein Kondom auch benutzt. Eine solche Kontrolle widerspricht sowohl dem romantischen Liebesideal, das Vertrauen einschließt, als auch der emotionalen Verfasstheit während der sexuellen Begegnung.

Die jungen Mädchen experimentieren mit zur Pille alternativen Kontrazeptionsmethoden, sind aber bei deren Anwendung entweder überfordert oder – bei Verwendung des Kondoms – durch die Eigendynamik der sexuellen Situation nicht in der Lage, die Verwendung auch zu kontrollieren. Dieses Muster beinhaltet nicht mehr Erklärungen, wie es zur Schwangerschaft kam, sondern Begründungen ihrer Wahl der als unsicherer geltenden Verhütungsmittel bzw. -methoden. Diese Argumentationslinie verlagert die Gründe z.T. vom eigenen Verhalten (z.B. Fehler bei der Handhabung, die nicht mehr reflektiert werden) zu den größeren Restrisiken dieser Verhütungsmethoden, als deren „Opfer" sie sich sehen.

Die Mehrheit unserer Interviewpartnerinnen gibt an, mit dem Vater ihres Kindes nicht verhütet zu haben und findet verschiedene Gründe für den ungeschützten Verkehr. Auch hier werden Erklärungsmuster deutlich, die die Rechtfertigungen der Nicht-Verhütung bündeln.

1. Erklärungsmuster
Vorrang sexuellen „Genusses“ und der Mythos, so jung noch nicht schwanger werden zu können

Die jungen Schwangeren betonen den hohen Stellenwert sexuellen Genusses, der durch Kontrazeptiva eingeschränkt werde. Andere, die z.T. beim ersten und einzigen sexuellen Kontakt mit dem Kindsvater schwanger geworden waren, berichten, dass sie sicher waren, so jung noch nicht schwanger werden zu können, dass „schon nicht gleich etwas passieren würde“.

Solcher Hedonismus und der unter jungen Mädchen verbreitete Mythos lassen Kontrazeption irrelevant erscheinen und ignorieren.

2. Erklärungsmuster
Wunsch, den Partner zu „halten“ und ihn mit einem Kind an sich zu binden

Einige dieser jungen Schwangeren fürchteten, ihren Partner zu verlieren, wenn sie auf Verhütung bestünden. Andere machten z.T. falsche Angaben zur Einnahme der Pille oder informierten den Jungen nicht über deren Absetzung, um ihn über eine Schwangerschaft an sich zu binden.

Aus Angst, verlassen zu werden, gingen diese jungen Mädchen z.T. bewusst das „Risiko“ einer so frühen Schwangerschaft ein. Rückschlüsse auf einen ggf. vorhandenen „unbewussten Kinderwunsch“ lassen unsere Daten nicht zu.

3. Erklärungsmuster
Überforderung und eingestandene Inkonsequenz (Bequemlichkeit)

Diese jugendlichen Schwangeren waren z.T. mit dem rechtzeitigen Kauf der nächsten Packung der Pille überfordert oder schafften es eingestandenermaßen nicht, zeitig genug Verschreibungstermine in Arztpraxen zu vereinbaren oder solche Termine dann auch wahrzunehmen. Sie sind also mit der notwendigen Planungsstrategie überfordert oder auch, expressis verbis, „zu bequem“ für planungsstrategisches Handeln. Hinzu kommen aber auch bürokratische Hürden bei der Terminvergabe in Arztpraxen, die nicht erlauben, auf die oft spontanen Bedürfnisse der Jugendlichen einzugehen.

Dieses Erklärungsmuster macht u.a. auch deutlich, wie einseitig koitusorientiert jugendliche Sexualität sein kann. Andere Formen von Sexualität, die „risikoloser“ eine

Überbrückung von unterschiedlich bedingten Wartezeiten ermöglichen würden, werden nicht erwogen oder gelebt.

4. Erklärungsmuster Ausgeprägter und erklärter früher Kinderwunsch

Eine kleine Gruppe der jungen Schwangeren äußerte einen starken und schon früh ausgeprägten Kinderwunsch und erwog daher eine Kontrazeption gar nicht erst, meist ohne ihren Partner darüber zu informieren. Eine weitere Facette dieses Musters ist, dass die jugendlichen Schwangeren die Verantwortung für Verhütung dem jungen Mann übertragen hatten, wenn er von ihnen kein Kind haben wollte. Diese jungen Männer ließen es aber „darauf ankommen", waren dann jedoch nicht oder nicht sofort bereit, die Verantwortung auch zu übernehmen.

In diesen Fällen wird deutlich, dass die Jugendlichen (noch) nicht in der Lage sind, unterschiedliche Einstellungen einer frühen Schwangerschaft gegenüber sowohl kommunikativ als auch handlungspraktisch in Übereinstimmung zu bringen.

5. Erklärungsmuster Medizinische und quasi-medizinische Gründe

Einige jugendliche Schwangere verwiesen auf Erfahrungen mit Unverträglichkeit oder Beschwerden bei Einnahme der Pille, setzten sie ab und hatten ungeschützten Verkehr. Aber auch die jungen Männer erwähnten, dass sie Kondome nicht „vertrügen" und sie deshalb ablehnten und ungeschützten Verkehr praktizierten. Eine andere Facette dieses Musters ist eine frühere ausgeprägte Angst vor gynäkologischen Untersuchungen bei einigen der jungen Mädchen. Diese Angstschwelle war so hoch, dass die jungen Schwangeren bewusst das „Risiko" einer Schwangerschaft auf sich nahmen. Einzelne hatten bei früheren sexuellen Begegnungen prophylaktisch die „Pille danach" eingenommen, aber so „schlechte Erfahrungen" damit gemacht, dass sie nun lieber die Schwangerschaft austragen wollten.

Dieses Muster macht deutlich, dass die jungen Schwangeren zur Pille alternative Verhütungsmethoden entweder nicht kannten oder nicht für sich erwogen.

Die Analyse der Erklärungsmuster, die die Jugendlichen als Begründungen ihrer Schwangerschaft verwenden, zeigt auf, wie wichtig solche Erklärungen für sie als Bewältigungsstrategien ihrer Situation sind. Sie möchten sich und anderen erklären, warum sie zu dem meist für sie zu frühen Zeitpunkt ein Kind bekommen. Die meisten der Erklärungsmuster deuten darauf hin, dass es für sie entlastend wirkt, wenn sie Gründe außerhalb ihres zu verantwortenden Handelns finden, weil sie sich mit dieser Verantwortung im sexuellen Bereich (noch) überfordert fühlen.

Nur einige Erklärungsmuster verweisen auf die Fähigkeit der jungen Frauen, ihre Schwangerschaft als Konsequenz ihres eigenen Handelns zu verstehen. Bis auf wenige Ausnahmen sind dann aber die Selbstreflexionen mit Schuldgefühlen verbunden, ohne dass die jungen Mädchen die Mitverantwortung der Jungen in Betracht ziehen.

Die Inhalte der Erklärungsmuster sind heterogen, beziehen aber meist (oft nicht ganz fundiertes) Wissen um Risiken der jeweiligen Verhütungsmethoden mit ein, die den Erklärungen rationalen Charakter verleihen sollen. Sie machen deutlich, dass es für die meisten der jungen Frauen schwierig ist, vorhandenes Wissen bzw. Wissensfragmente situativ in konsequentes Verhütungshandeln umzusetzen.

Interviewauszug: Gründe für fehlende Kommunikation

Mit entwaffnender Ehrlichkeit sagt z.B. eine 17-Jährige auf unsere Frage, ob sie in der Beziehung mit ihrem Freund einmal daran gedacht habe, schwanger zu werden und mit ihm darüber gesprochen hat:

Alya: „Nee. Also, ich hab bestimmt schon daran gedacht, ... irgendwann schwanger zu werden. Aber nicht, – aber ich hätte es mich nicht getraut. Ich hätte jetzt nicht gesagt: ‚Okay wir machen das' (Verhütung) oder: ‚Ich will ein Kind oder so'. Nee, hätte ich mich nicht getraut." (1. Int. 30, S. 25, 17 Jahre)

Sie macht die Schwierigkeit deutlich, in der sich eine ganze Reihe der Jugendlichen befinden, nämlich als Mädchen nicht nur das Thema anzusprechen, sondern dann auch auf ihren Wünschen zu bestehen. Sie hätte weder einen Kinderwunsch ansprechen können noch den Mut gehabt, auf einer bestimmten Verhütungsmethode zu bestehen, z.B., dass der Junge ein Kondom benutzt. Sie nahm zwar die Pille, hat aber hin und wieder vergessen sie einzunehmen und dann nicht auf Verhütung von seiner Seite bestanden.

Eine andere Jugendliche hatte Angst, zu etwas gedrängt zu werden, und sagt über die Kommunikation mit ihrem Freund:

Frage: „Ja, also und ist dir da manchmal der Gedanke durch den Kopf gegangen, schwanger werden zu können?

Antonia: Die erste Zeit ja. Und dann, als ich gemerkt habe, ist nichts passiert, damit ist der Gedanke eigentlich wieder weggegangen.

Frage: Aha. Hast du ... am Anfang so ein bisschen Angst davor gehabt, schwanger zu werden?

Antonia: Nö, eigentlich nicht.

Frage: ... Und wie war das mit deinem Freund, äh, hat der daran gedacht, dass du schwanger werden könntest? Und was meinst du, was der so für Gedanken im Kopf hatte? In diesem Zusammenhang?

Antonia: Hm, er hat damals, – also er wusste, dass ich die Pille nehme, aber er hatte nicht gewusst, dass ich die wohl mal vergessen hatte. Oder so zum Schluss, hatte ich sie total abgesetzt, das hat er zum Beispiel gar nicht gewusst.

Frage: Aha!

Antonia: Das hat er erst später gehört.

FRAGE: Aha. Und warum hast du ihm das nicht erzählt?

ANTONIA: Ja, weiß ich nicht! Da hab ich ihm wohl was vorgemacht (lacht). Angst, dass er mich dazu (Schwangerschaftsverhütung) drängt oder so was. Ich hätte es sagen können, wenn ich schon gewollt hätte. Aber – ?!" (1. Int. 02, S. 16, 18 Jahre)

Der Vater ihres Kindes ist Antonias einziger Sexualpartner und ihre Äußerungen, sie hätte zwar mit ihm darüber reden können, es aber nicht getan hat, legt folgende Vermutung nahe: Sie hat die klassische Strategie angewandt, über eine Schwangerschaft den Jungen an sich zu binden. Sie ließ ihn über das Schwangerschafts„risiko" durch Vergessen und später das Absetzen der Pille im Unklaren. Ihre Äußerung, sie hätte nach einiger Zeit gar nicht mehr an Schwangerschaft gedacht, legt zudem nahe, dass sie ein Kind haben wollte, dies aber nicht kommunizieren konnte: „Da hab ich ihm wohl was vorgemacht. Angst, dass er mich dazu (Schwangerschaftsverhütung) drängt oder so was."

INTERVIEWZITATE AUF CD-ROM

Die in der Analyse verwandten Interviewpassagen wurden durchnummeriert und auf einer CD-ROM verfügbar gemacht. Hier finden Sie alle Interviews zu diesem Unterkapitel

KOMMUNIKATION ÜBER VERHÜTUNG — NR. 216 - 236

Differenziert nach: Gründe für fehlende Kommunikation, Gründe für und Inhalte von Verhütungsgesprächen

GRÜNDE FÜR DAS ENTSTEHEN DER SCHWANGERSCHAFT AUS DER SICHT DER JUGENDLICHEN — NR. 237 - 273

Differenziert nach: „Pillenunfällen" bei regelmäßiger Einnahme, bei unregelmäßiger Einnahme; „Unfälle" aus Überforderung oder Inkonsequenz; Kinderwunsch als Begründung für Nicht-Verhütung; medizinische und quasi-medizinische Gründe für Nicht-Verhütung

3 Lebensweltlicher Kontext

Die Kategorie „Lebensweltlicher Kontext“ wurde aus den Interviewdaten als Dimensionen dessen erarbeitet, was die jugendlichen Schwangeren aus ihrer Sicht als wichtig erachten, wenn sie sich in ihrer neuen Lebenssituation als Schwangere reflektieren. Die Reflexion findet statt im Spiegel ihres Umfeldes und dessen Reaktionen auf die Schwangerschaft, mit denen sie sich auseinander setzen müssen.

Da die Mädchen und sehr jungen Frauen in der überwiegenden Mehrzahl entweder noch keinen Schulabschluss, keine abgeschlossene Lehre, keinen Beruf haben, d.h. keine eigene Existenzsicherungsgrundlage, sind sie besonders in materieller Hinsicht auf ihr Umfeld angewiesen, wenn sie schwanger sind. Darüber hinaus spielt aber auch das emotionale „Klima“ eine bedeutende Rolle, wenn die lebensweltlichen Bedingungen als jugendliche Schwangere und künftige Mütter im Mittelpunkt der analytischen Betrachtung stehen.

Die meisten unserer Interviewpartnerinnen sind ungeplant schwanger geworden. In der Phase der Suche nach einer eigenständigen Identität und einem eigenen Lebensentwurf ist eine Schwangerschaft ein Ereignis, das viele der Jugendlichen in eine kritische und z.T. konfliktträchtige Situation versetzt. Sie sind gezwungen, sowohl ihre Beziehungen zum sozialen Umfeld als auch ihren bisherigen Lebensentwurf zu überdenken.

Die Ebene des Schwangerschaftskonflikts im engeren Sinn haben die Mädchen und sehr jungen Frauen unserer Stichprobe bereits für sich gelöst, denn sie haben sich entschieden, das Kind auszutragen und aufzuziehen. Vor dem Hintergrund dieser Entscheidung müssen sie nun ihr soziales Umfeld informieren und sich mit dessen Reaktionen auseinander setzen. Die Menschen im sozialen Umfeld beziehen Stellung zur Schwangerschaft und schaffen mit diesen Reaktionen das emotionale Klima, in dem die Jugendlichen die Schwangerschaft austragen. Dieses emotionale Klima kann unterstützend und versichernd sein, bringt aber für viele von ihnen neue Elemente einer konfliktreichen Auseinandersetzung mit sich. Die Reaktionen des näheren sozialen Umfeldes auf die Schwangerschaft umschreiben in vielen Fällen eine weitere mögliche Ebene des Schwangerschaftskonflikts. Die Bedeutung dieser Reaktionen für die Schwangeren und ihr Umgang damit stehen im Mittelpunkt der analytischen Auswertungen.

Von besonderem Interesse sind die Reaktionen der Personen, die für die jugendlichen Schwangeren in ihrer neuen Lebenssituation „relevante andere“ sind, d. h. auf die sie z.T. materiell, besonders aber fast immer emotional angewiesen sind und/oder auf deren Urteil sie besonderen Wert legen. Die Reaktionen der Bezugspersonen, hier vor allen Dingen die der eigenen Familie, beeinflussen unmittelbar die Lebensbedingungen während der Schwangerschaft.

Die Dimensionen der analytischen Auseinandersetzung sind:

- Reaktionen der Herkunftsfamilie auf die Schwangerschaft (Reaktionen der Eltern und Näheres zum Verhältnis zu den Eltern[15])
- Reaktionen der Gleichaltrigen (Peers) auf die Schwangerschaft (Reaktionen der FreundInnen; Näheres zum Verhältnis zu den Gleichaltrigen)
- Unterstützung im sozialen Umfeld (Allgemeines zu den Unterstützungserfahrungen der jungen Schwangeren; Verhaltenstypen der jungen Schwangeren im Umgang mit Unterstützung und Hilfsangeboten)

Der Analyse liegen die Aussagen aller Interviewpartnerinnen der Stichprobe zu Grunde. In die Auswertungen „Näheres zum Verhältnis zu den Gleichaltrigen" und „Unterstützung im sozialen Umfeld" sind jedoch die beiden Interviewpartnerinnen nicht einbezogen, die einen Schwangerschaftsabbruch haben vornehmen lassen. Die Kontakte zu ihren Peers haben sich nach dem Abbruch wenig oder nicht verändert bzw. Unterstützungen und Hilfsangebote des sozialen Umfeldes, die sich ja auf die Schwangerschaft beziehen, spielen für sie keine Rolle.

Die jungen Schwangeren geben z.T. ausführliche Auskunft über die Reaktionen der Menschen in ihrem Umfeld auf die Schwangerschaft und über deren gute oder mangelnde Unterstützung. Sie berichten über ihre Erfahrungen mit den Reaktionen der Eltern und über das Verhältnis zu ihnen mit den daran geknüpften Erwartungen und Hoffnungen für die Zukunft mit Kind. Sie sprechen über die Entwicklung der Kontakte zu Gleichaltrigen während dieser neuen Phase ihres Lebens und über die Unterstützungserfahrungen, die sie in ihrem sozialen Umfeld gemacht haben.

3.1 Reaktionen der Herkunftsfamilie auf die Schwangerschaft

Wie oben bereits angedeutet, spielt gerade in der Phase der Pubertät und frühen Adoleszenz das soziale Umfeld eine wichtige Rolle bei der Orientierung der Jugendlichen. Durch Distanzierung von oder Identifikation mit diesen Sichtweisen, Wertvorstellungen, Einschätzungen von Situationen und Reaktionen versuchen Jugendliche, Maßstäbe für ihr eigenes Handeln zu gewinnen. Dies betrifft besonders Situationen, mit denen die Jugendlichen noch keine eigenen Erfahrungen haben bzw. haben können.

15 Auf Reaktionen der weiteren Verwandtschaft – Großeltern, Onkel und Tanten oder Nachbarn – wird nicht näher eingegangen. Zusammenfassend kann hier angemerkt werden, dass diese Reaktionen auf die Nachricht von der Schwangerschaft ähnlich heterogen ausfallen, wie die der Eltern, aber für die jungen Schwangeren in den meisten Fällen keine so große Bedeutung erlangen, außer sie sind unterstützend, wenn die Eltern z.B. solche Unterstützung nicht gewähren.

Wenn die jungen Mädchen erfahren, dass sie schwanger sind, befinden sie sich in einer für sie völlig neuen Situation. Sie können sie für sich und bezüglich der Reaktionen relevanter anderer nicht oder nicht richtig einschätzen. Sie entwickeln oft angstvolle Fantasien in Erwartung derartiger Reaktionen.

Es liegt erst einmal auf der Hand, dass solche Reaktionen positiv und unterstützend oder ablehnend sein können. Die Jugendlichen hoffen einerseits auf Akzeptanz und Wohlwollen, erwarten aber gleichzeitig Konflikte und Ablehnung. Dabei ist von Bedeutung, dass die Reaktionen der einzelnen Gruppen und Personen ihres Umfeldes unterschiedliche Wertigkeiten für die jugendlichen Schwangeren haben. Mit anderen Worten, es wäre nicht differenziert genug, allein nur nach positiven und negativen Reaktionen zu unterscheiden.

Welchen Stellenwert die Reaktionen des sozialen Umfeldes für die jugendlichen Schwangeren haben, hängt oft wesentlich davon ab, welche Motive für die Reaktionen sie den Menschen des Umfeldes zuschreiben bzw. wie sie sich diese Reaktionen „erklären“. So können als negativ empfundene Reaktionen z.B. der Eltern durchaus auf Verständnis der betroffenen Schwangeren stoßen. Sie können von ihnen sogar positiv gewertet werden, wenn sie vor dem Hintergrund ihrer Erfahrungen die ihnen dahinter aufscheinenden Motive als „gut gemeint“ interpretieren.

Umgekehrt können scheinbar wohlwollende Reaktionen negativ interpretiert werden, wenn sie den Jugendlichen auf der Basis ihrer früheren Erfahrungen mit den Menschen des Umfeldes nicht glaubwürdig erscheinen.

Aus den Daten werden verschiedene Interpretationstypen der jugendlichen Schwangeren bezüglich der Reaktionen ihrer Eltern erkennbar. Sie haben jeweils unterschiedliche Auswirkungen auf die komplexen Lebenssituationen, die durch die meist ungeplante Schwangerschaft für viele entstehen.

Entlastende Reaktionen

Ein erster Reaktionstyp aus der Sicht der Schwangeren ist der der angebotenen *Unterstützung*. Eltern reagieren auf die Information über die Schwangerschaft der Tochter mit Angeboten, die entweder pragmatische Hilfen für die Zeit nach der Geburt des Kindes beinhalten, fürsorglich auf ihren physischen Zustand eingehen oder die signalisieren, dass sie die Entscheidung der Jugendlichen für das Austragen des Kindes respektieren. Die Eltern zeigen, dass sie ihnen zutrauen, auch im jugendlichen Alter den Herausforderungen eines Lebens mit Kind gewachsen zu sein.

Als weiteren Reaktionstyp benennen die jugendlichen Schwangeren *Erleichterung* der Eltern, dass der Tochter nichts „Schlimmeres“ geschehen ist. Darin erkennen die Interviewpartnerinnen eine Art von Zuversicht, dass sie auch als Schwangere und später jugendliche Mütter nicht abgelehnt und nicht noch zusätzlich durch Zerwürfnisse mit den Eltern belastet sein werden. Sie lesen zudem aus den erkennbaren Befürchtungen der Eltern auch Besorgnis heraus, die ihnen implizit zu verstehen gibt, sie haben eine Bedeutung im Leben der Eltern.

Auch *Freude* wird als Reaktionstyp beschrieben. Als Freude wird von den Jugendlichen interpretiert, wenn die Eltern signalisieren, das erwartete Kind ist willkommen und sie akzeptieren die Tochter nunmehr als Gleichrangige und ziehen sie ins Vertrauen.

Belastende Reaktionen

Mit feinem Sensorium erkennen die jugendlichen Schwangeren aber auch geäußerte Freude einiger Eltern als *Egozentrismus oder Egoismus*, die, bis auf wenige Ausnahmen, als Reaktion abgelehnt werden, besonders wenn für die jungen Frauen daraus Schwierigkeiten erwachsen. Als egozentrisch erkannte Reaktionen der Eltern werden von den jungen Frauen zumeist als Indikatoren verstanden, die darauf verweisen, dass die Eltern in ihren eigenen Denkhorizonten verhaftet bleiben. Sie sind nicht bereit oder in der Lage, sich mit der schwierigen Lebenssituation der Töchter zu befassen.

Die Interviewpartnerinnen schildern als weiteren Reaktionstyp den der *Sorge um die Zukunft der Tochter*. Als sorgenvolle Reaktionen der Eltern bezeichnen sie z. B. Bedenken bezüglich der finanziellen Situation für Mutter und Kind, die Sorge, die Tochter schaffe sich mit dem Kindsvater „zusätzliche Probleme“ und die – am häufigsten berichteten – großen Sorgen um die berufliche Zukunft der Tochter. Solche Befürchtungen, insbesondere der Mütter, werden von den betroffenen Jugendlichen akzeptiert, wenn sie nicht mit hohem Druck auf die jungen Schwangeren verbunden sind, was aber oft der Fall ist.

Als besonders belastend bezeichnen die Jugendlichen den Typus *indifferenter Elternreaktionen*. Da die überwiegende Mehrzahl ihre Schwangerschaft als ein für sie bedeutendes biografisches Ereignis begreift, das sie z.T. verunsichert und ihnen Angst macht, ist eine Desinteresse bezeugende Reaktion der Eltern eine besonders enttäuschende Erfahrung. In unserer Gesellschaft gelten Eltern für Jugendliche nach wie vor als die Instanz, von der Verständnis, Hilfe und Unterstützung erwartet wird. Diese Erwartung existiert unabhängig davon, wie das Verhältnis in der Spätpubertät bzw. Frühadoleszenz zu ihnen war oder ist. Die jugendlichen Schwangeren wünschen sich ein unterstützendes emotionales Klima, das ihnen Rückhalt bietet und sie gleichzeitig als Erwachsene anerkennt. Das wird ihnen aber durch indifferente oder desinteressierte Reaktionen verwehrt.

Der Typus *Vorwürfe* führt in einigen Fällen zu heftigen und z.T. andauernden Familienkrisen, die von den jugendlichen Schwangeren ebenfalls als sehr belastend geschildert werden. Solche Vorwürfe beziehen sich auf den „Umgang“ der Jugendlichen, beinhalten

Diskreditierungen der Person der Schwangeren oder unterstellen ihr, nicht aus vergleichbaren Erfahrungen Nahestehender gelernt zu haben. Als Folge derartiger Reaktionen ziehen sie sich, einige erneut, von der Herkunftsfamilie zurück.

Entwicklung des Verhältnisses zu den Eltern

Die Typologie der Elternreaktionen auf die Nachricht von der Schwangerschaft gibt einen Einblick in die zu diesem Zeitpunkt punktuellen positiven oder negativen Erfahrungen der jugendlichen Schwangeren mit ihren Eltern. Von besonderem Interesse ist aber auch, wie sich das Verhältnis zu den Eltern bis zum Zeitpunkt des Erstinterviews weiterentwickelt. Ausgehend von der Annahme, dass die Beziehungen zu den Eltern oder anderen Nahestehenden mit der Schwangerschaft einen neuen Stellenwert bekommen, haben wir untersucht, wie die Jugendlichen ihre Beziehungen gestalten und konnten vier Typen herausarbeiten.

Ein Typus jugendlicher Schwangerer reflektiert das bisherige Verhältnis zu seinen Eltern selbstkritisch. Die *Selbstkritischen* versuchen ihren Eltern zu signalisieren, dass sie jetzt, vor dem Hintergrund ihrer eigenen künftigen Elternschaft, ihr pubertäres Verhalten kritisch reflektieren und „vernünftiger", erwachsener geworden sind. Einigen gelingt es, ihre Eltern zu überzeugen, und ihr Verhältnis zu ihnen verbessert sich. Andere fühlen sich zurückgewiesen, denn die Eltern verweigern ihnen die erwünschte Anerkennung als „geläuterte" junge Erwachsene, was mit Enttäuschung verbunden ist. Dennoch sind diese jungen Schwangeren z.T. bereit, erneut Kontakte zu ihren Eltern aufzunehmen.

Anders stellt sich die Erfahrung einer weiteren Gruppe unserer Interviewpartnerinnen dar. Sie werden von den Eltern zurückgewiesen. Die *Zurückgewiesenen* interpretieren das von ihnen als Kränkung erfahrene Verhalten der Eltern als Isolierung von der Herkunftsfamilie. Sie reagieren ihrerseits mit Rückzug, indem sie sich z.T. andere Lebensorte erschließen und den Kontakt oft ganz abbrechen.

Charakteristisch für den Typus der *Entlasteten* hingegen ist eine deutliche Verbesserung oder ein weiterhin gutes Verhältnis zu den Eltern. Sie erfahren neue Zuwendung auf einer anderen Basis sowie moralische und z.T. materielle Unterstützung durch die Herkunftsfamilie, die sie in der Phase der Schwangerschaft entlastet.

Demgegenüber haben die *Skeptischen* zwar auch den Wunsch, das Verhältnis zu den Eltern auf einer neuen Basis zu verbessern, aber mit wenig Hoffnung auf ein Gelingen. Ihre Skepsis wird gespeist durch z.B. negative Erfahrungen bzw. durch Vorbehalte dem Lebensstil der Eltern gegenüber. Sie führt in einigen Fällen zu gleichsam trotziger Selbstbehauptung, die sich in Verzicht auf die Unterstützung durch die Herkunftsfamilie äußert oder in Bedingungen der Jugendlichen für die weiteren Kontakte.

Interviewzitate auf CD-ROM

Die in der Analyse verwandten Interviewpassagen wurden durchnummeriert und auf einer CD-ROM verfügbar gemacht. Hier finden Sie alle Interviews zu diesem Unterkapitel

Reaktionen der Eltern	Nr. 274 - 278
Unterstützung, Erleichterung, Freude	Nr. 279 - 287
Egozentrismus und Eigennutz	Nr. 288 - 296
Sorge um die Zukunft der Tochter	Nr. 297 - 306
Indifferenz, Vorwürfe	Nr. 307 - 315
Näheres zum Verhältnis zu den Eltern	Nr. 316 - 326

Differenziert nach: die Selbstkritischen, die Entlasteten und die Skeptischen

Interviewauszug: Erleichterung der Eltern

Einige der Eltern oder Elternteile reagieren aus der Sicht der jungen Mädchen mit Erleichterung auf die Nachricht über die Schwangerschaft der Tochter. Solche Erleichterung der Eltern kann bis zu einem gewissen Grade von der jugendlichen Schwangeren selbst strategisch inszeniert worden sein. Sie kann aber auch Ausdruck tiefer angesiedelter Befürchtungen der Eltern bezüglich der Gefahren verdeutlichen, denen sie ihre Kinder ausgesetzt sehen. So schildert eine 17-Jährige – selbst erleichtert – die Reaktion ihres Vaters:

Alya: „Oah, mein Vater. Also, am meisten Sorgen hab ich mir eigentlich nur gemacht über meinen Vater und meinen Bruder. Weil der dachte, ich bin ja noch Jungfrau, dachte er (der Bruder). Und ja, also für ihn ist es ja furchtbar: Seine kleine Schwester! Auch noch ich! Auweia! ... Und dann meinte er aber auch: ‚Ach, was soll ich jetzt meckern, ist ja nicht schlimm.' Und dann hab ich das meinem Vater, aber erst viel später, erzählt. Glaub ich, einen Monat später, hab ich das meinem Vater erzählt. Und da dacht ich eigentlich, der reißt mir den Kopf ab, aber er, überhaupt nicht!

Frage: Hmhm. Was hat er denn gesagt, wie hat er denn reagiert?

Alya: ... ‚Papa, ich muss dir was sagen'. Da meint er: ‚Ja, was denn?' Meint ich: ‚Ich trau mich das nicht.' Da meint er: ‚Soll ich raten?' Mein ich: ‚Ja.' Da meint er so: ‚Entweder du bist schwanger, du willst heiraten oder du kommst ins Gefängnis' ... Meint, eins von den drei Sachen. Meint ich: ‚Ja, das erste'. Und dann wusste er, dass ich schwanger bin.

Frage: Hmhm. Und wie hat er weiter reagiert?

Alya: Ja, er meinte dann halt: ‚Echt? Das ist ja nicht so schön. Was willst du jetzt machen?' Und so. Also er hat sich schon gefreut, aber als Vater kannst du dich ja auch nicht so freuen, wenn dein Kind selber erst siebzehn ist. Ist ja auch blöd. Also er hat sich schon gefreut, aber ihm war's auch unheimlich."[16]
(1. Int. 30, S. 36 f., 17 Jahre)

Aus den vom Vater angesprochenen „Alternativen" und in den als moderat geschilderten Reaktionen von Vater und älterem Bruder werden wohl auch die Ängste beider deutlich, was der noch minderjährigen Tochter bzw. Schwester alles „zugestoßen" bzw. von ihr angestellt worden sein könnte (Gefängnis!).

Die Erleichterung der Älteren gibt den jugendlichen Schwangeren eine Art von Zuversicht, dass sie auch als Schwangere und später jugendliche Mütter nicht abgelehnt und nicht noch zusätzlich durch Zerwürfnisse mit den Eltern belastet sein werden. Sie lesen zudem aus den erkennbar werdenden Befürchtungen der Eltern auch Besorgnis heraus, die ihnen implizit zu verstehen gibt, dass sie eine Bedeutung im Leben der Eltern behalten haben.

16 Ihre Mutter lebt nach einem Schlaganfall in einem Pflegeheim und hat die Nachricht wohl nicht richtig erfassen können.

3.2 Reaktionen der Gleichaltrigen auf die Schwangerschaft

Wie sowohl Ergebnisse der Jugendforschung zeigen als mittlerweile auch populärwissenschaftliche Beiträge[17], gewinnt in der heutigen Gesellschaft die Gruppe der Gleichaltrigen für Pubertierende und junge Adoleszente eine zunehmende Bedeutung. Sie möchten dazugehören, orientieren sich an ihr, übernehmen ihre Werte und Normen und experimentieren mit ihnen.

Von der Gruppe nicht akzeptiert zu werden, bereitet den meisten Jugendlichen Schwierigkeiten. Es lässt sie isoliert zurück und nimmt ihnen damit u. a. Möglichkeiten, für sich neue Orientierungen zu finden, und sei es nur für die Phase der notwendigen und identitätsstiftenden Ablösung von der Erwachsenengeneration.

Aber auch Jugendliche, die in Peergroups integriert sind, machen oft sehr konfliktreiche Erfahrungen. Die Normen und Werte von Schule und Elternhaus geraten – so die veröffentlichte Meinung – in immer stärkeren Widerspruch zu denen der Gleichaltrigengruppe. Mit diesen Widersprüchen zu leben, führt bei mehr und mehr Jugendlichen zu pubertären Konflikten, die das Jugendalter auch riskant und gefährlich für eine gelungene Selbstfindung werden lässt.

Betrachtet man vor dem Hintergrund solcher gesellschaftlicher Entwicklungen junge Mädchen, die in dieser Phase schwanger werden, dann wird deutlich, dass sie sich in einer doppelt widersprüchlichen Situation befinden. Sie können sich als Schwangere nicht mehr oder nur noch bedingt der Gleichaltrigengruppe zugehörig fühlen oder sie werden nicht mehr als zugehörig akzeptiert und sind isoliert. Sie können nicht mehr voll an Aktivitäten teilnehmen, weil ihnen u.a. durch die physischen Veränderungen während der Schwangerschaft spezifische Aktivitäten, wie z. B. Disco-Besuche, schwer fallen oder sich für sie aus ästhetischen Gründen verbieten.

Zudem müssen sie sich mit neuen Gegebenheiten auseinander setzen, neue Planungen für ihr Leben und das ihres Kindes ins Auge fassen. Vor diesem Hintergrund wird es schwer für sie, sich weiterhin an den Werten der Peers zu orientieren, denen sie in ihrer aktuellen Lebenssituation nicht mehr gerecht werden können. Da z. B. die Ästhetisierung des Körpers („aesthetic correctness“) bei den Jugendlichen eine wichtige und gruppenintegrierende Rolle spielt und viele Mädchen auch ohne Schwangerschaft schon unter großen Schwierigkeiten, Unsicherheiten und Erfahrungen eigener Unzulänglichkeit leiden, bekommen die körperlichen Veränderungen während der Schwangerschaft einen letztlich ausgrenzenden Charakter. Schwangerschaftsbedingte Gewichtszunahme oder sich verändernde Körperproportionen entsprechen den auch sonst kaum realisierbaren gültigen Schönheitskriterien für Mädchen erst recht nicht mehr. Die körperlichen Verän-

---

17 Vgl. DER SPIEGEL, Nr. 22, vom 28.5.2001

derungen nehmen ihnen die Möglichkeit, ihren Körper gemäß der in der Gruppe oder Clique gängigen Kleidungs-„Vorschriften" zu stilisieren. Schwangerschaftskleidung widerspricht z.B. diesem Kleidungsdiktat, die jugendlichen Schwangeren fühlen sich nicht mehr als „dazugehörig".[18]

Mit der Schwangerschaft endet gleichsam „über Nacht" die Phase der Orientierung und Identitätssuche, für die die Gleichaltrigengruppe als wesentlich angesehen wird, ohne dass der Prozess der Identitätsentwicklung abgeschlossen wäre oder auch nur sein kann.

Sie können sich aber auch nicht mehr bruchlos an der Elterngeneration orientieren, da ja gerade Verselbstständigung und Eigenständigkeit Aufgaben dieser Entwicklungsphase sind. Die Werte und Normen ebenso wie die Lebensstile der Eltern, die immer stärker in Widerspruch zu denen der Jugendkulturen geraten, treten in den Hintergrund, können aber nicht mehr ohne weiteres ersetzt werden durch die der Gleichaltrigen. Die jungen Schwangeren befinden sich in einem Orientierungsvakuum, das sie füllen müssen.

Zu dem Zeitpunkt, an dem unsere Interviewpartnerinnen schwanger wurden, hatten die meisten von ihnen die ihrem Alter entsprechenden Kontakte zu Peers, nahmen – mit individuell durchaus unterschiedlicher Intensität – an deren Aktivitäten teil und fühlten sich als „normale" Jugendliche. Sie hatten häufig „beste" Freundinnen, mit denen sie sich austauschten, denen sie vertrauten, auf deren Meinung sie großen Wert legten und bei denen sie sich Rat holten. In vielen Fällen unterrichten die jugendlichen Schwangeren zuerst ihre „beste Freundin" oder andere Peers über die Schwangerschaft. Es handelt sich aber immer um Personen, von denen sie ermutigende oder unterstützende Reaktionen erwarten oder erhoffen. Eine 18-Jährige macht das sehr plastisch:

Nicole 1: „Und nach diesem Schwangerschaftstest, die erste, der ich's gesagt habe, war meine Freundin gewesen. Die habe ich angerufen und habe gesagt: ‚Ich bin schwanger'. Ja.

Frage: Und wie waren da die Reaktionen?

Nicole 1: Also ich hab angerufen und dann fing sie an zu schreien. Und da hab ich den Hörer erst mal so gehalten, und dann meint sie ‚geil'. Ich glaube, sie hat sich gefreut.

Frage: (lacht) Wie denn, schreien?

Nicole 1: Ja, so, so, so 'n Freudenschrei: ‚Aah ja, geil' und ja ..."
(1. Int. 11, S. 34, 18 Jahre)

Sie erfährt die Reaktion ihrer Freundin als positiv.

---

18 Hier kann es nicht um eine Bewertung dieser jugendkulturellen Diktate gehen. Von Bedeutung sind vielmehr die jeweiligen Auswirkungen auf die jungen Schwangeren in Bezug auf die entwicklungspsychologisch und gesellschaftlich wichtigen Kontakte zu Peers bei der Suche nach einer eigenen Identität.

Die Erwartungen und Hoffnungen auf eine positive und damit ermutigende Reaktion der Gleichaltrigen werden in der Mehrzahl erfüllt, aber nicht in allen Fällen. Einige unserer Interviewpartnerinnen berichten auch von Enttäuschungen, die sie wegen negativer Reaktionen der FreundInnen empfanden.

Gerade weil die meisten der Jugendlichen selbst die Schwangerschaft in ihrem Alter nicht als unproblematisch sehen können, bedeutet ihnen eine positive Reaktion sehr viel, weil sie als Bestätigung und Unterstützung empfunden wird. Fehlt diese Anerkennung bzw. werden die Jugendlichen mit negativen Reaktionen konfrontiert, bedarf es zusätzlicher Auseinandersetzungen mit nicht erfüllten Hoffnungen und Erwartungen gegenüber den Gleichaltrigen.

Auch bei den Reaktionen der Peers auf die Schwangerschaft konnten Reaktionstypen ermittelt werden. Sie haben unterschiedliche Auswirkungen auf die soziale Eingebundenheit unserer Interviewpartnerinnen und bestimmen den lebensweltlichen Kontext, in dem sie ihre Schwangerschaft austragen, mit.

Reaktionstypen bei den Peers

Der erste Reaktionstyp ist der der *Freude und des Interesses der Peers* an der Schwangerschaft. Solche Reaktionen bewirken die Sicherheit, weiter eingebunden zu sein und z.T. auch einen Statusgewinn der jugendlichen Schwangeren, der ihnen Rückhalt in der Gleichaltrigengruppe verspricht.

Ein weiterer Typus ist der sehr *unterschiedlicher Reaktionen der Gleichaltrigen*. Die jugendlichen Schwangeren machen die Erfahrung, dass sie sich auf einige ihrer FreundInnen weiterhin verlassen können. Andere aber reagieren verständnislos und ablehnend auf die Schwangerschaft, was unseren Interviewpartnerinnen Enttäuschungen bereitet.

Andere jugendliche Schwangere machen die Erfahrung, dass sich die meisten ihrer Peers von ihnen abwenden. Dieser Reaktionstyp der *Ablehnung und des Rückzugs der Gleichaltrigen* führt zu z.T. vorweggenommener selbstgewählter Isolation der Schwangeren, bei einigen auch zu engerer und ausschließlicherer Hinwendung zum Freund bzw. zu Distanzierung von den Interessen und Wertigkeiten der Gleichaltrigen.

Ein letzter Reaktionstyp ist der des *Unverständnisses und der Gleichgültigkeit der Peers*. Jugendliche Schwangere, die mit dieser isolierenden Erfahrung konfrontiert sind, werden vorzeitig und oft unvermittelt in die Erwachsenenrolle gedrängt. Sie suchen verstärkt Orientierung und Rückhalt in der Herkunftsfamilie, besonders aber beim Freund. Solche Erfahrungen mit den Reaktionen der Gleichaltrigen führen zu recht unterschiedlichen Bewältigungsstrategien unserer Interviewpartnerinnen.

Kontinuität und Wandel in den Peerbeziehungen

Einige der jugendlichen Schwangeren *ziehen sich zurück*, oft aber ohne ihre Privatsphäre strukturieren und sich neue, z. B. schwangerschaftsadäquate Aktivitäten erschließen zu können. Sie berichten von Langeweile, Lust- und Planlosigkeit, von „Rumhängen" und sind meist unzufrieden mit ihrer Lebenssituation.

Andere bewältigen die Isolation von den Gleichaltrigen durch fast ausschließliche *Konzentration auf den Partner* und ziehen sich u.a. verstärkt auf Vorbereitungen für die Zeit nach der Geburt des Kindes zurück. Einige von ihnen unterstreichen, dass sie sich wohl fühlen und mit ihrer Situation als jugendliche Schwangere zufrieden sind, andere machen deutlich, dass sie sich isoliert fühlen.

Einigen unserer Interviewpartnerinnen bleiben die *Kontakte zur „besten" Freundin*, die einen neuen Stellenwert bekommt, mit der sie aber wenige oder andere Aktivitäten teilen als die der anderen Peers. Da solche „Mädchenfreundschaften" in diesem Alter oft brüchig sind, kann der erwartete Rückhalt nicht verlässlich gegeben werden. Kommt es zu Differenzen mit dieser einzigen Gleichaltrigen, ist die Enttäuschung sehr groß.

Rückzug in die Herkunftsfamilie ist eine weitere Bewältigungsstrategie für die jugendlichen Schwangeren, deren familiäre Bindungen nach wie vor eng sind. In einigen Fällen wird der Freund mit einbezogen, und es bleibt kein Freiraum für Gleichaltrigenkontakte und -aktivitäten.

Einige unserer z. B. in Heimen lebenden Interviewpartnerinnen haben ebenfalls wenige oder keine Kontakte zu ihren früheren Peers, bauen sich aber *neue Kontakte* auf *zu anderen jugendlichen Schwangeren und Müttern*, also Gleichgesinnten und -orientierten. Sie bewegen sich in einer gleichsam geschützten Sphäre, in der sie sich nicht als Außenseiterinnen fühlen müssen und können an schwangerschaftsadäquaten Aktivitäten teilnehmen.

Als letztes bleibt eine weitere Gruppe unserer Interviewpartnerinnen, die *keine oder wenige Veränderungen in ihren Peerkontakten* benennt. Sie bewegen sich während der Schwangerschaft nach wie vor in denselben Zusammenhängen, z. B. gehen noch zur Schule oder machen eine Ausbildung und haben dort die gewohnten Gleichaltrigenkontakte. Sie fühlen sich nicht isoliert, auch wenn sie sich von bestimmten Aktivitäten ihres Freundeskreises zurückziehen.

Wie zu erwarten war, ergeben sich bei den meisten der jugendlichen Schwangeren durch die Schwangerschaft deutliche Veränderungen in ihren Kontakten zu Gleichaltrigen. Es verändern sich weit gehend sowohl die Zahl der Kontakte, als auch die Aktivitäten, Tagesabläufe und Freizeitgestaltungen von Jugendlichen.

Die beschriebenen lebensweltlichen Bedingungen, in denen sich unsere Interviewpartnerinnen bewegen, ebenso wie ihre Bewältigungsstrategien für diese Bedingungen, beziehen sich auf die Phase der Schwangerschaft. Mit der Analyse der Zweit- und Drittinterviews wird herauszuarbeiten sein, wie sich die Beziehungen zur Herkunftsfamilie und zu der Gleichaltrigengruppe entwickeln werden, wenn die Kinder unserer Interviewpartnerinnen geboren sind und ihren Lebensrhythmus maßgeblich bestimmen.

Interviewzitate auf CD-ROM

Die in der Analyse verwandten Interviewpassagen wurden durchnummeriert und auf einer CD-ROM verfügbar gemacht. Hier finden Sie alle Interviews zu diesem Unterkapitel

Reaktionstypen der Gleichaltrigen — **Nr. 327 - 338**

Differenziert nach: Freude und Interesse, unterschiedliche Reaktionen der Gleichaltrigen, Ablehnung und Rückzug, Unverständnis und Gleichgültigkeit

Näheres zum Verhältnis zu den Gleichaltrigen — **Nr. 339 - 365**

Differenziert nach: Rückzug ins Private, in die Beziehung zum Partner, in die Beziehung zur besten Freundin, in die Herkunftsfamilie, kaum Änderungen in den Peerkontakten

3.3 Unterstützung im sozialen Umfeld

Im Folgenden geht es um private Hilfen bzw. Unterstützungen, die die Schwangeren in ihrem Lebensumfeld erhalten und die sie in ihrem zukünftigen Alltag mit Kind erwarten bzw. erhoffen.[19] Dabei interessiert uns, ob sich die jungen Schwangeren in ihrem sozialen Umfeld genügend unterstützt fühlen und was aus ihrer Sicht eine gute Unterstützung beinhaltet. Darüber hinaus ist von Bedeutung, wie die Jugendlichen mit erhaltenen bzw. angebotenen Hilfen umgehen, aber auch, wie sie mit der Tatsache fehlender oder nicht ausreichender Unterstützung zurechtkommen.

Auf der Grundlage der Interviewaussagen der jungen Frauen wurde herausgearbeitet, was diese jugendlichen Schwangeren unter einer guten Unterstützung in ihrem sozialen Nahbereich verstehen und wie sie mit Unterstützungsangeboten, aber auch mit ihrer Unzufriedenheit darüber, zu wenig Hilfe zu haben, umgehen. Dabei wurde deutlich, dass für jugendliche Schwangere einige Verhaltens- und Einstellungsmuster charakteristisch sind, die sich analytisch in drei verschiedene Typen fassen lassen: die ***Selbstständigen***, die ***Zielstrebigen*** und die ***Kindlichen***.

---

19 Zu professioneller Hilfe und Unterstützung vgl. anschließendes Kapitel 4.

Charakteristika der Selbstständigen

Die *Selbstständigen* haben die realistische Einschätzung, dass sie Unterstützung aus ihrem sozialen Umfeld in bestimmten Situationen während der Schwangerschaft und nach der Entbindung benötigen werden. Sie nehmen Hilfen nur in Anspruch, wenn es notwendig ist (oder haben dies vor), und es steht für sie außer Frage, dass die Verantwortung für ihr Kind bei ihnen liegt.

Diese jungen Schwangeren beweisen bei den Vorbereitungen auf die Geburt ihres Kindes Organisationsgeschick und sind zudem in der Lage, Menschen in ihrer Umgebung zur Mithilfe zu motivieren bzw. die vorhandenen Unterstützungs-Ressourcen aufzuspüren und für sich zu nutzen. Dabei haben sie die Notwendigkeit erkannt, Unterstützung einfordern zu müssen, d.h. bewusst die Initiative zu ergreifen, wenn sie bestimmte Hilfen wünschen.

Die Selbstständigen sind fähig, sich sowohl Tagesabläufe nach der Geburt ihres Kindes und die Bedürfnisse eines Säuglings vorzustellen als auch die entsprechenden, für einen Alltag mit Kind zu treffenden Vorbereitungen detailliert zu durchdenken. Daher beginnen sie schon zu einem frühen Zeitpunkt ihrer Schwangerschaft, Planungen für die Zukunft aufzustellen und deren Realisierung in Angriff zu nehmen. Bei ihren Zukunftsplanungen stellen sie das Wohlergehen ihres Kindes in den Vordergrund und berücksichtigen in ihren Überlegungen die mutmaßlichen kindlichen Bedürfnisse.

Schwangere, die schon ein Kind haben, können aus Erfahrung die Grenzen und Möglichkeiten bei der Inanspruchnahme von Unterstützungsleistungen realistisch beurteilen. Sie erlebten, dass äußere Umstände oder auch das Verhalten des eigenen Kindes Hilfsmöglichkeiten durch unterstützungswillige Personen einschränken. Dennoch haben sie das Gefühl, gut unterstützt zu sein, wenn sie auf Hilfsangebote ihnen nahe stehender Menschen vertrauen können und die Gewissheit haben, diese Personen werden ihnen bei Bedarf die größtmögliche Unterstützung zukommen lassen.

Selbstständigen jungen Schwangeren, deren Beziehung zu dem Vater ihres Kindes fortbesteht und die eine umfassende Unterstützung durch beide Familien schon während der Schwangerschaft erhalten, kann es gelingen, gemeinsam mit ihrem Partner ihrer beider beruflicher Wünsche und Ziele uneingeschränkt weiterzuverfolgen. Sie sind dazu in der Lage, detailliert zu planen und Vorbereitungen für ihr künftiges Leben mit Kind in äußeren Angelegenheiten (wie z.B. Bezug einer gemeinsamen Wohnung) als auch in internen Angelegenheiten zu treffen (z.B. Absprachen bezüglich der Aufgabenverteilung bei Haushaltsarbeiten und bei der Pflege und Betreuung des Kleinkindes). Sie wissen, dass sie zum reibungslosen Tagesablauf und zum Erreichen ihrer beruflichen Ziele mittelfristig auf die Hilfe ihrer Familien angewiesen sein werden, nehmen diese Hilfen auch gern an, ohne jedoch die Hilfsbereitschaft der Familien über Gebühr beanspruchen zu wollen.

Weiterhin fällt auf, dass selbstständige junge Frauen bzw. Paare die Unterstützungsangebote ihrer Familien weit gehend zurückweisen können, wenn sie in der Lage sind, sich innerhalb der Paarbeziehung mit ihrer neuen Situation und ihrem künftigen Familienalltag auseinander zu setzen. Wenn es ihnen gelingt, die äußeren Umstände (z.B. Einrichten des Erziehungsurlaubs) zu gestalten, sind sie kaum auf Hilfe ihres sozialen Umfeldes angewiesen. Sie erfahren die Hilfsangebote zwar als nützlich, beruhigend und für besondere Gelegenheiten als annehmbar, aber auch als etwas, das sich aus ihrer Sicht möglicherweise zur elterlichen Einmischung entwickeln könnte. Die Motivation, als Paar das zukünftige Leben weit gehend ohne Unterstützung zu bewältigen, kann mit Ablösungsprozessen vom Elternhaus in Zusammenhang stehen.

In einigen Fällen bilden die Familien ein umfassendes Unterstützungsnetz, mit dessen Hilfe die werdenden Eltern ihre jeweils eigenen beruflichen Ziele weiterverfolgen und ihren künftigen gemeinsamen Familienalltag bewältigen können. Diese jungen Frauen bzw. Paare nehmen die familialen Hilfsangebote gern an und bringen kaum Bedenken darüber zum Ausdruck, dass die Familie eine zu dominante Rolle einnehmen könnte.

In anderen Fällen haben die Familien die Funktion, ein zwar grundsätzlich vorhandenes Unterstützungsnetz zu bilden, das die jungen Frauen bzw. Paare jedoch nur gelegentlich in Anspruch nehmen wollen, da sie an sich selbst den Anspruch stellen, die Anforderungen eines Familienlebens eigenständig und unabhängig von den Herkunftsfamilien zu bewältigen. Verschiedene Arten der Unterstützung (materielle, ideelle) können auf einzelne Familienmitglieder verteilt sein, wobei jede Unterstützung ihre eigene Bedeutung für die Schwangeren hat. Die Unterstützung, die mit emotionalem Halt und Toleranz für die Schwangere verknüpft ist, hat jedoch zumeist den höchsten Stellenwert.

Als weiter gehende Entlastung erfahren es die Jugendlichen, wenn ihre Eltern ihnen anbieten, ihr Kind auch über ein notwendiges Maß hinaus zu betreuen. Die Eltern ermöglichen ihnen – trotz ihrer frühen Vater- und Mutterschaft – zumindest teilweise eine jugendgerechte Freizeitgestaltung. Das von den Eltern entgegengebrachte Verständnis für die vielfältigen Anforderungen, die durch die unerwartete Elternschaft, die Gründung eines eigenen Haushalts, die Beendigung der Ausbildung bzw. die Aufnahme des Studiums u.Ä. entstehen, wird von den jungen Frauen bzw. Paaren als positiv erfahren.

Selbstständige junge Schwangere holen sich darüber hinaus Hilfe in entsprechenden Beratungseinrichtungen (z.B. materielle oder finanzielle Hilfen), wenn die Unterstützung im sozialen Nahbereich fehlt. Sie erhoffen sich kaum Hilfe aus ihrem Umfeld und sind weit gehend auf sich selbst gestellt. Für den späteren Alltag mit Kind erwarten sie eine Entlastung durch ihren Partner bzw. durch eine partnerschaftliche Aufgabenteilung. Die Herkunftsfamilien stellen in solchen Fällen kein erkennbares Unterstützungsnetz dar.

Charakteristika der Zielstrebigen

Die Gruppe der *Zielstrebigen mit geringem Eigenständigkeitsbestreben* hat eine selbstkritisch-realistische Einschätzung im Hinblick auf ihre eingeschränkten, persönlichen Möglichkeiten bei der Bewältigung des zukünftigen Alltags mit Kind. Manche dieser Schwangeren neigen dazu, einen Teil ihrer Verantwortung für ihr Kind an die für sie verlässlichsten Personen aus der Familie (meistens die Mutter) abzugeben. Sie begeben sich in emotionale und alltagspraktische Abhängigkeit von ihrem sozialen Umfeld, sind aber motiviert, Selbstständigkeit zu erreichen bzw. weiterzuentwickeln. Da sie sich ihren künftigen Alltag mit Kind nicht gut vorstellen können, haben sie auch keine detaillierten Erwartungen in Bezug auf Hilfen, die sie benötigen und in Anspruch nehmen werden. Auf Grund ihrer Familieneinbindung oder Familienorientierung erscheint es ihnen selbstverständlich, die nötige Unterstützung in ihrem sozialen Umfeld zu erhalten. Konkretere, kurz- oder längerfristige Planungen des eigenen Lebens nach der Geburt ihres Kindes werden noch nicht in Angriff genommen. Die jungen Frauen formulieren jedoch den Ehrgeiz, anderen, besonders ihren Eltern, zu beweisen, dass sie (trotz der frühen Schwangerschaft) „etwas aus ihrem Leben machen" werden.

Zielstrebige jugendliche Schwangere mit ausgeprägtem Eigenständigkeitsbestreben, die z.T. zu den Jüngsten gehören, haben bereits genauere Vorstellungen z.B. davon, wie sie ihren Tagesablauf gestalten werden, wenn das Kind geboren ist. Sie entwickeln ein hohes Maß an Verantwortungsgefühl für sich selbst und ihr Kind. Sie haben den Ehrgeiz, sich – z.T. unter bewusster Berücksichtigung ihrer persönlichen Defizite – mit Hilfe der Unterstützungsmöglichkeiten so schnell und so viele Fertigkeiten wie möglich anzueignen, um neben der Beendigung ihrer Schullaufbahn und Aufnahme einer Ausbildung für ihr Kind zu sorgen.

Einige zielstrebige junge Frauen sind der Meinung, dass sie den späteren Alltag mit Kind weit gehend allein, ohne Hilfe bewältigen werden. Zum Teil begründen sie dieses Selbstvertrauen mit ihren Erfahrungen, die sie bei der „Miterziehung" ihrer jüngeren Geschwister oder der Beaufsichtigung anderer Kinder gemacht haben und/oder mit der (gezielten) Lektüre von Ratgeberliteratur zu Kinderpflege und -erziehung. Sie fühlen sich dadurch auf ihre Mutterschaft vorbereitet. Andere ziehen ihre Zuversicht bezüglich ihrer Mutterschaft aus ihrer allgemeinen Erfahrung, dass sie in ihrem bisherigen Leben manche Schwierigkeit bewältigt haben oder aus der Vorstellung, nun alt genug zu sein, um ihre Fähigkeiten richtig einschätzen zu können. Sie nehmen sich vor, ihr Bestes bei der Bewältigung des Alltags mit Kind zu geben und gehen davon aus, dass sie nur „im Notfall" bzw. gelegentlich Hilfe einfordern müssen. Dabei sind sie sich sicher, diese Hilfe von der eigenen Familie und Verwandtschaft und/oder von der des Kindsvaters, insbesondere aber von ihrer eigenen Mutter, zu erhalten.

Manche dieser jungen Schwangeren, die in einem Ablösungsprozess von ihren Familien stehen, befürchten, dass ihnen unerwünschte Hilfen aus ihrem sozialen Umfeld aufgedrängt werden könnten. Sie versuchen, sich dieser „Einmischungsversuche" zu erwehren bzw. nehmen sich dies für die Zukunft vor, falls sich Unterstützung tatsächlich in Bevormundung verkehren sollte.

Einige der Zielstrebigen sind damit beschäftigt, eine Balance zwischen ihrer „Noch-Abhängigkeit" von ihren Familienangehörigen und ihren Unabhängigkeitswünschen zu finden. Dies, wie auch u. a. die Tatsache, dass sie häufiger erwähnen, sie stellen sich den Alltag mit Kind „stressig" oder „schwer" vor, unterscheidet sie von den Selbstständigen.

Die Herkunftsfamilie ist für einige dieser jungen Frauen ein notwendiges Netz, in das sie sich fallen lassen können und das es ihnen ermöglicht, Unabhängigkeits- und Selbstständigkeitsversuche bewusst auf später zu verschieben. Für viele Mädchen ist die Familie eine der wichtigsten Anlaufstellen zur Verarbeitung ihrer Probleme. Die Gespräche mit den Familienangehörigen und deren Verständnis sind für sie sehr wichtig, um sich emotional wieder zu stabilisieren, besonders, wenn sie von ihren Partnern verlassen wurden.

Bei einigen zielstrebigen Mädchen, die mit ihrem Partner noch zusammen sind, bildet die eigene Familie und Verwandtschaft ein vollständiges Unterstützungsnetz, das außerfamiliäre Hilfen – auch die der Familie des Kindsvaters – überflüssig macht. Manche dieser jugendlichen Schwangeren können sich recht unvoreingenommen auf die familiären Hilfen einlassen. Andere befürchten, die Familien könnten ihnen zu wenig Freiraum zur eigenen Lebensgestaltung lassen, oder sie empfinden die Hilfestellungen der Eltern bereits als Einmischung in ihre Angelegenheiten.

Die Familie bzw. die Eltern des Kindsvaters spielen bei den Zielstrebigen eher eine zweitrangige Rolle im Unterstützungsgefüge. Allerdings fiel auf, dass sie z.T. Einfluss auf ihren Sohn geltend machen und ihn auf seine verantwortungsvolle Rolle als Vater hinweisen.

In Fällen, in denen Eltern den jungen Schwangeren überhaupt keine Unterstützung bieten, sind zumeist familiäre oder persönliche Probleme hierfür verantwortlich. Kontakte zu den Eltern sind für diese jungen Frauen eher eine zusätzliche Belastung als eine Entlastung.

Charakteristika der Kindlichen

Für den Typus der *Kindlichen* ist charakteristisch, dass die jungen Frauen kaum fähig sind, sich den Veränderungen zu stellen, die durch die Schwangerschaft auf sie zukommen. Sie trauen sich nicht zu, ihre Angelegenheiten eigenständig zu regeln und erwarten von ihrem sozialen Umfeld, dass es ihnen Aufgaben abnimmt oder sie zumindest hinsichtlich der Erfordernisse des Alltags anleitet. Ihnen selbst ist ihre Unselbstständigkeit und Abhängigkeit nicht oder nur wenig bewusst.

Da die Kindlichen dazu neigen, die Verantwortung für sich selbst an ihr Umfeld abzugeben, hat die Tatsache der baldigen Mutterschaft kein Überdenken ihrer eigenen Rolle zur Folge: In ihrem Bewusstsein befinden sie sich weiterhin in der Position der von den Erwachsenen „versorgten" Tochter und nicht – wie es bei den Selbstständigen und den Zielstrebigen der Fall ist – in der Rolle der zukünftigen Mutter. Dementsprechend haben sie auch keinerlei Vorstellung von ihrem späteren Alltag mit Kind.

Folglich reflektieren sie auch nicht oder kaum ihre Zuständigkeit für das Wohlergehen ihres Kindes bzw. sie müssen ihr Verantwortungsgefühl noch entwickeln und verantwortliches Handeln erst erlernen. Daher benötigen sie während der Schwangerschaft, besonders aber nach der Entbindung, umfassende Hilfe ihres sozialen Umfeldes und/oder professionelle Betreuung.

INTERVIEWAUSZUG: DIE ZIELSTREBIGEN

Vier Mädchen dieser Gruppe wurden von den Vätern ihrer Kinder verlassen. Sie konnten dem Typus der Zielstrebigen zugeordnet werden und geben an, die Beziehung zu ihren Eltern bzw. zu ihrer Mutter sei durch ihre Schwangerschaft oder in deren Verlauf enger oder im Vergleich zu vorher besser geworden. Hier wird noch einmal der Zusammenhang zwischen der Tatsache, von dem Vater ihres Kindes verlassen worden zu sein und dem (emotionalen) Rückzug auf die Familie bzw. die Mutter deutlich.

FRAGE: „Und ähm, äh, wieso hat sich das durch die Schwangerschaft verändert? Das Verhältnis zu deiner Mutter?

ALEX: Weil ich sie jetzt einfach brauche. Und das weiß sie auch. Durch das, dass ich jetzt sozusagen alleine bin (ohne Kindsvater), hat sie gemerkt, dass ich sie brauche, und wir sehen uns ziemlich oft sogar. Zweimal in der Woche oder einmal in der Woche auf jeden Fall. Wir telefonieren eigentlich fast jeden Tag." (1. Int. 36, S. 32, 19 Jahre)

Diese jugendlichen Schwangeren spüren, dass sie in ihrer momentanen Situation besonders in emotionaler, aber auch in alltagspraktischer Hinsicht auf ihre Eltern bzw. Mutter angewiesen sind. Ein Mädchen hat sogar den Eindruck, dass sich durch „das Problem Schwangerschaft" der familiäre bzw. verwandtschaftliche Zusammenhalt verbessert habe:

SARAH: „Die (Eltern, Geschwister, Verwandte) unterstützen mich jetzt, ja. Die wo's wissen. Es wissen ja nicht alle ... Und mit denen, die, wo hier in der Nähe überall wohnen, die wo's wissen ... die sind jetzt für mich da. Vorher sind wir alle so a bissle voneinander weg, kein Kontakt mehr und jetzt kommen sie immer und bringen mir Zeug mit ... Also durch die Schwangerschaft hat sich schon viel geändert. Viel bessere Gemeinschaft irgendwie." (1. Int. 38, S. 53, 14 Jahre)

Diese sehr junge Interviewpartnerin zeichnet sich dadurch aus, dass sie sich schon recht genau den Tagesablauf mit Kind ausmalen kann. Im nachfolgenden Zitat wird deutlich, dass ihr die Notwendigkeit einer Unterstützung bewusst ist, wenn sie ihre schulischen und beruflichen Pläne realisieren will. Sie nimmt sich aber jetzt schon vor, so viel Zeit wie möglich mit ihrem Kind zu verbringen und dabei zu versuchen, weitestgehend allein zurechtzukommen.

SARAH: „Morgens geh ich halt in die Schule, jetzt noch. Dann komm ich nachmittags heim, geh mit dem Kind spazieren, guck, dass es einschläft, dass es einen Mittagsschlaf macht oder so. Und dann kriegt es entweder Essen oder noch die Flasche oder Stillen, weiß ich jetzt noch nicht. Und ja, kommt's halt ins Bett so. Und ich will halt so viel wie möglich mit dem Kind unternehmen ... Will so viel gucken wie möglich, dass ich mit dem Kind klarkomm, dass ich nicht so auf Hilfe angewiesen bin. Das ist halt beim Beruf das Gleiche. Ich arbeite und sorg danach fürs Kind.

Frage: Mhm. Schaffst du das mit dem Kind alleine?

Sarah: Alleine denk ich nicht, deswegen bin ich ja auch hier (in der Mutter-Kind-Einrichtung), dass ich die Unterstützung krieg. Alleine, das würd, glaub ich, auch gar nicht gehen, weil – das geht nicht.“ (1. Int. 38, S. 65, 14 Jahre)

Sie berichtet weiter, dass ihre Betreuerinnen ihr kleine Erledigungen abnehmen wie z. B. die Vereinbarung von Arztterminen und dass die Hilfeplan-Gespräche dabei nützlich seien, ihre Zukunftsplanungen zu strukturieren.

Zielstrebige junge Schwangere mit deutlichem Eigenständigkeitsbestreben fühlen sich gut unterstützt, wenn sie die Möglichkeit erhalten (z. B. in einer Mutter-Kind-Einrichtung), ihre schulischen und beruflichen Pläne, die sie vor ihrer Schwangerschaft hatten, zu verwirklichen und sie dabei ihre bereits erreichte Selbstständigkeit erhalten und weiterentwickeln können.

Interviewzitate auf CD-ROM

Die in der Analyse verwandten Interviewpassagen wurden durchnummeriert und auf einer CD-ROM verfügbar gemacht. Hier finden Sie alle Interviews zu diesem Unterkapitel

Die Selbstständigen	Nr. 366 - 380
Die Zielstrebigen	Nr. 381 - 406
Die Kindlichen	Nr. 407 - 417

4 Medizinische Versorgung und professionelle Unterstützung

In diesem Kapitel werden unterschiedliche Erfahrungen und Umgehensweisen der jungen Frauen mit professionellen Versorgungs- und Unterstützungsnetzen betrachtet, die für sie während der Schwangerschaft relevant sind.

In der Kategorie „Medizinische Versorgung und professionelle Unterstützung“ wurden folgende Dimensionen der Aussagen der jugendlichen Schwangeren zu ihren Erfahrungen mit Beratung sowie mit diversen Einrichtungen, Ämtern und Arztpraxen bzw. ÄrztInnen analytisch aufbereitet.

- Erste gynäkologische Untersuchung – ein „ganz normales Erlebnis“?
- Beratungsstellen und Beratungsangebote – materielle und immaterielle Hilfen
- Behörden – „Beistand und Kampf“
- Mutter-Kind-Einrichtungen und betreutes Wohnen

4.1 Erste gynäkologische Untersuchung – ein „ganz normales Erlebnis“?

Gynäkologische Untersuchungen, besonders Vorsorgeuntersuchungen, erfahren in unserer Gesellschaft zunehmend Akzeptanz, gelten als etwas Normales.

Ob der Besuch bei einem Gynäkologen oder einer Gynäkologin für die Mädchen ebenfalls Normalitätscharakter hat und welche Erfahrungen sie mit ihm verbinden, sind Fragen, die im Zentrum der Untersuchung stehen.

Die meisten unserer Interviewpartnerinnen, die zum Alter Angaben machten, hatten ihren ersten Frauenarztbesuch mit etwa 14 Jahren hinter sich. Andere warteten bis zu ihrem 16. Lebensjahr oder länger. Manche zögerten ihn so lange hinaus, bis ihre Schwangerschaft nicht mehr zu verbergen war. Die Mehrzahl unserer Interviewpartnerinnen suchte höchst ungern eine gynäkologische Praxis auf. Zwangsläufig musste sich aber jede von ihnen während ihrer Schwangerschaft untersuchen lassen.

Angst vor der Untersuchung

Die erste gynäkologische Untersuchung bleibt noch in der Rückschau der meisten jungen Frauen ein zwar unterschiedlich stark empfundenes, aber doch unangenehmes Ereignis.

Aus ihren Mehrfachnennungen arbeiteten wir die wichtigsten Gründe und Erklärungen – in der Reihenfolge ihrer Häufigkeit – heraus:

Die Mädchen empfanden *Angst*[20] *und Abscheu* vor dem *gynäkologischen Stuhl*, der für sie etwas Bedrohliches hatte und bei ihnen situative Ohnmachtsgefühle auslöste. Wenn sie noch nie einen solchen Untersuchungsstuhl gesehen hatten, waren sie schockiert, denn in ihm manifestiert sich die Vorstellung des Ausgeliefertseins, hervorgerufen durch die schutzlose Position, in die sich die Frau begeben muss. Ähnliche Empfindungen riefen die *medizinischen Instrumente* hervor, die als unangenehm und „kalt" erfahren werden.

Die Untersuchung selbst erlebten viele Mädchen mit Gefühlen von *Scham bis Ekel*. Für einige war es besonders problematisch, von einem Mann untersucht zu werden. Aber nicht nur die *Konfrontation mit einer männlichen Person* kann dazu beitragen, dass die gynäkologische Untersuchung zu einem unangenehmen Erlebnis wird, sondern vor allem auch das *Verhalten*: Aus Sicht eines Teils der Mädchen hatten es ihre ÄrztInnen an Sensibilität und Empathie mangeln lassen, denn sie sprachen sie nicht in jugendgerechter Sprache an und nahmen sich viel zu wenig Zeit für ein Gespräch. Dies ließ bei ihnen den Eindruck entstehen, der Arzt/die Ärztin arbeite nur das „medizinisches Programm" herunter und das interpretierten sie als fehlendes Einfühlungsvermögen, als Interesselosigkeit ihnen gegenüber. Sie fanden die Situation abschreckend und erniedrigend, sie fühlten sich „klein und dumm", denn sie verstanden weder die Informationen, noch was mit ihnen bei der Untersuchung geschah. Manche Mädchen verkrampften sich in dieser Stress-Situation derartig, dass sich *Schmerzen* einstellten.

In den besonderen Fällen, wenn die Untersuchung nach einer Vergewaltigung stattfand oder sie die Feststellung der Schwangerschaft ergab, erfuhren die Mädchen unter diesem „Schock" viel zu wenig Empathie von ihrem Arzt/ihrer Ärztin. Sie fühlten sich nicht in angemessener Weise verstanden, geschweige denn „aufgefangen". Aus ihrer Sicht waren die GynäkologInnen nicht in der Lage, alters- und situationsgerecht auf sie einzugehen.

Fatal kann es sein, wenn die jungen Frauen aus solchen „schlechten Erlebnissen" die Konsequenz ziehen, eine gynäkologische Praxis zu meiden. Auf Grund eigener schlechter Erfahrungen oder wegen der „Horrorgeschichten" der Freundinnen zögerten einige Interviewpartnerinnen das Aufsuchen einer Praxis zu lang hinaus. Weil sie sich dann nicht mehr rechtzeitig die Pille beschaffen konnten, hatte dies bei manchen eine Schwangerschaft zur Folge.

Eine Hauptursache für die Probleme der jungen Frauen im Bereich Gynäkologie ist die fehlende oder völlig unzureichende Vorbereitung der Mädchen, insbesondere ihr *mangelhaftes Vorwissen* über den Ablauf der Untersuchung.

---

20 Bis auf zwei Ausnahmen hatte jede unserer Befragten Angst vor der Untersuchung. Diese für unsere relativ altersmäßig und sozial heterogene Untersuchungsgruppe erstaunliche Übereinstimmung berechtigt zu der Vermutung, dass dies ein verallgemeinerbares Ergebnis ist.

Vorwissen der jungen Frauen

Abgesehen von den Aspekten, die mit inadäquatem Verhalten der MedizinerInnen in der Jugendgynäkologie zusammenhängen und die wahrscheinlich nur durch gezielte Aufklärung der GynäkologInnen positiv beeinflusst werden können, verweisen die anderen Befunde auf eine Schieflage in der Sexualaufklärung von Mädchen. Fast alle jungen Frauen erhielten vor der ersten Untersuchung keine oder nur eine mangelhafte Vorbereitung. Dies wird unterstrichen durch die Tatsache, dass einige junge Frauen vor ihrem ersten Termin keine Vorstellung von einer gynäkologischen Untersuchung hatten und nur eine Minderheit von Mädchen überhaupt von einer kompetenten Vorbereitung durch die Schule oder durch ihre Mutter sprach.

Das „Vorwissen", das die jungen Frauen zu diesem Thema haben, geht vielfach zurück auf Erfahrungsberichte Gleichaltriger und stellt kaum eine echte Wissensvermittlung dar. Augenscheinlich liegen hier noch grundlegende Informations- und Vermittlungsdefizite von Seiten der Erwachsenen (Eltern, Lehrkräfte usw.) vor. Fast drängt sich der Eindruck auf, es handele sich um ein tabuisiertes Thema, zumindest aber um eines, zu dem offenbar auch Erwachsene kein ungebrochenes Verhältnis haben. Sie scheinen es zu ignorieren oder einseitig negativ zu bearbeiten.

Es wäre denkbar, die erste gynäkologische Untersuchung als positiven Teil des Frauseins, sozusagen als Initiation zu verstehen, die es vielleicht zu feiern, aber ganz bestimmt nicht zu fürchten gilt. Jedoch scheint der gynäkologischen Untersuchung per se ein Stigma anzuhaften: Sie gilt offenbar als etwas grundsätzlich sehr Unangenehmes, etwa – wie einige Interviewpartnerinnen dies taten – zu vergleichen mit einer zahnärztlichen Untersuchung. Aber sie wird doch anders als diese erlebt: als etwas fast Ungehöriges, das sich verbal kaum vermitteln lässt („Ich kann das nicht beschreiben, ist komisch."[21]). Somit wird auch die hinter manchen Formulierungen der jungen Frauen steckende Vorstellung verständlich, es sei reine Glücksache, mehr oder weniger „gequält" aus einer solchen Untersuchung herauszugehen („Aber ich hatte das große Glück, das ist eine super Ärztin.").

Bewältigungshilfen bei Ängsten

Die Ergebnisse sollten dazu veranlassen, die Ängste der Mädchen ernster zu nehmen. Darüber hinaus sollten sie dazu führen, ihnen verschiedene Alternativen aufzuzeigen, mit ihren Gefühlen umzugehen, ohne sie verbergen oder unterdrücken zu müssen. Besonders wichtig erscheint es in diesem Zusammenhang, mit den Mädchen die Möglichkeit anzusprechen, eine Arztpraxis verlassen zu können, wenn irgendetwas bei ihnen großes Unbehagen hervorruft. Den Jugendlichen die Möglichkeit vor Augen zu halten,

21 Tatsächlich ist der am häufigsten verwendete Ausdruck aller Befragten in diesem Zusammenhang „komisch", ein Begriff, der die für Mädchen nicht erklärbaren oder nicht artikulierbaren Gefühle sehr gut zum Ausdruck bringt.

dass sie eine ungute Situation selbstständig beenden können, kann schon im Vorfeld zum Angstabbau beitragen, denn hiermit steht den Mädchen ein Ausweg offen: Sie können selbst bestimmen, wer sie zu welchem Zeitpunkt und auf welche Weise untersucht. Sie fühlen sich dann nicht gezwungen, sich der Autorität eines ihnen bis dahin völlig fremden Menschen unterzuordnen. Auf diese Weise könnte das möglicherweise sonst entstehende Gefühl der Ohnmacht und des Ausgeliefertseins vermieden werden.

Gewöhnungseffekte

Trotz der unangenehmen Gefühle, die die Interviewpartnerinnen mit dem Besuch der FrauenärztInnen verbinden, gewöhnen sich viele im Laufe der Zeit an sie und akzeptieren sie als etwas Notwendiges. Vor allem während der Schwangerschaft nehmen die jungen Frauen – selbst diejenigen, die gynäkologischen Untersuchungen äußerst ablehnend gegenüberstehen – diese sehr ernst. Sie begründen die Inanspruchnahme regelmäßiger Untersuchungen mit der Vorsorge für die Gesundheit ihres Kindes. Sie ist ihnen so wichtig, dass sie ihre eigenen unangenehmen Gefühle „in Kauf nehmen". Der häufige Einsatz der Ultraschalldiagnostik, die die Schwangerschaftsvorsorgeuntersuchungen für die jugendlichen Schwangeren angenehmer und interessanter machen, erleichtert ihnen die Bewältigung der Untersuchungen. Insbesondere die Ultraschallfotos ihres ungeborenen Kindes üben auf die jungen Frauen eine solche Faszination aus, dass einige Schwangere sogar darauf hinweisen, allein schon wegen des Anblicks ihres Kindes nun gern zum Frauenarzt/zur Frauenärztin zu gehen.

Interviewzitate auf CD-ROM

Die in der Analyse verwandten Interviewpassagen wurden durchnummeriert und auf einer CD-ROM verfügbar gemacht. Hier finden Sie alle Interviews zu diesem Unterkapitel

Anlass für Konsultation eines Gynäkologen	Nr. 418 - 427

Differenziert nach: vermuteter Schwangerschaft, ohne Anlass, Information über Verhütung, nach einer Vergewaltigung

Begleiterinnen bei der ersten Untersuchung	Nr. 428 - 432
Angst vor dem gynäkologischen Stuhl und dem Instrumentarium	Nr. 433 - 436
Scham bei der Untersuchung	Nr. 437 - 443
Ablehnung der Person oder des Verhaltens des Arztes	Nr. 444 - 454
Angst vor Schmerzen	Nr. 455
Mangelhaftes Vorwissen	Nr. 456 - 463

Interviewauszug: erste gynäkologische Untersuchung – unangenehmes Erlebnis

Daniela beschreibt ihre Gedanken und Gefühle hinsichtlich ihrer ersten gynäkologischen Untersuchungserfahrung, die sie mit 12 oder 13 Jahren hatte, sehr genau. In ihrem Zitat verdichten sich die von den meisten Befragten in irgendeiner Form geäußerten Aspekte, die besonders die erste Untersuchung zu einer unangenehmen Erfahrung werden ließen:

Daniela 1: „Ja also ... ich geh nicht gerne zu Ärzten. Ich zieh mich vor allem nicht gerne aus, überhaupt ist das nicht so, was ich gerne mache. Und dann diese Hemmungen dann auch noch, wenn da einer in dir rumwühlt und dann noch da unten, das ist nicht so mein Ding. Und dann geh ich auch nicht gern hin, deswegen schieb ich das immer auf die lange Bank. Das sollte man nicht, darf man ja auch nicht. Ja, und dann musste ich. Also ich bin hingegangen, weil ich's musste. Und die Ärzte können ja auch nichts dafür, die müssen das ja so machen, das ist ja ihre Pflicht, da in einem rumzuwühlen. Ich mag es einfach nicht. Ich fühl mich auch nicht gut, wenn ich beim Frauenarzt gewesen bin ...

Frage: Du hast ja schon gesagt, dass du es eigentlich immer nicht schön findest, zum Frauenarzt zu gehen. Weißt du denn noch, wie das allererste Mal war für dich?

Daniela 1: Mhm. Ich hab's also erzählt gekriegt von meiner Freundin. Die hat das nicht schön gefunden, wo sie auf einmal da auf den Stuhl musste und dann da noch so 'ne gute (ironisch) Stellung.

Frage: Ja (lacht).

Daniela 1: ... Ja, also mein erstes Mal war so: Ich kam hier in den Raum rein, ich denk: ‚Was ist das denn? Das darf nicht wahr sein!' Ich wollte erst sagen: ‚Ich geh da nicht drauf, ne. Sie wollen ja nicht von mir verlangen, dass ich da wirklich jetzt drauf – ?' Ich dachte jetzt, man muss sich da nur hinsetzen, so wie auf so einen normalen Stuhl. Ich dachte nicht, dass man da noch die Beine so hin – Ja, und dann kam es: ‚Legen Sie die Beine mal so hin.' Ich so: ‚Wie bitte?' – hab ich so bei mir gedacht. Ja, dann hab ich sie so hingelegt. Ja, und dann gehen die mit so 'ner Klemme, glaub ich, noch dran und das ist auch, – kann ich überhaupt nicht haben, mit diesem Blech dann noch, das Kalte und alles. Und dann geht die ja mit ihrem Finger da noch rein. Also das fand ich nicht angenehm. Es ist auch heute noch nicht angenehm für mich. Immer wenn ich dahin komme und den Stuhl sehe, das ist noch wirklich fast ein Albtraum, kann man sagen ...

Frage: Hast du gar nicht gewusst vorher, was da so auf dich zukommt?

Daniela 1: Nee, gar nicht. Ich wusste gar nicht, was das ist!"
(1. Int. 44, S. 34 ff., 16 Jahre, Alter bei der 1. gyn. Untersuchung: 12 oder 13 Jahre)

Das Zitat – das stellvertretend für (Teil-)Aussagen vieler anderer Interviewpartnerinnen steht – macht eindrucksvoll deutlich, wie die Erfahrung des ersten Besuchs einer gynäkologischen Praxis als schockierendes Erlebnis in Erinnerung bleibt und welche konkreten Inhalte dazu beitragen.

4.2 Beratungsstellen und Beratungsangebote – materielle und immaterielle Hilfen

Bis auf wenige Ausnahmen suchten alle Interviewpartnerinnen eine Beratungsstelle für Schwangere auf. Diese Tatsache lässt zunächst eine hohe Akzeptanz von Beratungsangeboten bei den jungen Schwangeren vermuten. Sie verweist aber auch auf umfangreichen Beratungsbedarf, auf psychische und materielle Not und Hilfsbedürftigkeit. Die jugendlichen Schwangeren befinden sich in einer extremen Umbruchsituation. Falls sie die gesetzliche Frist für einen Schwangerschaftsabbruch noch nicht überschritten haben, müssen sie die Entscheidung treffen, ob sie die Schwangerschaft austragen wollen. Diese das ganze Leben umwerfende Entscheidung wird ihnen häufig durch Manipulationsversuche des Kindsvaters oder der Familien erschwert. So suchen die jungen Frauen oft zunächst Hilfe, um überhaupt „zu sich kommen" zu können. Hierzu sind sie auf eine verständnisvolle, neutrale Person angewiesen, die sie bei der Entscheidungsfindung mit sachkundigen Informationen unterstützt.

Ist die Frage nach dem Austragen der Schwangerschaft bereits positiv entschieden, müssen sich die jungen Schwangeren auch mit wirtschaftlichen Überlegungen beschäftigen. Die Mädchen stehen – vielleicht zum ersten Mal in ihrem Leben – vor wesentlichen, sogar existenziellen Fragen: Wo sollen sie mit ihrem Kind leben? Was müssen sie für die Geburt ihres Kindes anschaffen und wie sollen sie es bezahlen? Auf sie kommen finanzielle Belastungen zu, die sie in der Regel nicht selbst tragen können, da sie auf Grund ihres jungen Alters und ihres – wenn überhaupt schon vorhandenen – kurzen Erwerbslebens kaum auf regelmäßige Einkünfte in ausreichender Höhe oder auf Ersparnisse zurückgreifen können. Sie müssen nach Möglichkeiten suchen, wie sie ihr künftiges Leben mit Kind materiell gestalten und finanziell absichern können. Ein Teil von ihnen steht diesbezüglich unter großem Druck, besonders wenn sie ohnehin in weniger privilegierten Verhältnissen leben oder ihnen Unterstützung aus ihrem sozialen Umfeld verweigert wird.

Inanspruchnahme von Beratung

Die überwiegende Mehrheit (42) unserer Interviewteilnehmerinnen sprach in einer behördlichen Beratungsstelle oder der eines kirchlichen oder freien Trägers vor. Ausnahmen bilden fünf Minderjährige zwischen 14 und 17 Jahren. Sie lebten zum Zeitpunkt des ersten Interviews in einer Mutter-Kind-Einrichtung und waren seit ihrer Schwangerschaft, z.T. auch schon früher, in Jugendhilfemaßnahmen eingebunden. Ihre materielle Absicherung und persönliche Betreuung waren gewährleistet, sodass sie keine zusätzliche Beratung benötigten.

Die meisten jungen Frauen konsultierten zumeist ohne Begleitung und relativ zielgerichtet eine Beratungsstelle, nachdem sie von Bezugspersonen ihres sozialen Umfeldes auf vorhandene Beratungsangebote hingewiesen und gedrängt oder ermutigt worden waren, die Einrichtungen aufzusuchen. Auch GynäkologInnen und seltener Väter der Schwangeren gaben ihnen Hinweise, wohin sie sich mit ihren Fragen wenden könnten. Zugang zu Beratungs- und Unterstützungsmöglichkeiten erhielten sie außerdem über Printmedien (besonders örtliche Tageszeitung) und über öffentlich ausliegende Informationsbroschüren.

Erwartungen an Beratung

Ein Drittel unserer Befragten nahm ein- oder mehrmalig Schwangerschaftskonfliktberatung in Anspruch. Die schwangeren Mädchen wünschten ein ausführliches Gespräch, in dessen Verlauf alle fraglichen Seiten ihrer Schwangerschaft und möglichen Mutterschaft diskutiert würden. Sie erwarteten umfassende Information und Aufklärung, z. B. über Ablauf und Risiken eines Schwangerschaftsabbruchs, um zu einer Entscheidung für oder gegen das Austragen der Schwangerschaft gelangen zu können. Ein Teil von ihnen wollte vorrangig einen Beratungsnachweis erhalten, um sich zunächst die Möglichkeit eines Schwangerschaftsabbruchs offen zu halten.

Zwei Drittel unserer Interviewten wünschte primär eine Beratung und Unterstützung in finanzieller bzw. materieller Hinsicht. Die Mädchen gingen davon aus, in der Beratung ihre existenziellen Fragen klären zu können und Handlungsanweisungen für ihr weiteres Vorgehen zu erhalten (z. B. bzgl. der Erledigung von Formalitäten). Manche hofften auch, die Stelle gebe unentgeltlich Sachgüter für eine Baby- oder Wohnungsausstattung aus.

Nachdem die wesentlichen Fragen und das weitere Vorgehen abgeklärt waren, nutzten manche Interviewpartnerinnen die Beratung, um ihre Fragen zum Schwangerschaftsverlauf, zur Entbindung sowie zum Umgang mit ihrem Kind zu erörtern.

Erleben der Beratungssituation

Einige junge Schwangere hatten Hemmungen, eine Beratungsstelle aufzusuchen. Sie schämten sich wegen der Notwendigkeit, überhaupt Hilfen nachfragen zu müssen. Es war jedoch in Anbetracht ihrer ungesicherten ökonomischen Existenzgrundlagen unabdingbar. Einige Mädchen fühlten sich in der Beratungssituation anfangs aufgeregt, verwirrt oder hilflos. Manche befürchteten, die dort vermittelten Informationen nicht zu verstehen, jedoch hatten dann nur sehr wenige tatsächliche Verständnisschwierigkeiten. Als entlastend empfand es ein Teil der Mädchen, wenn die Beraterin das Gespräch leitete und mit Fragen und Erklärungen auf sie zuging. Ein anderer Teil der jungen Frauen war selbstsicherer und ging mit konkreten Fragen in die Beratung. Sie hatten zumeist schon Vorinformationen über das Prozedere einer Beratungsstelle.

Interviewauszug: Umgang mit Schwangerschaftskonflikt

Einigen Interviewpartnerinnen ging es zunächst vor allem darum, einen Beratungsschein zu erhalten, um sich die Möglichkeit für einen Schwangerschaftsabbruch offen zu halten.

Ophelia: „Ja, N.N. (Beratungsstelle). Also das war ganz am Anfang noch, weil ich mir halt noch nicht sicher war, ob ich das Kind jetzt behalten will oder nicht. Da muss man ja so ein Beratungsgespräch machen, falls man's abtreiben will. Und aus dem Grund bin ich halt zu N.N. (Beratungsstelle) gegangen." (1. Int. 14, S. 27, 18 Jahre)

Aus Sicht der Schwangeren verlief dieses Gespräch unbefriedigend, weil es ihr keine Hilfe bei ihrer Entscheidung für oder gegen die Schwangerschaft bot. Darum führte sie noch mehrere Gespräche mit ihrem Gynäkologen und mit einer Schwangerenberaterin in einer anderen Einrichtung.[22]

Eine andere Variante dieses strategischen Verhaltens im Schwangerschaftskonflikt zeigt sich bei einer weiteren Interviewpartnerin. Sabine besprach ihre Schwangerschaftsproblematik mehrmals mit derselben Beraterin, nutzte daneben aber umfassend weitere Informationsmöglichkeiten, um finanzielle und organisatorische Angelegenheiten zu klären, die im Entscheidungsprozess für sie von Bedeutung waren.

In ihrer Aussage wird eindrucksvoll deutlich, wie wichtig ihr die Ableistung der Pflichtberatung ist, um danach „noch mal genauer darüber nachdenken" und zu einer „wirklich" eigenen Entscheidung kommen zu können:

Sabine 2: „Da wollt ich den Beratungsschein haben.

Frage: Ahja, weil du dir noch vorbehalten wolltest, ob du die Schwangerschaft noch abbrichst?

Sabine 2: Ja. Ja. Und dass ich, dass ich da wirklich selber entscheiden kann und nicht so dann im Hinterkopf das Gefühl hab, ich kann ja sowieso nicht, ich hab ja keinen Schein. Also dass ich da, hm, dass mir alle Möglichkeiten offen sind, und dass ich dann noch mal genauer drüber nachdenken kann, ja.

Frage: Ja. Ging das dir auch um das Gespräch an sich –

Sabine 2: (gleichzeitig) Ja.

Frage: – oder ging's dir eher doch nur um den Schein?

Sabine 2: Es ging mir um beides. Und ich bin dann auch noch 'n paar Mal hingegangen.

22 Sie wechselte damit gleichzeitig zu einem anderen Träger der Beratungseinrichtung.

Frage: Immer zu derselben Beraterin?

Sabine 2: Ja." (1. Int. 34, S. 45 f., 19 Jahre)

Interviewzitate auf CD-ROM

Die in der Analyse verwandten Interviewpassagen wurden durchnummeriert und auf einer CD-ROM verfügbar gemacht. Hier finden Sie alle Interviews zu diesem Unterkapitel

Anliegen beim Besuch einer Beratungsstelle	Nr. 464 - 481

Differenziert nach: soziale bzw. wirtschaftliche Beratung, Schwangerschaftskonfliktberatung, weitere Anliegen

Erwartungen an Schwangerenberatung	Nr. 482 - 492
Schwierigkeiten in der Beratungssituation	Nr. 493 - 498
Umgang mit Beratungserfahrungen	Nr. 499 - 501
Problematik bei ausländischen jungen Schwangeren	Nr. 502 - 505

Schwierigkeiten in der Konfliktberatungssituation entstanden für einen Teil der Mädchen durch die Anwesenheit einer dritten Person (z.B. Kindsvater, Mutter, andere Bezugsperson). Hier erwies sich die Möglichkeit als sehr wichtig, mehrere Gespräche mit Beraterinnen führen zu können (z.T. heimlich), um z.B. dem manipulativen Druck des sozialen Umfeldes zu entgehen und zu einer unbeeinflussten Entscheidung für oder gegen die Schwangerschaft zu gelangen. Auch unabhängig von Beeinflussungsversuchen Dritter war es für einige Interviewpartnerinnen unabdingbar, so viele Gespräche führen zu können, wie für ihre Entscheidungsfindung notwendig waren.

Für alle Mädchen war es sehr wichtig, dass die Beraterinnen ihrer Situation wertfrei gegenüberstehen, d.h. sie in ihrer Lage als jugendliche Schwangere akzeptieren und Verständnis für sie haben. Voraussetzung für eine erfolgreiche Beratung aus Sicht der Jugendlichen ist eine situationsgerechte, verständliche Informationsvermittlung. Der persönliche Beratungsstil der Beraterin ist entscheidend: Empathie und persönliches Engagement sind den jungen Frauen sehr wichtig, um sich ernst genommen fühlen und Vertrauen haben zu können. Die meisten Befragten beurteilten die Beratungen und Gespräche, die sie in Anspruch nahmen, positiv bis sehr gut.

Bedeutung von Beratung

Die Beratungen während der Schwangerschaft sind für die Mädchen von immenser Bedeutung: Hier erhalten sie handfeste Unterstützung (bis hin zu Hilfe beim Ausfüllen von Formularen oder, seltener, Begleitung bei Ämtergängen) und ein wenig emotionalen Halt. Beides ist in dieser sehr schwierigen Situation, die den jungen Schwangeren völlig neue und verbindliche Planungen abverlangt, absolut notwendig, besonders, wenn sie kaum auf private Hilfe zurückgreifen können. Die extreme Situation verlangt von den Mädchen, dass sie trotz ihres jugendlichen Alters, ihrer Verunsicherung und Unerfahrenheit ihre Hemmungen überwinden und weitere Beratungsstellen aufsuchen, wenn ihre Anliegen in der ersten Einrichtung nicht zufrieden stellend behandelt worden sind. Teilweise werden sie auch an andere Stellen verwiesen, wo sie weitere Hilfsmöglichkeiten ausschöpfen könnten. Hier zeigt sich, wie wichtig die gesetzlich geregelte Möglichkeit für Schwangere ist, mehrmals Beratungen, auch in unterschiedlichen Einrichtungen, wahrnehmen zu können.

4.3 Behörden – „Beistand und Kampf"

Die beiden wichtigsten Behörden, mit denen unsere Interviewteilnehmerinnen vor oder während ihrer Schwangerschaft in Verbindung kamen, sind das Jugend- und das Sozialamt. Die Behördenerfahrungen der Jugendlichen sind ebenso unterschiedlich wie ihr Umgang damit. Auch die Einstellungen der Schwangeren zu behördlichen Maßnahmen und Einrichtungen differieren.

Ein Großteil der jungen Frauen wandte sich mit der Erwartung an das Jugendamt, dort Hilfe zu erhalten, ohne große Hürden überwinden zu müssen. Es ging für die Mädchen z. B. darum, vor oder während der Schwangerschaft das Elternhaus zu verlassen oder die spätere Unterbringung ihres Kindes zu organisieren, damit Schule und Ausbildung fortgesetzt werden konnten. Hier erweist es sich erneut, dass die meisten schwangeren Mädchen genügend Eigeninitiative aufbringen, sich Hilfe suchend (auch ohne Begleitung) an die für sie zuständigen Institutionen zu wenden. Sie müssen, da die Situation es verlangt, die dafür nötigen Kräfte mobilisieren und Ausdauer zeigen – auch in den für sie oft verwirrenden Verfahrensabläufen, z. B. bei der Beantragung von Leistungen.

Mit Hilfe von Typologien wird veranschaulicht, wie sich die Mädchen bei ihren Behördenkontakten verhalten, welche Erfahrungen sie dabei machen und wie sie diese werten.

Erste Erfahrungen mit dem Jugendamt

Die jugendhilfeunerfahrenen Mädchen, die wegen ihrer Schwangerschaft zum ersten Mal Kontakt zum Jugendamt aufnahmen, bringen ihre Zufriedenheit mit dieser Behörde zum Ausdruck und schildern überwiegend sehr positive Erfahrungen mit den MitarbeiterInnen des Jugendamtes.

In Bezug auf ihren Umgang mit den Jugendamtsangeboten bzw. ihr Verhalten bei der Durchsetzung ihrer Leistungsansprüche entwickelten wir folgende Typologie:

Die *Dankbaren:* Mädchen dieses Typus nehmen das ihnen vom Jugendamt vorgeschlagene Angebot dankbar an und befolgen bereitwillig die damit verbundenen Regeln (z. B. Heimordnung). Sie zeigen sich überaus froh, vom Jugendamt unverzüglich weit reichende Unterstützung zu erhalten, die auch ihre Eltern entlastet. Die Erfahrung psychologischer und materieller Entlastung ist für diese Jugendlichen die wesentlichste.

Die *Selbstsicheren:* Jugendliche Schwangere, die diesem Typus zugeordnet werden können, erschließen sich die ihnen durch die Jugendhilfe zur Verfügung stehenden Hilfsmöglichkeiten vor ihrem ersten Kontakt mit dem Jugendamt selbst. Nachdem sie zu einer eigenständigen Entscheidung gelangt sind, treten sie mit vollem Vertrauen in ihre alltagspraktischen Fähigkeiten und „Erwachsenenkompetenzen“ an das Jugendamt heran, um ihre Ansprüche durchzusetzen. Diese jungen Frauen betrachten die Erfahrung, dass ihre Vorstellungen von den Vertretern des Jugendamtes ernst genommen und unterstützt werden, als die wichtigste.

Die *selbstkritischen Entschlossenen:* Junge Frauen dieses Typus holen ebenfalls Informationen über verfügbare Hilfsangebote ein. Sie wägen diese für sich ab und kommen zu einem Entschluss, den sie auch umsetzen. Dabei haben sie durchaus ihre Schwächen im Blick und äußern Unsicherheit und Ängste hinsichtlich ihrer Fähigkeiten zur eigenständigen Alltagsbewältigung. Als gute Erfahrung mit dem Jugendamt heben sie hervor, dass jugendliche Schwangere zwischen alternativen Unterstützungsmöglichkeiten wählen können und ihre Entscheidung akzeptiert wird.

Jugendhilfeerfahrene Schwangere

Eine weitere Gruppe unserer Untersuchungsteilnehmerinnen hatte bereits vor der Schwangerschaft z.T. mehrjährige Jugendhilfeerfahrung, vor allem in den Bereichen Heimerziehung, betreutes Wohnen oder auch sozialpädagogische Familienhilfe. Unter diesen jungen Schwangeren fanden wir weitere Typen:

Die *Geläuterten:* Junge Frauen dieses Typus überdenken in der Schwangerschaftssituation ihre bisherigen Erfahrungen mit dem Jugendamt. Unter selbstkritischer Reflexion ihrer Biografie schreiben sie ihre positive Entwicklung ihren Jugendhilfemaßnahmen zu. Ihre negativen Urteile über das Jugendamt haben sie revidiert, ihre früheren Widerstände beurteilen sie heute als unreif. Als Schwangere wenden sie sich erneut an das Jugendamt, um Hilfeansprüche geltend zu machen.

Die *Vertrauensvollen:* Die diesem Typus zugeordneten Mädchen haben das Jugendamt schon mit der ersten Kontaktaufnahme als stützende Instanz begriffen. Sie gehen auf Grund ihrer guten Erfahrungen auch jetzt als Schwangere vertrauensvoll davon aus, verlässliche Unterstützung durch diese Behörde zu erhalten.

Die *Unzufriedenen:* Diesem Typus konnte nur eine Jugendliche zugeordnet werden. Sie kann weder in früheren noch in derzeitigen Hilfen des Jugendamtes einen persönlichen Nutzen für sich erkennen. Im Gegenteil sieht sie in ihnen ein Hindernis für ein selbstbestimmtes Leben und empfindet dies als Bedrohung. Sie versucht ebenfalls, ihre eigenen Vorstellungen von einem „unkontrollierten Leben" ohne MitarbeiterInnen des Jugendamts durchzusetzen, was ihr jedoch nicht gelingt.

Bedeutung regelmässiger Betreuung

Bei der Schilderung ihrer Jugendamtserfahrungen wies ein Teil der jungen Frauen auf die Bedeutung hin, die die betreuenden Personen für sie haben. Dabei stellten sie heraus, dass die Person der Betreuerin oder Erzieherin eine besondere Rolle in ihrer häufig problembelasteten Biografie spielt. Insbesondere hoben sie hervor, wie wichtig ihnen ein gutes Verhältnis zu den Betreuerinnen ist. Es ist dadurch gekennzeichnet, jederzeit – auch in akuten Notsituationen – auf das Verständnis und die Hilfsbereitschaft der Erzieherinnen zählen zu können und die (ständige oder regelmäßige) Möglichkeit zu haben, mit der Ansprechpartnerin über alles, was die jungen Mädchen bewegt, offen reden zu können.

Erfahrungen mit dem Sozialamt

Die Interviewpartnerinnen, die ihre Erfahrungen mit dem Sozialamt schildern, beklagen Mängel, die sich auf der emotionalen, prozessualen und/oder sachbezogenen Ebene zeigen.

Zu den wichtigsten *emotionalen Aspekten* gehört, dass die jungen Schwangeren sich mit ihren Leistungsansprüchen abgewiesen und dabei herablassend behandelt fühlen. Sie sehen sich in die Rolle der Bittstellerin gedrängt, die um jede ihr ggf. zustehende Leistung kämpfen muss. Sie empfinden dies als Widerspruch zu den Erwartungen, die in ihnen geweckt wurden, als sie sich für das Austragen der Schwangerschaft entschieden. So bezeichnet eine junge Frau diese für sie unwürdige Behandlung als Täuschung. Eine andere stellt in Frage, ob die Entscheidung für das Kind richtig war.

Auf der *prozessualen Ebene* bemängeln einige junge Frauen lange Wartezeiten im Sozialamt sowie langwierige, undurchschaubare und komplexe Antragsabwicklungen. Sie machen es ihnen schwer, ihre finanziellen Angelegenheiten (schnell oder rechtzeitig vor der Entbindung) zu regeln. Sie machen hierfür eine ineffektive Arbeitsweise und gleichgültige Einstellung der BehördenmitarbeiterInnen verantwortlich.

Auf der *sachbezogenen Ebene* sind einige Interviewpartnerinnen der Meinung, die bewilligten Leistungen des Sozialamtes seien viel zu knapp bemessen und deren Berechnungsgrundlagen der tatsächlichen finanziellen Situation der Betroffenen nicht angemessen.

Insgesamt ist also festzustellen: Die Interviewpartnerinnen erfahren vom Jugendamt hauptsächlich Beistand, während sie mit dem Sozialamt eher den Kampf um die Bewilligung von Leistungen verbinden.

Interviewzitate auf CD-ROM

Die in der Analyse verwandten Interviewpassagen wurden durchnummeriert und auf einer CD-ROM verfügbar gemacht. Hier finden Sie alle Interviews zu diesem Unterkapitel

Jugendamt — Nr. 506 - 522

Differenziert nach: jugendhilfeunerfahrenen Schwangeren, jugendhilfeerfahrenen Schwangeren, Bedeutung regelmäßiger Betreuung

Sozialamt — Nr. 523 - 532

4.4 Mutter-Kind-Einrichtungen und betreutes Wohnen

Ein Teil unserer Interviewteilnehmerinnen wechselte nach Bekanntwerden der Schwangerschaft vom Elternhaus oder von einer betreuten Wohnform (auch Kinderheim) in eine Mutter-Kind-Einrichtung. Ein geringerer Teil entschied sich für „Betreutes Einzel-Wohnen". Die Entscheidung für eine bestimmte betreute Wohnform ist (in Absprache mit dem Jugendamt und den Eltern oder dem Vormund der Jugendlichen) maßgeblich von der Selbstständigkeit der Jugendlichen abhängig und davon, wie viel Eigenständigkeit sie sich selbst zutraut.

Auch Wünsche und Befürchtungen der Schwangeren spielen bei der Entscheidung für eine bestimmte betreute Lebensform eine Rolle. Einige der jugendlichen Schwangeren, deren Beziehung zum Kindsvater fortbesteht, wollen mit ihm zusammenleben. Manche unserer Interviewteilnehmerinnen sprachen von ihrem ausgeprägten Wunsch, ihr Kind gemeinsam mit ihrem Freund aufwachsen zu sehen und bemängeln das Fehlen dieser Möglichkeit in den herkömmlichen Mutter-Kind-Einrichtungen. Diese jungen Frauen sind der Auffassung, ein vom Kindsvater getrenntes Wohnen sei weder der Entwicklung des Kindes, der Entwicklung der Beziehung zwischen Vater und Kind noch der Paarbeziehung förderlich. Der Kindsvater „verpasse" zu viel von der Entwicklung seines Kindes, und zwischen Vater und Kind könne keine wirkliche Beziehung entstehen. Hinter dieser Argumentation verbirgt sich oft der Wunsch nach einer eigenen („richtigen") Familie, in der der Freund seine Rolle als Vater übernimmt, z.B. bei der Kindererziehung.

Andere Interviewpartnerinnen wünschten gerade eine (vorläufig) vom Kindsvater getrennte Wohnform, bei der sie dennoch nicht alleine sind und regelmäßig Unterstützung durch professionelle Betreuerinnen in Anspruch nehmen können. Letzteres gilt auch für einige junge Frauen, deren Kindsväter nicht mehr präsent sind.

Der Tenor bei der Beurteilung der genannten betreuten Wohnformen durch unsere Untersuchungsteilnehmerinnen ist größtenteils sehr positiv. Die Befragten fühlen sich in der Regel gut unterstützt und emotional weit gehend aufgehoben. Sie arbeiten mit Hilfe ihrer Betreuerinnen an der Bewältigung ihrer Schwierigkeiten und der Realisierung ihrer individuellen Ziele.

Die Motivationen bei der Wahl einer betreuten Wohnform beruhen z.T. auf Befürchtungen und Ängsten der jungen Schwangeren, den Alltagsanforderungen und -belastungen allein nicht gewachsen zu sein und z.T. auf der Erkenntnis, zu wenig Erfahrung mit alltagspraktischen Fertigkeiten zu haben. Diese verhältnismäßig selbstkritischen und reflektierten jungen Frauen schätzen an der gewählten betreuten Wohnform den Halt, den sie z.B. durch regelmäßige bzw. ständige Gesprächsbereitschaft von Seiten der Betreuerinnen bekommen. Sie leben in der Gewissheit, bei der Bearbeitung ihrer Probleme auf Unterstützung zählen zu können. Aber auch die Möglichkeit, unter der Obhut von Betreuerinnen alltagsrelevante Fähigkeiten einzuüben, um für ein Leben ohne Betreuung und mit Kind „gewappnet" zu sein, hoben einige Gesprächspartnerinnen anerkennend hervor. Dabei wurde erkennbar, dass die jungen Schwangeren ihre derzeitige betreute Wohnform als Chance in einem Lernprozess mit Blick auf ein eigenverantwortlich geführtes Leben begreifen.

Zwei Jugendliche stehen der Einrichtung bzw. dem Betreuungsstil kritisch gegenüber. Eine Jugendliche empfindet ihren Aufenthalt in einer Mutter-Kind-Einrichtung (und ihre zuvor gemachten Erfahrungen mit dem betreuten Jugendwohnen) als Hindernis für ein selbstbestimmtes Leben und kann der Betreuung grundsätzlich keinen persönlichen Nutzen zuerkennen. Die andere jugendliche Schwangere beklagt sich über die Art der Betreuung, bei der ihr – aus ihrer Sicht – zu viel Selbstständigkeit abverlangt wird, die sie im Vergleich zu ihren Mitbewohnerinnen noch nicht zu besitzen meint.

Interviewzitate auf CD-ROM

Die in der Analyse verwandten Interviewpassagen wurden durchnummeriert und auf einer CD-ROM verfügbar gemacht. Hier finden Sie alle Interviews zu diesem Unterkapitel

Motivationen für betreute Wohnformen	Nr. 533 - 539
Probleme mit betreuten Wohnformen	Nr. 540 - 543

Interviewauszug: Motivationen für die Wahl betreuter Wohnformen

Die nachfolgend zitierte junge Frau betont die Notwendigkeit einer regelmäßigen Betreuung. Vor dem Hintergrund ihrer Probleme ist es für sie wichtig, jederzeit, nicht nur ein Mal in der Woche, eine Ansprechperson zu haben. Da sie seit ihrem 12. Lebensjahr die meiste Zeit „auf Trebe" war, hat sie das Auf-sich-selbst-gestellt-Sein (wohl vornehmlich auf schmerzhafte Weise[23]) erlebt. Wegen ihrer (negativen) Erfahrungen und ihrer Ängste entschied sie sich für das Leben in einer Mutter-Kind-Einrichtung mit betreuten Wohnungen.

Frage: „Und wie findest du deine Wohnsituation jetzt? Du bist ja jetzt hier in dem betreuten Wohnheim ...

Seppi: Ich sehe das eigentlich ganz positiv. Also ich hätte von der WG aus auch ins BEW ziehen können. Betreutes Einzel-Wohnen. Aber da wäre mein Betreuer ein Mal in der Woche gekommen. Und ich bin auch schon ganz froh, dass noch jemand da ist, wenn ich jetzt mal irgendwie, was weiß ich, quatschen will oder so. Es ist ja jeden Tag jemand da. Halt nur nachts nicht. Bin aber schon ganz froh, dass ich irgendwo noch 'ne Betreuung hab ... Auf jeden Fall immer bis abends um sechs oder so, ist immer jemand da ..."
(1. Int. 24, S. 37, 17 Jahre)

Im weiteren Verlauf des Gesprächs legt die Jugendliche offen, warum ihr die professionelle Betreuung so wichtig ist:

Frage: „Und verstehst du dich gut mit den Betreuerinnen?

Seppi: Ja. Also ich hab mit denen keine Probleme. Weil, ich hab ja immer so ein ziemliches Gewaltproblem. Das war ja bei mir immer schon so an erster Stelle. Und ich hab auch, ehrlich gesagt, irgendwie ein bisschen Schiss davor, sprich jetzt mit dem Kind, wegen der Gewalt. Weil ich nämlich, – also ich bin schon so weit runter (von der Gewalttätigkeit), dass ich sagen kann, dass ich meine eigene Grenze hab, wo ich weiß, dass ich aufhören muss. Aber halt, ich hab immer wieder Schiss davor, dass es vielleicht doch wieder mal passiert, dass mir doch wieder mal die Hand ausrutscht oder so. Das ist halt auch eines meiner größten Probleme. Und A. (Betreuerin) hat schon angesprochen, – also wenn das Kind da ist, wäre es vielleicht ganz praktisch, wenn ich darüber mal eine Therapie oder so was machen würde. Und dann hab ich auch gesagt, dass ich das dann auch machen möchte." (1. Int. 24, S. 38, 17 Jahre)

Die junge Frau gesteht sich ein, den Umgang mit ihren Aggressionen noch nicht ganz zu beherrschen, und sie befürchtet, dass sie sich später auch ihrem Kind gegenüber gewalttätig verhalten könnte. Dieser Gedanke macht ihr große Angst, sodass sie die Kontrolle durch Betreuerinnen zu suchen scheint und bereit ist, an ihren Problemen zu arbeiten (Therapie), um ihr Aggressionspotenzial „in den Griff" zu bekommen.

---

23 U.a. erlebte sie mehrere Vergewaltigungen, die erste mit etwa zwölf Jahren durch einen Taxifahrer, wie sie berichtete.

Interview 2 und 3

Lebenssituation junger Mütter ohne Partner und jugendlicher Paare mit Kind

Junge Mütter ohne Partner

Junge Mütter ohne Partner

Ein Kind verändert auch für ältere Frauen die Bezugspunkte des Alltags, Arbeit und Freizeit, Wohngegend und Urlaubsziele, greift ein in die Beziehung zum Mann, zur Herkunftsfamilie, zu Freunden. Die Tatsache, dass Mutterschaft ein radikaler Bruch mit vielen der bisherigen Gewohnheiten und Lebensformen ist und damit, wie Beck-Gernsheim[24] betont,

> „durcheinanderwirbelt, was bisher vertraut und selbstverständlich erschien, ja, ... eine Art ‚Biografiewechsel' verlangt, einen Sprung in ein anderes Leben", **Beck-Gernsheim**

lässt vermuten, dass diese tief greifenden Veränderungen noch gravierender für junge Mädchen sein müssen. Nach der Geburt eines Kindes verändert sich der Alltag, besonders der der jugendlichen Mütter, sehr stark. Die Bedürfnisse des Neugeborenen stehen im Mittelpunkt. Sie strukturieren den Tagesablauf der Mutter und binden sie zumindest anfangs eng an das Haus, gerade auch dann, wenn sie ihr Kind ohne dessen Vater oder einen neuen Partner großziehen muss oder möchte.

Zweites und drittes Interview

Dieser Teil der Arbeit ist das Ergebnis der Auseinandersetzung mit den Daten aus dem zweiten und dritten Interview mit den nunmehr jungen Müttern, die zum Zeitpunkt des dritten Interviews nicht in festen Partnerschaften leben. Bei der Erarbeitung der Analysen haben wir z.T. noch einmal auf die Erstinterviews zurückgegriffen, um die Inhalte von Veränderungen bei Erfahrungen und Vorstellungen nach der Geburt des Kindes herausarbeiten zu können.

Überblick über die behandelten Themen

Im Kapitel *Lebensentwürfe und -gestaltung* beschäftigen wir uns, analog zur ersten Interviewserie mit den jugendlichen Schwangeren, mit den Lebensentwürfen und deren Ausgestaltung.

Zuerst haben wir auch hier als wichtigen Aspekt der Lebensgestaltung die Weiterentwicklung des beruflichen Werdegangs der jungen Mütter untersucht, d.h. ob und wie die im ersten Interview geäußerten Pläne realisiert werden konnten. Sie waren ja schon zur Zeit

24 Beck-Gernsheim (1989), S. 11 f.

der Schwangerschaft z.T. revidiert worden. Hier ist unser Blick auf Kontinuität oder Veränderung sowohl der Pläne als auch ihrer Umsetzung gerichtet.

Auch wenn die jungen Mütter nicht in einer festen Partnerschaft leben, kamen als Fragestellung sowohl ihre Beziehung zu den Kindsvätern analytisch in den Blick, als auch ggf. ihre Beziehungen zu Männern „nach“ den Kindsvätern. Dabei interessiert uns besonders, welche Vorstellungen, Wünsche, Hoffnungen und Erwartungen sie formulieren und welche Erfahrungen sie zwischenzeitlich gemacht haben.

Im Weiteren befassen wir uns mit ihren Aussagen zum Leben mit Kind. Auch hier geht es um Erfahrungen, die die jungen Frauen als Mütter bisher gemacht haben. Es geht also um ihr „Leben mit Kind“ als zu gestaltender Aspekt des Lebensentwurfs. Dabei ist uns wichtig, ob sie die Bewältigung ihres Lebens mit Kind selbst als prekär darstellen oder die Ansicht vertreten, dieses neue Leben gut zu bewältigen. Außerdem setzen wir uns damit auseinander, welche Inhalte sie jeweils damit verbinden.

Zur Lebensgestaltung mit Kind gehört aber auch die finanzielle Situation dieser i.d.R. allein erziehenden Mütter. Auch hier sind wir besonders daran interessiert, wie die Jugendlichen ihre finanzielle Situation selbst einschätzen, aber auch, wie sie mit den zur Verfügung stehenden Mitteln umgehen und auskommen.

Im Kapitel *Sexualität und Verhütung* betrachten wir die Daten unter den Gesichtspunkten Erleben von Sexualität und Verhütungsverhalten der jungen Mütter, da sie auch ohne festen Partner z.T. sexuell aktiv sind.

Vor dem Hintergrund ihrer sexuellen Erfahrungen vor, während und nach der Schwangerschaft ziehen die jungen Mütter bestimmte Konsequenzen für den Erfahrungsbereich Sexualität, die sehr unterschiedlich ausfallen können. Wir haben untersucht, um welche Konsequenzen es sich handelt und wie die jungen Frauen ihre daraus resultierenden Verhaltensweisen begründen.

Alle diese jungen Mütter haben die Erfahrung mit einer ungeplanten Schwangerschaft gemacht. Wir setzten uns daher damit auseinander, wie sie nach der Geburt des Kindes die Kommunikation über Verhütung mit ihren Sexualpartnern und ihr Verhütungsverhalten beschreiben und ob bzw. wie sich Veränderungen ergeben haben. Da aber einige von ihnen zum Zeitpunkt des dritten Interviews zum zweiten Mal schwanger sind, untersuchten wir die Argumentation der jungen Frauen, weshalb sie erneut schwanger geworden sind.

Im Kapitel *Lebensweltlicher Kontext* gehen wir in ähnlicher Weise vor wie bei der Bearbeitung der Daten aus der ersten Interviewserie. Hier ist von besonderem Interesse, wie sich die Beziehungen zu den Herkunftsfamilien und zu den Gleichaltrigen weiterentwickelt haben und wie sich das Unterstützungssystem im sozialen Nahfeld für die jetzt jungen Mütter darstellt.

Nach der Geburt eines Kindes kann davon ausgegangen werden, dass sich die Beziehungen zu den Herkunftsfamilien verändern und besonders junge Mütter ohne festen Partner sich bemühen, diese Beziehungen neu zu gestalten. Wir sind daher der Frage nachgegangen, wie sie diese Beziehungen nun beschreiben. Unser Interesse liegt darin zu erfahren, ob und wie es ihnen gelingt, sich aus der vorpubertären Abhängigkeit von der Herkunftsfamilie zu lösen und ihre Kontakte eigenständig und selbstbestimmt zu pflegen.

Vor dem Hintergrund der vielfältigen Veränderungen im Alltag der jugendlichen Mütter durch die Verantwortung für ein Kind ist von Bedeutung, wie die jungen Frauen ihre Beziehungen zu Gleichaltrigen gestalten. Wir haben demzufolge untersucht, ob und wie es den Jugendlichen gelingt, neue Freundschaften mit Gleichgesinnten aufzubauen, ob sie die Möglichkeit haben, alte Freundschaften weiter zu pflegen oder ob sie durch ihre Mutterschaft von Kontakten zu ihren Peers abgeschnitten sind. Besonders wichtig waren uns jeweils die Begründungen, die die jungen Mütter für ihre Situation geben, um Erkenntnisse z.B. über Eingebundensein oder Isolation jugendlicher Mütter zu gewinnen.

Bei der Frage nach Unterstützung im sozialen Umfeld stehen, anders als im Abschnitt Beziehungen zur Herkunftsfamilie, die konkreten Hilfeleistungen und deren Akzeptanz oder Ablehnung durch die jungen Mütter im Vordergrund. Wir haben untersucht, ob sie weit gehend unabhängig von solchen Unterstützungen geworden sind, dabei sind, sich zu verselbstständigen oder ob sie von Hilfen abhängig bleiben. Aus der Perspektive der Jugendlichen wird dargestellt, welche Bedeutung ihre Unterstützungsnetze für sie haben.

Im Kapitel *Professionelle Unterstützung* stehen zum einen die Begründungen für oder gegen Beratungsangebote im Zentrum, zum anderen die Erfahrungen der jungen Frauen mit Ämtern und die daraus resultierenden Einstellungen gegenüber Behörden.

Zuerst befassen wir uns mit Kontakten zu Beratungsstellen. Hier sind wir zum einen daran interessiert, ob nach der Schwangerschaft weiterführende Beratungen bzw. Angebote für Mutter und Kind in Anspruch genommen werden oder nicht. Zum anderen wird herausgearbeitet, wie die jungen Mütter ihre Akzeptanz oder Ablehnung solcher Angebote begründen.

Da alle jungen Mütter ohne festen Partner Kontakte zu diversen Ämtern haben, von deren Transferleistungen sie ganz oder teilweise abhängig sind, beschäftigen wir uns dann mit ihren Erfahrungen mit Amtspersonen. Wichtig dabei ist, wie sie diese für sich interpretieren und welche Einstellungstypen gegenüber Ämtern sich daraus ergeben.

Das Kapitel *Medizinische Versorgung* ist wegen der zwischenzeitlichen Geburt der Kinder und der Verantwortung für ihre Gesundheit um das Thema „Kinderärztliche Untersuchung" erweitert worden.

Wir haben die Erfahrungen der jungen Mütter mit kinderärztlichen Untersuchungen und ihre Einschätzungen zu diesen Erfahrungen ermittelt. Außerdem wird dargestellt, inwieweit sie die empfohlenen regelmäßigen Vorsorgeuntersuchungen ihrer Kinder wahrnehmen und welche Bedeutung diese Untersuchungen für sie haben.

Basierend auf ihren Erfahrungen mit der ersten gynäkologischen Untersuchung sind wir dann ihren weiteren Erfahrungen mit der eigenen Gesundheitsvorsorge im gynäkologischen Bereich nachgegangen. Wir haben ihre Beurteilungen, Einschätzungen und Bewertungen bzgl. ihrer Gesundheit, aber auch ihre Erwartungen an eine für sie angemessene Untersuchungssituation ermittelt.

Im Folgenden konzentrieren wir uns auf die Darstellung der Ergebnisse der Analysen. Analog zum „Überblick über die behandelten Themen" werden die Auswertungen zu den einzelnen analytischen Kategorien vorgestellt. Je nach Thema zeigen sich bei den jugendlichen Müttern Veränderungen der Einstellungsmuster, die mit der Erstbefragung ermittelt wurden. Sie werden folglich einem anderen Einstellungs-, Verhaltens-, Umgangs- oder Reaktionstyp zugeordnet. Diese Klassifizierung wird nach dem zweiten und dritten Interview um den Orientierungstypus „Veränderung" bzw. „Kontinuität" erweitert. Um die Einteilung in „Typen" und die sich dahinter verbergenden Inhalte zu veranschaulichen, wurden beispielhafte Interviewpassagen aus den Analysen entnommen und an den entsprechenden Stellen in den Text integriert.

1 Lebensentwürfe und -gestaltung

Die analytische Kategorie Lebensentwürfe und -gestaltung umfasst vier wesentliche Themenkomplexe. Sie konnten aus den drei Befragungsserien mit den Interviewpartnerinnen unserer Stichprobe, die zum Zeitpunkt des letzten Interviews nicht in festen Beziehungen lebten, als Dimensionen erarbeitet werden, die beschreiben, was den jungen Frauen bezüglich ihrer neuen Lebenssituation wichtig ist. Diese Dimensionen sind:

- die berufliche Situation und deren Weiterentwicklung nach der Geburt;
- die Erfahrungen der jungen Mütter mit der Beziehung zum Kindsvater und ggf. mit Beziehungen zu anderen jungen Männern nach ihm;
- ihre Erfahrungen mit ihrem Leben mit Kind über den Zeitraum von ca. zwei Jahren;
- ihre Einschätzung und die Entwicklung ihrer finanziellen Situation.

Der Analyse liegen Interviews mit sieben jungen Müttern zu Grunde, die zum Zeitpunkt des dritten Interviews[25] ohne festen Partner leben[26] und – mit einer Ausnahme – ihr Kind allein erziehen.

1.1 Berufliche Situation

Im Gegensatz zu sehr vielen älteren Frauen hatten die jugendlichen Mütter, als sie schwanger wurden, allein schon auf Grund ihres Alters, in der Regel keine abgeschlossene Schul- bzw. Berufsausbildung. Oder sie hatten diese zwar abgeschlossen, jedoch noch keine feste Arbeitsstelle oder einen Studienplatz gefunden. Fast alle unserer Interviewpartnerinnen strebten vor der meist ungeplanten Schwangerschaft zumindest langfristig an, einen Beruf zu ergreifen. Um ihre Eigenständigkeit zu sichern sowie materielle Unabhängigkeit zu erlangen, wurden für sie schon während der Schwangerschaft Planungen

---

25 Das dritte Interview wurde zwischen 18 und 24 Monaten nach dem Erstinterview (Schwangerschaft) durchgeführt. Die Kinder unserer Interviewpartnerinnen waren zu diesem Zeitpunkt etwa eineinhalb bis zweieinhalb Jahre alt – je nachdem, wie weit die Schwangerschaft zum Zeitpunkt des Erstinterviews fortgeschritten war und wie viel Zeit für das Auffinden der Jugendlichen und das Zustandekommen des Zweit- und Drittinterviewtermins erforderlich waren.

26 Dass die Datenbasis für diese Analyse nur sieben Interviews beinhaltet, ergibt sich aus der Tatsache, dass während der dritten Interviewphase 29 der jungen Mütter in festen Beziehungen lebten und nur sieben ohne festen Partner sind. Das Kind einer jungen Mutter lebt beim Kindsvater. Da die Analyse dieser Daten die Typologie der ersten Analyse aufgreift, ist es methodisch unerheblich, dass es bei Kontinuität und Veränderung der Typologie nur drei bzw. vier Fälle sind, die die Datenbasis bilden.

erforderlich, wie der schulische oder berufliche Werdegang nach der Geburt gestaltet werden sollte.[27]

Umsetzung der ursprünglichen beruflichen Ziele

Die Analyse zeigt auf, wie sich die während der Schwangerschaft vorgenommenen Planungen unserer Interviewpartnerinnen für ihren weiteren Ausbildungsweg bzw. ihre Berufstätigkeit nach der Geburt des Kindes darstellen. Es wurde untersucht, ob es ihnen gelingt, ihre während der Schwangerschaft gesteckten Ziele in der Realität eines Lebens mit Kind weiterhin zu verfolgen bzw. zu erreichen und welche Lebensumstände dafür konstruktiv oder destruktiv sind.

Der Schwerpunkt der Untersuchung liegt dabei auf *Kontinuität* oder *Veränderung* des ursprünglichen Typus und den durch ihn charakterisierten Bildungs- und Ausbildungsorientierungen. Grundlage der Analyse ist also der jeweilige Veränderungstypus, dem die jungen Frauen auf der Basis der Daten des ersten Interviews während der Schwangerschaft zugeordnet werden konnten. Dieser ersten Analyse lag die Annahme zu Grunde, dass die Jugendlichen durch die Schwangerschaft ihre beruflichen oder schulischen Pläne vor dem Hintergrund ihrer künftigen Mutterschaft neu überdenken.

Die Fortführung der Analyse zeigt entsprechend auf, ob und wie die Erfahrungen mit einem Leben mit Kind den jungen Müttern erlauben, ihre durch den Veränderungstypus charakterisierten Bildungs- bzw. Ausbildungsorientierungen weiter aufrechtzuerhalten.

Kontinuität im schulischen/beruflichen Werdegang

Drei der im dritten Interview ohne festen Partner lebenden Interviewpartnerinnen zeigen zu diesem Zeitpunkt im Vergleich zum ersten Interview (Schwangerschaft) keine Veränderungen bezüglich ihres Orientierungstypus. Ihr schulischer/beruflicher Werdegang ist durch Kontinuität geprägt. Sie hatten entweder schon vor der Schwangerschaft klare schulische bzw. berufliche Ambitionen, die sie auch während der Schwangerschaft und danach konsequent und zielstrebig weiterverfolgen (die *Konstanten*), oder sie haben zum Zeitpunkt des ersten Interviews ihre beruflichen Pläne vor dem Hintergrund ihrer künftigen Mutterschaft reflektiert, sich neu orientiert und streben eine Ausbildung an, die ih-

27 Bei älteren Müttern werden ebenfalls berufliche Überlegungen und Planungen erforderlich, die aber meist andere Schwerpunkte haben. Die Frauen haben in der Regel bereits ihre berufliche Ausbildung abgeschlossen, ggf. bereits Berufserfahrung und stehen vor der Entscheidung, ob und wann sie nach der Geburt des Kindes berufstätig sein möchten, ob sie eine Vollzeit- oder Teilzeittätigkeit ausüben wollen und die Möglichkeit dazu haben, ob sie ihren alten Arbeitsplatz wieder einnehmen können oder sich ganz der Kindererziehung widmen möchten. Auch bei älteren Frauen sind die Schwangerschaften zum betreffenden Zeitpunkt häufig ungeplant, z.T. auch mit Konflikten behaftet, aber sie können diese Entscheidungen meist vor dem Hintergrund einer abgeschlossenen Berufsausbildung bzw. gewisser Erfahrung mit Berufstätigkeit treffen.

nen für ein Leben mit Kind angemessener erscheint (die *aktiv Realistischen*). Sie verfolgen sie kontinuierlich und konsequent auch nach der Geburt des Kindes (zweites und drittes Interview).

Veränderung im schulischen/beruflichen Werdegang

Vier der zum Zeitpunkt des dritten Interviews ohne Partner lebenden jungen Mütter zeigen deutliche *Veränderungen* in ihrem schulischen/beruflichen Orientierungstypus. Ihre Lebensbedingungen, die die Planungsgrundlage für ihren beruflichen Werdegang darstellten, verändern sich in einer Weise, die ihnen verwehrt, ihre Ziele konsequent weiterzuverfolgen. Zerbrechende Partnerschaften zum Kindsvater oder unerwartete Schwierigkeiten mit der Kinderbetreuung, aber auch die Schwierigkeit, eine Lehrstelle im angestrebten Beruf zu finden, veranlassen sie – meist resignativ –, ihre Ziele bezüglich einer Schul- oder Berufsausbildung nicht mehr im geplanten Qualifizierungsgrad anzustreben bzw. ganz aufzugeben.

Aus unseren Daten wird aber auch die Möglichkeit einer *Veränderung* „in die andere Richtung" erkennbar. Gerade bei ganz jungen Interviewpartnerinnen, die in einer Phase ihrer eigenen Entwicklung schwanger wurden, in der sie noch wenig konkrete Vorstellungen von schulischen bzw. beruflichen Zielen hatten, wird erst einmal Resignation bzw. Verunsicherung deutlich (Orientierungstypus die *resignativ Realistischen*). Sie können sich aber nach der Geburt des Kindes, z.T. aus Verantwortung für das Kind und unter günstigen Lebensumständen bezüglich dessen Betreuung, stabilisieren und berufliche Pläne konsequent verfolgen (die *durch das Kind Stabilisierten*).

Interviewzitate auf CD-ROM

Die in der Analyse verwandten Interviewpassagen wurden durchnummeriert und auf einer CD-ROM verfügbar gemacht. Hier finden Sie alle Interviews zu diesem Unterkapitel

Kontinuität der Orientierung bezüglich des beruflichen oder schulischen Werdegangs Nr. 544 - 550

Veränderung der Orientierung bezüglich des beruflichen oder schulischen Werdegangs Nr. 551 - 560

Interviewauszug: Veränderung des Orientierungstypus

Frage: „Hattest du einen bestimmten Berufswunsch?

Nancy 2: Ja, Frisörin war mein Traumberuf gewesen (vor der Schwangerschaft).

Frage: Und was ist daraus geworden?

Nancy 2: Na, ich weiß nicht. Vielleicht wird was draus, ich hoff es. [...]

Frage: Und hast du noch einen anderen Berufswunsch, wenn das nicht klappt mit Frisörin?

Nancy 2: Also, mir ist eigentlich alles lieb, Hauptsache, man hat was. Ja.“ (1. Int. 12, S. 3, 16 Jahre)

Zweites Interview:

Frage: „Und, hilf mir mal auf die Sprünge, hattest du dieses Berufsvorbereitungsjahr zu Ende gemacht?

Nancy 2: Nee, konnte ich ja nicht wegen der Schwangerschaft.

Frage: Und du wolltest das eventuell wieder aufnehmen und das zu Ende bringen nach der Entbindung? Hast du das nicht mehr gemacht?

Nancy 2: Na ja, 'ne Zeit lang, ja. Aber dann ging des nicht mit E. (ihrem Sohn), also wegen – in (den) Kindergarten und so. Da war er noch zu jung für. Und wer sollte sich um E. kümmern? Meine Eltern mussten auch arbeiten. Na ja (sehr resigniert).

Frage: Sind deine Eltern beide berufstätig?

Nancy 2: Ja.

Frage: Das heißt, du warst von vornherein auf dich gestellt, mehr oder weniger?

Nancy 2: Ja, eigentlich schon.“ (2. Int. 12, S. 2, 17 Jahre)

Und etwas später im Gespräch:

Nancy 2: „Na ja, und wegen Beruf hat sich noch nicht viel getan, ich bin immer noch fleißig am Suchen.

Frage: Was suchst du?

Nancy 2: Na ja ... eigentlich ist es mir egal, Hauptsache irgendwas eigentlich.

Frage: Suchst du Arbeit oder suchst du 'ne Lehrstelle?

Nancy 2: Na ja, 'ne Lehrstelle werd ich wohl nicht kriegen, aber ... 'ne Arbeit erst mal. 'ne Lehrstelle wär mir natürlich auch lieb, aber, –

Frage: Du wolltest doch immer gerne Frisörin werden, ne?

Nancy 2: Ja.

Frage: Würdest du immer noch gerne (werden)?

Nancy 2: Ja, das wär immer noch mein Traumberuf, ja." (2. Int. 12, S. 1, 17 Jahre).

Hatte Nancy während der Schwangerschaft noch – wie vor der Schwangerschaft – gehofft, ihren Berufswunsch Frisörin realisieren zu können, ist sie nach der Geburt des Sohnes weitaus resignativer. Schon hier deutet sich an, dass ihre Zugehörigkeit zum beruflichen Orientierungstypus „die Konstanten" einer Veränderung unterliegt. Noch zeigt sie, dass sie die Hoffnung auf eine berufliche Tätigkeit nicht ganz aufgegeben hat, denn sie hat Kontakt zur Berufsberatung aufgenommen und sieht auch Zeitungsannoncen durch. Sie fügt hinzu, dass ihre Bemühungen bis jetzt noch erfolglos geblieben sind.

Im dritten Interview ist sie weitaus resignativer, denn sie hat die Erfahrung von diversen Absagen auf ihre Bewerbungen gemacht.

Frage: „Erzähl mal ein bisschen ausführlicher, du warst auf Jobsuche ... ?

Nancy 2: Ich hab mich beworben als Verkäuferin oder so, oder irgendwo mal aushelfen und so. Aber irgendwie haben die alle – ich weiß es auch nicht warum, aber mich wollte keiner (lacht verlegen auf).

Frage: Und als Verkäuferin, das wäre eine Ausbildung gewesen?

Nancy 2: Nee, Ausbildung möchte ich auch gar nicht mehr machen." (3. Int. 12, S. 1, 18 Jahre)

1.2 Beziehungen zu Männern

Die Aufnahme von Beziehungen zum anderen Geschlecht findet heute in der Regel früher als etwa in den 70er Jahren statt. Dementsprechend erleben die meisten Jugendlichen – von z. B. bildungsspezifischen Unterschieden[28] abgesehen – ihre erste Koituserfahrung zu einem biografisch früheren Zeitpunkt, nämlich bereits zwischen dem 14. und 17. Lebensjahr.[29] Vor dem Hintergrund gewandelter gesamtgesellschaftlicher Wert- bzw. Moralvorstellungen haben Mädchen und Jungen die Möglichkeit, unterschiedlichste Erfahrungen mit (hetero-)sexuellen Beziehungen zu machen. Dabei scheint die Idee von der einen festen Beziehung, die ein Leben lang hält und später in eine Ehe mündet, in der Jugendgeneration weit gehend aufgehoben zu sein, wenngleich dieses Modell als Ideal durchaus favorisiert wird. Die Jugendlichen machen ihre Erfahrungen in tendenziell vertrauteren und längerfristigen Beziehungen, und eine Beziehung wird beendet, wenn sie für eine der beiden Seiten nicht mehr befriedigend verläuft.

> „Zu dem romantischen Liebesideal ist seit einigen Jahren das Modell der partnerschaftlichen Liebe insbesondere bei Jugendlichen und jungen Erwachsenen hinzugekommen. In der partnerschaftlichen Liebe sucht man nach der ‚besonderen Beziehung', in der man sich an den beiderseitigen Bedürfnissen orientiert, und in der demgemäß auch Sexualität gemeinsam ausgehandelt werden muss. Eine Beziehung wird um ihrer selbst willen eingegangen und solange aufrechterhalten, wie beide Partner damit zufrieden sind." [30]
>
> **Osthoff**

Auch die Tatsache, ein gemeinsames Kind/gemeinsame Kinder zu haben, ist heute für Paare vielfach kein ausreichender Grund für das Aufrechterhalten einer unbefriedigenden oder unglücklichen Beziehung.

Eine allgemeine und auch von einem Teil unserer Interviewpartnerinnen geäußerte und mit Ängsten besetzte Vorstellung ist, dass ein Mädchen oder eine junge Frau nach Feststellung ihrer ungewollten Schwangerschaft oder in deren Verlauf von ihrem Freund und Kindsvater verlassen wird. Daneben gibt es die Befürchtung, dass eine jugendliche Mutter geringe Chancen hat, einen neuen Partner zu finden, der das Kind akzeptiert und bereit ist Verantwortung zu übernehmen.

---

28 **Schwarz** (1998), S. 219 ff., stellt z. B. fest, dass Hauptschülerinnen im Vergleich zu Gymnasiastinnen im Schnitt früher Geschlechtsverkehr (mit z.T. älteren Partnern) praktizieren und umfangreichere Sexualerfahrungen haben.

29 Nach der Erhebung **BZgA** (2002): Jugendsexualität, S. 47ff., hatten 11 % der Mädchen/8 % der Jungen ihren ersten Geschlechtsverkehr mit 14 Jahren, 25 % der Mädchen/18 % der Jungen mit 15 Jahren. 66 % der Mädchen/61 % der Jungen haben mit 17 Jahren ihre erste Koituserfahrung gemacht. Die Altersverteilung in unserer Stichprobe zum Zeitpunkt der Kohabitarche entspricht im Wesentlichen diesen repräsentativen Zahlen. Einzelheiten hierzu vgl. Teil 2, Interview 1, Abschnitt 2.2.

30 **Osthoff** (1999), S. 66

Beide Vorstellungen werden durch die Erfahrungen unserer Untersuchungsteilnehmerinnen in dieser Ausschließlichkeit nicht bestätigt: Eine erstaunlich hohe Zahl der Kindsväter[31] steht (zunächst) zu seiner Vaterschaft bzw. bleibt als Partner der Schwangeren präsent. Sie bereiten sich (zumindest vordergründig, aus Sicht der Schwangeren) – unterschiedlich ernsthaft und reflektiert, auch mit individuellen Schwierigkeiten verbunden – auf die künftige Vaterschaft vor. Nur auffallend wenige Kindsväter verlassen ihre Freundin wegen der Schwangerschaft, und eine Reihe von Trennungen wurde dabei von den Mädchen selbst initiiert.

Wir haben das Ergebnis, dass von den 36 jungen Frauen, die an der Untersuchungsserie bis zum Schluss teilnahmen, 29 beim letzten Interview in festen Beziehungen mit dem Kindsvater oder einem neuen Partner leben. Nur sieben Frauen haben zu diesem Zeitpunkt keinen festen Freund. Um diese relativ kleine Anzahl jugendlicher Mütter[32] geht es im Folgenden bei den Fragen, welche Vorstellungen, Wünsche, Hoffnungen, Erwartungen und Erfahrungen diese jungen Frauen in Bezug auf ihre Beziehungen zu Männern haben. Es ist vorstellbar, dass die Interviewpartnerinnen vor dem Hintergrund ihrer Mutterschaft ihre früheren Partnerschaftsentwürfe revidieren und in ihren Partnerschaftsvorstellungen neue Prioritäten setzen. Auch ist denkbar, dass sie auf Grund ihrer Erfahrungen im Alltag mit Kind völlig andere Erwartungen an eine Beziehung zu einem Mann knüpfen als vor ihrer Schwangerschaft.

Verhältnis zum Kindsvater

Bei den Erfahrungen, die die derzeit ohne festen Partner lebenden jugendlichen Mütter in dem Verhältnis zu den Vätern ihrer Kinder nach der Trennung von ihnen machten, konnten drei Muster herausgearbeitet werden:

Bei dem ersten Erfahrungsmuster besteht ein regelmäßiger, persönlicher Kontakt zwischen den jungen Müttern und den Vätern ihrer Kinder, wobei die jungen Männer – aus der Sicht der Frauen mehr oder weniger gut – ihren Vaterpflichten nachkommen. Obwohl sich das Verhältnis zwischen den jungen Eltern zunehmend schwieriger gestaltet und mit persönlichen Problemen und gegenseitigen psychischen Verletzungen belastet ist, haben die jugendlichen Mütter den *Wunsch, das Verhältnis zu den Kindsvätern zu verbessern.*

31 32 von 45 Kindsvätern sind zum Zeitpunkt des ersten Interviews präsent.

32 Diese kleine Anzahl von Interviewpartnerinnen wirft in der Datenanalyse das Problem auf, dass sie sich bei der analytischen Bildung von Mustern, also der Herausarbeitung von Gemeinsamkeiten unter bestimmten Gesichtspunkten, notwendigerweise weiter reduziert. So kommt es vor, dass sich ein Muster bei nur zwei Interviewpartnerinnen findet. Im Allgemeinen hat man eine größere Anzahl von Fallbeispielen, die einem Muster zu Grunde liegen und deren Gemeinsamkeiten an einem einzigen Beispiel illustriert werden können. Da aber die biografischen Zusammenhänge der befragten Frauen komplex sind, erscheint es gerechtfertigt, die verschiedenen, auch gegensätzlichen Facetten eines Musters, also auch Unterschiede aufzuzeigen, um der Komplexität der Realität gerecht zu werden.

Auch das zweite Erfahrungsmuster lässt erkennen, die jungen Mütter erhoffen sich ein besseres Verhältnis zu den Vätern ihrer Kinder. Die Väter übernehmen keinerlei Verantwortung für ihre Kinder und vermeiden eine persönliche Verbindung zu ihnen. Die Frauen wünschen sich an Stelle des ausschließlich auf formale Zusammenhänge begründeten Kontakts (Jugendamtsangelegenheiten, z. B. Vaterschaftstests) *ein die Interessen und die persönlichen Belange des Kindes berücksichtigendes Verhältnis zu den Vätern ihrer Kinder*.

Das dritte Erfahrungsmuster zeichnet nach, wie die jungen Mütter ihren anfänglichen *Wunsch nach einem guten Verhältnis zu ihren Kindsvätern aufgegeben* haben. Als Konsequenz der Erfahrung, die jungen Männer interessieren sich nicht für ihre Kinder, wollen diese jungen Mütter den Kontakt unterbinden bzw. ihnen liegt nichts an einer Verbindung zu den Kindsvätern.

Sowohl das Verhältnis zum Kindsvater als auch der Wunsch nach einem Kontakt zu ihm unterliegen Veränderungen. Es fällt auf, dass alle Frauen – auch wenn sie anfangs den Kontakt zu ihren früheren Partnern mieden – zu irgendeinem Zeitpunkt einen Kontakt oder ein besseres Verhältnis zu ihnen aufbauen wollen. Meistens geben sie als Begründung an, es sei besser für das Kind, wenn es Kontakt zu seinem leiblichen Vater habe. Zwei Frauen sind zudem (im zweiten bzw. dritten Interview) wieder daran interessiert, eine Paarbeziehung zu ihren früheren Freunden aufzunehmen, was aber an deren Ablehnung bzw. Desinteresse scheitert.

Fehlendes Interesse und Engagement der Väter

Fast alle jungen Mütter wünschen sich ein besseres Verhältnis zum Vater ihres Kindes, weil sie sich von ihm Entlastung bei der Verantwortung für das gemeinsame Kind erhoffen. Bis auf eine Frau bemängeln alle anderen das fehlende Verantwortungsgefühl der jungen Väter für ihre Kinder. Das Desinteresse und die Sorglosigkeit, die die Väter zeigen, indem sie sich zu wenig, in den meisten Fällen überhaupt nicht, um ihre Kinder kümmern, ist den Frauen unverständlich. Sie empfinden es als ungerecht ihnen und ihrem Kind gegenüber, es macht sie wütend und deprimiert.

Zwei Frauen geben schließlich ihren anfänglichen Wunsch, eine Verbindung zu dem Vater ihres Kindes aufrechtzuerhalten, aus Enttäuschung über dessen fehlendes Engagement auf. Sie haben die Erkenntnis gewonnen, dass ein persönliches und gutes Verhältnis zum Kindsvater in der Zeit der Mutterschaft nie zu Stande kam und auch in Zukunft unrealistisch ist.

Zwei andere Mütter wünschen sich trotz einer über den ganzen Zeitraum schwierigen, problembelasteten Beziehung bzw. eines sich nur auf Formalitäten beschränkenden Kontakts zu dem Vater ihres Kindes, ein besseres Verhältnis zu ihm. Sie haben die Hoffnung noch nicht ganz aufgegeben, dass er sich doch noch auf seine väterlichen Pflichten besinnen wird. Aber ihre diesbezüglichen Äußerungen zeigen deutlich resignative Züge.

Erfahrungen mit neuen Partnern

Alle Interviewpartnerinnen, die beim dritten Interview in keiner festen Beziehung zu einem Mann leben, hatten nach der Partnerschaft mit dem Vater ihres Kindes *eine oder mehrere, kurze oder länger andauernde Beziehungen zu Männern*. Die nachteiligen Erfahrungen, die die jungen Mütter in diesen Beziehungen machten, überwogen die Vorteile. Einige Frauen beendeten die Beziehungen von sich aus, in anderen Fällen führten die Männer die Trennung herbei.

Die Frauen berichten von *Problemen im Zusammenleben*, z.B. Uneinigkeit über Aufgabenverteilungen und zu wenig Entlastung im Haushalt oder bei der Erziehung ihres Kindes oder über Unstimmigkeiten in finanziellen Angelegenheiten. Sowohl der Vorwurf, die Männer kümmerten sich nicht genügend um sie und ihr Kind, als auch der, die Männer beschnitten sie ihrer persönlichen Freiräume und bevormundeten sie, spielt bei der Unzufriedenheit der jugendlichen Mütter eine Rolle.

Als *positive Erfahrungen* werten die jungen Frauen eine Entlastung durch den Freund bei der Kinderbetreuung, aber auch materielle und finanzielle Vorteile sowie persönliche Aufmerksamkeit durch ihn. Wenn der junge Mann die Bereitschaft zeigt, sich mit ihrem Kind zu beschäftigen, wird das als positive und wichtige Erfahrung hervorgehoben.

Fast alle jungen Mütter erwarten von ihrem Partner Vaterpflichten für ihr Kind zu übernehmen. Sie wünschen sich eine dauerhafte Beziehung und eine vollständige Familie. Dieses Ziel ist auf Grund enttäuschender Erfahrungen mit z.T. erheblichen Bedenken hinsichtlich der Realisierbarkeit verknüpft.

Einstellungen zu Partnerschaft

Zwei Erfahrungsmuster lassen sich erkennen: Vier der Interviewpartnerinnen bleiben trotz der Erfahrungen mit gescheiterten Beziehungen in ihren *Vorstellungen von Partnerschaft und in ihren Erwartungen an einen Mann konstant*. Sie halten an ihren Vorstellungen von Liebe, Treue, Zuverlässigkeit im Alltag fest und hoffen, „den Richtigen“ zu finden, mit dem sie diese Wünsche verwirklichen können.

Drei der jugendlichen Mütter zeigen verschiedene *Veränderungen im Hinblick auf ihre Einstellungen zu Männern und Beziehungen*. Enttäuschte Erwartungen in ihren Paarbeziehungen führen dazu, dass sich ihre grundsätzliche Einstellung in Bezug auf ihre Männerbekanntschaften wandelt: von dem anfänglichen Wunsch nach einer festen, ernsthaften Partnerschaft hin zur Ablehnung einer solchen Beziehung. Sie neigen dazu, kürzere, von vornherein nicht auf Dauer angelegte Beziehungen einzugehen, die jeweils auf die Befriedigung momentaner Bedürfnisse ausgerichtet sind. Oder die Partnersuche und -wahl hat an Ernsthaftigkeit zugenommen, aber die Kriterien bei der Entscheidung für einen

Partner haben sich geändert. Das Kriterium, ob ein Mann ihr Kind akzeptieren und Verantwortung übernehmen kann, steht bei der Partnersuche in diesem Fall über den persönlichen Bedürfnissen der jungen Frauen.

Interviewzitate auf CD-ROM

Die in der Analyse verwandten Interviewpassagen wurden durchnummeriert und auf einer CD-ROM verfügbar gemacht. Hier finden Sie alle Interviews zu diesem Unterkapitel

Verhältnis zum Kindsvater — Nr. 561 - 586

Differenziert nach: der Wunsch nach einem besseren Verhältnis, der Wunsch nach persönlichem Kontakt, Kontakt zum Kindsvater ist nicht gewünscht

Beziehungen zu neuen Partnern — Nr. 587 - 617

Differenziert nach: Kontinuität und Veränderungen in den Partnerschaftsvorstellungen

Interviewauszug: Kontinuität in den Partnerschaftsvorstellungen

Weder in Ingas Einstellung zur Ehe noch in ihren Partnerschaftsvorstellungen lassen sich prinzipielle Veränderungen über die nächsten Interviews ausmachen. Auf Grund ihrer Erfahrungen fühlt sie sich in dem Entschluss gefestigt, eine Ehe für sich auszuschließen. Einen für sie akzeptablen Partner zu finden, erlebt sie jetzt, da sie ein Kind hat, als noch schwieriger, weil sie an einen Partner gleichzeitig den Anspruch hat, er solle ein Vater für ihr Kind sein. Ihre Erfahrungen mit ihrem neuen, wesentlich jüngeren Partner, mit dem sie im zweiten Interview seit etwa einem halben Jahr zusammen ist, bestärken sie nur in ihren Vorbehalten gegenüber der Qualität von Partnerschaften. Sie sieht sich auch bestätigt in den Vorbehalten gegenüber Männern, die sie bereits im ersten Interview andeutete.

Inga: „Heiraten tut man nur, um sich scheiden zu lassen, außer, es sei denn man heiratet erst, wenn man das Geld zur Scheidung hat, zweitens, drittens, beziehungsweise viertens: Wir [33] heiraten nie, ne, weil Kerle alle nicht zu gebrauchen sind. Und weil wir auch einfach die Schnauze voll haben von kaputt gegangenen Beziehungen.

Frage: Ja. Ja. Was ist dir denn wichtig an 'ner Partnerschaft mit 'nem Mann?

Inga: Ja, Treue und auch dass er mich richtig liebt, was weiß ich.

Frage: Hmhm.

Inga: Und erst mal, dass er auch mit meinem Kind klarkommt ...“ (2. Int., S. 15, 20 Jahre)

Und auf die Frage, ob sich diese Vorstellungen verändert haben, antwortet sie:

Inga: „Nee. Sie haben sich höchstens noch 'n bisschen höher geschraubt, weil L. (Sohn) jetzt da ist ... Ja, halt auch, dass er nicht irgendwie – was weiß ich, wenn ihm das Kind nicht in 'n Kram passt, das Kind irgendwie abschieben will oder so. Nee, muss schon passen.“ (2. Int., S. 15, 20 Jahre)

Ihre Anmerkung, dass „Kerle alle nicht zu gebrauchen“ seien, muss vor dem Hintergrund ihrer Ansprüche an einen Mann und ihren neuerlich enttäuschten Erwartungen betrachtet werden. Ihr Freund entspricht ganz und gar nicht ihren Erwartungen an einen Partner: Er ist zu jung, zu unreif und kann nicht über Gefühle reden. Inga fühlt sich ihm intellektuell überlegen. Zudem erfährt sie nur sehr bedingt Entlastung durch ihn im Alltag. Bei der Erziehung des Kindes ist er ihr auf Grund seiner eigenen Unreife auch kaum eine Hilfe, allenfalls setzt sie ihn zur kurzfristigen Betreuung ihres Kindes ein. Er entspricht also weder als Partner noch als sozialer Vater ihren Vorstellungen. Bezeichnend ist, dass sie ihn nicht zu ihrer Familie zählt, ihn gedanklich bereits ausklammert, während sie die Hoffnung äußert, dass „irgendwann der Richtige kommt“.

---

33 Sie spricht von sich und ihrem Kind.

1.3 Leben mit Kind

Es gehört zum Allgemeinverständnis, dass die Geburt eines Kindes viele Veränderungen im Leben der Eltern mit sich bringt. Zum Teil sind diese Veränderungen sehr gravierend, besonders wenn es sich um junge Mädchen handelt, die sehr früh in ihrer Biografie Mutter werden.

Während der Schwangerschaft setzen sich die Jugendlichen z.T. sehr intensiv damit auseinander, wie ihr Leben mit Kind aussehen wird und wie sie ihr künftiges Leben als Mutter gestalten möchten. Für andere hingegen ist es schwer, sich vorzustellen, dass sie in einiger Zeit Mutter sein werden. Sie alle suchen Anhaltspunkte, die es ihnen erleichtern, ihr künftiges Leben mit Kind zu antizipieren.

Um Näheres über diese Vorbereitungsphase zu erfahren, haben wir unsere Interviewpartnerinnen während des ersten Interviews (zum Zeitpunkt der Schwangerschaft) befragt, wie sie sich ihr Leben mit Kind vorstellen.[34]

Vorstellungen zum Zeitpunkt des Erstinterviews

Nicht unerwartet variieren die Berichte von ihren Vorstellungen sehr stark. Es spielen sowohl die Erfahrungen, die die jungen Frauen selbst in ihrer Kindheit gemacht haben, als auch das Alter der Jugendlichen, das soziale Milieu, aus dem sie kommen, ihre Schulausbildung und ihre gegenwärtige Lebenssituation eine bestimmende Rolle (wie z.B. Aufenthalt in Betreutem Wohnen, in Mutter-Kind-Einrichtungen, in denen die jungen Frauen Beratung und Betreuung auch hinsichtlich der künftigen Mutterschaft erhalten). Die Antworten der jugendlichen Schwangeren auf die Frage nach ihren Vorstellungen von einem Leben mit Kind lassen sich in folgenden Themenkomplexen zusammenfassen, die ihre Erwartungen und z.T. auch erzieherische Absichten widerspiegeln:

- Ich möchte eine gute Mutter sein, mein Kind soll es besser haben als ich.
- Ich möchte mein Kind bedingungslos lieben.
- Ich möchte meinem Kind etwas weitergeben.
- Ich weiß noch nicht, wie das wird mit einem Kind.
- Ich habe Angst davor, etwas falsch zu machen.

Schon aus dieser thematischen Zusammenstellung heraus wird deutlich, wie schwierig es für viele der jungen Mädchen und Frauen ist, sich während der Schwangerschaft konkret

34 Im Erstinterview gaben 41 der 47 befragten jugendlichen Schwangeren Auskunft über ihre Vorstellungen und Wünsche bezüglich ihrer künftigen Mutterschaft. Hier, in diesem Kapitel sind nur die sieben jungen Frauen in die Analyse einbezogen, die zum Zeitpunkt des dritten Interviews ohne festen Partner leben. Alle sieben äußerten sich im Erstinterview zu ihren Vorstellungen von ihrer künftigen Mutterschaft.

mit der Vorstellung auseinander zu setzen, wie sich ihr Leben mit Kind gestalten lässt und wie sie ihre erzieherischen Aufgaben erfüllen können. Viele von ihnen sind sich zwar der großen Verantwortung dem Kind gegenüber bewusst, aber dieses Bewusstsein bleibt häufig weit gehend abstrakt.

Implizit verweisen die o.g. Themen auf höchst unterschiedliche und meist diffuse Mutterbilder, auf die die Jugendlichen zurückgreifen. Sie müssen darauf zurückgreifen, da es, gesamtgesellschaftlich gesehen, keine verbindlichen pädagogischen Vorgaben und Rollenmuster für den Aufgabenbereich „Mutter“ gibt. Es gibt nur Mythen und Klischees. Deutlich wird daraus aber auch eine Orientierung an ihren eigenen Kindheitserfahrungen und an den Erfahrungen in ihrem sozialen Umfeld, die ihnen als Leitbilder dienen.

■ **Ich möchte eine gute Mutter sein, mein Kind soll es besser haben als ich:**
Viele der Jugendlichen suchen und finden gelebte Modelle von Mutterschaft, die ihnen in ihrem Umfeld zur Verfügung stehen. Sie identifizieren sich mit diesen Modellen, finden Mischformen verschiedener Modelle oder grenzen sich gänzlich davon ab, um sich so vorstellen zu können, wie sie als Mutter sein oder nicht sein möchten.

■ **Ich möchte mein Kind bedingungslos lieben:**
Eine weitere Gruppe unserer Interviewpartnerinnen formuliert ihre Vorstellungen von Mutterschaft gemäß dem gesellschaftlich sanktionierten Leitbild der „guten Mutter“. Sie betonen ihre Verantwortung für das Kind und stellen es in den Mittelpunkt ihres Lebens: Die Argumentation ist kindzentriert und sie sind bereit, ihre eigenen Bedürfnisse und Wünsche zu seinen Gunsten zurückzustellen, bleiben aber meist sehr abstrakt in ihren Äußerungen.

■ **Ich möchte meinem Kind etwas weitergeben:**
Andere jugendliche Schwangere wiederum formulieren in ihren Vorstellungen von Mutterschaft und von ihrem Leben mit Kind pädagogische Gesichtspunkte. Sie äußern sich zu Inhalten, die sie das Kind lehren möchten, z.B. planen sie, dem Kind „etwas weiterzugeben“. Sie formulieren ebenso Erziehungsmaximen wie „nicht verwöhnen“, „Grenzen setzen“, „Vertrauen haben“ oder „nicht autoritär sein“.

■ **Ich weiß noch nicht, wie das wird mit einem Kind:**
Bei einer Reihe von jugendlichen Schwangeren wird z.T. sehr deutlich, dass sie sich noch keinerlei Gedanken über ihre Mutterrolle gemacht haben, weil sie sich einfach noch nicht vorstellen können, Mutter zu sein. Sie sind zum Zeitpunkt des Interviews mit der Vorstellung bezüglich ihrer Mutterschaft deutlich überfordert. Sie formulieren z.B. als Inhalte ihrer Vorstellungen äußerliche Attribute, die sie beim Kind erhoffen. Sie grenzen sich von „Horrorszenarien“ ab, die sie über die Medien vermittelt bekamen, oder projizieren ihre eigenen häufig belastenden Erfahrungen mit der frühen Schwangerschaft auf ihr Kind und wollen es davor bewahren.

■ **Ich habe Angst davor, etwas falsch zu machen:**
Auch Ängste, Vorstellungen von künftigen Sorgen, die die Kinder ihren Müttern bzw. Eltern bereiten können und Versagensängste charakterisieren die Vorstellungen von Mutterschaft und des Lebens mit Kind bei einigen der Befragten.

Datengrundlage aus dem Erstinterview

Alle sieben der jungen Mütter, deren Ausführungen für die Analyse als Datengrundlage dienen, weil sie zum Zeitpunkt der dritten Interviews in keiner festen Beziehung leben, haben sich als Schwangere zu ihren Vorstellungen von einem Leben mit Kind geäußert.

Diese Äußerungen beinhalteten Vorstellungen, die sich allen fünf Themenbereichen zuordnen ließen. So betonten je zwei Interviewpartnerinnen, dass sie eine gute Mutter sein möchten und dass es ihr Kind besser haben solle als sie (Themenbereich 1). Ebenfalls je zwei der werdenden Mütter konnten noch keine genaueren Vorstellungen von einem Leben mit Kind formulieren. Sie waren zum Zeitpunkt des Interviews mit der Frage nach ihren Vorstellungen bezüglich ihrer künftigen Mutterschaft deutlich überfordert und blieben einer Beschreibung von Äußerlichkeiten verhaftet[35] (Themenbereich 4). Zwei weitere formulierten Ängste, ob und wie sie es schaffen können, ein Kind zu erziehen (Themenbereich 5). Eine informierte über pädagogische Maximen, nach denen sie ihr Kind erziehen will (Themenbereich 3). Eine weitere stellte sich als künftige Mutter dar, die ihrem Kind zuliebe ihre eigenen Bedürfnisse zurückstellen und es bedingungslos lieben wolle (Themenbereich 2).

Anlage des zweiten und dritten Interviews

In die beiden Interviews, die nach der Geburt des Kindes geführt wurden, haben wir einen vergleichbaren Fragenkomplex eingefügt, der sich mit ihren Erfahrungen mit ihrem Leben als Mütter befasst.

Der Analyse liegen Daten zu Grunde, die mit dem zweiten Interview, das etwa neun bis zwölf Monate nach dem Eingangsinterview geführt wurde, und mit dem dritten Interview ca. neun bis zwölf Monate danach, erhoben wurden. Die Kinder unserer Interviewpartnerinnen waren zum Zeitpunkt des letzten Interviews zwischen 19 und 28 Monate alt.[36]

Es wurde eine Typologie entwickelt, die das Thema „Leben mit Kind“ analytisch beschreibt. Auf Grund ihrer Aussagen konnten unsere Interviewpartnerinnen, die in keiner

---

35 In diesem Zusammenhang ist es unerheblich, ob die jugendlichen Schwangeren noch am Anfang ihrer Schwangerschaft standen oder diese schon weiter fortgeschritten war.

36 Das Alter der Kinder variiert so stark, da die Schwangerschaften unserer Interviewpartnerinnen zum Zeitpunkt des Erstinterviews unterschiedlich weit fortgeschritten waren und wir bei den beiden späteren Interviews z.T. sehr zeitaufwendige Recherchen vornehmen mussten, um die jungen Mütter wieder aufzufinden, sodass wir manche Mütter später als geplant befragten.

festen Beziehung zu einem Partner leben, zwei Typen zugeordnet werden, dem der *prekären Mutterschaften* und dem der *bewältigten Mutterschaften*.

Prekäre Mutterschaften

Fünf der sieben Interviewpartnerinnen ohne feste Beziehung wurden dem Typus *prekäre Mutterschaften* zugeordnet. Als prekär werden ihre Erfahrungen dann bezeichnet, wenn sie selbst berichten, dass ihre Mutterschaft problematisch für sie und ihre Kinder verläuft. Solche Schwierigkeiten sind z. B. Vernachlässigung des Kindes und Probleme mit der regelmäßigen Versorgung des Kindes, wenn die dann erforderliche Hilfe aus dem sozialen Umfeld zu Selbstwertproblemen der Jugendlichen führt. Weitere Beispiele für derartige Schwierigkeiten sind: Verwerfungen in der gesamten Lebensgestaltung mit umfassender Unsicherheit und Zukunftsängsten, unterschwellige Aggression bei gleichzeitigen Schwierigkeiten, das Kind zeitweise abzugeben und ausschließliche und bedingungslose Konzentration auf die Bedürfnisse des Kindes.

In manchen Fällen spielen beim Typus der *prekären Mutterschaften* Beziehungsschwierigkeiten mit kurzzeitigen neuen Partnern eine Rolle, wenn es den jungen Müttern nicht gelingt, befriedigende Lebenssituationen für sich und ihr Kind zu gestalten. Andere Faktoren, wie soziales Umfeld und Milieu, Unterstützungsnetze oder Kindheitserfahrungen und psychische Verfassung der jungen Mütter können ebenfalls von Bedeutung sein.

Bewältigte Mutterschaften

Als *bewältigt* gelten *Mutterschaften*, wenn die jungen Frauen deutlich machen, sie sind mit ihrer Lebenssituation als Mutter zufrieden. Sie empfinden die Verantwortung für ihr Kind als positive Herausforderung, der sie sich nicht nur stellen, sondern die ihnen auch das Bewusstsein vermittelt, gereift und dadurch erwachsen geworden zu sein. Diese mit dem Erwachsenenstatus in Verbindung gebrachte Reife hätten sie ihrer Meinung nach ohne Kind zu diesem Zeitpunkt noch nicht erreicht. Ihr Alltag mit Kind ist in der Regel gut organisiert. Das ist eine Voraussetzung, um sowohl den Bedürfnissen des Kindes als auch ihren eigenen Plänen, Verpflichtungen und Zielen gerecht werden zu können. Sie empfinden die zeitlichen und kräftemäßigen Anforderungen durch das Kind durchaus als Einschränkung der jugendspezifischen Gestaltungsmöglichkeiten in ihrem Alltag. Sie betonen aber, dass die positiven Erfahrungen und Erlebnisse mit dem Kind einen Ausgleich dafür bieten. Auch anerkennende Signale aus dem sozialen Umfeld bezogen auf ihre Leistungen gerade als jugendliche Mütter geben Rückhalt und Bestätigung. Sie lassen die jungen Frauen ihre frühe Mutterschaft als positiv erfahren und helfen ihnen, sie zu bewältigen. Zwei der jungen Mütter wurden diesem Typus zugeordnet.

Der Typus *bewältigte Mutterschaften* impliziert nicht, dass das Leben mit Kind für die jungen Mütter nicht auf anderen Ebenen ihrer Lebenssituation Schwierigkeiten und Probleme mit sich bringen kann. Besonders hervorzuheben sind z. B. Beziehungsprobleme mit Peers, besonders mit jungen Männern und möglichen Partnern.

Interviewauszug: prekäre Mutterschaft

Zum Zeitpunkt des dritten Interviews hat sich Jasmins Leben grundlegend geändert. Sie lebt in Scheidung und wohnt von ihrem Mann getrennt. Sie lebt in einer anderen Wohnung noch mit ihrem neuen Freund, den sie aber als ihren Ex-Freund bezeichnet. Ihr Kind lebt beim Vater, der ebenfalls umgezogen ist und jetzt in einem Mietshaus wohnt, in dem auch Jasmins Eltern eine Wohnung in der Etage darüber haben. Das Kind ist häufig bei dieser Großmutter. Unsere Interviewpartnerin besucht ihre Mutter fast täglich und sieht so ihren kleinen Sohn regelmäßig, ohne für seine Versorgung, Betreuung und Erziehung Verantwortung übernehmen zu müssen oder sich auch nur verantwortlich zu fühlen.

Jasmin: „... Ich meine, ja wie soll ich das sagen, ich meine, ich gehe meistens hin (in die Wohnung des Kindsvaters) immer und dann meistens irgendwie auch wegen Saubermachen und Abwaschen und so. Weil er halt – weil die Wohnung – der Kleine krümelt und so, und N. (ihr Mann) sagt immer zu mir: ‚Nee mach es nicht weg, der krümelt doch eh gleich wieder.' Bloß, ich finde das nicht in Ordnung, wenn irgendwo 'n Krümel oder so auf dem Teppich ist. Das finde ich nicht in Ordnung! Oder beim Staubwischen, da sieht man immer jeden – da kann man drauf schreiben, und immer alles.

Frage: Also du machst praktisch da Arbeit im Haushalt?

Jasmin: Ja.

Frage: Ja. Hmhm, und wie verhält er sich dem Kind gegenüber? Spielt er mit ihm? Und wie ist es so mit dem Erziehen?

Jasmin: Er erzieht ihn ganz gut. Der Kleine kriegt viel beigebracht ..." (3. Int. 03, S. 10 f., 22 Jahre)

Sie übernimmt lediglich eine gewisse Verantwortung für die Sauberkeit der Wohnung ihres Mannes und überlässt das Kind sonst ganz seiner und ihrer Mutter Obhut. Sie interessiert sich auch nicht für die Erziehung des Kindes:

Frage: „Gut. Und könntest du dir vorstellen, oder hast du irgendwelche Ideen, was besser sein könnte im Verhältnis von dem Vater zu seinem Kind, was Erziehung und Umgang angeht?

Jasmin: Nee, nur dass er 'n bisschen sauber machen soll. Sonst – weil das stört mich, schon wegen dem Kleinen. Weiß ich nicht. Sonst ist mir (das) eigentlich egal." (3. Int. 03, S. 11, 22 Jahre)

Sie ist mit dieser Haltung eine Ausnahme in unserer Stichprobe, zeigt jedoch sehr deutlich, wie schwer es für einige junge Mütter sein kann, Verantwortung für ein Kind zu übernehmen.

Sie hat mittlerweile einen neuen 17-jährigen Freund, von dem sie schwanger ist. Sie bezeichnet ihn im dritten Interview jedoch bereits wieder als ihren „Ex-Freund“, ist im Begriff, aus der gemeinsamen Wohnung auszuziehen und beabsichtigt, das neue Kind allein aufzuziehen. Gleichzeitig macht sie sich Hoffnungen, doch wieder mit ihrem Mann „zusammenzukommen“, der sich jedoch zurückhaltend dazu äußert, weil, wie sie vermutet, sie jetzt ein Kind von einem anderen Mann bekommt.

Interviewzitate auf CD-ROM

Die in der Analyse verwandten Interviewpassagen wurden durchnummeriert und auf einer CD-ROM verfügbar gemacht. Hier finden Sie alle Interviews zu diesem Unterkapitel

Prekäre Mutterschaften	Nr. 618 - 634
Bewältigte Mutterschaften	Nr. 635 - 645

1.4 Wirtschaftliche Situation

Es ist vorauszuschicken, dass die jungen Mütter ohne Partner innerhalb eines engen finanziellen Rahmens – verglichen mit dem anderer Bevölkerungsgruppen – agieren müssen. Ob und wie gut ihnen dies gelingt, welche aktiven und passiven Strategien sie hierbei entwickeln, steht im Zentrum der Untersuchung, wobei stets berücksichtigt werden muss, dass ihren Handlungsstrategien nur ein niedriges materielles Niveau zu Grunde liegt. Wenn also davon die Rede ist, dass junge Frauen Schwierigkeiten haben, ihre Konsumbedürfnisse einzuschränken, während sie finanzielle Engpässe erfahren, muss der relativ schwache wirtschaftliche Status der jungen Frauen bedacht werden. Er lässt ihnen kaum Handlungsspielräume, ihren (altersgemäßen) Konsum- und Freizeitbedürfnissen gerecht zu werden. Systematisierungen der Aussagen der Befragten z.B. nach konsumorientierten oder konsumkritischen Einstellungen haben hier den Stellenwert, Relationen innerhalb der spezifischen Gruppe sehr junger Mütter ohne festen Partner zu verdeutlichen. Sie sind vor dem Hintergrund ihrer ohnehin geringen finanziellen Möglichkeiten zu betrachten. So muss betont werden, dass die Verwendung des Begriffs Konsumeinschränkung im Zusammenhang mit den Handlungsstrategien der Interviewpartnerinnen auf z.T. extreme Selbstbeschneidung und einen hohen Grad an materieller Anspruchslosigkeit verweist.

Außerdem ist zu beachten, dass nur ein Ausschnitt aller denkbaren Faktoren, die sich auf die private wirtschaftliche Situation von jungen Müttern ohne Partner auswirken, in unsere Auswertung einbezogen werden kann. Aspekte wie z.B. hohe Mieten, mangelnde Kinderbetreuungsmöglichkeiten oder fehlende Arbeitsplätze bleiben ausgenommen. Auch Persönlichkeitsvariablen der Befragten oder der Einfluss des sozialen Umfeldes auf ihre Handlungsstrategien können auf der vorliegenden Datengrundlage nicht berücksichtigt werden.

Staatliche Transferleistungen

Betrachtet man die Schilderungen der jungen Mütter ohne Partner unter dem Gesichtspunkt der Art ihrer Existenzsicherung, ergibt sich ein fast homogenes Bild: Fünf junge Frauen sind seit ihrer Schwangerschaft durchgängig auf Sozialhilfe (in einem Fall auf Jugendhilfe in Verbindung mit Sozialhilfe) angewiesen, eine jugendliche Mutter bezieht seit Beendigung ihrer Ausbildung Sozialhilfe. Nur eine der jungen Mütter ist durch die Aufnahme ihrer Ausbildung nicht mehr Sozialhilfeempfängerin.

Diese weit gehende Abhängigkeit von öffentlichen Mitteln korreliert mit dem beruflichen Status der Interviewpartnerinnen: Mit einer Ausnahme geht keine der jungen Mütter einer beruflichen Tätigkeit nach, allerdings sind zwei von ihnen auf der Suche nach einer Arbeitsstelle bzw. einer ungelernten Nebentätigkeit und eine Befragte ist an einer

Umschulungsmaßnahme interessiert. Zwei weitere junge Mütter sprechen von ihren Schul- bzw. Ausbildungswünschen, die sie hoffen, verwirklichen zu können.

Zwei junge Frauen erhalten zum Zeitpunkt des dritten Interviews kein Erziehungsgeld mehr und eine Interviewpartnerin bekommt keine staatlichen Mittel für ihr Kind, da es bei dem Kindsvater lebt. Vier Befragte beziehen Unterhaltsvorschuss vom Jugendamt, eine berichtet von Unterhaltszahlungen des Kindsvaters, und eine weitere erwähnt weder das eine noch das andere.[37] Andere staatliche Unterstützungen bestehen aus Arbeitslosenhilfe für die junge Frau mit abgeschlossener Berufsausbildung sowie aus Berufsausbildungsbeihilfe für die in Ausbildung befindliche Mutter.

Auf materielle bzw. finanzielle Unterstützung aus dem sozialen Umfeld weisen nur die beiden jungen Mütter mit negativen Einschätzungen ihrer wirtschaftlichen Situation hin sowie die junge Frau, die ihre Lage uneingeschränkt positiv beurteilt.[38]

Typologie zur finanziellen Lage

Der Datenauswertung liegen die Aussagen der sieben jungen Frauen ohne Partner zu Grunde. Bei der Darstellung der Ergebnisse geht es um die eigenen Beurteilungen der Interviewpartnerinnen und nicht um die tatsächliche finanzielle Lage im Sinne monatlicher Bezüge o. Ä. Es geht hier auch nicht um die Frage, wie objektiv gut oder schlecht sich ihre wirtschaftliche Situation darstellt, z.B. im gesamtgesellschaftlichen Vergleich oder verglichen mit Gleichaltrigen ohne Kinder.

Von Interesse sind die Strategien, die die Interviewpartnerinnen hinsichtlich ihres Umgangs mit Geld und/oder der Verbesserung ihrer ökonomischen Situation in ihren Schilderungen ggf. erkennen lassen. Zudem wurde untersucht, ob sich die Beurteilungen ihrer finanziellen bzw. materiellen Lage über den Untersuchungszeitraum verändert haben.

Die Schilderungen zur finanziellen Situation lassen eine Unterscheidung nach positiven, negativen und ambivalenten Einschätzungen zu. Die positiven und negativen Beurteilungen sind eindeutig und enthalten keine Widersprüche. Die ambivalenten Aussagen hingegen sind durch Zweideutigkeiten bestimmt. Für sie ist charakteristisch, dass die jungen Mütter einerseits angeben, ein hinreichendes Auskommen zu haben bzw. einigermaßen mit ihrem Geld zurechtzukommen, aber andererseits in diesem Zusammenhang von Schwierigkeiten verschiedener Art und Qualität berichten.

37 Sie hat vermutlich niemals Unterhaltsvorschuss beantragt. Ihre Schwangerschaft entstand bei einem einmaligen sexuellen Kontakt, eine tiefere Verbindung zu dem Kindsvater entstand in der Folgezeit nicht.

38 Über das Ausmaß der privaten Unterstützung berichten die Interviewpartnerinnen wenig, sodass ihr Stellenwert kaum bewertet werden kann.

Positive Bewertung der finanziellen Situation

Nur eine der sieben Interviewpartnerinnen bewertet ihre finanzielle Lage *positiv.* Sie konnte ihre materielle Situation seit dem ersten Interview nicht nur wesentlich verbessern, sondern ihr gelang es darüber hinaus, finanzielle Reserven zu schaffen. Damit beweist sie ihre Fähigkeit, die ihr zur Verfügung stehenden Mittel kontrolliert und zukunftsorientiert einzusetzen. Ihre Strategie hierbei ist Konsumeinschränkung und ein bewusstes Einkaufsverhalten (z.B. Differenzieren zwischen Luxusgütern und Notwendigem). Private Unterstützung erhält sie dabei nur in geringem Maße.

Ambivalente Bewertung der finanziellen Situation

Vier junge Mütter geben eine *ambivalente* Stellungnahme zu ihrer wirtschaftlichen Situation ab. Zwei von ihnen bringen ihre grundsätzlichen Schwierigkeiten im Umgang mit Geld, genauer gesagt mit der Einteilung ihrer Mittel, zum Ausdruck. Diese beiden Fälle müssen als prekär eingeschätzt werden, da unbezahlte Rechnungen auf eine beginnende Verschuldung hindeuten. Auch ist die Rede davon, „manchmal" am Monatsende kein Geld für Lebensmitteleinkäufe mehr zu haben. Im deutlichen Unterschied z.B. zu der jungen Mutter, die ein positives Bild ihrer wirtschaftlichen Situation zeichnet, nehmen diese beiden jungen Frauen keine planerisch-zukunftsorientierte Einteilung ihres Geldes vor: Auf Grund ihres Kaufverhaltens (spontanere Befriedigung von Konsumbedürfnissen) verbrauchen bzw. überschreiten sie ihren monatlichen Etat.

Während eine der beiden jungen Mütter keine Strategie entwickelt, ihrem finanziellen Problem beizukommen, sie ihre Situation auch nicht reflektiert, sondern diese als unveränderlich hinnimmt, hat die andere ihre Schwierigkeiten im Umgang mit Geld teilweise erkannt: Sie geht zwar nicht den Ursachen ihres Geldmangels auf den Grund, aber sie hat ihr Einkaufsverhalten so geändert, dass die Nahrungsversorgung auch am Ende des Monats noch gewährleistet ist. Keine der beiden Frauen spricht von privaten Hilfen.

Zwei weitere junge Mütter haben keine Schwierigkeiten, mit ihren Mitteln zu wirtschaften. Sie gehen mit ihrem Geld ähnlich kontrolliert um, wie die junge Mutter, die sich in einer unproblematischen finanziellen Situation befindet. Die finanziellen Engpässe dieser beiden Interviewpartnerinnen wurden durch Umbruchsituationen hervorgerufen (Wegfall des Erziehungsgeldes, höhere Ausgaben durch Umzug und erneute Schwangerschaft). Die finanzielle Knappheit wird von ihnen als temporär eingeschätzt, denn sie haben Vorkehrungen getroffen bzw. erfolgversprechende Bemühungen unternommen, ihre Lage unter Kontrolle zu halten. Diese jungen Mütter versuchen, sich aus der Abhängigkeit vom staatlichen Unterstützungssystem zu befreien, indem sie die Arbeitssuche bzw. eine Ausbildung aufgenommen haben. Jedoch ergab die Analyse ihrer Äußerungen heikle Inhalte anderer Art: Die Frauen nehmen ihre alleinige Zuständigkeit für die materielle Existenzsicherung so ernst, dass langfristig eine physische und psychische Überforderung nicht auszuschließen ist. Sie zeigen übergroße Verantwortung und eine ungewöhnlich ausgeprägte Kindzentrierung, verbunden mit einer starken materiellen Selbsteinschränkung und Zurücknahme eigener Bedürfnisse. Diese sehr selbstständigen jungen Mütter erwähnen keine private Unterstützung, was noch einmal unterstreicht, wie sehr sie auf sich selbst gestellt sind.

Negative Bewertung der finanziellen Situation

Die zwei jungen Frauen, die ihre finanzielle Lage *negativ* bewerten, sind bei der Sicherung ihrer Existenzgrundlage in erster Linie auf öffentliche Unterstützung und private Hilfen angewiesen. Eine von ihnen sucht einen Arbeitsplatz und hofft, ihren finanziellen Status durch Aufnahme einer ungelernten beruflichen Tätigkeit verbessern zu können. Weitere Strategien zur Konsolidierung ihrer Lage werden nicht erkennbar. Diese Interviewpartnerinnen nehmen ihre schlechte wirtschaftliche Situation eher passiv und klagend hin und suchen Gründe für ihre schwierige finanzielle Lage ausschließlich außerhalb des eigenen Verantwortungsbereichs, z.B. indem sie die öffentlichen Mittel als zu knapp bemessen kritisieren. Auf Selbstreflexion in Bezug auf einen etwaigen selbst zu verantwortenden Anteil an ihrer schwierigen Lage deuten ihre Aussagen nicht hin.

Veränderung und Kontinuität in den Bewertungen

Alle Frauen, deren Einschätzungen ihrer finanziellen Lage *Ambivalenzen* aufweisen, zeigen *Kontinuität* in der Bewertung ihrer materiellen Situation. Sie bezeichnen sie als schwierig, meinen aber, mit den ihnen zur Verfügung stehenden Mitteln zurechtzukommen.

Die Analyse ihrer Daten ergab jedoch, dass zwei der jungen Mütter grundsätzliche Probleme mit der Einteilung ihres Geldes haben, was sich z.B. in einer beginnenden Verschuldung äußert. Die beiden anderen Interviewpartnerinnen können mit ihrem Geld gut wirtschaften; ihre finanziellen Schwierigkeiten sind nur temporärer Art, hervorgerufen durch Umbruchsituationen. Diese jungen Mütter haben Strategien entwickelt, diese finanziellen Engpässe unter Kontrolle zu halten (z.B. frühzeitige Vorbereitung auf diese Situation durch Schaffen von finanziellen Reserven oder durch Beantragung unterstützender öffentlicher Mittel).

Eine junge Frau bewertet ihre wirtschaftliche Lage *kontinuierlich*, d.h. in allen Interviews, als *schlecht*. Ihr Urteil ist realistisch, da sie von Beginn an über vorliegende Schulden berichtete, die sich im Laufe der Zeit noch erhöhten.

Eine *Veränderung* in der Einschätzung von einer *negativen* zu einer *positiven* Bewertung ihrer finanziellen Situation zeigt sich in den Schilderungen einer weiteren jungen Mutter. Ihr ist es bis zum Ende der Untersuchung gelungen, sich finanzielle Rücklagen zu schaffen. Sie kann nach der Trennung von dem Vater ihres Kindes, mit dem sie u.a. Auseinandersetzungen über finanzielle Angelegenheiten hatte, weitaus unproblematischer mit ihrem Geld haushalten.

Die *umgekehrte* Entwicklung findet sich in den Einschätzungen einer anderen jungen Mutter: Nachdem das Erziehungsgeld entfiel, *reicht* ihr die Unterstützung, die sie in Form von Sozialhilfe erhält, *nicht* aus.

Interviewzitate auf CD-ROM

Die in der Analyse verwandten Interviewpassagen wurden durchnummeriert und auf einer CD-ROM verfügbar gemacht. Hier finden Sie alle Interviews zu diesem Unterkapitel

Positive Bewertung der finanziellen Situation	Nr. 646 - 648
Ambivalente Bewertung der finanziellen Situation	Nr. 649 - 657

Differenziert nach: temporären finanziellen Schwierigkeiten und grundsätzlich prekärer finanzieller Situation

Negative Bewertung der finanziellen Situation	Nr. 658 - 660

2 Sexualität und Verhütung nach der Geburt des Kindes

Diese analytische Kategorie beinhaltet sowohl das Erleben von Sexualität, das die jungen Mütter schildern, die zwar zum Zeitpunkt des dritten Interviews ohne festen Partner, aber nach der Geburt des Kindes sexuell aktiv waren bzw. sind. Die Kategorie umfasst zwei Themenkomplexe. Sie konnten aus den beiden nachgeburtlichen Befragungsserien erarbeitet werden und beschreiben, was den Müttern ohne Partner bezüglich ihrer Sexualität und Kontrazeption bzw. Krankheitsprophylaxe wichtig ist. Diese Dimensionen sind:

- Erleben von Sexualität
- Verhütung nach der Geburt des Kindes

2.1 Erleben von Sexualität

Wir hatten aus den Ergebnissen der Analyse des ersten Interviews mit den jugendlichen Schwangeren herausgearbeitet, dass nur von einigen Interviewpartnerinnen Sexualität als etwas Normales in ihrem Leben und etwas Selbstverständliches in Beziehungen zu Jungen wahrgenommen wurde.[39] Weit mehr der zum damaligen Zeitpunkt befragten jungen Frauen äußerten eine negative Einstellung zu Sexualität. Sexuelle Aktivität verbanden sie häufig mit Scham und Ablehnung. Das verweist wiederum auf negative Beurteilung in ihrem Umfeld und resultiert aus defizitärer Selbstbewertung und selbstempfundener Inferiorität.

Die jungen Frauen bewegen sich zwischen sich widersprechenden Konzepten zu Sittlichkeit und Sinnlichkeit. Die zwiespältige Einstellung des Umfeldes zur sexuellen Aktivität der jungen Mädchen führt bei den Jugendlichen zu negativer Einstellung ihrer eigenen Sexualität gegenüber. Einige Jugendliche versuchten aber, wie wir sahen, über sexuelle Aktivität die Möglichkeiten ihrer sexuellen Empfindungen auszuloten, um positivere Erfahrungen zu machen und ggf. ihre Einstellungen zu revidieren.

Deutlich wurde darüber hinaus, dass die Einstellungen der jungen Mädchen zu Sexualität ganz wesentlich von der Möglichkeit bestimmt werden, Vertrauen in die ernsthaften Absichten der Jungen gewinnen zu können. Sie leisten einen Vertrauensvorschuss und reagieren mit negativen Einstellungen zu Sexualität, wenn ihr Vertrauen enttäuscht wird. Aber auch ihre Unfähigkeit, sich in bestimmten, für sie negativen Situationen zu verweigern, beeinflusst ihre Einstellung zu Sexualität negativ.

39 Vgl. Interview 1: Vorstellungen und Erfahrungen der jugendlichen Schwangeren, S. 64 ff.

Vor dem Hintergrund dieser Ergebnisse – die sich auf die Gesamtstichprobe der jugendlichen Schwangeren beziehen – wird im Folgenden beschrieben, wie sich das Erleben von Sexualität und die weitere sexuelle Aktivität der sieben jungen Mütter darstellen, die zum Zeitpunkt des dritten Interviews mit ihrem Kind ohne festen Partner leben.[40]

Veränderungen in der Einstellung

Alle diese jungen Frauen haben nach der Geburt ihres Kindes weitere sexuelle Erfahrungen mit zumindest einem Mann nach dem Kindsvater, meist aber mit mehreren neuen Partnern, gemacht. Sechs von ihnen schildern im dritten Interview diese Erfahrungen, und damit auch ihre Einstellung Sexualität gegenüber, als *positiv*. Eine Interviewpartnerin jedoch äußert sich *ambivalent*.

Da alle sechs Frauen, die Sexualität als für sie positive Erfahrung schildern, während des ersten Interviews die damaligen Erfahrungen als *negativ* beschrieben, zeigt sich hier eine *Veränderung* in der Beurteilung ihres sexuellen Erlebens zum Positiven hin. Die junge Frau, die sich ambivalent äußert, schildert ihre sexuellen Erfahrungen einerseits ebenfalls als „gut“, andererseits bewertet sie negativ, dass ihre Beziehungen zu Männern nur reine „Sexbeziehungen“ seien.

Typologie der Einstellungen

Sieben unserer Interviewpartnerinnen leben zum Zeitpunkt des dritten Interviews zwar nicht in einer festen Beziehung, sind aber sexuell aktiv. Drei von ihnen hatten nach der Geburt des Kindes bzw. nach Trennung vom Kindsvater über bis zu einem Jahr dauernde Phasen sexueller Abstinenz, die sie mit mangelnder Lust und fehlenden sexuellen Gefühlen begründen. Sie wurden dem Typus der *zeitweise sexuell Abstinenten* zugeordnet.

Charakteristisch für diesen Typus ist, dass nicht Empfindungsstörungen im sexuellen Bereich zu Abstinenz führen, sondern die beschriebene mangelnde sexuelle Lust Ausdruck unterschiedlicher Schwierigkeiten mit dem Partner ist. Alle trennten sich von den Kindsvätern. Nach einer Phase sehr negativer Einstellung zu Sexualität mit daraus resultierender Abstinenz zwischen zweitem und drittem Interview haben diese jungen Mütter mit neuen Partnern zu einem positiveren Erleben sexueller Aktivität zurückgefunden.

---

40 Die Tatsache, dass sie zum Zeitpunkt des dritten Interviews nach ihren eigenen Aussagen ohne festen Partner leben, heißt nicht, dass sie keine Partnerschaftserfahrungen haben. Eine der älteren unserer Interviewpartnerinnen ist z. B. zwar noch verheiratet, lebt aber in Scheidung. Sie hat einen neuen Freund, den sie aber während des letzten Interviews bereits wieder als ihren Ex-Freund bezeichnet.

Die vier dem zweiten Typus der *Suchenden* zugeordneten jungen Mütter berichten von keiner Veränderung in ihrem als positiv beschriebenen Erleben von Sexualität. Charakteristisch für diesen Typus ist, dass die jungen Frauen den starken Wunsch äußern, eine feste Partnerschaft einzugehen. Sie sind auf der Suche nach dem „richtigen" Partner und erhoffen sich von ihm auch eine für sie befriedigende Sexualität.

In einer Zeit, in der auch junge Mädchen und Frauen die Möglichkeit haben, weit gehend gelöst von Tabus und Restriktionen, Erfahrungen in diesem Bereich zu sammeln, gewinnt eine positiv erlebte Sexualität für sie auch an Bedeutung als ein Element des „Zusammenpassens" mit einem „festen Freund" bzw. Lebenspartner. Sie experimentieren mit ihrer Sexualität, gehen verschiedene – z.T. auch ausschließlich sexuelle – Beziehungen ein, um diesen Bereich für sich auszuloten. Expliziter als junge Frauen ohne Kind verbinden sie die für die Jugendphase typische Entwicklungsaufgabe, eine sexuelle Identität aufzubauen, jedoch mit ihrer Suche nach einer festen Beziehung.

Interviewzitate auf CD-ROM

Die in der Analyse verwandten Interviewpassagen wurden durchnummeriert und auf einer CD-ROM verfügbar gemacht. Hier finden Sie alle Interviews zu diesem Unterkapitel

Die zeitweise Abstinenten	Nr. 661 - 667
Die Suchenden	Nr. 668 - 673

Interviewauszug: Typus der Suchenden

Wie intensiv die Suche nach einem Lebenspartner bei diesen jungen Frauen ohne festen Partner ist, verdeutlicht Sandra, die zwar ihre sexuellen Erfahrungen als „gut" bezeichnet, aber bedauernd hinzufügt:

Sandra 3: „... Ja, (ich) hab auch keinen festen Freund. Ja.

Frage: Und bist du damit jetzt im Moment so glücklich und zufrieden ... ?

Sandra 3: Nee, weniger. In letzter Zeit vermisse ich das auf jeden Fall. Jetzt vor Weihnachten! Da sieht man überall Pärchen draußen. Nee, ich vermisse das schon, 'ne feste Beziehung." (3. Int. 40, S. 3, 18 Jahre)

Dass sie allein ist und damit ganz unzufrieden, zieht sich wie ein roter Faden durch das gesamte dritte Gespräch mit ihr:

Sandra 3: „Ja, und dass ich alleine bin, immer an die falschen Männer gerate. Das sind so Sachen, die mich halt im Moment so belasten." (3. Int. 40, S. 4, 18 Jahre)

Ihre Bemerkung, dass sie „immer an die falschen Männer gerate", deutet bereits ihre Unzufriedenheit mit ihren ausschließlich sexuellen Erfahrungen an. Zwar hatte sie im zweiten Interview berichtet, dass sich für sie sexuell nichts verändert hätte und sie Sexualität immer noch als positiv erleben würde, im dritten Interview äußert sie sich dazu jedoch sehr ambivalent:

Sandra 3: „Ja, natürlich war es (Sexualität) schön, aber ich hab mich auch immer, meistens ausgenutzt gefühlt. Wenn ich wieder alleine war, hab ich mir überlegt: ‚Jetzt bist du wieder alleine'. Und dann hab ich mich öfters ausgenutzt gefühlt, obwohl wir beide dann auch wussten, dass es nur darum (um Sex) ging. Aber ich fühl mich – also im Moment auch gar nicht damit wohl, weil ich hab auch noch im Moment ... 'ne Sexbeziehung, aber da würd ich mir auch schon mehr wünschen. Wir kennen uns nun auch noch nicht so lange. Na ja, und wir haben uns auch öfters drüber unterhalten, aber wir haben uns halt durch die Sexbeziehung kennen gelernt ... wir haben (uns) nicht so kennen gelernt, so uns näher erst kennen gelernt, wir haben halt sofort 'ne Sexbeziehung gehabt." (3. Int. 40, S. 12, 18 Jahre)

Aus ihren Äußerungen wird deutlich, dass sie immer wieder Beziehungen eingeht, die sie selbst als reine „Sexbeziehungen" bezeichnet und in denen sie sich, besonders aber ihre Partner, nur auf den sexuellen Bereich der Begegnung einlassen. Sie hat jedoch in der Zwischenzeit erkannt, dass ihr diese einseitig sexuellen Verhältnisse nicht mehr genügen und sie nach einer Beziehung sucht, die ihr längerfristige Sicherheit und Geborgenheit geben kann.

2.2 Verhütung nach der Geburt des Kindes

Wir hatten bei der ersten Befragung festgestellt, dass knapp zwei Fünftel der damals befragten jungen Frauen mit ihrem Kindsvater nicht über Verhütung gesprochen hatten. Vier von ihnen gehören zum Zeitpunkt des dritten Interviews zu den jungen Frauen ohne festen Partner. Die anderen drei hatten mit ihren Kindsvätern über Verhütung kommuniziert.

Kommunikation über Verhütung

Bei der Frage nach der *Kommunikation über Verhütung und Verhütungsverhalten* dieser sexuell aktiven jungen Mütter wird deutlich, dass alle, in unterschiedlicher Intensität, mit ihren Partnern Kontrazeption thematisieren und – bis auf eine Ausnahme – auch praktizieren. Nach der ungeplanten ersten Schwangerschaft und der ca. zweijährigen Erfahrung, ein Kind zu haben, ist das Verhütungsverhalten individuell unterschiedlich. Es bleibt bei der überwiegenden Mehrzahl der jungen Frauen jedoch inkonsistent bzw. riskant.

Gründe für weitere Schwangerschaft

Vor diesem Hintergrund erklärt sich, warum zwei der sieben jungen Mütter zum Zeitpunkt des dritten Interviews, also innerhalb zweier Jahre, erneut schwanger geworden sind. Zu den Gründen für die *erneute Schwangerschaft und die Kommunikation über Verhütung mit dem Kindsvater* aus der Sicht der jungen Mütter ist Folgendes deutlich geworden: Beide der jungen Mütter haben mit den neuen Kindsvätern über Verhütung gesprochen. Eine von ihnen hat die grundsätzliche Weigerung des Freundes überhaupt zu verhüten unhinterfragt hingenommen. Die andere hat ebenfalls mit ihrem Partner Verhütung thematisiert, sich mit ihm um Verhütung bemüht, aber letztlich die riskanteste Methode gewählt und ist ebenfalls erneut schwanger geworden.

Interviewzitate auf CD-ROM

Die in der Analyse verwandten Interviewpassagen wurden durchnummeriert und auf einer CD-ROM verfügbar gemacht. Hier finden Sie alle Interviews zu diesem Unterkapitel

Kommunikation über Verhütung	Nr. 674 - 675
Gründe für weitere Schwangerschaft	Nr. 676 - 677

3 Lebensweltlicher Kontext

Wie schon im Kapitel zur Lebenssituation jugendlicher Schwangerer ausgeführt[41], sind die jungen Mädchen in einer Phase ihres Lebens schwanger und nun auch Mutter geworden, in der sie ohnehin komplexe und vielschichtige Entwicklungsaufgaben zu bewältigen haben. Darüber hinaus ist in der Regel ihre Identitätsentwicklung als junge Erwachsene noch nicht abgeschlossen. Die Vielschichtigkeit dieses Lebensabschnitts wird durch die zusätzliche Verantwortung für ein Kind und ohne Unterstützung durch einen Partner noch wesentlich komplexer und damit auch schwerer zu meistern. Die jungen Mütter waren und sind noch auf der Suche nach Orientierungen für einen eigenen und vor allem eigenständigen Lebensweg, der zudem für sie durch das Kind an Bedeutung gewinnt.

Dieser eigenständige Lebensweg wird in der Jugendphase sehr oft in Abwendung von den Normen, Werten und Lebensgestaltungen der Elterngeneration und in Hinwendung zu Gleichaltrigen gesucht. Die Versuche solcher Verselbstständigungen sind häufig gekennzeichnet durch z.T. heftige Auseinandersetzungen mit den Erwachsenen. Die konkreten Anstrengungen der Jugendlichen, sich aus der Herkunftsfamilie zu lösen, gehen oft mit dem Wunsch einher, eine feste Paarbeziehung einzugehen und – aber erst später – eine eigene Familie zu gründen.

Die Kategorie „Lebensweltlicher Kontext“ ist komplex. Wir haben die folgenden Themenbereiche, die für die jungen Mütter ohne festen Partner in ihrem Leben mit Kind besonders wichtig sind, als Dimensionen der Analyse herausgearbeitet. Diese Dimensionen sind:

- Beziehungen zu den Herkunftsfamilien
- Beziehungen zu Gleichaltrigen
- Unterstützung im sozialen Umfeld

3.1 Beziehungen zu den Herkunftsfamilien

Es ist von besonderem Interesse herauszufinden, wie jugendliche Mütter ohne festen Partner die Beziehungen zu ihren Herkunftsfamilien gestalten. Es liegt nahe, dass sie zumindest zum Teil auf ihre Familien angewiesen sind, um z.B. Bildungs- bzw. Ausbildungswege zu verfolgen oder auch für Jugendliche typischen Freizeitaktivitäten nachzugehen.

41 Vgl. Teil 2, Interview 1, Kapitel 3, S. 77

Im Folgenden stehen aber nicht die Unterstützungsleistungen von Eltern, Großeltern oder nahen Verwandten im Zentrum der Auseinandersetzung, auch wenn sie einen wesentlichen Teil der Beziehungen zu den Herkunftsfamilien ausmachen. Sie werden in einem eigenen Abschnitt gesondert betrachtet.

Von Interesse sind hier vielmehr die Beziehungen zu den Herkunftsfamilien: die Kontakte, die die jungen Mütter zu ihnen pflegen, deren Bedeutung für sie und besonders die Verselbstständigungsmöglichkeiten, die ihnen offen stehen oder ggf. auch verwehrt sind. Der analytische Blick ist demnach darauf gerichtet, ob und wie es den jungen Müttern ohne feste Partner gelingt, diese Entwicklungsaufgabe des Jugendalters zu lösen. Dazu gehört, autonom zu werden, einen eigenständigen Lebensweg beschreiten zu lernen und eine Erwachsenenidentität über Selbstständigkeit auszubilden. Diesem Aspekt der Beziehungen zur Herkunftsfamilie gebührt besonderes Interesse, da er – so die Annahme – als wesentliche Voraussetzung dafür gilt, auch in die Mutterrolle hineinzuwachsen und sie kompetent auszufüllen.

Die Vermutung liegt nahe, dass sich – je nach der Beziehungskonstellation vor und während der Schwangerschaft – die nun jungen Mütter „in den Schoß" der Herkunftsfamilien zurückfallen lassen. Sie können dort neben lebenswichtiger konkreter Unterstützung für sich und ihr Kind auch die Möglichkeiten sozialer Kontakte und Bindungen ausschöpfen. Denn sie sind ihnen gleichsam „selbstverständlich" über ihre Zugehörigkeit zur Familie zugänglich. Ein solcher Rückzug birgt jedoch die Gefahr, nicht oder erst später selbstständig zu werden bzw. nur verzögert zu lernen, die Verantwortung für das Kind allein zu übernehmen. In solchen Konstellationen besteht nämlich für die jungen Mütter die Möglichkeit, Pflege und Erziehung ihres Kindes an die Herkunftsfamilien, meist ihre eigenen Mütter, zu delegieren und sich damit letztlich in eine neue Abhängigkeit zu begeben, die ihrer Verselbstständigung entgegensteht.

Vor dem Hintergrund üblicher pubertärer und frühadoleszenter Spannungen in den Beziehungen zur Herkunftsfamilie wird im Folgenden dargesellt, wie die sehr jungen Frauen als jugendliche Mütter ihre Kontakte zur Herkunftsfamilie selbst einschätzen. Es geht darum, was die von ihnen geschilderte Art dieser Kontakte für sie bedeutet und wie sie damit in Bezug auf einen eigenständigen Lebensweg umgehen.

Gute Kontakte

Nur einigen von ihnen gelingt es, bei als gut beschriebenen Kontakten zur Herkunftsfamilie, diese Beziehung selbst initiiert und auf einer neuen Basis eigenständig zu gestalten: den *Selbstständigen*.

Andere, die ebenfalls ihre Beziehungen und Kontakte zu ihren Familien als gut beschreiben, bleiben in einer neuen Abhängigkeit besonders von ihren Eltern. Sie geben einen oft großen Teil ihrer Verantwortung für ihr Kind an die Eltern, besonders die Mütter, ab und verharren in einer quasi kindlichen Rolle. Ihnen gelingen bei einigen Elementen der Verselbstständigung erste Schritte, wie die in eine Ausbildung oder in räumliche Trennung mit eigenem Haushalt. Sie schaffen es jedoch (noch) nicht, ihre Beziehungen zur Familie wirklich selbstständig und auf einer erwachseneren Ebene eigeninitiiert zu gestalten. Sie können folglich weder eine vollgültige Identität als junge erwachsene Frauen ausbilden, noch ihre Rolle als Mutter erlernen und eigenverantwortlich ausfüllen: die *Abhängigen*.

Überschattete Kontakte

Eine andere Gruppe der befragten jugendlichen Mütter schildert ihre Beziehungen und Kontakte zur Herkunftsfamilie als *überschattet*, besonders dann, wenn sie noch (oder wieder) mit Familienmitgliedern zusammen leben. Ihre Kontakte zur eigenen Familie sind eng und häufig von spätpubertären Auseinandersetzungen geprägt. Diese jugendlichen Mütter haben geringe Möglichkeiten, sich sowohl von den materiellen als auch aus den emotionalen Bindungen zu lösen. Sie versuchen zwar, eine gewisse Unabhängigkeit durch die Distanzierung von Lebensweise und -stil der Eltern zu erlangen. Diese Loslösungstendenzen sind aber dem spätpubertären Verhaltensbereich zuzuordnen und führen wegen der faktisch bestehenden und z.T. selbst erkannten Abhängigkeit nicht zu einer vollgültigen Erwachsenenidentität: die *Abhängigen mit Verselbstständigungstendenzen*.

Diesen jungen Müttern und ihren Herkunftsfamilien fehlen – anders als denen in den verschiedensten Betreuungszusammenhängen – Anregungen von kompetenter Seite, wie sie ihre überschatteten Familienbeziehungen verbessern bzw. ihre Lebensumstände für sich und ihre Kinder entlasten können. Ziel dabei ist, ein Verhältnis zu den Familienmitgliedern aufbauen zu können, das Kontakte zur Herkunftsfamilie auf einer neuen Ebene ermöglicht.

Interviewzitate auf CD-ROM

Die in der Analyse verwandten Interviewpassagen wurden durchnummeriert und auf einer CD-ROM verfügbar gemacht. Hier finden Sie alle Interviews zu diesem Unterkapitel

Gute Kontakte — Nr. 678 - 686

Differenziert nach: Selbstständigkeit und Abhängigkeit

Überschattete Kontakte — Nr. 687 - 692

Interviewauszug: Abhängigkeit bei guten Kontakten

Sandra 3 fühlt sich noch nicht sicher genug, um sich von den engen Kontakten zur Herkunftsfamilie und der für sie damit verbundenen Entlastung von ihren Mutterpflichten zu lösen. Die Eltern lassen ihr jetzt zwar mehr Spielräume für jugendspezifische Aktivitäten während der Wochenenden, sie hat nun auch eine eigene Wohnung mit intensiver Betreuung und geht wieder zur Schule. Sie sieht sich aber nicht in der Lage, sich deutlicher von den intensiven Kontakten mit der Herkunftsfamilie zu lösen:

Sandra 3: „Ja. Meine Eltern sind sehr großzügig, die nehmen den Kleinen sehr oft, die möchten den auch gerne nehmen. Also die nehmen ihn im Moment fast jedes Wochenende ... Ja, das ist für mich, also ich für mich, – finde ich's selber gut. Dann kann ich mich am Wochenende auch mal ausspannen und dann für die nächste Woche gut vorbereiten. Aber wir hatten jetzt so 'n Hilfeplangespräch und da war das Gespräch auch: Meine Eltern nehmen mir zu viel ab, auch andere Dinge. Die nehmen mir sehr viel ab, also Briefe und Gelder oder was von Ämtern kommt, also wir machen das zusammen immer ... Und ähm, die vom Jugendamt meinten dann halt, das ist 'n bisschen zu viel. Also mein Vormund jetzt, und meine Therapeutin war auch dabei und dann noch 'ne Frau vom Jugendamt. Ja, und die meinten, das wär zu viel, ich sollte, – sonst würde ich nicht selbstständig. Ja wir hatten das eigentlich beschlossen, dass meine Eltern den Kleinen weniger bekommen und ich auch mal weiß, wie das ist ... weil ich kenne das nicht, meine Mutter hat mir das Kleine sehr oft abgenommen.

Frage: Und wie fühlst du dich mit dem Gedanken, dass du jetzt sozusagen mehr ran musst?

Sandra 3: Ja, ich versuch's so gut ich kann, aber manchmal gibt es Tage, wo ich einfach das nicht schaffe. Dann weiß ich zwar, dass ich jemanden anrufen kann, ich bin manchmal sehr erleichtert, weil, es ist im Moment sehr anstrengend, also. Alleine auch.

Frage: Sicher.

Sandra 3: Ich bin sehr froh, dass ich meine Eltern hab. Ich glaub, ohne meine Eltern wär es wirklich viel. Da würde ich mich wirklich fragen, ob ich das überhaupt schaffen würde. Hätte ich zwar nie gedacht, dass ich das ganz alleine nie schaffen könnte, aber – ..." (2. Int. 40, S. 10, 17 Jahre)

Gerade auch vor dem Hintergrund der Bemühungen der Betreuungspersonen (Hilfeplangespräch), sie auf dem Wege der Loslösung aus der engen familiären Bindung und der Abhängigkeit von Versorgungsleistungen für das Kind zu unterstützen, zweifelt sie daran, es allein zu schaffen. Sie bleibt den engen Bezügen zur Herkunftsfamilie auch weiterhin verhaftet

3.2 Beziehungen zu Gleichaltrigen

Wie schon in anderen Zusammenhängen erwähnt, hat in der heutigen Gesellschaft für Pubertierende und junge Adoleszente die Gruppe der Gleichaltrigen eine zunehmend große Bedeutung gewonnen. Aber es verändern sich durch die Schwangerschaft bei den meisten die Kontakte zu ihren Peers.

In unserer Analyse der ersten Interviewserie war deutlich geworden, dass die jungen Schwangeren von Gleichaltrigenbeziehungen berichteten, die sich in drei Gruppen unterteilten: Eine Gruppe der Beziehungen war gekennzeichnet durch den Rückzug ins „Private“. Die Beziehungen der jungen Schwangeren beschränkten sich auf ihre Kontakte zur „besten Freundin“, zum Freund oder zu wenigen Jugendlichen aus ihrem früheren Umfeld. Die zweite Gruppe der Beziehungen wurde beschrieben durch Versuche der jungen Schwangeren, sich einen neuen Bekanntenkreis mit „Gleichgesinnten“ (anderen jungen Müttern) aufzubauen. Die jungen Mütter hatten dabei so gut wie keine Kontakte mehr zu den meisten ihrer früheren FreundInnen. Die Beziehungen der dritten Gruppe waren charakterisiert durch keine oder geringe Veränderungen in den Peerkontakten.

Weiterentwicklung der Peerbeziehungen

Von den sieben jungen Müttern ohne festen Partner, deren Kinder zum Zeitpunkt des dritten Interviews ca. zwei Jahre alt sind, berichten fünf von einem neuen Bekanntenkreis. Nur eine von ihnen hat zusätzlich auch noch Kontakte zu früheren Freunden. Die anderen beiden Interviewpartnerinnen hingegen fühlen sich isoliert. Ihnen war es nach der Geburt des Kindes weder möglich, befriedigende Kontakte zu ihren früheren Freunden aufrechtzuerhalten, noch einen neuen Bekanntenkreis mit Gleichgesinnten aufzubauen.

Umgang mit Peerkontakten

Nach der Geburt des Kindes machen die meisten der jungen Mütter die Erfahrung, dass sich ihre Interessen im Vergleich zu denen ihrer früheren Freunde gewandelt haben. Sie stellen fest, dass sich ihre zeitlichen Gestaltungsspielräume für jugendspezifische Aktivitäten durch die Verantwortung für ein Kind verändert haben. Die Kontakte zu ihrem alten Bekanntenkreis werden weniger und brechen dann oft, zum Bedauern der jungen Mütter, ganz ab. Vor dem Hintergrund dieser Erfahrungen bauen sie sich dann aber einen *neuen Bekanntenkreis* mit Gleichgesinnten auf, die ihre Erfahrungen und Bedürfnisse nach Austausch, z.B. über Erziehungsfragen, teilen. Aber auch Kontakte zu Menschen mit anderen Meinungen und neuen Interessengebieten spielen für die jungen Mütter eine Rolle, da sie erlebt haben, wie sich „Abgründe zwischen den Welten“ der früheren Freunde und ihrer jetzigen eigenen Lebenssituation auftun.

Isolation kennzeichnet demgegenüber die Lebenssituation der jungen Mütter, die *keinen Bekanntenkreis* unter Gleichaltrigen mehr haben. Ihnen gelang der Aufbau eines neuen Bekanntenkreises nicht und sie bleiben weit gehend ohne Peerkontakte. Sie beharren in einer gleichsam trotzigen Reaktion darauf, solche Kontakte nicht nur nicht zu brauchen, sondern auch gar nicht anzustreben, da sie die Erfahrungen mit Unverständnis gemacht haben und auf Desinteresse an ihrer Situation als junge Mütter gestoßen sind. Sie vertreten die Auffassung, sie kämen allein besser zurecht. Ihre Isolation kompensieren sie mit dem – aus ihrer Sicht wichtigeren – Status als Mutter, der ihnen über die Verantwortung für ein Kind das Gefühl des Erwachsenseins vermittelt.

Gründe für (nicht) bestehende Peerkontakte

Die Analyse zeigt, dass vielfältige Aspekte der Lebenssituation junger Mütter ohne Partner darüber entscheiden, ob sie weiterhin Kontakte zu Gleichaltrigen behalten oder sich isoliert fühlen. Entscheidend für weiter bestehende Gleichaltrigenkontakte oder deren Fehlen sind sowohl strukturelle Momente als auch biografische und in der Persönlichkeit der jungen Mütter liegende Aspekte. Als strukturelle Momente spielen hier besonders der Zeitmangel durch die Versorgung eines Kindes eine Rolle. Aber auch die veränderten Relevanzsysteme und Interessen der jungen Mütter im Vergleich mit Gleichaltrigen ohne Kinder oder deren Desinteresse an der neuen Lebenssituation der jungen Mütter machen die Kontaktpflege schwierig. Aber auch Persönlichkeitsspezifika wie das Bedürfnis nach Anerkennung als kompetente Erwachsene und nach eigener (intellektueller) Weiterentwicklung haben Auswirkungen auf ein Gelingen oder Misslingen von Kontakten zu Gleichaltrigen.

Interviewzitate auf CD-ROM

Die in der Analyse verwandten Interviewpassagen wurden durchnummeriert und auf einer CD-ROM verfügbar gemacht. Hier finden Sie alle Interviews zu diesem Unterkapitel

Junge Mütter mit neuem Bekanntenkreis	Nr. 693 - 698
Junge Mütter ohne Bekanntenkreis	Nr. 699 - 702

Interviewauszug: junge Mütter mit neuem Bekanntenkreis

Dialogmöglichkeiten mit Gleichaltrigen sind aber für die jungen Mütter ohne Partner nicht nur in Fragen der Erziehung oder des Verhältnisses zum Kind wichtig. Sie werden auch als intellektuelle Anregung vermisst, wie eine zum Zeitpunkt des dritten Interviews ebenfalls 20-Jährige unterstreicht:

Olga: „Was mir halt sehr aufgefallen ist, dass ich ... gar nicht mehr so drauf spicke, mit den Menschen zusammen zu sein, mit denen ich früher immer zusammen war ... da hab ich nicht mehr so die Interessen dran.

Frage: Hmhm. Wie erklärst du dir das?

Olga: Weil ich erstens ganz andere Erfahrungen gesammelt habe in der letzten Zeit, und weil ich manchmal das Gefühl habe ... ja, dass die mir dann nichts erzählen, sprich ‚bringen' können, ne. So, ich muss halt – weiß nicht, also das klingt jetzt zwar hart – aber ich will halt, wenn ich mich mit jemand unterhalte, dann muss da was bei rumkommen. Wenn ich der Meinung bin, ich kann das nicht maximieren, dann ... will ich mich mit der Person nicht unterhalten, da habe ich kein Interesse dran, ne. Weil ich irgendwie so wenig Zeit habe, dass, wenn ich mich dann mit jemandem unterhalte, dass ich mich dann darauf freuen (kann). Ich brauche dann ein interessantes Gespräch, und ich muss da auch drüber nachdenken können. Und ich hatte halt viele Freunde, mit denen redet man dann irgendwie über irgendwelche anderen Leute, was die gerade machen und so ... Das interessiert mich überhaupt nicht, irgendwie. Weil ich mit mir genug zu tun habe, ne. Und ob jetzt irgendjemand studiert und irgendjemand irgend 'nen Schein gemacht hat oder nicht, ist mir egal, ne. Ich frage dann vielleicht mal kurz nach, aber ich könnte mich da nicht jetzt 'ne halbe Stunde drüber unterhalten, ne. Da würd' ich dann wirklich Langeweile kriegen. Und ... halt immer, wenn ich dann irgendwie Zeit habe, dann versuche ich immer möglichst viel aus dieser Zeit zu holen, ne." (3. Int. 32, S. 18 f., 20 Jahre)

Diese Äußerungen machen das Dilemma der jungen Frau und – stellvertretend – auch das anderer junger Mütter deutlich, nämlich die Verschiebung der Interessen und damit der Relevanzsysteme der jungen Frauen. Ihre Wünsche nach Austausch beziehen sich auf andere Inhalte als die, die frühere Freunde bewegen. Die jungen Mütter erwarten z.T. „ernsthaftere" Dialoge, gerade weil sie weniger Zeit für solche Kontakte mit Gleichaltrigen haben.

3.3 Unterstützung im sozialen Umfeld

Alleinerziehende sind einer besonderen Belastung ausgesetzt. Jugendliche Mütter ohne Partner sind in der besonderen Situation, neben der Versorgung ihres Kindes z.B. den Anforderungen gerecht zu werden, die Schule und Berufsausbildung an sie richten. Ihre psychosoziale Entwicklung ist noch nicht abgeschlossen, sie sind aber durch ihre Mutterschaft gleichzeitig mit vielen Veränderungen und Fragen konfrontiert, mit denen sich ihre kinderlosen Peers nicht auseinander setzen müssen. Nicht selten verlieren sie Kontakte zu Gleichaltrigen, und in der Kleinkindphase ist es ihnen durch ihre Bindung an das Haus kaum möglich, neue Kontakte zu schließen.

Jugendliche Mütter brauchen besonders in dieser Phase, in der es häufig (noch) nicht möglich ist, ihre Kinder in institutionellen Einrichtungen (wie Kindertagesstätten) unterzubringen, Unterstützung aus ihrem sozialen Nahbereich. Das ist schon im Hinblick auf die Koordination von Kinderbetreuung und Verfolgen der schulischen und beruflichen Wege unmittelbar einsichtig.[42]

Zur Wohnsituation unserer Interviewpartnerinnen ist zu sagen, dass keine von ihnen noch im Elternhaus lebt; fünf von ihnen wohnen mit ihrem Kind allein, eine von ihnen wird betreut. Eine Jugendliche teilt sich mit ihrem Kind und einer anderen jungen Frau eine Wohnung. Bei einer weiteren jungen Mutter sind zum Zeitpunkt des dritten Interviews die privaten Verhältnisse völlig unklar. Es kann kaum von einem festen Wohnsitz gesprochen werden, da sie zwischen der Wohnung ihres letzten Partners, der ihres Kindsvaters und z.T. ihrer Mutter pendelt. Die Tatsache aber, dass – mit Ausnahme der zuletzt Genannten – die jungen Frauen mit ihren Kindern in eigenen Wohnungen leben, deutet zunächst auf eine gewisse Verselbstständigung hin. Sie können zumindest nicht völlig spontan und unmittelbar auf familiäre Hilfe zurückgreifen.

Die Personen, von denen sie am meisten Unterstützung erhalten, stammen zumeist aus dem familiären Umfeld. Wie schon während der Schwangerschaft stehen hierbei die Mütter an erster Stelle: Die eigene Mutter bzw. die Eltern werden im dritten Interview von fünf Frauen als Hauptpersonen für persönliche Ansprache genannt. In zwei Fällen spielen die Mütter als unterstützende Personen eine Nebenrolle, da die jungen Frauen ihnen Verlässlichkeit wegen Krankheit bzw. Alkoholkonsums weit gehend absprechen. Zwei junge Mütter geben neben Mutter bzw. Eltern ihre FreundInnen als hilfsbereite Personen an; eine Frau spricht von der zuverlässigen Hilfe ihrer drei Geschwister. Auch der Kindsvater wird von zwei Interviewpartnerinnen – von einer allerdings einschränkend – als Person genannt, die sie unterstützt.

42 Osthoff (1999), S. 140, stellt zusammenfassend fest: „Die jungen Mütter konnten nur dann höhere berufliche Qualifikationen erreichen, wenn sie von sozialen Netzwerken Unterstützung bei der Kindererziehung erfuhren und dazu motiviert wurden, trotz des Kindes in ihre Bildung zu investieren."

Zudem hatten für fünf junge Frauen zum Zeitpunkt des zweiten Interviews Personen des weiteren Umfelds eine unterstützende Funktion: Eltern von FreundInnen, ArbeitskollegInnen, der neue Partner, die beste Freundin und bei einer Jugendlichen darüber hinaus mehrere Professionelle (Therapeutin, Betreuerin, Vormund).

Beurteilung der erhaltenen Unterstützung

Wir baten die jungen Mütter in allen drei Interviews, über ihre Erfahrungen mit Unterstützung und Hilfsangeboten aus ihrem sozialen Umfeld zu berichten. Von den sieben Interviewpartnerinnen, die am Ende des Untersuchungszeitraums nicht in einer festen Partnerschaft leben, sprechen sechs *kontinuierlich* seit dem ersten Interview *positiv*, während eine junge Mutter von Anfang an *negativ* von ihren Unterstützungserfahrungen berichtet.

Typologie zum Umgang mit Unterstützung

Auf der Grundlage der aus dem ersten Interview erhobenen Daten erarbeiteten wir eine Typologie zum Umgang der Jugendlichen mit Unterstützung und Hilfsangeboten. Wir ermittelten drei Typen: die *Kindlichen*, die *Zielstrebigen* und die *Selbstständigen*.

Im Folgenden werden die Unterstützungserfahrungen der jungen Mütter bzw. ihr Umgang mit Unterstützung und Hilfsangeboten – unterschieden nach den Typen – dargestellt. Dabei wird herausgearbeitet, was für sie gute bzw. mangelnde Unterstützung bedeutet und welche Ambivalenzen hierbei ggf. auftauchen bzw. welche Einschränkungen sie machen.

Die auf der Grundlage der aus dem ersten Interview während der Schwangerschaft erhobenen Daten erarbeiteten Typologie zum Umgang der Jugendlichen mit Unterstützung und Hilfsangeboten konnte beibehalten werden. Die Auswertung der Aussagen unserer Interviewpartnerinnen, die sie in der zweiten und dritten Interviewreihe zu diesem Themenkomplex machten, ergab, dass vier junge Mütter dem Typus der *Selbstständigen*, eine dem der *Zielstrebigen* und zwei dem der *Kindlichen* zuzuordnen sind.

Dabei lässt sich konstatieren, dass zwei Interviewpartnerinnen, die bereits als Schwangere dem Typus der *Selbstständigen* zugeordnet wurden, die Verhaltensmerkmale dieser Gruppe auch *weiterhin aufweisen*. Zwei weitere junge Mütter, die während der Schwangerschaft dem Typus der *Zielstrebigen* angehörten, verfolgten ihre Ziele *konsequent* weiter und erarbeiteten sich eine recht weit gehende Eigenständigkeit, sodass sie nun auch diesem Typus zugerechnet werden.

Eine junge Frau, die hinsichtlich ihres Umgangs mit Unterstützung anfangs in das Kategorienschema der *Kindlichen* fiel, wird nun auf Grund ihrer *Verselbstständigungserfolge* zu den *Zielstrebigen* gezählt.

Zwei Frauen gehören zum Typus der *Kindlichen*, wobei eine von ihnen vor dem Hintergrund der Tatsache, dass sie sich aus sehr schwierigen biografischen Zusammenhängen heraus teilweise stabilisieren konnte, jetzt als *stabilisierte Kindliche* bezeichnet wird. Die andere, diesem Typus zugeordnete junge Mutter machte eine gegenteilige Entwicklung durch; ihre Gesamtsituation hat sich *destabilisiert* und ihre Verhaltensmerkmale sind nun nicht mehr die der Zielstrebigen, wie das noch zu Beginn der Untersuchung der Fall war.

Charakteristika der Selbstständigen

Drei der jungen Mütter, die dem Typus der *Selbstständigen* angehören, beurteilen die Unterstützung aus ihrem sozialen Umfeld kontinuierlich *positiv*. Eine Befragte berichtet seit dem ersten Interview von negativen Unterstützungserfahrungen (*Kontinuität in den Einschätzungen*).

Für den Typus der Selbstständigen ist kennzeichnend, dass die jungen Frauen ihre während der Schwangerschaft formulierten Ziele auch als Mütter weiterverfolgen. Trotz der zusätzlichen Belastungen durch den Haushalt und die Kinderversorgung arbeiten sie u. a. an ihren beruflichen Zielen. Sie haben also Organisations- und Planungsgeschick bei der Strukturierung ihres Alltags und der Realisierung längerfristiger Ziele und sie können die verschiedenen Lebensbereiche (Arbeitswelt, Familienleben, teilweise Freizeitbereich) koordinieren. Finanzielle und behördliche Angelegenheiten regeln sie eigenständig und problemlos.

Die jungen Mütter haben einen hohen Anspruch an sich selbst, ihr Alltagsleben eigenständig zu bewältigen und allein für ihr Kind zuständig zu sein. Sie begründen das mit ihrem großen Verantwortungsgefühl dem Kind gegenüber und stellen eigene Interessen und Bedürfnisse in den Hintergrund.

Die Selbstständigen agieren im Alltag weitestgehend unabhängig von ihrem Umfeld, wobei sie selbstbewusst auf ihre alltagspraktischen Fähigkeiten zurückgreifen. Obwohl sie mit ihren Kindern allein leben, nehmen sie vergleichsweise wenig Unterstützung aus ihrem sozialen Umfeld in Anspruch, sind aber grundsätzlich in der Lage, sich Hilfe zu organisieren. Dabei berücksichtigen sie, die Unterstützungsbereitschaft ihrer AnsprechpartnerInnen nicht über Gebühr zu beanspruchen und nur solche Personen um Hilfe zu bitten, die ihnen verlässlich und vertrauenswürdig erscheinen. Fehlende Kinderbetreuungsmöglichkeiten im sozialen Umfeld gleichen sie durch professionelle bzw. institutionalisierte Unterstützungsformen (z. B. Kindergarten, Tagesmutter) aus.

Charakteristika der Zielstrebigen

Eine unserer Interviewpartnerinnen entspricht in ihrem Umgang mit Unterstützung dem Typus der *Zielstrebigen*. Sie beurteilt die Unterstützung aus ihrem sozialen Umfeld über den gesamten Untersuchungszeitraum kontinuierlich und uneingeschränkt *positiv* (*Kontinuität in der Einschätzung*).

Sie löste sich zunehmend aus der kindlichen Abhängigkeit von ihren Eltern, wohnt mit ihrem Kind und einer anderen jungen Frau in einer eigenen Wohnung und kann mittlerweile wichtige (z.B. behördliche) Angelegenheiten selbst regeln. In manchen Bereichen ist sie noch auf die Hilfe ihrer Eltern angewiesen, z.B. in materieller Hinsicht. Im Unterschied zu den Selbstständigen hat sie ihre ursprünglichen Ausbildungspläne aufgegeben und hat diesbezüglich keine ehrgeizigen Ziele mehr, sondern sucht eine ungelernte Arbeit bzw. Aushilfstätigkeit.

Es ist charakteristisch für die Zielstrebigen, dass sie ihren Tagesablauf weniger bewusst und eigeninitiativ strukturieren. Sie haben weniger private und berufliche Pläne und Ziele. Doch haben sie sich im Hinblick auf Unterstützung durch ihr Umfeld bereits unabhängiger gemacht.

Charakteristika der Kindlichen

Zwei unserer Interviewpartnerinnen gehören dem Typus der *Kindlichen* an. Eine von ihnen beurteilt die Unterstützung während des gesamten Untersuchungszeitraums äußerst positiv. Während die andere zwar in allen drei Interviews ebenfalls angibt, Unterstützung in ihrem Umfeld zu erhalten, hatte sie als Schwangere jedoch mehr von ihren Eltern erwartet (*Kontinuität* in den Einschätzungen bzw. in der Aussage, Unterstützung im sozialen Umfeld zu erhalten).

Die Kindlichen leben in materieller Hinsicht in vollständiger Abhängigkeit von staatlichen Transferleistungen. Dass sie sich auf die staatlichen Mittel verlassen und keine Bestrebungen zeigen, sich aus dieser Abhängigkeit zu befreien, ist ein Charakteristikum der Kindlichen. Auch in ihren privaten Beziehungen wird erkennbar, dass sie ihre Abhängigkeit von der Unterstützung ihnen nahe stehender Personen aufrechterhalten, einen Teil ihrer Verantwortung an sie abgeben und wenig bestrebt sind, diese Situation zu ändern.

Hinzu kommt eine wenig ausgeprägte Fähigkeit zur Reflexion des eigenen Verhaltens – ebenfalls ein Kennzeichen des Typus der Kindlichen und eine kindliche Ichbezogenheit. Die äußert sich bei einer jungen Mutter z.B. in ihrer problematischen Beziehung zu ihrem Kind.

Sich auf das soziale Umfeld zu verlassen und besonders von den eigenen Eltern umfassende Unterstützung zu erwarten, z.B. bei der Regelung ihrer behördlichen Angelegenheiten, ist ebenso kennzeichnend für die Kindlichen wie die damit in Zusammenhang stehende Tatsache, dass sie sich ihrer eigenen Fähigkeiten und Fertigkeiten nicht sicher sind.

Interviewauszug: Unterstützung – die Selbstständigen

Olga muss zum Zeitpunkt des dritten Interviews mit sehr eingeschränkten Unterstützungsmöglichkeiten zurechtkommen. Ihr soziales Umfeld – sie hat ausreichend Kontakte zu Gleichaltrigen – ist offenbar nicht dazu angetan, sie im Alltag zu entlasten.

Frage: „Hast du genügend Unterstützung?

Olga: Nöö, ich hab ja keine, also im Endeffekt nicht. Nein, ich mein, wenn ich Unterstützung von V. (Eltern ihrer Freundin) brauche, oder so, dann krieg ich die von denen auf jeden Fall.

Frage: Also von deinem Umfeld, ja.

Olga: Ja, aber so von meinem Freund kommt ja nichts, also Ex-Freund. Da kommt ja nicht so viel rüber ..." (2. Int. 32, S. 27, 19 Jahre)

Inzwischen hat sie eine eigene Wohnung gefunden, in der sie mit ihrem Kind allein lebt. Sie hatte keine Schwierigkeiten zu eruieren, welche staatlichen Unterstützungen für sie relevant sind, und ihre finanzielle Lage ist ausgesprochen gut, ihr Umgang mit Geld ist kontrolliert und zukunftsorientiert. Bis auf die Tatsache, dass sie ihren schulischen bzw. beruflichen Werdegang noch nicht weiterverfolgte, obwohl er ihr sehr wichtig ist, bewältigte sie ihren Alltag, selbst in der für sie sehr belastenden Phase der Trennung vom Vater ihres Kindes. Abschließendes Zitat dokumentiert die Zielgerichtetheit der jungen Frau – ein Charakteristikum der Selbstständigen:

Olga: „... Ich hab mir jetzt sogar dieses Jahr 'n Jahreszielplan erstellt.

Frage: Oh! Hmhm. Und was steht da drauf? Magst du das erzählen?

Olga: Ähm – ja, also erst mal – erst mal diese ganz elementaren Dinge, ne, dass ich halt ... unbedingt 'ne schöne Wohnung finden wollte im Raum W. (Stadt), und dass ich die dann erst mal einrichten muss, ne, mit möglichst günstigen Gegenständen. Und dass ich – ich hab mir halt auch irgend 'n Limit – Geldlimit gesetzt. Ich will halt ähm – also ich kauf generell vom Flohmarkt, und alles wird runtergehandelt, ne. Ohne Runterhandeln kauf ich nix. (lacht) ... Und ähm – dass ich dann halt irgendwie mich um 'nen Kindergartenplatz für K. (Tochter) bemühen wollte, und vorher muss ich dann halt irgendwie zum Arbeitsamt, und dann werde ich halt auch noch irgendwie nachfragen, was ich jetzt für Weiterbildungsmöglichkeiten habe, was jetzt für mich am besten ist, was angeboten wird an, ähm, Ausbildungen für allein erziehende Mütter. Und was angeboten wird an schulischer Weiterbildung. Und dann muss ich da halt selektieren und gucken, was ich jetzt am besten für mich mache, ne. Ob ich jetzt erst noch mein Abitur nachmache oder ob ich mit 'ner Ausbildung beginne. Also ich für mich – ich hab oft irgendwie so dieses Gefühl, dass ich nicht genug weiß, ne. Aus diesem Grund heraus würd ich eigentlich viel lieber noch zur Schule gehen, ne. Andererseits geh ich dann drei Jahre zur Schule und hab dann nur mein Abitur in der Hand, ne. Damit kann ich kein Geld verdienen. Und da ist es jetzt – ich mein, das sind ja alles gute Argumente, ne. Und da hab ich auch wiederum gute Gegenargumente, ne. Und aus diesem Grund komm ich zu keinem Entschluss. Ja, und das muss ich jetzt halt regeln, ne. Irgendwas muss im Sommer passieren, weil äh – ich bin – ich bin auch einfach nicht dafür geboren, nur Mutter zu sein, ne. Und dafür bin ich auch einfach zu jung ..." (3. Int. 32, S. 23 f., 20 Jahre).

Interviewzitate auf CD-ROM

Die in der Analyse verwandten Interviewpassagen wurden durchnummeriert und auf einer CD-ROM verfügbar gemacht. Hier finden Sie alle Interviews zu diesem Unterkapitel

Die Selbstständigen	Nr. 703 - 710
Die Zielstrebigen	Nr. 711 - 714
Die Kindlichen	Nr. 715 - 718

4 PROFESSIONELLE UNTERSTÜTZUNG

Die Kategorie professionelle Unterstützung umfasst alle staatlichen, kirchlichen und staatlich anerkannten, freien Institutionen (Schwangeren- und andere Beratungsstellen, Ämter und Behörden), die das Unterstützungsnetz der jungen Mütter außerhalb ihres privaten Umfelds darstellen. Je nach materieller bzw. finanzieller Situation nehmen die Interviewpartnerinnen die Unterstützungsmöglichkeiten in unterschiedlichem Maß in Anspruch.

Leistungen der Jugendhilfe und Hilfe für junge Erwachsene, die in den Bereich der kontinuierlichen professionellen Betreuung fallen, spielen bei der Gruppe junger Mütter ohne festen Partner kaum eine Rolle: Nur eine der jungen Mütter erhält über den gesamten Untersuchungszeitraum hinweg betreuerische Unterstützung vom Jugendamt. Die Dimensionen dieser Kategorie sind

- Beratungsstellen
- Ämter
- Betreutes Alleinwohnen – ein Beispiel für den Umgang mit dieser Jugendhilfemaßnahme

Unsere Untersuchung sucht nach Erkenntnissen darüber, in welchen Situationen die jungen Mütter professionelle Hilfe benötigen und ob sie in der Lage sind, sich notwendige Unterstützung zu beschaffen. Das beinhaltet gleichzeitig die Frage, ob sie die vorhandenen Unterstützungsmöglichkeiten überhaupt kennen. Es handelt sich im Folgenden also zum einen um den Umgang der jungen Mütter mit den Möglichkeiten professioneller Beratung und Unterstützung, zum anderen aber auch um ihre Erfahrungen mit ihrem professionellen Unterstützungsnetz.

4.1 BERATUNGSSTELLEN

Alle sieben Interviewpartnerinnen hatten als Schwangere eine Beratungsstelle aufgesucht, mehrheitlich, um Informationen über ihre finanziellen Ansprüche und um materielle Unterstützung zu erhalten.[43]

Im zweiten Interview mit ihnen als Mütter wollten wir wissen, ob und ggf. aus welchem Anlass sie nach ihrer Entbindung noch Kontakte zu ihrer oder einer anderen Beratungsstelle hatten und ob sie Angebote für Mutter und Kind wahrgenommen hatten (z.B.

43 Zwei von ihnen befanden sich zunächst im Schwangerschaftskonflikt und suchten vorrangig aus diesem Grund das Gespräch mit einer professionellen Beraterin.

Säuglingspflegekurse, Mutter-und-Kind-Schwimmen u.Ä.). Das dritte Interview beinhaltete wiederum die Frage, ob sie zwischenzeitlich irgendeine Form von Beratung in Anspruch genommen haben und ggf. aus welchen Gründen dies geschah. Darüber hinaus stellten wir die prognostische Frage, ob sie sich Situationen in ihrem zukünftigen Leben vorstellen könnten, in denen sie Beratung suchen würden.

Es konnte ein großer Beratungsbedarf und eine hohe Akzeptanz der Beratungsangebote bei den jungen Frauen während der Schwangerschaft festgestellt werden. Sie berichteten, mit einer Ausnahme, von sehr positiven Beratungserfahrungen. Nun stellt sich – insbesondere für die erste Zeit nach der Geburt ihrer Kinder – die Frage, ob die jugendlichen Mütter die gesetzlich verbriefte Beratungsmöglichkeit[44] wahrnehmen, d.h. ob und ggf. in welcher Hinsicht sie Hilfs- oder Beratungsbedarf haben. Ferner ist die Frage von Interesse, ob sie die vielerorts verfügbaren Angebote für Mutter und Kind kennen und wahrnehmen.

Inanspruchnahme von Beratung

Nur in seltenen und ganz bestimmten Fällen suchen die jungen Frauen nach der Entbindung (Schwangeren-)Beratungsstellen auf. Von der gesetzlich verbrieften Möglichkeit einer *Beratung nach der Geburt ihres Kindes* machen sie keinen Gebrauch, es sei denn, die Lebensumstände haben sich – wie in einem der Fälle – so drastisch verändert, dass die Grundlagen der materiellen und finanziellen Existenzsicherung für Mutter und Kind neu berechnet und geregelt werden müssen.

Fehlende Kontakte zu Beratungsstellen

Die Hauptmotivation für das Aufsuchen einer (Schwangeren-)Beratungsstelle liegt in der Gewährleistung finanzieller Sicherheit und der Inanspruchnahme materieller Unterstützung. Da diese Leistungen durch die Beratungsstellen in der Regel mit Beendigung der Schwangerschaft wegfallen, sehen die jungen Frauen keine Veranlassung, die Einrichtung erneut aufzusuchen. D.h. in der Vorstellung der jugendlichen Mütter sind die Schwangerenberatungsstellen eine Institution zur Beratung und aktiven Hilfe bei der Sicherstellung der ökonomischen Existenz. Sie werden daher ausschließlich vor der Geburt des Kindes in Anspruch genommen. Nur eine der jungen Mütter gab zu erkennen, dass sie um die Möglichkeit z.B. psychosozialer Beratung nach der Entbindung weiß, die sie für sich jedoch nicht als notwendig empfindet.

---

44 Schwangeren- und Familienhilfeänderungsgesetz vom 21. August 1995, Artikel 1 § 2 Abs. 3: „Zum Anspruch auf Beratung gehört auch die Nachbetreuung nach einem Schwangerschaftsabbruch oder nach der Geburt des Kindes."

Einigen jugendlichen Müttern sind die Beratungsangebote der Schwangerenberatungsstellen, insbesondere die Möglichkeit der Beratung nach der Entbindung, nicht bekannt. Sie reflektieren eine solche Möglichkeit, z. B. bei auftauchenden Fragen im Umgang mit ihrem Kind, gar nicht. Sie sehen für sich *keinen Beratungsbedarf*, wenn sie der Meinung sind, dass sie gut zurechtkommen, auch wenn dies aus der Außenbetrachtung in manchen Fällen anders beurteilt werden könnte. So wird bei manchen von ihnen ein diffuser oder latenter Beratungswunsch erkennbar, den sie jedoch nicht aktiv umsetzen können. Sie wissen nicht, wohin sie sich mit ihren Fragen wenden und Informationen erhalten können.

Gründe für Beratungsbedarf

So nahm die Mehrheit der Interviewpartnerinnen bis zum Zeitpunkt der zweiten Befragung keine Beratung in Anspruch. Diese Situation änderte sich bis zum dritten Interview, da vier junge Mütter *zwischenzeitlich eine Beratungseinrichtung aufgesucht* hatten. Erwartungsgemäß sind die *Gründe hierfür materieller Art*: Zwei Interviewpartnerinnen sind jetzt erneut schwanger und baten um Unterstützung. Eine dritte benötigte einen Kinderwagen, den sie in der Beratungsstelle kostengünstig erwerben konnte. Die vierte war nach der Trennung vom Kindsvater wohnungslos geworden. Sie war hierdurch mit einer völlig veränderten Situation konfrontiert, musste ihren Lebensalltag gänzlich neu strukturieren und auch in materieller Hinsicht neu organisieren. Sie erfährt den Umgang mit Beratungsstellen und Ämtern als höchst schwierig, da sie die behördlichen Bestimmungen als inhuman und unsinnig ansieht. Die komplexen Verfahrenswege beurteilt sie als ineffektiv und zu kompliziert. Das Auftreten der Behördenangestellten empfindet sie als unfreundlich, wenig empathisch und dem „Dienst am Bürger" unangemessen. Dagegen erleben die anderen jungen Mütter erneut, dass sie auf recht unkomplizierte Weise beraterische und materielle Unterstützung in den Schwangerenberatungsstellen erhalten.

Vor diesem Hintergrund erstaunt es nicht, dass auf die *prognostische Frage*, ob sie sich *zukünftige Situationen* vorstellen könnten, in denen sie *Beratung in Anspruch nehmen* würden, mehrfach der Verweis auf eine (hypothetische) erneute Schwangerschaft kommt.

Interessant und alarmierend ist in diesem Zusammenhang, dass zwei Interviewpartnerinnen auf die Frage nach möglichen Gründen für die Inanspruchnahme von zukünftiger Beratung mit Verweis auf einen möglichen Bedarf an emotionaler Unterstützung bzw. therapeutischer Hilfe antworten. Eine der beiden Jugendlichen ist bereits therapieerfahren, die andere hingegen leidet offenbar häufiger unter depressiven Verstimmungen. Sie hat wohl schon eine psychologische Beratung o. Ä. in Betracht gezogen, diese Möglichkeit aber vorläufig für sich ausgeschlossen. Eine weitere junge Mutter nennt medizinischen Beratungsbedarf in Bezug auf eine Mangelerkrankung, die sie ihrem Kind vererbt hat und über die sie ständig Informationen sammelt. Sie äußert außerdem den Wunsch nach einem Forum zur Erörterung von Erziehungsfragen.

Akzeptanz von Mutter-Kind-Angeboten

Ebenso wenig wie die jugendlichen Mütter auf die postnatalen Beratungsangebote der Schwangerschaftsberatungsstellen zurückgreifen, nehmen sie andere *Angebote für Schwangere oder Mutter und Kind* in Anspruch. Zwar existieren in der Umgebung der Befragten solche Angebote, wie Geburtsvorbereitung, Säuglingspflege, Babyschwimmen, Mutter-Kind-Gymnastik u. Ä., von denen sie auch z. T. Kenntnis haben. Doch stoßen sie bei unserer Gruppe jugendlicher Mütter ohne Partner auf wenig Interesse. Sie begründen dieses mangelnde Interesse entweder damit, dass das in ihrer Umgebung zur Verfügung stehende Angebot für sie unattraktiv sei bzw. sie „keine Lust“ zur Teilnahme an einem entsprechenden Kurs hätten. Oder sie behaupten die Inhalte eines solchen Angebots ohnehin zu beherrschen und auch ohne „Unterricht“ in ihrem Alltag mit Kind zurechtzukommen.

Eine Minderheit dieser jungen Frauen bekundet dagegen ein grundsätzliches Interesse an Angeboten für Eltern bzw. Mütter (z. B. Möglichkeiten des Austauschs über Erziehungsfragen) oder für Mutter und Kind. Die sie interessierenden Angebote existieren jedoch in ihrer Umgebung nicht. Oder sie haben keinen Anspruch auf sie, wenn es sich um Angebote handelt, die von übergeordneter Stelle bewilligt werden müssen (Mutter-Kind-Kur). Eine junge Mutter weist auf fehlende „Kontaktbörsen“ für junge Mütter hin, um der sozialen Isolierung von Müttern und Kleinkindern entgegenzuarbeiten, wobei sie hervorhebt, sie selbst und ihr Kind hätten genügend soziale Kontakte.

Interviewzitate auf CD-ROM

Die in der Analyse verwandten Interviewpassagen wurden durchnummeriert und auf einer CD-ROM verfügbar gemacht. Hier finden Sie alle Interviews zu diesem Unterkapitel

Fehlender Kontakt zu Beratungsstellen	Nr. 719 - 725
Erfahrungen beim erneuten Aufsuchen einer Beratungsstelle	Nr. 726 - 728
Möglicher Beratungsbedarf in der Zukunft	Nr. 729 - 730
Gründe für fehlende Inanspruchnahme von Angeboten für Schwangere bzw. Mutter und Kind	Nr. 731 - 736

INTERVIEWAUSZUG: FEHLENDER KONTAKT ZU BERATUNGSSTELLEN

Wie der Begriff „Schwangerenberatung" berechtigt vermuten lässt, denken die meisten jungen Mütter, diese Beratungen beträfen ausschließlich die zu regelnden Angelegenheiten während einer Schwangerschaft.

JASMIN: „Was soll ich denn da (in der Beratungsstelle), wenn ich den Kleinen schon hab?!" (2. Int. 03, S. 17, 21 Jahre)

Hier kann die Schlussfolgerung gezogen werden, dass einem Teil der jugendlichen Mütter die Möglichkeit der Nachberatung nicht bekannt ist, worauf nachfolgende Aussagen ebenfalls hindeuten:

FRAGE: „Hast du seit der Entbindung andere Beratungsangebote wahrgenommen? Irgendwelcher Art?

NANCY 2: Nee.

FRAGE: Warum nicht?

NANCY 2: Na also, ich kannte keine. Ich kannte keine." (2. Int. 12, S. 15, 17 Jahre)

Neben der Unkenntnis der jungen Frauen darüber, dass ein gesetzlich verankerter Unterstützungsanspruch über die Geburt des Kindes hinaus besteht und von den Beratungsstellen gewährleistet wird, zeigt sich in ihren Äußerungen eine große Unsicherheit bzw. Unwissenheit. Sie wissen nicht, wohin sie sich mit ihren Fragen wenden und Informationen erhalten könnten.

FRAGE: „Hattest du nach der Entbindung noch Kontakte zu der (Beratungs-)Stelle und zu deiner ehemaligen Beraterin?

SANDY: M-m (verneinend).

FRAGE: Nee? Und warum nicht?

SANDY: Weil ich ... glaube, ich gar nichts mehr zu regeln hab; ich bin ja hingegangen wegen Geld und so.

FRAGE: Ja.

SANDY: Dass ich das Geld kriege, die tausendvierhundert Mark." [...] (2. Int. 27, S. 23, 20 Jahre)

4.2 Ämter

Bis zum Zeitpunkt des ersten Interviews hatten bis auf eine Ausnahme alle sieben Untersuchungsteilnehmerinnen wegen ihrer Schwangerschaft bereits Kontakt zum Sozial- oder Jugendamt aufgenommen. Fünf Schwangere traten mit dem Sozialamt in Verbindung, eine Minderjährige musste sich außerdem an das Jugendamt wenden, um die Vormundschaftsfrage für ihr Kind zu klären. Eine weitere Jugendliche war schon lange Zeit vor ihrer Schwangerschaft in Maßnahmen der Jugendhilfe eingebunden, hatte also kontinuierlichen Kontakt zum Jugendamt.

Seit dem ersten Interview sammelte jede dieser Interviewteilnehmerinnen weitere Erfahrungen mit verschiedenen Ämtern. Im Einzelnen erwähnen sie neben dem Sozial- und Jugendamt das Wohnungsamt (Wohngeldstelle), das Versorgungsamt (Erziehungsgeldstelle) und zunehmend das Arbeitsamt (Stelle zur Arbeitsvermittlung, Beantragung der Berufsausbildungsbeihilfe, des Kinder- und Arbeitslosengeldes bzw. der Arbeitslosenhilfe).

Die Ämter, mit denen die jungen Mütter am häufigsten in Verbindung stehen, sind indes immer noch das Jugend- und das Sozialamt. Nach den Ergebnissen der Gesamtstichprobe waren die Erfahrungen der jungen Schwangeren mit dem Sozialamt größtenteils negativer, die mit dem Jugendamt positiver Art.[45] In den Äußerungen dieser kleinen Gruppe von Befragten wird deutlich, dass sich der Kontakt zum Jugendamt auch für die jungen Mütter im Vergleich zum Sozialamt sehr viel unproblematischer gestaltet.

Auf Grund der Daten der Erstinterviews haben wir Typologien entwickelt, die Verhaltens- und Erfahrungsmuster der Jugendlichen im Zusammenhang mit ihren Behördenkontakten beinhalten. Einige dieser Muster finden sich in den folgenden Ergebnissen im Wesentlichen wieder.[46] Sie werden vor dem Hintergrund der zusätzlichen Daten z.T. inhaltlich abgewandelt bzw. erweitert und an Beispielen dargestellt.

Erfahrungen und Umgang mit Behörden

Anders als im Teil dieser Studie über den Umgang der Schwangeren mit Ämtern werden die weiteren Erfahrungen der Interviewpartnerinnen im Folgenden nicht getrennt nach den einzelnen Behörden untersucht. Vielmehr ist die Frage von Interesse, welche Einstellung die jungen Frauen im Laufe der Zeit zu ihrem Unterstützungsnetz entwickelt haben

45 Vgl. Teil 2, Interview 1, Abschnitt 4.3

46 Die Muster, die für die mit dem Jugendamt unerfahrenen Befragten entwickelt wurden, fallen weg, da nun alle Interviewpartnerinnen auf eigene Erfahrungen mit Behörden zurückblicken können. Auch der Typus der Geläuterten kann von der Natur der Sache her nicht mehr auftauchen: Die diesem Typus zugeordneten Jugendlichen hatten sich retrospektiv über die erhaltenen Leistungen anerkennend geäußert und ihnen ihre persönlichen Fortschritte zugeschrieben; dieser Reflexionsprozess war i.d.R. durch die Sondersituation in Gang gesetzt worden, den die Schwangerschaft darstellt.

und wie sie mit ihren Erfahrungen umgehen. Dabei werden, wie angedeutet, ihre ggf. neuen Erfahrungen mit den bereits erarbeiteten Mustern bzw. Typen in Beziehung gesetzt.

In Bezug auf ihre Behördenerfahrungen unterscheiden sich diejenigen, die ihren *Umgang mit Ämtern negativ erleben* von anderen, die eine *grundsätzlich positive Einstellung* zu den von ihnen kontaktierten Ämtern haben.

Befragte mit negativer Einstellung

Die *Unzufriedenen* berichten von *negativen Erfahrungen auf der prozessualen, der sachbezogenen und der emotionalen Ebene*. Sie beklagen die aus ihrer Sicht mangelnde Transparenz im Verfahrensablauf, die Unsinnigkeit behördlicher Bestimmungen, die zu geringen Leistungen und den Zwang, gewünschte Anschaffungen rechtfertigen zu müssen. Das Verhalten des Behördenpersonals ihnen gegenüber interpretieren sie als Machtdemonstration. Zudem vermissen die jungen Frauen Empathie und menschliche Rücksichtnahme der Angestellten auf ihre persönliche Lage. Die behördlichen Verfahrensweisen und Bestimmungen betrachten sie als inhuman und starr. Sie lehnen es ab, dass die Richtlinien bei der Bewilligung von Leistungen eine Berücksichtigung des individuellen Schicksals bzw. der spezifischen Situation eines Menschen nicht zulassen.

Kennzeichnend für die Unzufriedenen ist ihr wenig reflektierter und differenzierter Umgang mit den behördlichen Bestimmungen und den von ihnen empfundenen Störungen, wie z. B. Verzögerungen im Antragsverfahren: Die jugendlichen Mütter beklagen die Gegebenheiten, machen dabei einseitig und wenig selbstkritisch das Behördensystem und das Personal für ihre enttäuschten Erwartungen verantwortlich. Sie sind unzufrieden mit der Höhe ihrer Leistungen und mit den langwierigen und komplizierten Verfahrensabläufen. Zudem zeigen sie die Neigung, den SachbearbeiterInnen unlautere Absichten oder Willkür zu unterstellen.

Sie reagieren auf die empfundenen Ungerechtigkeiten entweder passiv klagend, die Situation hinnehmend oder aktiv, indem sie sich in verbalen Auseinandersetzungen mit den Behördenangestellten zur Wehr setzen und auch den Beschwerdeweg in Betracht ziehen.

Befragte mit positiver Einstellung

Bei den Interviewpartnerinnen, die eine *positive Einstellung* zu Ämtern haben, lässt sich ein kindlich-unerfahrener Umgangstypus von einem Typus unterscheiden, der durch Selbstständigkeit, Eigenverantwortung und Reflexionsvermögen gekennzeichnet ist. Das Reflexionsvermögen äußert sich bei den jungen Frauen in einem differenzierteren und durchaus auch selbstkritischen Betrachten ihrer Behördenerfahrungen (die *Reflektierten*); dies fehlt dem Typus der *Vertrauensvollen*. Die grundsätzlich positive Haltung bedeutet jedoch nicht, dass die Interviewpartnerinnen keinerlei Mängel im behördlichen Prozedere (langwierige Antragsbearbeitungen) anzumerken haben oder über für sie ärgerliche Erfahrungen (lange Wartezeiten) berichten. Doch verweisen sie auf überwiegend positive Erfahrungen auf der *prozessualen*, der *sachbezogenen* und der *emotionalen* Ebene und geben Vertrauen auf das professionelle Unterstützungssystem zu erkennen.

Gemeinsam ist beiden positiv eingestellten Typen, dass die ihnen zugeordneten jungen Mütter sich, mehr oder weniger ausgeprägt, des Wertes ihres professionellen Unterstützungsnetzes bewusst sind. Allerdings gibt es einen wesentlichen Unterschied zwischen beiden Typen:

Die *Vertrauensvollen* sind z. B. auf Grund ihrer Ängste, Unsicherheiten und wohl auch Bequemlichkeit noch nicht bereit sowie vor dem Hintergrund ihrer Lebensumstände (noch nicht beendete Schullaufbahn, kein eigenes Einkommen) nicht in der Lage, sich aus ihrer kindlichen Abhängigkeit zu lösen. Sie bleiben sowohl auf die staatlichen Leistungen als auch auf professionelle Betreuung angewiesen. Mit der Erfahrung bislang erhaltener Unterstützung verlassen sie sich darauf, der Hilfen auch in Zukunft gewiss sein zu können. Ihre noch mangelnde Selbstständigkeit zeigt sich z. B. bei der Erledigung ihrer behördlichen Angelegenheiten. Diese überlassen sie zu einem guten Teil ihren Betreuerinnen und anderen Bezugspersonen. Dadurch machen sie vornehmlich die Erfahrung reibungsloser Verfahrensabläufe, die den auf sich selbst gestellten Interviewpartnerinnen verwehrt ist.

Im Gegensatz dazu zeichnet die *Reflektierten* eine selbstständige und eigenverantwortliche Umgangsweise mit ihren behördlichen Angelegenheiten aus. Sie sind umfassend über die staatlichen Unterstützungsmöglichkeiten informiert und schöpfen diejenigen zielgerichtet aus, auf die sie gesetzlichen Anspruch haben.

Darüber hinaus ist für sie die Fähigkeit charakteristisch, Schwierigkeiten, wie z. B. vorübergehende finanzielle Engpässe durch langwierige Bearbeitungszeiten, sowohl selbstkritisch zu reflektieren als auch von ihnen zu abstrahieren. So verlassen sie z. B. ihre subjektive Perspektive und versetzen sich in die Lage der SachbearbeiterInnen. Dementsprechend sind sie fähig, eine differenziertere Darstellung ihrer Behördenerfahrungen zu geben und ungerechtfertigte Vorwürfe z. B. hinsichtlich der Arbeitsweise der Behördenangestellten zu vermeiden. Sie haben gelernt, die systemimmanenten bzw. strukturellen Probleme bei Behördenangelegenheiten (Langwierigkeit bei den Verfahrensabläufen) zu berücksichtigen. Sie betonen den Aspekt der eigenen Verantwortung mit dem Hinweis, für die rechtzeitige Einreichung der vollständigen Unterlagen sorgen und Geduld aufbringen zu müssen.

Interviewzitate auf CD-ROM

Die in der Analyse verwandten Interviewpassagen wurden durchnummeriert und auf einer CD-ROM verfügbar gemacht. Hier finden Sie alle Interviews zu diesem Unterkapitel

Negative Einstellung zu Ämtern / die Unzufriedenen	Nr. 737 - 744
Positive Einstellungen zu Ämtern	Nr. 745 - 748

Differenziert nach: die Vertrauensvollen und die Reflektierten

Interviewauszug: Kontinuität – negative Einstellung

Die im Folgenden zitierte junge Frau gehört zum Typus der Unzufriedenen. Sie schildert ihre schlechten Erfahrungen und beschließt ihre Ausführungen damit, sich den Beschwerdeweg über höhere Instanzen vorzubehalten. Damit macht sie deutlich, dass sie die Gegebenheiten nicht passiv hinnehmen, sondern sich gegen ihrer Meinung nach ungute Zustände wehren will.

Olga: „... Ja und dann bin ich in W. (Innenstadt) und dann sagen sie: ‚Nee, hören Sie mal, da hab ich doch nichts mit zu tun. Wir sind das Wohnungsamt, wir sind nicht das Sozialamt, dafür ist Ihr Sozialarbeiter [47] (sic!) zuständig und nicht wir', ne. Da haben die mir 'n paar Zettelchen gegeben und dann haben die mich wieder nach Hause geschickt. Ja, und dann hab ich direkt den E. (Streetworker) angerufen und der E. hat dann auch noch am gleichen Tag bei dem in W. angerufen, ich hoffe, dass das was genützt hat. Weil, ansonsten werd ich wirklich – werd ich mir die Telefonnummer vom Bürgermeister geben lassen, ne. Ich muss am Montag sowieso schon wieder zum Sozialamt und auch wieder zum Wohnungsamt. Und wenn da nichts bei rumkommt, ich seh das nicht mehr ein, dann renn, ich werd – ich weiß auch nicht, ich muss mich mal erkundigen, bei wem ich mich wirklich richtig dick beschweren kann, damit die mal richtig einen rankriegen." (2. Int. 32, S. 15 f., 19 Jahre)

Die negative Einstellung der jungen Frau zu Ämtern, die sich bereits im ersten Interview andeutete, hat sich auch bis zum Zeitpunkt des dritten Interviews nicht verbessert (Kontinuität in der negativen Einstellung zum professionellen Unterstützungsnetz). Im Zusammenhang mit der Frage, wie es ihr momentan gehe, kommt sie auf den sie grundsätzlich belastenden Umstand zu sprechen, überhaupt beim Sozialamt um Unterstützung nachsuchen zu müssen.

Inzwischen hat sie eine Wohnung gefunden und muss sich nun um die Anschaffung von Haushaltsgeräten u. Ä. kümmern. Sie betont, dass sie nie mit ihrem Kind in die Abhängigkeit vom Sozialamt geraten wollte und entsprechend empfindet sie es als unwürdig, jede gewünschte Anschaffung vor den Behördenmitarbeitern rechtfertigen zu müssen.

In nachfolgendem Interviewausschnitt hebt sie die Erfahrungen hervor, die sich auf die emotionale und die sachbezogene Ebene beziehen: Sie schildert den „Kampf" um Unterstützung:

47 Sie meint den für sie zuständigen Sozialamtsmitarbeiter.

Olga: „Jetzt konkret? Ja, da geht's mir ganz gut. Doch, ja. Also in den letzten drei Wochen geht's mir eigentlich ganz gut. Also ich hab halt immer wieder daran zu knacken, dass ich so 'n Stress mit dem Sozialamt habe, ne, weil äh – weiß nicht, das ist einfach nicht mein Level, ne, so. Ich wollte halt nie irgendwie mein Kind vom Sozialamt ernähren müssen. Und jetzt muss ich da irgendwie wegen Messer, Gabel, Schere, Licht und allem Kram da antanzen und wirklich jeden Pfennig irgendwie umdrehen und begründen, warum ich irgendwas brauche. Die haben jetzt drei Mal bei mir angerufen, warum ich denn 'nen Herd bräuchte und, äh, warum ich denn irgendwie noch Geschirr bräuchte, und – und Spültücher und so. Warum ich das denn alles beantragen würde, und, äh, das würde sich ja auch in der Familie zu sammeln – zusammenlassen – zusammensammeln lassen, so, ne. Und äh, da hab ich gesagt: ‚Ja, also meine Eltern haben 'nen kleinen Haushalt, ne, die haben sich auf das Wesentliche beschränkt, und da haben die nicht großartige Gegenstände, die sie mir schenken können, weil sie über sind', ne. Und – also, ich mein, alleine dass die so dermaßen in meine Privatsphäre sich einmischen, dass ich mich vor irgendwelchen – äh, Menschen, die ja fürs – die ja im Bürgerdienst tätig sind, dass ich mich dann da vor denen wegen – wegen jeder Gabel und wegen 'nem Toaster und wegen 'ner Kaffeemaschine rechtfertigen muss, find ich 'ne Unverschämtheit, ne. Und, ähm, da hab ich echt dran zu knacken, weil mir das tierisch auf 'n Senkel geht, ne ..." (3. Int. 32, S. 9, 20 Jahre)

Es wird recht deutlich, dass sie sich weder mit den behördlichen Verfahrensweisen einverstanden erklären noch sich mit der Tatsache abfinden kann, Sozialhilfe beziehen zu müssen.

4.3 Betreutes Alleinwohnen – ein Beispiel für den Umgang mit dieser Jugendhilfemassnahme

In der Gruppe der jugendlichen Mütter ohne festen Partner befindet sich nur eine Jugendliche, die kontinuierlich professionelle Betreuung erhält.[48] Ihr Beispiel und die Beispiele der vier Frauen mit Partnern, die ebenfalls eine Form der Betreuung erhalten[49], sollen trotz der relativ kleinen Anzahl von Betroffenen vorgestellt werden. Denn es erscheint uns wichtig, verschiedene Formen des Umgangs der jungen Frauen mit dieser Unterstützung und ihre Erfahrungen im Zeitraum nach dem ersten Interview zu erfassen. Vor dem Hintergrund der Analyseergebnisse aus den Erstinterviews, die eine hohe Akzeptanz besonders der betreuerischen Unterstützung ergaben und deren Relevanz die davon Betroffenen für sich selbst hervorhoben, sind folgende Fragen von Bedeutung: Haben sich die Einstellungen der Jugendlichen zu der erhaltenen Betreuung verändert? Weisen sie Kontinuität in der Einschätzung auf? Lösen sich die jungen Frauen aus den Betreuungszusammenhängen? Wie sind ggf. ihre Autonomiebestrebungen motiviert?

Die übrigen Interviewpartnerinnen, die in keiner festen Paarbeziehung leben, beantworteten die Frage, ob sie sich eine fachliche Betreuung wünschten, im zweiten und dritten Interview alle in ähnlicher Weise, nämlich dass sie keine Notwendigkeit hierfür sähen.[50] Und in der Tat haben einige von ihnen einen hohen Grad an Selbstständigkeit erreicht, gestalten ihr Leben in bewusster Verantwortung für ihr eigenes Fort- und Auskommen und die Entwicklung ihres Kindes.

Noch wenig ausgebildete Fähigkeiten in alltagspraktischen Angelegenheiten stellten indes einige andere Interviewpartnerinnen bereits während der Schwangerschaft an sich selbst fest. Es war für sie eine der Hauptmotivationen, betreuerische Unterstützung in Anspruch zu nehmen, um z. B. den Umgang mit Geld in einem bewussten Lernprozess auszubilden.

Beispielanalyse: Mutter ohne Partner in einer Jugendhilfemassnahme

Die junge Mutter, deren Beispiel hier vorgestellt wird, erhält schon seit einigen Jahren, also auch schon vor ihrer Schwangerschaft, Unterstützung durch das Jugendamt. Zwischen dem ersten und dem zweiten Interview bezog sie eine eigene Wohnung, in der sie

---

48 In unserer Gesamtstichprobe sind insbesondere die Betreuung in einer Mutter-Kind-Einrichtung, die externe Betreuung beim eigenständigen Wohnen sowie das betreute Wohnen relevant.

49 Vgl. Teil 2, Junge Eltern in einer Paarbeziehung, Abschnitt 4.5

50 Die subjektive Einschätzung der jugendlichen Mütter, keine Hilfe zu benötigen, darf nicht den Blick darauf verstellen, dass für manche, auch außerhalb dieser hier untersuchten Gruppe durchaus eine regelmäßige Betreuung angezeigt wäre, vergegenwärtigt man sich allein die Analyseergebnisse zum Leben mit Kind. Vgl. S. 130 ff.

mit ihrem Kind allein lebt und betreut wird. Sie ist sich bis zu einem gewissen Grad ihrer Schwierigkeiten, z.B. im Umgang mit Geld, bewusst. Sie hat die Tatsache akzeptiert, dass sie mit Hilfe betreuerischer Unterstützung auch in dieser Hinsicht[51] schrittweise Eigenständigkeit und Verantwortungsbewusstsein entwickeln muss. Noch im dritten Interview berichtet sie:

Frage: „... Und worum geht's da meistens so, wenn sie (die Betreuerin) zu dir kommt? Unterhaltet ihr euch, oder was macht ihr da so? ...

Sandra 3: Ja, über alles: Schule, ich muss ja auch, damit die Betreuung weiter geführt wird, zur Schule gehen. Das ist Pflicht, dass man weiterhin zur Schule geht. Und ganz wichtig halt, und dass ich mit dem Geld klarkomme. Das ist immer so 'n Thema, ob ich das schaffe. Und mittlerweile überlässt sie mir jetzt schon, wenn ich – ich kann jetzt eigentlich so viel (Geld) abheben, wie ich will. Dass ich (das) auch lern dann alles so.

Frage: Klar, ist ja auch ganz wichtig, ne?

Sandra 3: Ja. Das muss ich lernen." (3. Int. 40, S. 19, 18 Jahre)

Bereits im ersten Interview als 16-jährige Schwangere erkannte sie die erhaltenen Hilfen des Jugendamtes – insbesondere die Bemühungen ihrer Betreuerin, mit der sie „über alles reden" konnte – als vorteilhaft für ihre Entwicklung und als notwendig zur Bewältigung ihrer Probleme. Vor dem Hintergrund dieser Überlegungen, die wohl durch die unerwartet eingetretene Schwangerschaft noch verstärkt wurden, konnte sie dem Typus der *Geläuterten* unter den jugendhilfeerfahrenen Mädchen zugeordnet werden.

Ihren Äußerungen aus dem zweiten und dritten Interview kann entnommen werden, dass ihr Alltag mit Kind maßgeblich durch professionelle Unterstützung und die Hilfe ihrer Eltern getragen wird. Es lässt sich daraus schließen, dass sie sich sehr in dieses Unterstützungsnetz fallen lässt und wenig Bemühen zeigt, sich aus diesen Abhängigkeiten zu lösen und Eigenständigkeit anzustreben. Doch scheint sie zu akzeptieren, wenn die sie professionell betreuenden Personen auf ihre mangelnde Selbstständigkeit hinweisen und Entwicklungsfortschritte mit ihr „planen".

Sandra 3: „... aber wir hatten jetzt so 'n Hilfeplangespräch, [...] Ja, wir hatten das eigentlich beschlossen, dass meine Eltern den Kleinen weniger bekommen und ich auch mal weiß, wie das ist, ..." (2. Int. 40, S. 9 f., 17 Jahre)

---

51 Sie ist in mancherlei Hinsicht anleitungs- und unterstützungsbedürftig und ist noch weit von einer eigenständigen Lebensführung in voller Verantwortung für sich und ihr Kind entfernt.

Ihre Formulierung „eigentlich“ hätten sie beim Hilfeplangespräch beschlossen, ihre Eltern weniger in die Betreuung des Kindes einzubeziehen, damit die Eigenverantwortung für ihr Kind für sie erfahrbar werde, lässt darauf schließen, dass sie diesen Plan nicht in diesem Sinne in die Tat umsetzt bzw. noch nicht umsetzen kann. Ihre Aussagen im zweiten und dritten Interview zeigen, dass sie zwar ihre Probleme reflektiert, z.B. ihre Unselbstständigkeit und ihre Neigung, Verantwortung an ihr soziales Umfeld abzugeben. Sie bringt aber noch wenig Bereitschaft und Eigeninitiative auf, diese Defizite nicht nur rational aufzuarbeiten, sondern alltagspraktisch umzusetzen. Sie verlässt sich auf die ihr zur Verfügung stehende, umfassende professionelle und private Unterstützung und ist wenig bestrebt, sich aus diesen Abhängigkeiten zu lösen und den Erwachsenenstatus, auch als junge Mutter, für sich anzunehmen. Damit treffen auf sie die wesentlichen Charakteristika des Typus der *Vertrauensvollen* zu, deren „Vertreterinnen“ fest mit professioneller Hilfe und Unterstützung rechnen und sich darauf verlassen, diese auch in Zukunft zu erhalten.

Im Unterschied zu den jungen Frauen mit Partnern, die ihre Übergänge in die Autonomie planen und sich von der professionellen Betreuung lösen wollen[52], macht diese Jugendliche ihre Haltung deutlich, die Unterstützung durch die Jugendhilfemaßnahme weiterhin in Anspruch nehmen zu wollen.

Die übrigen Interviewpartnerinnen sehen für sich keine Notwendigkeit einer professionellen Betreuung. Die Datenanalyse erbrachte, dass einige von ihnen einen hohen Grad an Eigenständigkeit und Verantwortungsbewusstsein erreicht haben. Sie bewältigen die unterschiedlichen Anforderungen im Alltag mit Kind und müssen relativ wenig auf Unterstützung zurückgreifen.

Interviewzitate auf CD-ROM

Die in der Analyse verwandten Interviewpassagen wurden durchnummeriert und auf einer CD-ROM verfügbar gemacht. Hier finden Sie alle Interviews zu diesem Unterkapitel

Betreutes Alleinwohnen – ein Beispiel für den Umgang mit dieser Jugendhilfemassnahme — Nr. 749 - 750

52 Zu deren Umgang mit ihren Erfahrungen, die sie mit der professionellen Betreuung haben, vgl. Teil 2, Junge Eltern in einer Paarbeziehung, Abschnitt 4.5, S. 278

5 Medizinische Versorgung

Innerhalb der Kategorie medizinische Versorgung haben wir in unserem Untersuchungszusammenhang zwei Dimensionen herausgearbeitet

- Kinderärztliche Untersuchung
- Gynäkologische Untersuchung

Bei beiden Dimensionen sind die Akzeptanz der Prophylaxeuntersuchungen bei den jugendlichen Müttern und ihre Erfahrungen mit Arztbesuchen von besonderem Interesse.

5.1 Kinderärztliche Untersuchung

In der zweiten und dritten Interviewreihe fragten wir die jungen Mütter, ob sie zwischenzeitlich einen Kinderarzt oder eine Kinderärztin konsultiert und die empfohlenen Vorsorgeuntersuchungen[53] bei ihren Kindern haben durchführen lassen. Einige zunächst vorangestellte, allgemeine Ergebnisse zeigen bereits an, dass es sich hierbei um eine Thematik handelt, die sich für die jungen Mütter vergleichsweise unproblematisch darstellt[54], zumindest wenn es darum geht, die Untersuchungstermine für ihre Kinder, etwa in den ersten zwei Jahren nach der Geburt[55], wahrzunehmen. Alle geben an, ihr Kind regelmäßig untersuchen zu lassen und dies auch weiterhin vorzuhaben.

Die jugendlichen Mütter berichten überwiegend Positives von den Besuchen bei den KinderärztInnen bzw. drücken ihre Zufriedenheit aus.[56] Die jungen Frauen wissen zumindest in Ansätzen, was die Vorsorgeuntersuchungen beinhalten und sie sehen die Bedeutung dieser gesundheitlichen Maßnahmen ein.

---

53 Es handelt sich um die gesetzlich verbrieften Früherkennungsmaßnahmen, die in festgelegten Intervallen – kurz nach der Geburt bis zum Alter von 5 bis 5 1/2 Jahren (U 1 bis U 9) – durchgeführt werden. Die Untersuchungen umfassen sowohl die Beobachtung und Beurteilung der körperlichen, geistigen und emotionalen Gesundheit und Entwicklung des Kindes als auch die prophylaktischen Impfungen (Polio, Heamophilus, Diphtherie, Keuchhusten, Tetanus).

54 Problematisch sind für sie sowohl die Vorstellung, ihr Kind könnte ernstlich erkranken, als auch die Erfahrung mit akuten Erkrankungen ihres Kindes, die bei ihnen große Ängste auslösen und wobei sie z.T. mit ihrer eigenen Hilflosigkeit konfrontiert sind.

55 Das ist der ungefähre Zeitraum, der durch vorliegende Untersuchung abgedeckt ist; die Kinder unserer Interviewpartnerinnen waren zum Zeitpunkt des dritten Interviews zwischen 19 und 28 Monate alt.

56 Vgl. die Ergebnisse zu diesem Themenkomplex bei den Eltern in einer Paarbeziehung, S. 283 ff.

Akzeptanz von Prophylaxeuntersuchungen

Die jungen Mütter legen großen Wert darauf, die Untersuchungstermine einzuhalten. Sie weisen darauf hin, dass sie es als selbstverständlich betrachten, ihr Kind regelmäßig untersuchen zu lassen. Im dritten Interview formulieren zwei Frauen dies explizit mit „das muss sein“ und „muss man ja“.

Die Begründungen, die die jungen Mütter für die Einhaltung der Untersuchungstermine geben, deuten in dieselbe Richtung: Sie wollen sich Gewissheit darüber verschaffen, ob ihr Kind gesund ist und sich altersgemäß entwickelt.

> **Frage:** „Hast du vor, auch in Zukunft den Kinderarzt aufzusuchen?
>
> **Nancy 2:** Ja, also regelmäßig zu Kontrollen eben, weil, das ist mir sehr wichtig. Ja, ich will die Gewissheit haben, dass alles bei ihm (Sohn) in Ordnung ist.“ (2. Int. 12, S. 14, 17 Jahre)

Es kann davon ausgegangen werden, dass diese und ähnliche Antworten nicht einfach auf das sozial Erwünschte abzielen. Wie in vielen anderen Untersuchungszusammenhängen ersichtlich wurde, ist den jungen Müttern ihre Verantwortung für ihr Kind in der Regel bewusst. Bei der medizinischen Versorgung ihres Kindes setzen sie ihr Verantwortungsgefühl offenbar auch um, indem sie sich Untersuchungstermine besorgen und diese einhalten.[57] Bezeichnend ist in diesem Zusammenhang die Antwort einer Interviewpartnerin auf die Frage, ob sie alle empfohlenen Untersuchungen ihres Kindes vornehmen lasse:

> **Nicole 1:** „Ja, auf jeden Fall. Wie sie den Tag schon im Fernsehen gesagt haben: Die Mütter sind bei den Kindern hinterher, bei sich selber achten sie nicht so drauf. So ist es bei mir auch.“ (2. Int. 11, S. 38, 19 Jahre)

Wenn diesbezüglich Unterschiede bei den jungen Müttern erkennbar werden, dann sind sie weniger in ihrem Verhalten als in ihren Einstellungen zu finden. Die Frage ist hier, ob sie bei der Einhaltung der Intervalluntersuchungen ihres Kindes eigenmotiviert, aus eigener Initiative und Verantwortung für ihr Kind, handeln oder ob sie fremdmotiviert agieren: d.h. folgen sie einer Weisung der ÄrztInnen, der eigenen Mutter bzw. anderer Bezugspersonen, etwa weil sie die Vorsorgeuntersuchung als von außen auferlegt und von ihnen als Mütter zu erfüllende Pflicht auffassen. Aus Formulierungen wie, man *müsse* ja diese Untersuchungen wahrnehmen, könnte geschlossen werden, dass das ver-

57 Dies muss betont werden, da in anderen Zusammenhängen bei einem Teil junger Mütter und Eltern eine erhebliche Divergenz zwischen dem rationalen „Wissen“ um ihre Verantwortung und ihrem tatsächlichen Verhalten ihrem Kind gegenüber erkennbar wird. Vgl. S. 130ff.

antwortungsbewusste Handeln in diesem Zusammenhang extrinsisch motiviert ist oder auf der Vorstellung beruht, die Vorsorgeuntersuchungen seien verpflichtend.

Frage: „Hast du vor, auch in Zukunft, auch wenn dein Kind nicht krank ist, die Untersuchungen weiter durchzumachen?

Sandy: Ich will ja auch wissen, wie's ihr (Tochter) so geht und so. Und wie sie entwickelt ist. Ob sie sich gut entwickelt oder nicht.

Frage: Ja, hast du denn meistens Zeit gehabt, mit ihr dahin zu gehen? Oder macht das deine Tante?[58]

Sandy: Ja, zurzeit macht das ja jetzt meine Tante. Am Anfang bin ich dann, wo ich noch – diese sechs Wochen nach der Schwangerschaft war ich ja noch daheim ... Und dann, da bin (ich) ja immer noch hingefahren mit der (Tochter), ne. ***Musste*** ich ja." (2. Int. 27, S. 22, 20 Jahre)

Die junge Frau betont im dritten Interview die mütterliche Verantwortung bei der medizinischen Versorgung des Kindes, indem sie hervorhebt, sich bereits um den nächsten Termin gekümmert zu haben. Sie ist bemüht, die anstehende Untersuchung nicht zu versäumen, grenzt sich von dem aus ihrer Sicht verantwortungslosen Verhalten ihrer Freundin ab, die die Untersuchungstermine für ihr Kind vergesse, da sie nur mit sich selbst beschäftigt sei.

Sandy: „... Wegen der U muss ich jetzt demnächst hin, wegen der nächsten (Vorsorgeuntersuchung) – da wollt ich auch letzte Woche, damit ich's nicht vergesse, wollt ich 'nen Termin holen – bloß, an dem Tag war gerade die Ärztin wieder – damit ich 's nicht vergesse. [...]

Frage: Also machst du alle diese ganzen U's?

Sandy: Klar, musst du ja, muss man ja – das war ja bei der Z. (Freundin) so, die hat's immer vergessen – und da, weiß ich auch nicht, die hat halt keine große Verantwortung für ihr Kind. Zieht nur rum und – ach – wie immer, ist immer noch so."[59] (3. Int. 27, S. 17, 22 Jahre)

Die Hervorhebung ihres Verantwortungsbewusstseins hinsichtlich der medizinischen Beobachtung und Betreuung ihres Kindes deutet bei dieser jungen Mutter möglicherweise auf die Vorstellung hin, die prophylaktischen Untersuchungen seien eine extern auferlegte Verpflichtung. Jedoch steht die Bedeutung der Untersuchungen für die junge Mutter außer Frage: Sie will sich der Gesundheit ihres Kindes vergewissern und über dessen Entwicklungsstand und -fortschritte informiert werden.

58 Um ihre Ausbildung beenden zu können, lebt Sandys Kind in dem angesprochenen Zeitraum an den Arbeitstagen bei ihrer Tante.

59 Sie hatte bereits im zweiten Interview sehr emotional darüber berichtet, dass die andere junge Mutter sich nicht genügend um ihr Kind kümmere, es aus ihrer Sicht verwahrlosen lasse.

Dass den jungen Müttern die Relevanz dieser Untersuchungen einsichtig ist und sie in der Regel wissen, worum es bei den Vorsorgeuntersuchungen geht, belegt abschließend die exemplarische Schilderung einer weiteren Interviewpartnerin:

FRAGE: „Warst du mit deinem Kind schon beim Kinderarzt?

INGA: Ja. Es gibt bestimmte Untersuchungen, die müssen gemacht werden: U1, U2 und so weiter. Und ich glaube, bis U6 sind wir mittlerweile gekommen. Wenn er ein Jahr alt ist, gibt's die nächste Untersuchung und halt Impfungen müssen gemacht werden. Halt Vorsorge alles, und das wird auch mit ihm gemacht. [...]

FRAGE: Hast du vor, auch wenn das Kind nicht krank ist, den Kinderarzt weiterhin aufzusuchen?

INGA: Ja, es gibt eben bestimmte Vorsorgeuntersuchungen, die werd ich auf jeden Fall machen, egal ob er krank ist oder nicht, das muss gemacht werden. Weil, da wird halt Gewicht und Länge kontrolliert und Kopfumfang. Ob auch alles in Ordnung ist mit ihm. Da wird er angekeucht und das muss sein, und auch so, ja Entwicklungskontrolle, so 'n bisschen. Da wird gesagt, was er schon alles kann, beziehungsweise wo er grad dabei ist." (2. Int. 06, S. 16 f., 20 Jahre)

Die Tatsache, dass die jungen Mütter relativ gut über die Prophylaxeuntersuchungen ihrer Kinder informiert erscheinen, wirft wohl auch ein positives Licht auf die KinderärztInnen, die den Müttern die Untersuchungsinhalte offenbar verständlich machen und ihnen deren Relevanz vermitteln. Darauf deuten auch die überwiegend positiven Erfahrungen mit den MedizinerInnen hin, von denen die Interviewpartnerinnen berichten.

Positive Erfahrungen mit KinderärztInnen

Die Berichte der jungen Frauen ohne festen Partner über *ihre Erfahrungen* mit den KinderärztInnen bzw. mit den Besuchen bei ihnen sind *sehr positiv*.

Die Analyse zeigt auf, dass für die jungen Mütter nicht nur ein einfühlsames Eingehen der KinderärztInnen auf ihre Kinder wichtig ist, sondern ebenso auf sie selbst. Sie wollen betreut werden mit all ihren Fragen und Unsicherheiten hinsichtlich der Entwicklungsfortschritte und der für sie problematischen Verhaltensweisen ihrer Kinder. Sie beurteilen es als positive Erfahrung, im Gespräch mit dem Arzt bzw. der Ärztin eine Klärung ihrer Fragen herbeizuführen. Manche ihrer Fragen können auch durch die Untersuchung selbst aufgeworfen werden, was dann zumeist mit der sie beruhigenden Aufklärung darüber einhergeht, dass ihr Kind sich „normal" entwickelt und gesund ist.

Vertrauen in den Arzt/die Ärztin zu haben, ist ein grundlegendes Moment für die positive Beurteilung ihrer Erfahrungen mit Besuchen bei KinderärztInnen. Ihr Vertrauen gründet sich zum einen darauf, dass sich der Arzt bzw. die Ärztin ihnen gegenüber freundlich verhält und sich ihr Verhältnis unkompliziert gestaltet. Zum anderen begründen sie es damit, dass sie den Arzt bzw. die Ärztin für kompetent halten und sie den Eindruck eines verantwortungsvollen, am Wohlergehen des Kindes orientierten Handelns gewonnen haben.

Nur eine junge Mutter spricht von *negativen Erfahrungen* im Zusammenhang mit Kinderarztbesuchen. Sie berichtet, nicht mehr gern den von ihr als sympathisch beschriebenen Kinderarzt zu konsultieren. Der Grund dafür ist, dass ihr Kind Ängste aufgebaut hat und sich weinend gegen die Untersuchungen wehrt, sodass diese für Mutter und Kind zu Stress-Situationen geworden sind.

Weitere negative bzw. problematische Aspekte tauchen in den Berichten der jungen Mütter über ihre Erfahrungen mit Kinderarztbesuchen nicht auf. Dies deutet darauf hin, dass sich die regelmäßige medizinische Versorgung des Kindes einschließlich des Umgangs mit den Ärzten bzw. Ärztinnen für diese sieben jungen Mütter relativ unproblematisch und unkompliziert gestaltet.

Umgang mit akuten Erkrankungen

Einige junge Mütter schildern es als problematisch, wenn sie mit akuten Erkrankungen ihres Kindes konfrontiert werden. Im zweiten Interview berichten drei Frauen von Krankheiten ihres Kindes, und zum Zeitpunkt des dritten Interviews haben alle Interviewpartnerinnen Erfahrungen mit akuten Erkrankungen oder typischen Kinderkrankheiten gemacht. Dabei scheint es für die jungen Mütter besonders belastend zu sein, wenn die Erkrankung ihres Kindes mit hohem Fieber verbunden ist. Diese Problematik wird von ihnen häufig thematisiert. Sie beschreiben sehr eindringlich, wie die Situationen, in denen ihr Kind fiebrig war, sie in Angst versetzten. Besonders wenn das Fieber ansteigt, geraten sie in große Aufregung und fühlen sich z.T. sehr hilf- und ratlos. Das hängt mit ihrer Unerfahrenheit zusammen sowie mit der Tatsache, dass sie mit ihrem Kind allein leben und keine sie unterstützende Person in unmittelbarer Nähe haben.

In akuten Krankheitsfällen holen sich die jungen Mütter alle Rat ein – vorrangig bei Personen ihres sozialen Umfelds, von denen sie Erfahrungen und Kenntnisse im Umgang mit Kinderkrankheiten erwarten, aber auch bei medizinischen Diensten und in Apotheken. Jedoch gehen sie mit diesen für sie besorgniserregenden Situationen unterschiedlich um: Selbstständigere und wohl auch selbstsicherere junge Mütter verhalten sich aktiv, holen zielstrebig und frühzeitig Informationen und Handlungsanweisungen ein, um eigenständig die notwendigen medizinischen Maßnahmen ergreifen zu können. Dagegen neigen unsichere junge Mütter zu einem abwartenden und unentschlossenen Verhalten, lassen sich von ihrer Unsicherheit und ihren Ängsten eher lähmen. Sie benötigen die direkte Hilfe anderer, um die Situation zu bewältigen. Sie geben in ihrer Unsicherheit einen Teil ihrer Verantwortung für ihr Kind ab. Die jungen Frauen zeigen im unterschiedlichen Ausmaß Eigenständigkeit und Bemühen, ihren eigenen Ängsten und Handlungsunsicherheiten aktiv entgegenzutreten.

Interviewzitate auf CD-ROM

Die in der Analyse verwandten Interviewpassagen wurden durchnummeriert und auf einer CD-ROM verfügbar gemacht. Hier finden Sie alle Interviews zu diesem Unterkapitel

Inanspruchnahme von kinderärztlichen Untersuchungen	Nr. 751 - 755
Positive Erfahrungen mit Kinderärztinnen / -ärzten	Nr. 756 - 760
Negative Erfahrungen mit Kinderärztinnen / -ärzten	Nr. 761 - 762
Erfahrungen und Umgang mit akuten Erkrankungen des Kindes	Nr. 763 - 764

5.2 Gynäkologische Untersuchung

In den beiden Interviews nach der Geburt ihres Kindes befragten wir die jungen Frauen danach, ob sie in der Zwischenzeit einen Gynäkologen oder eine Gynäkologin aufgesucht haben, ggf. warum sie eine Konsultation unterließen bzw. wie ihre Erfahrungen mit diesen Besuchen waren.

Die Analyse der Daten des ersten Interviews ergab, dass viele der Interviewpartnerinnen gynäkologische Untersuchungen als unangenehm empfinden und z.T. dazu neigen, sie zu vermeiden. Auch die sieben jungen Mütter ohne Partner gehören zu ihnen. Hier stellt sich die Frage, wie sich ihre Einstellungen zu diesen Untersuchungen nach der Entbindung weiterentwickelten.[60] Wie die Interviewpartnerinnen selbst ihr Verhalten begründen, und ob sie ihre Einstellung zur gynäkologischen Untersuchung seit dem ersten Interview änderten, wird im Folgenden herausgearbeitet.

Entwicklung einer positiven Einstellung

Die Erfahrungen der jungen Frauen mit gynäkologischen Untersuchungen und ihre Einstellungen hierzu sind heterogen. Ebenfalls unterschiedlich sind ihre Motivationen wie auch ihre Erwartungen, die sie hinsichtlich der Konsultation von GynäkologInnen haben.

60 Es wurde bereits erwähnt, dass die Interviewpartnerinnen die Vorsorgeuntersuchungen während der Schwangerschaft i.d.R. in Anspruch und sehr ernst nahmen, was sie zumeist mit der Sorge um die Gesundheit ihres ungeborenen Kindes begründeten.

Allen Interviewpartnerinnen ist gemein, dass sie die Erfahrung ihrer allerersten gynäkologischen Untersuchung als unangenehmes Erlebnis in Erinnerung behielten. Von den sieben jungen Frauen *konsultieren fünf regelmäßig einen Frauenarzt bzw. eine Frauenärztin*, während zwei dies nur in bestimmten Fällen tun bzw. es zu vermeiden suchen.

Zwei der fünf jungen Frauen, die sich regelmäßig untersuchen lassen, hatten bereits vor ihrer Schwangerschaft Erfahrungen mit gynäkologischen Untersuchungen. Ihnen war es schon im ersten Interview gelungen, die *negativen Empfindungen*, die sie seit ihrer ersten Erfahrung mit frauenärztlichen Untersuchungen verbanden, zu reflektieren und *positiv umzudeuten*. Sie machten sich bewusst, dass das ärztliche Verhalten korrekt und der Umgang mit ihnen freundlich war; somit konnten sie ihre unangenehmen Gefühle bei der Untersuchung auf ihre eigene Scham und Unerfahrenheit zurückführen. Sie entwickelten eine unproblematische Einstellung zur gynäkologischen Untersuchung und ein positives, unkompliziertes Verhältnis zu ihrem Arzt bzw. ihrer Ärztin.

Von der Konsultation erwarten sie neben Beratung bei Verhütungsfragen und der Versorgung mit der für sie richtigen Verhütungsmethode auch Heilung ihrer gynäkologischen Erkrankungen sowie Krankheitsprophylaxe. Ihre Einstellungen und ihr Verhalten in Bezug auf frauenärztliche Besuche weisen *Kontinuität* auf.

Die drei anderen Frauen, die sich regelmäßig untersuchen lassen, hatten vor ihrer Schwangerschaft noch keine Untersuchungserfahrungen. Bei ihnen ist eine deutliche Veränderung in ihrer Einstellung erkennbar: Sie haben ihre noch im ersten Interview geäußerte, sehr *negative Haltung* gegenüber gynäkologischen Untersuchungen abgelegt. Die regelmäßigen Vorsorgeuntersuchungen während der Schwangerschaft und die Nachuntersuchungen hatten bei diesen jungen Frauen den Effekt der *Normalisierung*. Sie erachten die Untersuchungen nun als notwendig, auch wenn sie sie nicht gern in Anspruch nehmen. Im Unterschied zu den beiden ersten Interviewpartnerinnen ist die regelmäßige Konsultation eines Frauenarztes bzw. einer Frauenärztin bei ihnen deutlich durch die Sicherstellung ihrer Empfängnisverhütung motiviert. Der Aspekt der gesundheitlichen Vorsorge findet, zumindest bei zwei der Frauen, keine Berücksichtigung. Allerdings erwähnt auch nur eine dieser drei Frauen Erfahrungen mit gynäkologischen Problemen. Doch ist gerade sie diejenige, die die Sorge um ihre eigene Gesundheit sehr vernachlässigt.

Die Einstellungen dieser jungen Frauen zu frauenärztlichen Untersuchungen haben sich *gewandelt*, ihr Untersuchungsverhalten weist seit ihrer Schwangerschaft Kontinuität auf. Bei ihnen kann davon ausgegangen werden, dass sie weniger häufig bzw. regelmäßig einen Termin vereinbaren würden, wenn ihr Kontrazeptivum nicht verschreibungspflichtig wäre.

Kontinuität in negativer Einstellung

Anders verhält es sich bei den beiden Frauen, die gynäkologische Untersuchungen *ablehnen*. Sie hatten zwar schon vor ihrer Schwangerschaft Untersuchungserfahrungen, hatten diese aber als *negativ* „verbucht" und konnten bislang ihre damit verbundenen unangenehmen Empfindungen nicht überwinden. Bei einer von ihnen kommt erschwerend hinzu, dass ihre erste gynäkologische Untersuchung nach einer Vergewaltigung von einem Gynäkologen (anstatt einer Gynäkologin) durchgeführt wurde. Sie hat Vernarbungen im Genitalbereich und die Untersuchungen sind bis heute schmerzhaft für sie.

Beide Interviewpartnerinnen zeigen *Kontinuität* in ihrer *negativen Einstellung*. Regelmäßige Untersuchungen während der Schwangerschaft und eine Kontrolluntersuchung nach der Entbindung werden von diesen jungen Frauen zwar akzeptiert. Sie versuchen aber frauenärztliche Untersuchungen nach Möglichkeit zu vermeiden. Da sie keine der von den anderen jungen Frauen angewandten Verhütungsmittel benutzen, die verordnet (Pille) bzw. angepasst (Spirale) werden müssen, haben sie keine Veranlassung, in regelmäßigen Abständen eine Praxis aufzusuchen und z. B. die mit diesen Verhütungsmethoden verbundenen Kontrolluntersuchungen durchführen zu lassen. Sie besuchen einen Arzt/eine Ärztin bei akuten oder chronischen Erkrankungen, nicht aber zur Gesundheitsvorsorge. Diese Vorsorge ist bei sexuell aktiven Frauen aber durchaus ratsam. Gerade bei häufigerem Partnerwechsel ist das Risiko, sich mit sexuell übertragbaren Krankheiten wie z. B. Clamydien zu infizieren, relativ hoch.

Interviewzitate auf CD-ROM

Die in der Analyse verwandten Interviewpassagen wurden durchnummeriert und auf einer CD-ROM verfügbar gemacht. Hier finden Sie alle Interviews zu diesem Unterkapitel

Akzeptanz der gynäkologischen Untersuchung	Nr. 765 - 769
Ablehnung der gynäkologischen Untersuchung	Nr. 770 - 772

Interviewauszug: positive Einstellung zur gynäkologischen Untersuchung

Frage: „Und hast du seit der Entbindung auch mal einen Frauenarzt aufgesucht für dich?

Nancy: Ja, musst ich ja. Zur Nachuntersuchung. Und sonst, um mir die Pille – wegen der Pille, wegen Verhütung, um über Verhütung zu sprechen. Ja, und wegen der Nachuntersuchung, ob da alles in Ordnung ist eben, nach der Entbindung. Und sonst eben die regelmäßigen Untersuchungen.

Frage: Und wie ist das jetzt beim Frauenarzt so für dich?

Nancy: Na, es ist nicht mehr so schlimm ne, halt die unangenehmen Schamgefühle und so. Aber seit der Entbindung, da ist das eben normal oder so. Du musst eben kontrolliert werden, um zu gucken, ob alles in Ordnung ist. Und das ist ja für meine eigene Gesundheit. Also –

Frage: Also hat sich deine Einstellung dazu auch so 'n bisschen verändert und fühlst du dich nicht mehr ganz so schrecklich?

Nancy: Ja, genau." (2. Int. 12, S. 14 f., 17 Jahre)

Allerdings lassen alle drei Interviewpartnerinnen keinen Zweifel daran bestehen, dass sie hauptsächlich wegen der verschreibungspflichtigen Pille regelmäßig ihren Frauenarzt konsultieren. Ihre Antworten aus dem dritten Interview dokumentieren dies und legen zudem den Schluss nahe, dass sie möglicherweise nicht regelmäßig ihren Gynäkologen bzw. ihre Gynäkologin aufsuchen würden, wären sie nicht auf die Verschreibung der Pille angewiesen:

Frage: „Und warst du in der Zwischenzeit bei 'ner Frauenärztin, Frauenarzt?

Sandra 3: Ja, ich nehme halt die Pille. Muss ich dann immer wieder hin." (3. Int. 40, S. 15, 18 Jahre)

Nancy 2: „Na klar, muss ich ja, sonst würd ich ja meine Pille nicht kriegen. Alles in Ordnung bei mir ..."

Erst auf die Nachfrage der Interviewerin, ob ihr die regelmäßigen Untersuchungen wichtig seien, weist Letztere, wie schon im vorangegangenen Interview, auf den Gesundheitsaspekt hin:

Nancy 2: „... Ja, doch, ich möchte doch wissen, ob bei mir etwas nicht stimmt." (3. Int. 12, S. 8, 18 Jahre)

Interview 2 und 3

Lebenssituation junger Mütter ohne Partner und jugendlicher Paare mit Kind

Junge Eltern in einer Paarbeziehung

Junge Eltern in einer Paarbeziehung

In diesem Teil untersuchen wir, wie sich die Lebenssituation der jungen Paare gestaltet, ob und wie sie ihre Vorstellungen von ihrem Leben mit Kind realisieren konnten und wie sie die Herausforderungen, denen sie sich in verschiedenen Lebensbereichen gegenübersehen, annehmen und meistern können.

Es werden die Ergebnisse der analytischen Auseinandersetzung mit den Daten aus dem zweiten und dritten Interview mit den in festen Partnerschaften lebenden jungen Müttern dargestellt. Integraler Bestandteil der Analysen waren die Daten aus dem einen Interview mit den jungen Männern, die in der Fallstudie erhoben wurden.

Wir haben z.T. noch einmal auf Informationen aus den Erstinterviews zurückgegriffen, um die Inhalte von Veränderungen bei Erfahrungen und Vorstellungen nach der Geburt des Kindes aufzeigen zu können. Da aber die Lebenssituation der jungen Mütter in festen Paarbeziehungen ebenso wie die der jungen Väter eine andere und komplexere ist als die der jungen Mütter ohne festen Partner, haben wir z.T. andere Schwerpunkte gesetzt.

Die Auswertung erfolgte aus der „Paarperspektive", bei Nichtübereinstimmungen zwischen den PartnerInnen werden die Unterschiede in den Einstellungen und Erfahrungen in den entsprechenden Kapiteln herausgearbeitet. Dabei beziehen sich die Auswertungen zu Veränderungen der Haltungen und Einstellungen während des Befragungszeitraums nur auf die jungen Frauen, da die Daten zu den Vätern nur als Fall- und nicht als Längsschnittstudie erfasst wurden.

Überblick über die behandelten Themen

Analog zur ersten Interviewserie und der Auseinandersetzung mit der Lebenssituation der jungen Mütter ohne festen Partner befassen wir uns im Kapitel *Lebensentwürfe und -gestaltung* mit den Inhalten der Lebensplanungen der Paare und der Ausgestaltung dieser Pläne. In allen Teilbereichen haben wir unsere Analysen auf Basis der Sicht der InterviewpartnerInnen vorgenommen.

Zuerst sind wir der beruflichen Situation der Paare nachgegangen. Im Zentrum unseres Interesses steht dabei, wie es den Paaren gelingt, insbesondere den beruflichen Wünschen und Zielen der jungen Mütter Rechnung zu tragen. Weiterhin haben wir untersucht, welchen Einfluss die gelebten Paarmodelle auf die berufliche Konsolidierung beider Partner haben.

Die Paarbeziehungen selbst stehen im Mittelpunkt des zweiten Abschnitts. Da es sich z.T. um Partnerschaften handelt, in denen i.d.R. beide Partner sehr jung sind, haben wir uns mit Fragen zur Stabilität oder Instabilität dieser Beziehungen beschäftigt. Dabei haben wir auch untersucht, ob und wie sich die Partnerschaftsvorstellungen der jungen Mütter über die Zeit und durch ihre Erfahrungen in der Beziehung verändert haben.

Die Analysen zum Leben mit Kind beinhalteten die Untersuchung verschiedener Ausprägungen von Elternschaft. Aus der Perspektive der Paare wird aufgezeigt, ob sie ihre Elternschaft als „gelungen“ oder schwierig ansehen; d.h. betrachten sie ihre Elternrolle als bewältigt oder als prekär bzw. stehen sie ihr ambivalent gegenüber, und welche Inhalte liegen diesen Beurteilungen zu Grunde?

Anschließend befassen wir uns mit der finanziellen Situation der Paare. Im Zentrum des Interesses stehen dabei die Einschätzungen zu ihrer Existenzgrundlage und die Art und Weise, wie sie mit ihren finanziellen Ressourcen umgehen.

Das Kapitel *Sexualität und Verhütung* beschäftigt sich, analog zu dem der jungen Mütter ohne Partner, mit den beiden Aspekten Erleben von Sexualität und Verhütung nach der Geburt des Kindes.

Erst einmal ist anzunehmen, dass die jungen Eltern sexuell aktiv sind und ihre Sexualität überwiegend in der Partnerschaft leben. Sie haben bestimmte Erfahrungen vor, während und nach der Schwangerschaft gemacht. Da sie z.T. sehr unterschiedliche Konsequenzen ziehen, sind wir der Frage nachgegangen, wie sie die daraus resultierenden Verhaltensweisen begründen.

Fast alle jungen Mütter ebenso wie die jungen leiblichen Väter haben die Erfahrung einer ungeplanten Schwangerschaft gemacht. Bei den jungen sozialen Vätern kommt die Erfahrung hinzu, eine Freundin zu haben, die sehr früh schwanger geworden ist. Wir haben uns daher damit auseinander gesetzt, wie die Paare nach der Geburt des Kindes ihre Kommunikation über Verhütung und ihr Verhütungsverhalten beschreiben. Dass etwa ein Drittel der jungen Mütter in festen Partnerschaften im Erhebungszeitraum erneut schwanger geworden ist, macht deutlich, dass es wichtig ist herauszuarbeiten, wie die betroffenen Eltern die erneute Schwangerschaft begründen.

Im Kapitel *Lebensweltlicher Kontext* befassen wir uns, ähnlich wie bei der Auswertung der Daten der Schwangeren und der jungen Mütter ohne festen Partner, damit, wie sich die Beziehungen zu den Herkunftsfamilien und zu den Gleichaltrigen weiterentwickelt haben. Daraufhin wird das Unterstützungssystem im sozialen Nahfeld der jungen Paare dargestellt. Die Situation der jungen Paare ist jedoch komplexer, da beide jeweils „Schwiegereltern“ haben.

Wir haben untersucht, wie die jungen Eltern ihre jeweiligen Beziehungen zu ihren Eltern und „Schwiegereltern“ beschreiben. Wir gehen von der Annahme aus, dass sich die Beziehungen zu ihren Herkunftsfamilien verändert haben. Unser Hauptaugenmerk liegt auch hier auf der Frage, ob und wie es beiden PartnerInnen gelingt, sich aus Abhängigkeiten von den Herkunftsfamilien zu lösen und ihre Kontakte zu ihnen eigenständig und selbstbestimmt neu zu gestalten.

Vor dem Hintergrund der vielfältigen Veränderungen im Alltag der jugendlichen Eltern ist weiterhin von Interesse, wie sie ihre Beziehungen zu Gleichaltrigen gestalten. Wir haben folglich untersucht, ob und wie es den jungen Eltern gelingt, Kontakte zu einem, vielleicht gemeinsamen, neuen Bekanntenkreis aufzubauen oder die zu ihren jeweiligen alten Bekanntenkreisen aufrechtzuerhalten. Ein weiterer wichtiger Aspekt ist, ob sie durch ihre Elternschaft von Kontakten zu ihren Peers weit gehend oder ganz abgeschnitten sind. Analytisch besonders wichtig waren uns die Begründungen, die beide PartnerInnen für ihre Situation geben, um Erkenntnisse z. B. über Eingebundensein oder Isolation jugendlicher Eltern zu gewinnen.

Anschließend befassen wir uns mit dem Thema Unterstützungen durch das soziale Umfeld. Hier stehen die Art der konkreten Hilfestellungen und -leistungen der Herkunftsfamilien und die Akzeptanz oder Ablehnung durch die jungen Paare im Vordergrund. Sie können sich ja, anders als bei den jungen Müttern ohne festen Partner, auch gegenseitig unterstützen. Daher sind wir der Frage nachgegangen, ob die jungen Eltern weit gehend unabhängig von den Hilfen aus dem sozialen Umfeld geworden sind und sich ggf. Veränderungen ergeben haben. Aus der Perspektive der jungen Eltern wird dargestellt, welche Bedeutung ihre Unterstützungsnetze und die konkreten Unterstützungsleistungen für sie haben.

Das Kapitel *Professionelle Unterstützung* nimmt die Begründungen der jungen Paare für oder gegen Beratungsangebote in den Blick. Insbesondere die jungen Mütter waren schon früher mit Beratungsstellen in Berührung gekommen. Es wird zwischen der weiteren Inanspruchnahme der Angebote von Beratungsstellen und Angeboten für Schwangere, für Mutter und Kind sowie allgemeiner und elternbezogener Beratung differenziert. Außerdem verfolgen wir die Erfahrungen der jungen Paare mit diversen Ämtern und ermitteln die daraus resultierenden Einstellungen gegenüber Behörden.

Bezogen auf Beratungsstellen ist von Interesse, wie die jungen Frauen es begründen, wenn sie über die Beratung während der Schwangerschaft hinaus keine weiterführenden Angebote in Anspruch nehmen. Suchen sie weiterhin Beratung in diesen Einrichtungen, sind wir der Frage nachgegangen, was sie für fortdauernde Kontakte motiviert und von welchen Erfahrungen sie berichten.

Über Beratungsangebote der Schwangerenberatungsstellen hinaus stehen jungen Müttern bzw. Eltern pränatale und postnatale Angebote zur Verfügung. Daher haben wir systematisch die Erfahrungen, besonders der jungen Mütter, mit solchen Angeboten untersucht und erarbeitet, welche Gründe sie anführen, wenn sie keinen Gebrauch davon machen.

Es gibt auch Beratungsangebote für verschiedene, Elternschaft oder Paarbeziehungen betreffende Themenbereiche. Da wir auch an Einstellungen und Erfahrungen der jungen Väter interessiert sind, haben wir beide PartnerInnen dazu befragt. Von Interesse sind hier die Einstellungen beider Elternteile, besonders aber die (meist hypothetischen) der leiblichen und sozialen Väter. Weiterhin haben wir uns mit den Einstellungen zu Unterstützung für junge Väter und der Akzeptanz von Beratung im Hinblick auf ihre (soziale) Vaterschaft befasst. Auch den Erfahrungen derjenigen jungen leiblichen Väter, die mit an vorgeburtlichen Beratungen und geburtsvorbereitenden Angeboten teilgenommen haben, sind wir analytisch nachgegangen.

Da die meisten jungen Paare bei der Sicherung ihrer materiellen Existenzgrundlage entweder zum Teil oder auch weit gehend von staatlichen Transferleistungen abhängig sind, haben sie regelmäßige Kontakte zu diversen Ämtern. Vor dem Hintergrund ihrer Erfahrungen haben wir eruiert, wie sie diese Erfahrungen beschreiben und welche Einstellungen gegenüber Behörden und Behördenangestellten aus ihnen resultieren.

Im Kapitel *Medizinische Versorgung* gehen wir analog zum Kapitel der jungen Mütter ohne Partner vor. Wir haben auch bei den Paaren untersucht, welche Erfahrungen die jungen Mütter mit kinderärztlichen Untersuchungen im Allgemeinen und mit den empfohlenen regelmäßigen Vorsorgeuntersuchungen ihrer Kinder im Besonderen gemacht haben. Aber auch ihr eigenes Gesundheitsverhalten und ihre Erfahrungen mit gynäkologischen Untersuchungen waren wichtige Aspekte der analytischen Auseinandersetzung.

Zuerst sind wir der Frage nachgegangen, welchen Stellenwert die jungen Mütter den empfohlenen Vorsorgeuntersuchungen ihrer Kinder beimessen und wie sie begründen, ob und weshalb ihnen diese Gesundheitsvorsorge ihrer Kinder wichtig ist. Dann haben wir uns mit ihren Erfahrungen bei der kinderärztlichen Betreuung befasst, und herausgearbeitet, wie sie ihre jeweiligen Einschätzungen begründen. Dabei haben wir zwischen negativen und positiven Erfahrungen differenziert.

Mit Blick auf die eigene Gesundheitsvorsorge der jungen Mütter haben wir die Argumente für Akzeptanz oder Ablehnung der gynäkologischen Untersuchungen herausgearbeitet. Wir sind den Erfahrungen nachgegangen, die die jungen Frauen im Zusammenhang mit Frauenarztbesuchen als negativ bzw. positiv benennen.

Im Folgenden konzentrieren wir uns auf die Darstellung der Ergebnisse der Analysen. Analog zum „Überblick über die behandelten Themen" werden die Auswertungen zu den einzelnen analytischen Kategorien vorgestellt. Je nach Thema zeigen sich bei den jugendlichen Müttern Veränderungen der Einstellungsmuster, die mit der Erstbefragung ermittelt wurden. Sie werden folglich einem anderen Verhaltens-, Umgangs- oder Reaktionstyp zugeordnet. Diese Klassifizierung wird zum Teil aufgehoben, weil die Einschätzungen der befragten Väter miteinbezogen werden. Deshalb ergeben sich andere Schwerpunkte, die sich auf die Paarsituation beziehen. Aber auch in den Beziehungen der befragten Paare gibt es viele Unterschiede, die dazu führten, neue Klassifizierungen zu entwickeln. Um diese Einteilung in verschiedene „Gruppierungen“ und die sich dahinter verbergenden Inhalte zu veranschaulichen, wurden beispielhafte Interviewpassagen aus den Analysen entnommen und an den entsprechenden Stellen in den Text integriert.

1 Lebensentwürfe und -gestaltung

Diese analytische Kategorie umfasst vier wesentliche Themenkomplexe. Sie konnten aus den Daten der drei Interviews mit den jungen Frauen und dem Interview mit den jungen Männern als Dimensionen dessen erarbeitet werden, was die jungen Paare bezüglich ihrer Lebenssituation und ihren Erfahrungen berichten. Diese Dimensionen sind:

- die berufliche Situation und das Gelingen oder Misslingen der Verfolgung beruflicher Ziele in der Paarbeziehung
- die Erfahrungen mit der Paarbeziehung und deren Stabilität oder Instabilität
- die Erfahrungen mit der Elternschaft, deren Bewältigung bzw. Gefährdung
- die Einschätzungen der finanziellen Situation

1.1 Berufliche Situation

Wie schon bei den jugendlichen Müttern, die ihre Kinder ohne festen Partner aufziehen und ihre beruflichen Pläne daher ohne Präsenz eines Partners realisieren wollen oder müssen, stellt ein Leben mit Kind auch junge Paare vor spezifische und für sie neue Herausforderungen. Das betrifft auch die Realisierung ihrer jeweiligen Bildungs- bzw. Ausbildungsambitionen.

Datengrundlage

Die Datengrundlage der Analyse bilden die jeweils drei Interviews mit den jungen Frauen[61] und eines mit ihren Partnern. Als Paar mit Kind gelten junge Mütter und Väter dann, wenn unsere InterviewpartnerInnen sich selbst als in einer „festen Beziehung" lebend bezeichnen. Dabei handelt es sich sowohl um verheiratete Paare, um Paare, die in einer eheähnlichen Beziehung, z.B. gemeinsam in einer Wohnung mit gemeinsamer Haushaltsführung, leben, aber auch um Paare, die getrennt leben. Der junge Vater oder neue Freund (sozialer Vater) kümmert sich – wenn auch mit unterschiedlicher Intensität – um das Kind.

Entwicklung einer Paartypologie

Im Folgenden wird analytisch herausgearbeitet, welche Bewältigungsstrategien junge Paare mit Kind für ihre in den meisten Fällen noch nicht abgeschlossenen Bildungs- und noch

61 Wir konnten 20 der Partner unserer 29 in Paarbeziehungen lebenden Interviewpartnerinnen motivieren, sich mehr oder weniger zeitgleich zu den Drittinterviews mit den jungen Müttern befragen zu lassen.

nicht verwirklichten Berufskarrieren entwickeln. Dabei wird eine Paartypologie vorgestellt, deren unterschiedliche Typen die Umgangsweise der Paare mit ihren jeweiligen Schul-, Studien- oder Ausbildungssituationen beschreibt. Innerhalb der jeweiligen Typen wird aufgezeigt, ob und wie sich der Orientierungstypus, dem die jungen Mütter während der Schwangerschaft zugeordnet werden konnten, verändert. Kontinuität oder Veränderung dieses Bildungs- oder Ausbildungs-Orientierungstypus wird hier – im Gegensatz zur Auswertung der Daten aus den Interviews der jungen Mütter ohne Partner – in die Paartypologie integriert.

Aus den Daten der drei Interviews mit den jungen Frauen und dem Interview mit den jungen Vätern konnten vier Paartypen herausgearbeitet werden, die die Umgangsweise der Paare mit ihren jeweiligen Schul-, Studien- oder Ausbildungssituationen analytisch beschreiben.

Charakteristika entlasteter/sich gegenseitig entlastender Paare

Der erste Typus, dem zehn Paare zugeordnet werden konnten, ist der der *entlasteten bzw. sich gegenseitig entlastenden Paare mit Kind*. Charakteristisch für diesen Typus ist, dass die Paare ihren beruflichen Werdegang nur verfolgen können, wenn sie entweder regelmäßige Entlastung von außen erfahren, oder – in bestimmten Werdegängen – sich gegenseitig entlasten. Wechselseitige Entlastung ist notwendig insbesondere bei der Kinderbetreuung, aber auch durch Akzeptanz bzw. moralische Förderung der Ausbildungs- bzw. Bildungspläne und ggf. materielle Sicherung des anderen Elternteils.

Bei entlasteten Paaren kommt die Unterstützung in der Regel vom sozialen Umfeld bzw. der Einrichtung, in der meist die junge Mutter lebt. Bei sich gegenseitig entlastenden Paaren übernehmen entweder beide PartnerInnen die Entlastung des anderen, oder sie unterstützen die beruflichen Entwicklungen des/der anderen über einen bestimmten Zeitraum einseitig.

Der berufliche Orientierungstypus, der auf der Basis der Erstinterviews mit den damals jungen Schwangeren analytisch herausgearbeitet wurde, ist bei allen jungen Müttern *gleich* geblieben – mit einer Ausnahme. Das bedeutet u.a., dass besonders bei den dem Typus der *Konstanten* zugeordneten jungen Frauen die berufliche Orientierung durch die Schwangerschaft und spätere Mutterschaft nicht beeinflusst wird. Bei ihnen war die Motivation, einen eigenständigen beruflichen Weg einzuschlagen, von Anfang an sehr hoch.

Aber auch die *resignativ realistische Orientierung* einer unserer Interviewpartnerinnen, die diesem Paartypus zugeordnet wurde, unterliegt *keiner Veränderung*, trotz der Unterstützung durch den Partner. Schwanger- und spätere Mutterschaft bedeuten für sie hinsichtlich ihrer beruflichen Pläne einen so starken Einschnitt, dass auch die Unterstützung ihres Partners hinsichtlich ihrer weiteren beruflichen Pläne keine Veränderung des Orientierungstypus bewirkt.

Nur bei einer diesem Paartypus zugeordneten jungen Mütter kann eine *Veränderung* des beruflichen Orientierungstypus festgestellt werden. Sie wird nun statt den *Konstanten* den *resignativ Realistischen* zugeordnet. Ihre Erfahrungen mit Mutter- und Partnerschaft verändern ihre Einstellung zu einer eigenständigen beruflichen Tätigkeit. Sie arbeitet, die „Karriere" ihres Mannes unterstützend, weiter in ihrem erlernten Beruf, ihre Orientierung geht jedoch in Richtung einer Paarkonstellation mit „traditioneller Rollenteilung". Hintergrund für diesen Meinungswechsel bildet der weitere Kinderwunsch des Paares. Die junge Frau will dann die Elternzeit in Anspruch nehmen und nur noch der Abwechslung halber nebenbei arbeiten.

Charakteristika bei Paaren mit traditioneller Rollenteilung

Der Typus *Paare mit traditioneller Rollenteilung* ist charakterisiert durch die Aufgabe eigenständiger beruflicher Ziele der jungen Mütter. Drei Paare unserer Stichprobe leben in einer solchen Paarkonstellation. Unsere Interviewpartnerinnen verfolgen keine eigenen beruflichen Ziele mehr, sondern fühlen sich mit dem Beruf der Mutter (z.T. zweier Kinder) wohl und ausgelastet und werden von ihrem Ehemann bzw. ihrem Partner in dieser Rolle bestärkt, wobei dieser die klassische „Ernährerrolle" übernimmt.

Bei allen dreien dieser jungen Mütter hat sich eine *Veränderung* des beruflichen Orientierungstypus ergeben. Sie waren während der Schwangerschaft den *durch die Schwangerschaft Stabilisierten* (zwei der Interviewpartnerinnen) bzw. den *resignativ Realistischen* zugeordnet worden. Gerade bei den beiden durch die Schwangerschaft Stabilisierten ist die Entwicklung auch nachvollziehbar konsequent. Sie haben durch die Schwangerschaft und dann durch ihre Erfahrungen als Mutter eine neue Aufgabe gefunden.

Paare in prekären beruflichen Situationen

Der dritte Typus ist der der *Paare in prekären beruflichen Situationen*, dem vier junge Paare zugeordnet werden können. Den jungen Müttern in dieser Paarkonstellation gelingt es nicht, oder nur unter großen Schwierigkeiten, ihre noch vorhandenen beruflichen Ziele zu realisieren. Oder ihr beruflicher Werdegang ist durch diverse Abbrüche und Misserfolgserlebnisse gekennzeichnet bzw. sie leben unter Bedingungen, die ihnen erschweren, ihre z.T. hohen beruflichen Motivationen auch umzusetzen. Die jungen Väter sind entweder ohne Arbeit, haben Angst vor Arbeitslosigkeit, sind ohne Ausbildung durch diverse Abbrüche verschiedener Ausbildungsgänge oder können als Ausländer keine schulische und berufliche Ausbildung erlangen.

Bei drei der jungen Frauen in dieser Paarkonstellation hat sich *keine Veränderung* des beruflichen Orientierungstypus ergeben. Zwei von ihnen waren dem Typus der *durch die*

Schwangerschaft Stabilisierten zugeordnet worden. Sie sind auch als Mutter durch ihr Gefühl der Verantwortung gegenüber dem Kind nach wie vor motiviert, sich in der einen oder anderen Form beruflich zu etablieren, leben aber unter Bedingungen, die zu Sekundärkonflikten (drohende Arbeitslosigkeit, weiterer Kinderwunsch, ungeklärter Aufenthaltsstatus usw.) führen, die es ihnen erschweren, ihre beruflichen Zielsetzungen auch ungebrochen umzusetzen. Die dritte junge Mutter war während der Schwangerschaft den *resignativ Realistischen* zugeordnet worden; auch ihre berufliche Orientierung bleibt unverändert. Ihr beruflicher Werdegang ist jedoch durch diverse Brüche und Abbrüche gekennzeichnet. Sie haben ihr Selbstvertrauen negativ beeinflusst und erschweren es ihr, sich – obwohl sie durchaus motiviert ist – letztlich für einen bestimmten Ausbildungsweg zu entscheiden.

Nur eine der jungen Mütter zeigt eine *Veränderung* in ihrem ursprünglichen beruflichen Orientierungstypus. Sie war den *aktiv Realistischen* zugeordnet worden, zeigt aber im Verlauf der Interviewphase, dass sie ihre beruflichen Pläne fast völlig aufgegeben hat und resignierend nur noch „irgendetwas“ arbeiten möchte.

Paare mit beruflich (noch) getrennten Wegen

Dem vierten Typus *Paare mit beruflich (noch) getrennten Wegen* wurden drei junge Paare zugeordnet. Sie verfolgen ihre beruflichen Ziele weit gehend unabhängig voneinander. Die Partner der jungen Mütter sind soziale Väter und die Beziehungen zu unseren Interviewpartnerinnen bestehen z.T. erst seit sehr kurzer Zeit. Die Paare leben (noch) nicht zusammen, nur in einem Fall sind beide dabei, eine gemeinsame Wohnung zu suchen.

Zwei dieser jungen Mütter gehörten zum beruflichen Orientierungstypus der *Konstanten* und zeigen *Kontinuität* in diesem Orientierungstypus. Die dritte unserer Interviewpartnerinnen hingegen war dem Orientierungstypus *Sonderbiografien* zugeordnet worden, da der Vater ihres Kindes vor dessen Geburt tödlich verunglückt war und sie zum Zeitpunkt des Erstinterviews noch keinem der anderen Orientierungstypen zugeordnet werden konnte. Im Verlaufe der Interviewserie wurde zunehmend deutlich, dass sie in letzter Konsequenz nicht an einem eigenständigen beruflichen Werdegang interessiert war, sie will jedoch unbedingt arbeiten und ihr eigenes Geld verdienen.

Einflüsse auf den beruflichen Werdegang

Die jeweiligen Paarkonstellationen haben durchaus einen wichtigen Einfluss auf die beruflichen Werdegänge der jungen Mütter, wenn auch nicht den allein bestimmenden. Die Komplexität der Lebensbedingungen, in denen sich die jungen Paare bewegen und in denen sie ihre beruflichen Pläne zu realisieren suchen, macht es unmöglich, „eins zu eins Relationen“ zwischen beruflichen Ambitionen und der jeweiligen Paarkonstellation herzustellen. Können und wollen die Paare Unterstützungen durch das soziale Umfeld in Anspruch nehmen oder sind sie bereit, sich gegenseitig zu entlasten, gelingt es ihnen eher, ihren beruflichen Weg weiterzuverfolgen. Machen sie die Erfahrung, dass Mutterschaft und Ernährerrolle des jungen Vaters befriedigende Formen des Zusammenlebens mit dem Kind eröffnen, geben die jungen Frauen ihre eigenständigen beruflichen Ambitionen auf.

Interviewzitate auf CD-ROM

Die in der Analyse verwandten Interviewpassagen wurden durchnummeriert und auf einer CD-ROM verfügbar gemacht. Hier finden Sie alle Interviews zu diesem Unterkapitel

Entlastete bzw. sich gegenseitig entlastende Paare	Nr. 773 - 788

Differentiert nach: wer durch wen unterstützt wird

Paare mit traditioneller Rollenteilung	Nr. 789 - 800
Paare in prekären beruflichen Situationen	Nr. 801 - 809
Paare mit beruflich (noch) getrennten Wegen	Nr. 810 - 819

Interviewauszug: Sich gegenseitig entlastende Paare

Lydia berichtet, dass für sie das Studium mit Kind immer noch „stressig" ist, sie aber auch viel Unterstützung durch ihren Freund erfährt:

Frage: „Gibt's auch schlechte Erlebnisse oder Situationen? Schwierige Situationen?

Lydia: Ähm, manchmal wenn's halt, wenn wir abends Uni haben oder so. Oder wir haben abends beide was, dann muss einer halt verzichten auf die Seminare. Das wär 'n bisschen blöd. Aber bis jetzt ging's halt noch.

Frage: Hmhm.

Lydia: Aber sonst gibt's eigentlich, – nö, eigentlich jetzt nicht. Höchstens in der Prüfungszeit, ne, wenn wir Klausuren schreiben, ist 'n bisschen mehr Stress. Aber sonst alles okay.

Frage: Hmhm. Hast du genügend Unterstützung?

Lydia: Ja. Also ich, (räuspert sich) viele haben ja auch ihre Eltern oder so hier, ne. Und auch so, viele im Kindergarten, die haben, – also die Omas, Opas wohl alle in der Stadt auch. Dass, z. B. – wenn die Eltern dann Stress haben – so manche, die sind so anders, wenn die Stress haben, dann schicken sie die Kinder einfach zu den Großeltern 'n paar Tage, so, und dann bleibt's da. Und das können wir halt nicht machen. Aber ich find es auch nicht schlimm.

Frage: Nee?

Lydia: Nö. Mirko ist ja da, wir beide tauschen, wechseln manchmal so. Wenn er jetzt Uni hat oder ich Uni, dann muss er halt auf K. aufpassen. Aber sonst brauchen wir auch keine weitere Hilfe. Geht so.

Frage: Das heißt, derjenige, der dich am meisten unterstützt, ist Mirko, dein neuer Partner, ja?

Lydia: Hmhm.

Frage: Und, tja, wie sieht diese Unterstützung aus?

Lydia: Na, in der zeitlichen (Einteilung) halt, wenn ich zum Beispiel nicht kann, dass er dann für K. da ist. Oder wenn ich für 'ne Klausur lernen muss, dass die beiden dann einfach mal zum Wasser fahren ... oder spazieren gehen, und umgekehrt auch.

Frage:	Hmhm, toll.
Lydia:	Ja.
Frage:	Und ging das von vornherein so gut?
Lydia:	Ja, total!" (3. Int. 07, S. 4 f., 21 Jahre)

1.2 Paarbeziehungen

Zum Zeitpunkt des dritten Interviews lebt der überwiegende Teil unserer noch verbliebenen 36 Interviewpartnerinnen in einer Partnerschaft.

Lebenssituation der jungen Paare

16 junge Frauen haben mit ihrem Partner einen gemeinsamen Haushalt, 13 Frauen mit festen Beziehungen leben nicht mit ihrem Partner zusammen.

Von den 29 Untersuchungsteilnehmerinnen sind noch 14 mit dem Vater ihres Kindes zusammen. Sechs dieser Paare sind verheiratet, und neun von ihnen haben eine gemeinsame Haushaltsführung. Drei junge Mütter, zwei unverheiratete und eine verheiratete Frau, haben mittlerweile ihr zweites und gewünschtes Kind bekommen, und eine Verheiratete erwartet ihr zweites Kind.

15 jugendliche Mütter haben einen neuen Partner gefunden, acht von ihnen wohnen mit ihrem Freund zusammen. Die Interviewpartnerinnen mit neuen Partnern sind bislang unverheiratet. Zwei dieser jungen Frauen sind von ihrem neuen Partner schwanger, eine Frau ist sich noch nicht sicher, ob bei ihr eine Schwangerschaft vorliegt. Ein Paar hat zum Zeitpunkt des letzten Interviews bereits ein gemeinsames Kind.

Mehr als die Hälfte der jungen Paare lebt also in gemeinsamen Haushalten, und acht junge Frauen sind seit Beginn der Untersuchung zum zweiten Mal Mutter geworden bzw. derzeit schwanger.

Datengrundlage und Typologie

Die Datengrundlage der Analyse der Paarbeziehungen bilden die Aussagen von 20 jungen Frauen und ihren Partnern.[62] Die überwiegende Mehrheit dieser Paare führt einen gemeinsamen Haushalt. Elf dieser Frauen sind noch mit dem Vater ihres Kindes zusammen.

Auf der Grundlage der Aussagen der jungen Mütter und ihrer Partner konnten analytisch zwei Partnerschaftstypen entwickelt werden: *prekäre* und *stabile* Partnerschaften. In Partnerschaften, in denen der junge Mann nicht der Vater des Kindes ist, liegen z.T. andere Schwierigkeiten vor als in Beziehungen leiblicher Eltern. Daher wurden diese beiden Gruppen getrennt voneinander untersucht.

---

62 Neun Männer waren nicht zu einem Interview bereit, sodass auch die Interviews mit ihren Frauen nicht in die Analyse der Partnerschaftsvorstellungen einbezogen werden können.

Erwartungen an Partnerschaft und Übereinstimmung bei den Paaren

Die Partnerschaftsvorstellungen der Interviewpartnerinnen beinhalten verschiedene Aspekte. So formulieren die jungen Frauen Wertvorstellungen wie Treue, Ehrlichkeit, allgemeine Einstellung zu Ehe und Familie, Erwartungen an den Partner in Bezug auf seine Rolle als Lebensgefährte und als (sozialer) Vater ihres Kindes sowie seine Einstellung zur eigenen Partnerschaft.

Diese Daten wurden auf Übereinstimmungen, Differenzen und Ambivalenzen in den von beiden PartnerInnen vorgenommenen Einschätzungen ihrer Partnerschaft untersucht. Dabei ergab sich, dass sechs Paare in prekären Beziehungssituationen oder instabilen Partnerschaften leben (fünf leibliche Eltern und eine Frau mit neuem Partner).

Charakteristika prekärer Partnerschaften

Als *prekäre Beziehungssituationen oder instabile Partnerschaften* gelten solche, die auf Grund vielfältiger Problemlagen und nicht verhandelbarer Konflikte zu scheitern drohen. Dabei handelt es sich zumeist um eine Kombination aus endogenen und exogenen Faktoren, die die Paarbeziehungen gefährdet erscheinen lassen. Exogene Faktoren sind z.B. Arbeitslosigkeit und damit verbundene finanzielle Probleme, bei ausländischen Partnern bzw. Partnerinnen ein unsicherer Aufenthaltsstatus, oder Überforderungssituationen. Sie kommen durch Prüfungen (Schule, Ausbildung, Studium) oder andere außergewöhnliche Arbeitsbelastungen zu Stande. Als endogene Faktoren wurden zum einen solche definiert, die aus persönlichen Problemen eines oder beider PartnerInnen resultieren, wie extreme Eifersucht, Drogenabhängigkeit, starke Stimmungsschwankungen, Rollenkonflikte. Zum anderen wurden solche dazugerechnet, die auf der Unvereinbarkeit von Meinungen oder Einstellungen (z.B. Erziehungsauffassungen) oder auf einem „Fehlverhalten" beruhen (z.B. sexuelle Untreue, eine ständige Vorwurfshaltung, zu wenig Unterstützung, Rücksichtslosigkeit). Das Zusammenkommen verschiedener Faktoren hat ernsthafte Beziehungsprobleme zur Folge. Sie äußern sich z.B. in Verlust an Respekt und Vertrauen oder in sexuellen Problemen und – das ist kennzeichnend für prekäre Partnerschaften – es findet entweder keine konstruktive Auseinandersetzung statt oder es kann keine Lösung gefunden werden.

Zum Umgang mit partnerschaftlichen Problemen fiel zudem auf, dass die bei den Paaren bestehenden Schwierigkeiten oder die heiklen Beziehungssituationen – mit zwei Ausnahmen – von den jungen Männern eher verharmlost oder unterschätzt werden. Sie werden aber von den Frauen, mit einer Ausnahme, in den Interviews thematisiert. Soweit aus den Daten erkennbar, sind es häufiger die Frauen, die die vorhandenen Beziehungsprobleme nicht akzeptieren können und die immer wieder Versuche unternehmen, diese mit oder ohne ihren Partner zu bearbeiten.

Den andauernden Versuchen der Frauen, die partnerschaftlichen Probleme zu bewältigen, liegen sehr häufig Familienvorstellungen zu Grunde, die das Ideal der „vollständigen" und glücklichen Familie beinhalten, in der das Kind mit beiden leiblichen Eltern aufwächst. Enttäuschte Erwartungen an den Partner und der unerfüllbar scheinende Wunsch nach einem intakten Familienleben lösen eine dauerhafte Unzufriedenheit aus, die bei einigen Frauen den Gedanken an Trennung hervorruft. Andere Frauen investieren viel Kraft in ihre Bemühungen, sich mit ihrer unbefriedigenden oder prekären Beziehungssituation zu arrangieren oder unternehmen auch z.T. hilflose Anstrengungen, die Probleme zu lösen.

Von den fünf Frauen, die in einer prekären Partnerschaft mit dem Vater ihres Kindes leben, konnten vier ihre Partnerschaftsvorstellungen nicht realisieren. Zwei von ihnen haben Trennungsgedanken oder -wünsche, zögern aber wegen des Kindes, die Beziehung zu ihrem Partner zu beenden. Die beiden anderen werden von dem starken Wunsch geleitet, die Familie „zusammenzuhalten" und nehmen hierfür ihre Beziehungsprobleme in Kauf.

Die jungen Frauen halten in hohem Maße an ihren Partnerschaftswünschen fest. Aber vor dem Hintergrund enttäuschter Erwartungen lassen sich auch *negative Veränderungen* in ihren Einstellungen zu Partnerschaften feststellen, die sich z.B. in einer vorher nicht vorhandenen Ablehnung der Ehe oder in einer sehr skeptischen Haltung (gleichaltrigen) Männern gegenüber äußern. Nur eine Frau dieser Gruppe zeigte einen hohen Grad an *Kontinuität* in ihren Partnerschaftsvorstellungen und konnte diese für sich realisieren.[63] Das führte allerdings bei ihrem Partner zu schweren Rollenkonflikten, die dann in einer prekären Beziehungssituation resultierten.

Charakteristika stabiler Partnerschaften

Zwölf Beziehungssituationen oder Partnerschaften konnten als *weit gehend unproblematisch oder als stabil* eingeordnet werden.[64]

Beziehungen leiblicher Eltern

Bei der Hälfte dieser Paare handelt es sich um *leibliche Eltern*. Charakteristisch für diese Paare ist, dass beide Elternteile ihrer Partnerschaft einen hohen, von der Elternschaft weit gehend unabhängigen Stellenwert zuerkennen. An der Paarbeziehung wird bewusst gearbeitet, d.h. Konflikte werden verhandelt, Probleme (vergleichsweise sehr) offen miteinander ausgetragen und z.T. auch mit Dritten diskutiert. Zumeist wird von beiden PartnerInnen hervorgehoben, dass es wichtig sei, sich auch unter den durch die Existenz des Kindes veränderten Beziehungsbedingungen Zeit füreinander zu nehmen. Gespräche,

63 Sie ist Vollzeit berufstätig, ihr Mann versorgt neben eigener Berufstätigkeit Haushalt und Kind.

64 Zwei Paare, deren Beziehung erst sehr kurze Zeit bestand, wurden in dieser Analyse nicht berücksichtigt; hier wurden nur die Aussagen der Frauen im Hinblick auf Kontinuitäten und Veränderungen in ihren Partnerschaftsvorstellungen untersucht.

auch Streitgespräche oder Auseinandersetzungen bei Uneinigkeiten, werden für notwendig gehalten. Schwierige – besonders durch exogene Faktoren hervorgerufene – Beziehungsphasen können als vorübergehende Situation und damit vergleichsweise gelassen betrachtet werden. Ein starkes Zusammengehörigkeitsgefühl und eine sehr positive Grundhaltung zu der eigenen Partnerschaft zeigt sich z.B. darin, dass (Beziehungs-)Probleme nicht dazu führen, die Partnerschaft grundsätzlich in Frage zu stellen. Die Fähigkeit, sich mit momentan unliebsamen Gegebenheiten, die die Beziehungsatmosphäre stören, arrangieren zu können, beruht häufig auf dem Willen, bestimmte Ziele zu erreichen und gemeinsame Zukunftspläne zu realisieren.

Die Frauen, die in stabilen Paarbeziehungen leben, *veränderten ihre Erwartungen an eine Partnerschaft nicht*; z.T. entwickelten sie sie weiter, neue Schwerpunkte kamen vor dem Erfahrungshintergrund eines Alltags mit Kind hinzu, wie z.B. die positiven Werte: gegenseitige Hilfe, Unterstützung und Entlastung des sich in einer angespannten Lage befindenden Partners. Alle sechs Frauen konnten ihre ursprünglichen Partnerschaftsvorstellungen ihrer Einschätzung nach zum größten Teil verwirklichen.

Beziehungen mit sozialem Vater

Sechs Paare gehören der Gruppe mit weit gehend unproblematischen Beziehungssituationen oder stabilen Partnerschaften von *Frauen mit neuen Partnern* an. Ihnen ist gemeinsam, dass sie ein sehr positives Bild von ihrer Paarbeziehung zeichnen. Beide PartnerInnen sprechen zum größten Teil explizit von dem Gefühl des Aufgehobenseins in der Partnerschaft oder der Zufriedenheit mit dem Partner bzw. der Partnerin. Vergleichbar mit den stabilen Partnerschaften der leiblichen Elternpaare sind auch diese Paarbeziehungen dadurch charakterisiert, dass die partnerschaftliche Kommunikation besonders betont wird („über alles offen miteinander reden können", „dem anderen sagen können, was mich stört" und miteinander streiten können). Ebenso kennzeichnend ist die Hervorhebung der Bedeutung gegenseitiger Unterstützung im alltäglichen Leben. Bei den Paaren, die bereits zusammenleben, kommt ein partnerschaftliches Verständnis von Aufgabenteilung bei der Versorgung und Betreuung des Kindes wie auch bei der Erledigung von Hausarbeiten zum Ausdruck.

Wie zu erwarten, ist es für die jungen Mütter von besonderer Bedeutung, dass ihr neuer Partner ihre Mutterschaft akzeptiert. Er soll sich um das Kind kümmern, „etwas mit ihm anfangen" können oder es als sein eigenes betrachten und behandeln, also Vaterpflichten übernehmen. Die Beziehung zwischen ihm und dem Kind soll durch gegenseitige Zuneigung geprägt sein.

Bei diesen Frauen finden sich ebenfalls *mehr Kontinuitäten* als *Veränderungen* in ihren Partnerschaftsvorstellungen. Z.T. werden auch neue Prioritäten formuliert (z.B. die Beendigung der Ausbildung hat Vorrang vor einem weiteren Kind) oder eine neue Sicht auf einzelne Lebensplanungsaspekte (z.B. entgegen früherer Äußerungen der Wunsch nach weiteren Kindern). Veränderungen sind eher positiver Art wie z.B. eine gelassenere Einstellung zu Auseinandersetzungen bei Meinungsverschiedenheiten mit dem Partner oder eine weniger angstbesetzte Bindung an den Partner, was z.T. in einem Heiratswunsch zum Ausdruck kommt.

In dem Spannungsfeld zwischen der Hoffnung auf eine dauerhafte Beziehung zu einem Mann innerhalb eines intakten Familienlebens und den schlechten Erfahrungen mit Partnerschaften sowie mit der Belastung als allein erziehende Mütter bilden sich bei einigen jungen Frauen Bindungswünsche an einen Mann heraus. Sie erscheinen sehr fragil, da sie mit sehr vielen Ängsten vor erneuten Enttäuschungen einhergehen, positiv ausgedrückt, mit viel Vorsicht bei der Wahl der Partner.[65] Machen die Frauen positive Erfahrungen mit ihren neuen Partnern, kann das zu *Veränderungen* in einzelnen Lebensplanungsaspekten oder Einstellungen führen, z.B. die Ablehnung einer Ehe oder „festen" Partnerschaft aufzugeben. Dies war z.B. bei den beiden jungen Müttern zu verzeichnen, die in *sehr „jungen" Partnerschaften* leben.

INTERVIEWZITATE AUF CD-ROM

Die in der Analyse verwandten Interviewpassagen wurden durchnummeriert und auf einer CD-ROM verfügbar gemacht. Hier finden Sie alle Interviews zu diesem Unterkapitel

PREKÄRE BEZIEHUNGSSITUATIONEN ODER INSTABILE PARTNERSCHAFTEN — NR. 820 - 842

Differenziert nach: Elternpaare und Frauen mit neuen Partnern

WEITGEHEND UNPROBLEMATISCHE BEZIEHUNGSSITUATIONEN ODER STABILE PARTNERSCHAFTEN — NR. 843 - 862

Differenziert nach: Elternpaare und Frauen mit neuen Partnern

KONTINUITÄT UND VERÄNDERUNG IN DEN PARTNERSCHAFTSVORSTELLUNGEN IN SEHR „JUNGEN" PAARBEZIEHUNGEN — NR. 863 - 871

65 Bindungswünsche der jungen Frauen sind problematisch, wenn sie ausschließlich auf dem Wunsch basieren, endlich einen Mann zu haben, der (zu) ihnen gehört und der die Familie komplettieren soll. Diese auf einem ausgeprägten Sicherheitsbedürfnis beruhenden Vorstellungen verstellen häufig den Blick der jungen Mütter für reale Zusammenhänge, die gegen eine Bindung sprechen.

Interviewauszug: Kommunikation in stabilen Partnerschaften

Auf die Frage, was er an der Beziehung zu seiner Frau als positiv empfindet, antwortet der junge Vater:

Bastian: „Ah, wir reden ganz viel, wir reden ganz viel über unsere Beziehung, wir reden viel über unsere Beziehung zu unseren Eltern, über ... die Beziehung unserer Eltern ... Ja, das ist einfach ... die Kommunikation klappt, die stimmt, auch immer wieder stimmen muss, auch wieder – es war vor drei Tagen, war's irgendwie, ich hab abends nicht mehr gelernt, ... normal bin ich um zehn abends tot und falle ins Bett durchs Lernen, wir haben dann noch bis um zwölf einfach geredet über irgendwas.

Frage: War das immer so, oder hat sich das verändert?

Bastian: War immer so. Wir haben schon immer ganz viel geredet miteinander. Oder so, es war schon immer auch das Fantastische einfach an der Beziehung, was von Anfang an das Schöne daran war. Wir haben viel geredet auch über – wo das Kind halt noch nicht da war, war die Möglichkeit auch noch größer, da haben wir uns einfach an einen Weiher gesetzt und haben einfach über alles geredet und ähm, jetzt ist es halt ein bissel eingeschränkt durchs Kind. Durch den J. (Sohn) halt. Der hat auch viel, viel Aufmerksamkeit, da kann ich halt keine Gespräche führen, außer er ist im Bett, oder er schläft nachmittags. Aber das lassen wir uns trotzdem nicht nehmen, das Reden. Das finden, empfinden wir auch beide als ganz wichtig, dass (kleine Pause) dass viel, viel Kommunikation, – weil das einfach der Ausgangspunkt ... für jede Veränderung, für jede Belast-, Belastungen – ich streite auch gern, Streiten gehört auch zum Reden dazu.

Frage: Hm, ja klar.

Bastian: Wer nicht streitet, hat sich nichts mehr zu sagen." (lacht) (Int. 22, S. 40 ff., 21 Jahre)

Der junge Mann spricht hier verschiedene Aspekte der Kommunikation an, die sich auch bei den anderen Paaren wiederfinden: Es ist zum einen die Beschäftigung miteinander, mit der eigenen Partnerschaft, das Beurteilen der eigenen Paarbeziehung, auch im Vergleich zu anderen Partnerschaften. Zum anderen nennt er die nicht zielgerichtete Unterhaltung, den Gedankenaustausch, das nicht problemorientierte Gespräch, das er für wichtig hält.

Dieser Interviewpartner betrachtet die partnerschaftliche Kommunikation als Basis, Verständnis füreinander zu schaffen, sich selbst und die Beziehung weiterzuentwickeln und Alltagsbelastungen zu bewältigen. Der junge Vater macht zudem deutlich, dass es ihm wichtig ist, sich Zeit für Gespräche zu nehmen, auch wenn die äußeren Bedingungen hierfür durch arbeitsintensive Phasen und durch das Kind, das viel Aufmerksamkeit beansprucht, erschwert sind. Zuletzt macht er auf seine positive Einstellung zu Streitgesprächen aufmerksam, die er nicht als etwas Trennendes oder die Partnerschaft Bedrohendes auffasst, sondern als eine Form der Kommunikation, die beweist, dass die PartnerInnen einander viel bedeuten.

1.3 Leben mit Kind

In diesem Abschnitt werden die Berichte beider Partner der 20 jungen Paare unserer Stichprobe zu ihren Erfahrungen mit ihrer frühen Elternschaft dargestellt. Datengrundlage der Analyse waren alle drei Interviews mit den jungen Müttern und die Interviews mit den jungen Vätern bzw. sozialen Vätern.

16[66] der 20 zum Zeitpunkt des dritten Interviews in festen Beziehungen lebenden jungen Mütter gaben uns bei ihrer ersten Befragung Auskunft über ihre Vorstellungen von einem Leben mit Kind.

Vorstellungen zum Zeitpunkt des Erstinterviews

Vergleichbar den jungen Schwangeren, die als junge Mütter ohne festen Partner sind, waren auch die Vorstellungen der jetzt in Paarbeziehungen lebenden jungen Mütter zum Zeitpunkt des ersten Interviews höchst heterogen, z.T. unpräzise und klischeehaft. Diese Vorwegnahme der Erfahrungen eines Lebens mit Kind, die z.T. auch erzieherische Absichten der Jugendlichen widerspiegelten und implizit auf höchst diffuse und sehr unterschiedliche Mutterbilder verweisen, ließen sich fünf Themenbereichen[67] zuordnen:

- Ich möchte eine gute Mutter sein, mein Kind soll es besser haben als ich.
- Ich möchte mein Kind bedingungslos lieben.
- Ich möchte meinem Kind etwas weitergeben.
- Ich weiß noch nicht, wie das wird mit einem Kind.
- Ich habe Angst davor, etwas falsch zu machen.

Vergleichsergebnisse aus dem Erstinterview

Die größte Gruppe der jungen Schwangeren informierten über pädagogische Maximen, nach denen sie ihre Erziehung ausrichten wollen. Ca. ein Viertel von ihnen sagte aus, sie möchten eine gute Mutter sein und ihr Kind solle es einmal besser haben als sie. Ebenfalls ein Viertel unserer Interviewpartnerinnen stellten sich als künftige Mutter dar, die ihrem Kind zuliebe ihre eigenen Bedürfnisse zurückstellen und es bedingungslos lieben wollen. Dagegen konnte ein kleinerer Teil der damals werdenden Mütter noch keine genaueren Vorstellungen von einem Leben mit Kind formulieren. Sie waren zum Zeitpunkt

66 Von den 47 der im ersten Interview befragten jungen Schwangeren unserer Stichprobe hatten sich 41 zu ihren Vorstellungen von einem Leben mit Kind geäußert, sechs hatten die entsprechende Frage nicht beantwortet. Vier dieser sechs nun jungen Mütter leben zum Zeitpunkt des dritten Interviews in festen Beziehungen und gehören zu den 20 Paaren, von denen wir auch die jungen Väter befragen konnten. Die Aussagen von 16 schwangeren jungen Frauen bilden also die Datenbasis der folgenden Ausführungen.

67 Vgl. Teil 2, Junge Mütter ohne Partner, Abschnitt 1.3 für ausführliche Beschreibung der Themenbereiche, S. 130ff.

des Interviews mit dieser Frage deutlich überfordert und blieben einer Beschreibung von Äußerlichkeiten verhaftet. Nur eine der Jugendlichen formulierte Ängste, ob und wie sie es schaffen könnte, ein Kind zu erziehen.

Anlage des zweiten und dritten Interviews

Im Folgenden werden aus den zweiten und dritten Interviews mit den jungen Müttern die Ergebnisse der Analysen dargestellt, wie sich ihr Leben mit Kind aus ihrer Sicht entwickelt hat und wie ihre Erfahrungen als sehr junge Mütter in den verschiedensten Lebenszusammenhängen aussehen. Dazu kommen die Aussagen der jungen Väter zu ihren Erfahrungen als z.T. sehr junge Väter bzw. soziale Väter. Die Kinder der jungen Paare sind beim dritten Interview zwischen 19 und 28 Monate alt.

Auf der Basis dieser Daten konnte eine Typologie entwickelt werden, die das Thema „Leben mit Kind“ bzw. Elternschaft bei Paaren analytisch beschreibt. Auf Grund ihrer Aussagen konnten unsere in fester Beziehung lebenden Paare drei Typen zugeordnet werden, dem der „bewältigten Elternschaften“, dem der „prekären Elternschaften“ und dem der „ambivalenten Elternschaften“.

Auffälligkeiten in den Interviewaussagen

Bei einer ersten Durchsicht der Interviews fällt als Ergebnis auf, dass fast alle unserer InterviewpartnerInnen betonen, dass sie sich als Mütter bzw. als Väter „gut“ fühlen und mit ihrer Lebenssituation als sehr junge Eltern keine oder wenige Probleme haben.

Diese recht pauschale und wenig inhaltlich gefüllte Einschätzung kann einerseits als sozial erwünschte Aussage angesehen werden, andererseits aber auch als Antwort, die sich fast zwingend aus der einmal getroffenen Entscheidung für das Austragen des Kindes ergibt. Berichte darüber, dass Mutter- oder Vaterschaft schwierig und mit Problemen verbunden ist, würden darauf verweisen, dass die das ganze Leben verändernde Entscheidung[68] für das Kind letztlich eine „falsche“ Entscheidung war. Diese Entscheidung ist in der Vorstellung vieler unserer InterviewpartnerInnen nicht oder nur mit befürchteten gesellschaftlichen Sanktionen revidierbar und macht ein solches Eingeständnis (fast) unmöglich.

Auch die Antworten der jungen Väter auf die Frage zu ihren Erziehungsvorstellungen sind einerseits recht aufschlussreich, betrachtet man das, was sie als besonders wichtig benennen. Andererseits aber sind solche allgemein formulierten Vorstellungen oft eher als Ausdruck dessen zu verstehen, was die jungen Männer als sozial korrekt und pädagogisch

68 Bis auf wenige Ausnahmen hatten alle unsere Interviewpartnerinnen die Entscheidungsmöglichkeit, da sie innerhalb der „12-Wochen-Frist“ wussten, dass sie schwanger waren.

wünschenswert ansehen. Zudem haben ihre Aussagen einen anderen Erfahrungshintergrund als die entsprechenden Antworten der jungen Mütter z.B. im ersten Interview. Denn die Väter haben jetzt bereits etwa zwei Jahre (leibliche Väter) bzw. unterschiedlich lange Alltagserfahrung (soziale Väter) mit den Kindern. Die jungen Mütter hingegen wurden während ihrer Schwangerschaft – also noch ziemlich hypothetisch – gefragt, wie sie ihr Kind erziehen bzw. wie sie als Mütter sein wollten.

Auch wenn die Aussagen der jungen Mütter und die der Väter nicht direkt vergleichbar sind, ist es doch bemerkenswert, was die jungen Väter als pädagogische Ziele bzw. Handlungsmaximen nannten, wenn sie sich dazu äußerten.

Erziehungsvorstellungen der Väter

Mehr als die Hälfte der jungen Männer erwähnt ausdrücklich, Schläge als Erziehungsmittel grundsätzlich abzulehnen, das Kind niemals geschlagen zu haben und zu hoffen, dass sie es auch in Zukunft nicht schlagen werden. Etwas differenziertere Aussagen zu Gewalt schließen darüber hinaus auch psychische Gewalt, wie Zwang und Manipulation, aus, ebenso wie eine durch Angst geprägte Erziehungsatmosphäre.

Ebenso häufig wird die Bedeutung von Vertrauen zwischen Vater und Kind betont, wobei dieser Wunsch sich besonders auf die späteren Erziehungsjahre bezieht. Er wird in der Regel einseitig formuliert, nämlich als Wunsch, dass sich das Kind einmal vertrauensvoll an den Vater wenden wird, wenn es „Probleme“ hat. Keiner dieser Interviewpartner reflektiert, dass dazu auch das Vertrauen des Vaters in das Kind von Bedeutung sein kann. Dieses erwünschte Vertrauen der Kinder ihnen gegenüber drückt sich auch in der Hoffnung aus, dem Kind „bester Freund“ oder „Kumpel“ sein zu können.

Etwa ein Drittel der jungen Väter unterstreicht, dass es ihnen wichtig ist, Autorität zu verkörpern und eine gewisse Strenge walten zu lassen. Diese Strenge reicht von dem Wunsch, Respektperson für das Kind zu sein bis hin zu dem Anspruch nach absolutem Gehorsam auf Seiten des Kindes.

Häufig wird von den Vätern auch betont, dass sie alles daran setzen wollen, dem Kind „alle seine Wünsche“ zu erfüllen, da ihnen selbst als Kind so viel versagt blieb. Hierzu gehören Bemerkungen wie „es soll all das bekommen, was es will“, oder „all das, was ich nicht bekommen habe“ bzw. „ich möchte ihm etwas Besseres bieten als mir als Kind ermöglicht wurde“.

Andere Erziehungsmaximen, die weniger häufig genannt werden, sind absolute Ehrlichkeit – ohne so genannte „Notlügen“ – zwischen Vätern (bzw. Eltern) und Kindern. Erwähnt wird aber auch die Erziehung durch Vorbild des Vaters bzw. durch diskursive Überzeugung, und der Wunsch, das Kind vor den Fehlern zu bewahren, die die Eltern (besonders der Vater selbst) gemacht haben. Dazu gehört die formulierte Absicht, das

Kind vor Drogenkonsum und Kriminalität zu schützen. Als Ziel wird auch erwähnt, dem Kind einen Wechsel der Bezugspersonen ersparen zu wollen. In einem Fall betont ein Vater, dass es ihm schon jetzt gelingt, die kleine Tochter im Alter von 23 Monaten in „typisch weibliche" Aktivitäten einzubinden (wie Spülmaschine ausräumen, Wischen etc.). Sein – nicht explizit wahrgenommenes – Erziehungsziel ist die Einübung von Fähigkeiten und Fertigkeiten, die mit der klassischen weiblichen Rolle verbunden sind.

Nur einige Väter formulieren Erziehungsmaximen, die die Entfaltung der Persönlichkeit des Kindes zum Ziel haben. Sie haben die Absicht das Selbstbewusstsein des Kindes zu stärken, bei allen Erziehungsmaßnahmen seine Individualität zu respektieren und zu fördern. Sie wollen mit dem Kind (ebenso wie für sich selbst) die Fähigkeit entwickeln, Emotionen zu zeigen und zu kommunizieren.

Sowohl die differenzierteren Erziehungsmaximen als auch deren Formulierung stehen in gewisser Weise mit dem Bildungsmilieu in Zusammenhang, in dem die jungen Väter sich bewegen. Ob es ihnen aber gelingt, sie auch zu realisieren, oder, mit anderen Worten, ihre Elternschaft auch zu bewältigen und ihre Erziehungsziele zusammen mit ihren Partnerinnen umzusetzen, ist von anderen Faktoren abhängig.

Um also genauere Einblicke in die Erfahrungen und Bewältigungsstrategien der sehr jungen Mütter und Väter und die Ausgestaltung ihrer Elternschaft zu erhalten, ist es daher besonders wichtig, jene Informationen heranzuziehen, die die InterviewpartnerInnen in den unterschiedlichsten Zusammenhängen ihrer lebensweltlichen Erfahrungen mit ihrer Elternschaft geben.

Elternschaftstypologie

Zum Thema „Leben mit Kind" konnten aus den Daten der drei Interviews mit den jungen Müttern und dem Interview mit den jungen leiblichen und sozialen Vätern drei Elternschaftstypen herausgearbeitet werden.

Die Datenbasis bilden die 20 der in Paarbeziehungen lebenden 29 Interviewpartnerinnen der Stichprobe, deren Partner bzw. Ehemänner zum Zeitpunkt des dritten Interviews ebenfalls zu einem Interview bereit waren. Ihre Aussagen über ihre Erfahrungen als Vater bzw. als sozialer Vater ebenso wie die über ihre Erziehungsvorstellungen sind integraler Bestandteil der analytischen Erarbeitung der Elternschaftstypologie.

Auch hier gelten als Paare mit Kind die Beziehungen, die von den jungen Leuten selbst als „fest" bezeichnet werden. In einer solchen festen Beziehung zu leben bedeutet nicht in jedem Falle, zusammen zu wohnen bzw. einen gemeinsamen Haushalt zu führen. In unserer Stichprobe lebt ein Viertel der jungen Eltern nicht zusammen.

Charakteristika des Typus bewältigte Elternschaft

Bewältigte Elternschaften sind charakterisiert durch die Fähigkeit und Bereitschaft der jungen Eltern, für sie positive und negative Alltagserfahrungen mit dem Kind miteinander auszubalancieren, sich in der Kinderbetreuung gegenseitig zu entlasten und sich den komplexen Anforderungen des Alltags mit Kind zu stellen. Diese Eltern berichten, dass sie das Zusammensein mit dem Kind und dessen Entwicklung als Bereicherung erfahren. Sie machen deutlich, dass es für sie wichtig ist, auch andere Aspekte ihrer Lebensplanung und individuelle Interessen – gelegentlich auch ohne Kind – weiterzuverfolgen sowie auch die Notwendigkeit (gelegentlicher) Unterstützung des sozialen Umfeldes zu akzeptieren.

Sie zeigen sich weit gehend unabhängig von Kritik und Unverständnis der Gleichaltrigen und möchten intensiv an der Entwicklung der Kinder teilhaben. Die jungen Väter und sozialen Väter haben sich intensiv mit ihrer Vaterschaft auseinander gesetzt und stimmen sich mit ihren Partnerinnen in Erziehungsfragen ab. Sechs Elternpaare konnten diesem Typus zugeordnet werden, die Hälfte der jungen Väter sind leibliche Väter.

Ähnlich wie bereits bei den jungen Müttern ohne feste Beziehung hervorgehoben, impliziert der Typus bewältigte Elternschaften nicht, dass das Leben mit Kind für die jungen Eltern auf anderen Ebenen ihrer Lebenssituation keine Schwierigkeiten und Probleme mit sich bringen kann. Verwiesen sei hier z. B. auf mögliche Beziehungsprobleme mit Gleichaltrigen, die häufig zum Rückzug der jungen Eltern und, damit verbunden, zu aktueller oder potenzieller Isolation des jungen Paares führen.

Charakteristika des Typus prekäre Elternschaft

Ebenfalls sechs der Elternpaare lassen in ihren Antworten Charakteristika ihrer Elternschaft erkennen, die unter dem Typus *prekäre Elternschaften* zusammengefasst sind. Sie machen explizit oder implizit deutlich, dass ihre Elternschaft für sie und ihre Kinder problematisch verläuft. In einem Fall fühlt sich die Mutter nicht in der Lage das zweite Kind groß zu ziehen und gibt es in Dauerpflege. Sie berichten selbst von akuter oder potenzieller Vernachlässigung, unterschwelligen Aggressionen dem Kind gegenüber bis hin zu Misshandlungen und – gleichsam als das andere Extrem – von „Klammern" an das Kind. Weder dem Kind noch den Eltern bleibt ein Entwicklungsfreiraum und das Kind wird zum einzigen Halt, besonders der Mütter, aber auch, wenn auch seltener, der jungen Väter.

Sie schildern Selbstwertprobleme bezogen auf ihre Kompetenz als Eltern bzw. Schuldgefühle wegen ihres Umgangs mit dem Kind. Einer oder beide Elternteile berichten von Verwerfungen ihrer Lebensgestaltung bzw. der Reduktion oder Aufgabe ihrer Lebenspläne und -ziele. Oft überzogene, diffuse, inkonsequente, wenige oder keine Vorstellungen von der Erziehung des Kindes, häufig bei beiden Eltern, sind charakteristisch für diesen Elterntypus. Bei zwei Dritteln dieser Paare ist der junge Mann der leibliche Vater des Kindes.

Beim Typus prekäre Elternschaften spielen neben den von allen Jugendlichen geforderten jugendspezifischen Aufgaben (wie z. B. Berufsfindung, Abschlüsse von Bildung oder Ausbildung) in manchen Fällen ebenfalls Partnerschaftsschwierigkeiten eine Rolle. Sie erschweren es den jungen Eltern, ihre Rollen als Mütter oder Väter für sich und ihre Kinder adäquat auszufüllen. Vor dem Hintergrund der Komplexität von Lebenssituationen können jedoch auch andere Faktoren, wie soziales Umfeld und Milieu, Unterstützungsnetze oder Kindheitserfahrungen und psychische Verfassung der jungen Eltern von Bedeutung sein.

Charakteristika des Typus ambivalente Elternschaft

Acht junge Elternpaare erleben ihre Elternschaft oft als widersprüchlich. Sie wurden dem Elternschaftstypus *ambivalente Elternschaften* zugeordnet. Einerseits berichten sie von emotional befriedigenden Aspekten ihrer Vater- bzw. Mutterschaft, andererseits auch von Einschränkungen, Behinderung oder Vereitelung ihrer früheren Lebenspläne und -ziele. Sie sind sich in den meisten Fällen dieser Ambivalenz bewusst und entwickeln Schuldgefühle ihren Kindern gegenüber.

Die Widersprüchlichkeit ihrer Erfahrungen mit der Elternrolle ist bei der Hälfte der jungen Paare – alle Väter sind leibliche Väter – weder zeitlich durchgängig noch betrifft sie die Mehrzahl der Aspekte ihrer Erfahrungen als Mütter oder Väter. Die Eltern, die dieser Teilgruppe des Elternschaftstypus zugeordnet wurden, haben zu bestimmten Zeiten und in bestimmten Situationen das Gefühl, durch das Kind eingeengt zu sein und gelegentlich, oder auch oft, verzichten und Kompromisse machen zu müssen. Sie fühlen sich immer wieder einmal überfordert, z. B. durch Haus- und/oder Erwerbsarbeit bzw. Studium und durch gelegentlich untereinander auftretende Differenzen in Erziehungsfragen.

Charakteristisch für diese jungen Eltern ist das z.T. häufiger auftretende Gefühl, in der Beziehung ausschließlich auf die Elternrolle reduziert zu sein. Das bedeutet für sie, nicht mehr als begehrenswerte Partnerin oder attraktiver Partner, sondern nur noch als Mutter oder Vater wahrgenommen zu werden. Sie haben zeitweise Schwierigkeiten zu akzeptieren, dass der Alltag sehr stark vom Lebensrhythmus des Kindes bestimmt, von Zeitmangel geprägt ist und zu wenig Freiräume für Privatleben bietet. Gleichzeitig reflektieren diese Eltern auch die positiven Momente ihrer Erfahrungen als Vater oder Mutter. Sie haben Freude an der Entwicklung ihres Kindes, sind stolz, bestimmte Ziele auch mit Kind erreicht zu haben und versuchen, Vor- und Nachteile ihrer Lebenssituation abzuwägen und auszubalancieren.

Bei der anderen Hälfte dieser Paare geht aus den Daten hervor, dass sie ihre Elternschaft dauerhaft und die Elternrolle als Ganzes als widersprüchlich erfahren. Hierbei handelt es sich ausschließlich um Beziehungen mit neuen Partnern, d.h. mit sozialen Vätern. Diese Teilgruppe des Elternschaftstypus weist im Wesentlichen die o.g. Charakteristika auf, aber die Ambivalenz der Elternrollen ist eine durchgängige Erfahrung und oft dauerhaft mit Schuldgefühlen verbunden. Um die widersprüchlichen Empfindungen den Kindern gegenüber und die fast immer damit verbundenen Schuldgefühle zumindest z.T. aufzulösen, kompensieren die jungen Eltern sie häufig mit Überbetonung und Überbewertung ihrer Elternschaft sowie sehr hohen Ansprüchen an sich selbst als Eltern.

Ambivalente Haltungen, Verhaltensweisen und Gefühle der frühen Elternschaft gegenüber sind gerade im Jugendalter zu erwarten. Die im Vergleich zur Zeit vor der Geburt des Kindes massiven Veränderungen im Lebensrhythmus der jungen Eltern kumulieren mit den vielfältigen Entwicklungsaufgaben, die in der Phase der Spätpubertät und Frühadoleszenz zu bewältigen sind. Diese komplexen Anforderungen werden an sie als Erwartungshaltungen von außen herangetragen. Sie haben deren Erfüllung als wichtig und für sich bedeutungsvoll internalisiert. Daher führen sie entweder zeitweise oder dauerhaft zu Überforderungen. Gerade dann, wenn die jungen Eltern sich und ihrer Umwelt zeigen möchten, sie können trotz ihres jungen Alters ihre Elternrolle verantwortlich übernehmen, müssen sie oft erkennen, dass sie damit zeitweise oder anhaltend überfordert sind. Sie entwickeln folglich Schuldgefühle, die sie z.T. mit deutlicher Überbewertung ihrer Elternschaft und daraus resultierender Überbetonung der Mutter- bzw. Vaterrolle zu bewältigen suchen. Diese Bewältigungsversuche führen dann ihrerseits häufig zu Überforderungen.

Vor dem Hintergrund der einschneidenden Veränderungen, die ein Leben mit Kind mit sich bringt, und der vielfältigen Anforderungen, die die Jugendphase an die jungen Eltern stellt, ist es eher erstaunlich, dass es der Mehrzahl der jungen Paare dennoch gelingt, ihre Lebenssituation für sich und ihr Kind befriedigend zu gestalten bzw. die Widersprüchlichkeiten ihrer Erfahrungen als Eltern auszuhalten.

Interviewzitate auf CD-ROM

Die in der Analyse verwandten Interviewpassagen wurden durchnummeriert und auf einer CD-ROM verfügbar gemacht. Hier finden Sie alle Interviews zu diesem Unterkapitel

Bewältigt Eltrnschaften	Nr. 872 - 911
Prekäre Elternschaften	Nr. 912 - 948
Ambivalente Elternschaften	Nr. 949 - 1000

Interviewauszug: bewältigte Elternschaften

Sibel teilt sich die Versorgung und Betreuung des gemeinsamen Kindes mit dem Kindsvater, denn sie absolviert zum Zeitpunkt des zweiten Interviews ein einjähriges Vollzeitpraktikum, das sie kurz vor der Elternzeit zu beenden plant. Sie will nach der Geburt ihres zweiten Kindes eine Schulausbildung für Heilerziehungspflege beginnen, für die das Praktikum Voraussetzung ist. Ihre Schilderungen machen deutlich, dass sie ihren Alltag mit Kind zwar als anstrengend erlebt, aber nicht als belastend empfindet:

Frage: „Was, würdest du sagen, hat sich in deinem Leben am meisten verändert? […]

Sibel: Ja, weiß ich nicht, es hat sich natürlich auf der einen Seite alles verändert, und auf der anderen Seite irgendwie gar nichts verändert. Also ich weiß nicht, also halt er (ihr Sohn) ist da, und das ist halt etwas völlig anderes mit Kind.

Frage: Wie findest du nun die Veränderung in deinem Leben? Also dadurch, dass er da ist?

Sibel: Hm – Ich möchte es nicht anders haben.

Frage: Gibt es auch Schwierigkeiten … dadurch, dass er da ist …?

Sibel: Also es ist immer so, dass er unheimlich ‚Mama-bezogen' ist, dass er immer ‚Mama, Mama' hinter mir herkrabbelt … und immer so, dass ich halt irgendwie was in Ruhe nicht machen kann. Ein Buch lesen ist auch nicht (mehr drin), wenn er da ist … Das ist wahrscheinlich auch (deshalb), weil ich ja immer … acht Stunden arbeiten gehe, und wenn ich dann da bin, dann denkt er sich: ‚Meine Mama! Alle weg!' […]

Sibel: Aber es ist halt auch nicht so ein großes Problem, weil er geht abends um halb acht ins Bett, und dann hat sich die ganze Lage wieder entspannt. Dann kann ich auch halt irgendwie was machen … und ansonsten bin ich halt seine Mama!" (2. Int. 04, S. 10, 17 Jahre)

Sie verdeutlicht, dass sie diesen Alltag mit der Unterstützung durch den Kindsvater, der das Kind halbtags betreut und durch die Hilfe ihres nahen sozialen Umfeldes ohne größere Probleme bewältigt.

1.4 Wirtschaftliche Situation

Es ist zu betonen, dass die Mehrheit der jungen Eltern ihren Lebensunterhalt auf einem niedrigen materiellen Niveau bestreitet. Ihr Auskommen ist – abgesehen von persönlichen Fähigkeiten, wie z.B. „strategisches" Einteilen der finanziellen Mittel – weit gehend von externer Unterstützung abhängig. Paare, die finanzielle oder materielle Hilfe aus ihrem Umfeld erhalten, haben einen erheblichen Vorteil gegenüber anderen, die nicht auf private Unterstützung zurückgreifen können oder wollen. Wenn in den Ausführungen z.B. von Konsumeinschränkung die Rede ist, dann bedeutet das für die Betroffenen nicht selten eine extreme Zurücknahme eigener Bedürfnisse. Auch wenn davon gesprochen wird, dass einige Befragte Schwierigkeiten haben, mit den ihnen zur Verfügung stehenden Mitteln zu haushalten, muss dabei berücksichtigt werden, dass sie innerhalb eines z.T. äußerst begrenzten finanziellen Rahmens wirtschaften müssen. Zudem ist zu beachten, dass externe Faktoren, wie z.B. hohe Mieten, zu wenige Kinderbetreuungsmöglichkeiten und fehlende Arbeitsplätze, die sich stark auf die finanzielle/materielle Situation der Familien auswirken, nicht in die Datenanalyse einbezogen werden konnten.

Staatliche Transferleistungen

Bis auf wenige Ausnahmen beziehen zum Zeitpunkt des dritten Interviews fast alle Paare neben dem Kindergeld noch Erziehungsgeld. Zum großen Teil erhalten sie staatliche Unterstützungen wie Sozialhilfe, Wohngeld, Berufs- und Ausbildungsbeihilfen (BAB, BAföG), Jugendhilfeleistungen bzw. Hilfen für junge Erwachsene (nach dem KJHG), Unterhaltsvorschuss durch das Jugendamt.

Typologie zur finanziellen Lage

Auf der Grundlage der Aussagen der 20 jungen Paare in Bezug auf ihre finanzielle Lage werden positive von ambivalenten Einschätzungen unterschieden. Die Angaben derjenigen, die ein kongruentes Bild ihrer materiellen/finanziellen Lage zeichnen und deren Ausführungen keine problematischen Momente erkennen lassen, werden als positive Einschätzungen definiert. Als ambivalente Beurteilungen gelten solche mit prekären Angaben (Hinweis auf Schulden) oder anderen problematischen Inhalten. Auch Fälle, in denen die Situationseinschätzungen des Mannes und der Frau voneinander abweichen, wurden ebenso als ambivalent gekennzeichnet wie andere Unstimmigkeiten in den Schilderungen eines Paares. Explizit negative Situationseinschätzungen kommen relativ selten vor und dann nur bei einem der PartnerInnen; daher wurden sie den ambivalenten Aussagen von Paaren zugeordnet.

Auffallend war, dass InterviewpartnerInnen selbst äußerst angespannte Finanzlagen schönfärbten oder sie ihre Geldsorgen vor sich selbst oder vor uns nicht wahrhaben wollten. Hauptgründe sind offensichtlich Angst und Scham: Für die Betroffenen ist es häufig beschämend, über eine Verschuldung oder eine Situation zu sprechen, die dem Existenzminimum gleicht. Menschen, die in schlechten wirtschaftlichen Verhältnissen leben, haben mit existenziellen Ängsten zu kämpfen, die anzusprechen unser Interview kein geeigneter Rahmen gewesen wäre.

Nachfolgend werden die subjektiven Einschätzungen der Befragten unter verschiedenen analytischen Gesichtspunkten betrachtet. Es geht hier nicht um eine objektive Darstellung ihrer finanziellen Situation, sondern vor allem um die Strategien der jungen Paare, mit ihren zumeist recht eingeschränkten finanziellen Möglichkeiten zurechtzukommen bzw. ihre finanzielle Lage zu verbessern. Darüber hinaus wird untersucht, ob sich die Einschätzungen der wirtschaftlichen Lage durch die jungen Frauen im Zeitraum der Untersuchung verändert haben.

Zusammenlebende Paare mit positiver Einschätzung

Fünf *zusammenlebende* und *gemeinsam wirtschaftende* Paare – vier verheiratete leibliche Eltern und eine junge Mutter mit neuem Partner – beurteilen ihre finanzielle Lage übereinstimmend und unabhängig voneinander *positiv* oder ihre finanziellen Mittel als ausreichend. Für diese Paare ist charakteristisch, dass mindestens einer der beiden PartnerInnen über ein regelmäßiges Einkommen aus einer Erwerbsarbeit verfügt. Jedoch nur ein Paar kann seine Existenz ohne zusätzliche private oder staatliche Unterstützung sichern. Es ist auch das einzige Paar der Gesamtstichprobe, das seine gemeinsame finanzielle Situation als „sehr gut“ bezeichnet. (Die junge Mutter bessert das Familieneinkommen nur durch Einkünfte aus einer Aushilfstätigkeit auf.) Alle anderen Paare finanzieren ihren Lebensunterhalt aus der (vollen) Berufstätigkeit eines Elternteils oder beider PartnerInnen – wobei einer von ihnen (mehrheitlich die Frauen) ein Ausbildungsgehalt bzw. geringfügige Einkünfte aus Nebentätigkeiten erhält – in Kombination mit privater und/oder zusätzlicher staatlicher Unterstützung.

Im deutlichen Unterschied zu den InterviewpartnerInnen mit ambivalenten Einschätzungen sind die Paare dieser Gruppe beruflich vergleichsweise weit gehend „etabliert“, besonders die Männer, die durchschnittlich ca. zwei Jahre älter als ihre Partnerinnen sind. Vier der jungen Männer sind voll erwerbstätig, ein Kindsvater ist noch Student und lebt hauptsächlich von dem Gehalt seiner Frau, die jetzt, nach soeben beendeter Ausbildung, voll erwerbstätig ist.

Von den fünf jungen Müttern haben zwei eine abgeschlossene Berufsausbildung, eine von ihnen, die mittlerweile zwei Kinder hat, übt ihren Beruf nicht mehr aus. Eine junge Frau absolviert derzeit ihre Ausbildung; zwei andere sind ohne Ausbildung. Während eine von ihnen ihre Ausbildungspläne revidiert hat und sich auf ihre hausfraulichen und erzieherischen Tätigkeiten sowie auf gelegentliche Aushilfsjobs konzentriert, spricht die andere noch von ihren Ambitionen, einen höheren Schulabschluss zu erreichen und einen Ausbildungsplatz zu finden. Sie trug bislang ebenfalls durch Nebentätigkeiten zur Verbesserung des Familieneinkommens bei.

Drei dieser zusammenlebenden Paare beziehen zum Zeitpunkt des dritten Interviews keine über Kinder- und Erziehungsgeld hinausgehenden öffentlichen Mittel, erhalten aber regelmäßige private Zuwendungen oder wohnen mietfrei und zwei Familien erhalten Wohngeld.

Den zusammenlebenden und gemeinsam wirtschaftenden Paaren mit positiver Einschätzung ihrer finanziellen Situation gelingt es also, sich die Existenzgrundlagen für ihre junge Familie zu einem Großteil durch Erwerbsarbeit (immer mindestens eines Partners mit einer Vollzeittätigkeit) zu schaffen. Bis auf eine Ausnahme greifen alle anderen dabei seit der Schwangerschaft zeitweise auf staatliche Unterstützungsmöglichkeiten zurück. Wenn z. B. ein Elternteil noch in Ausbildung und der Partner oder die Partnerin arbeitslos ist bzw. keine Einkünfte aus einer Erwerbsarbeit hat, ist ein Teil der jugendlichen Eltern auf Transferleistungen angewiesen, wie z. B. Sozialhilfe, Arbeitslosenunterstützung oder Wohngeld. Zudem zeigt die Tatsache, dass die Mehrheit dieser Paare mehr oder weniger regelmäßige materielle und finanzielle Hilfen aus ihrem sozialen Umfeld erhält, die Notwendigkeit von zusätzlicher Unterstützung trotz eigener Einkünfte an. Ohne diese private Unterstützung müssten einige junge Eltern vermutlich stärker auf staatliche Mittel zurückgreifen bzw. es wäre ihnen nicht möglich, ihre ökonomische Basis stabil zu halten.

Neben der Absicherung der Existenzgrundlagen durch Berufstätigkeit ist für die Gruppe der Paare mit positiver Einschätzung ihrer wirtschaftlichen Situation ein disziplinierter, d. h. bewusster Umgang mit ihren finanziellen Mitteln (z. B. durch Einkaufsstrategien) sowie ein Zurückstellen eigener Wünsche (Konsumeinschränkung) charakteristisch – auch ausdrücklich zu Gunsten des Kindes. Doch machen sie auch deutlich, dass sie sich selbst gelegentlich „etwas gönnen“ können. Ein Paar mit zwei Kindern schafft sich sogar finanzielle Rücklagen. Das kann gelingen, da beide Partner mit dem „Familienetat“ umsichtig und weitblickend umgehen und sie private Unterstützung erhalten.

Die jungen Mütter zeigen während des Untersuchungszeitraums *Kontinuität* in der positiven Einschätzung ihrer wirtschaftlichen Situation. Nur eine Mutter hatte ihre Lage im zweiten Interview negativ eingeschätzt, als sich ihre finanziellen Verhältnisse vorübergehend durch Arbeitslosigkeit verschlechtert hatten.

Nicht zusammenlebende Paare mit positiver Einschätzung

Von den vier *nicht zusammenlebenden* und *-wirtschaftenden* Paaren schätzen drei ihre jeweils eigene ökonomische Situation ebenfalls positiv ein.

Die drei Männer, von denen zwei jeweils neue Partner der jungen Mütter sind, erhalten keinerlei öffentliche Unterstützung. Sie leben von ihren Einkünften aus Vollerwerbstätigkeit bzw. der Kindsvater von seinem Ausbildungsgehalt. Ihre Situation stellt sich anders dar als die der jungen Männer, die mit ihrer Partnerin und Kind bzw. Kindern zusammenleben: Sie können ihr Einkommen vornehmlich für ihre eigenen Interessen ausgeben und benötigen keine privaten oder öffentlichen Hilfen. Der Kindsvater, der nur über ein Ausbildungsgehalt verfügt und eine Unterhaltsverpflichtung gegenüber seinem Kind hat, erhält zwar von seinen Eltern Unterstützung. Aber auch er kann einen Teil seiner Einkünfte für eigene Zwecke außerhalb der Interessen der jungen Familie verwenden, da seine in einer Mutter-Kind-Einrichtung lebende Freundin vollständig durch die Jugendhilfe abgesichert ist.

Die Partnerinnen dieser jungen Männer hingegen sind – ähnlich wie die allein erziehenden Mütter – seit ihrer Schwangerschaft von staatlicher Unterstützung abhängig (zwei junge Frauen sind durch Maßnahmen der Jugendhilfe abgesichert, eine Abiturientin durch Sozialhilfe). Eine von ihnen beginnt sich zum Zeitpunkt des dritten Interviews durch die Aufnahme einer vom Arbeitsamt finanzierten Ausbildung aus dem staatlichen Unterstützungssystem zu lösen und erhält nun nur noch Sozialhilfe für ihr Kind. Auch eine der jüngsten unserer befragten Mütter (beim dritten Interview 16 Jahre) absolviert gerade ihre Ausbildung. Sie hat durch die vorgegebene Einteilung ihres Geldes gelernt, mit ihren Mitteln hauszuhalten und traut sich zu, in einigen Monaten ohne die Reglementierungen durch die Einrichtung zurechtzukommen.

Beim Umgang der beiden anderen jungen Mütter mit ihren finanziellen Mitteln fällt ebenfalls ein vorausschauendes und bewusstes Verhalten auf: Sowohl die konsumorientiertere als auch die eher konsumkritische junge Frau teilen sich in Zeiten geringer vorhandener Mittel diese bewusst ein und stellen eigene Interessen zurück. Sie setzen bei Anschaffungen Prioritäten, indem sie zwischen ihnen Wichtigem und Unwichtigem unterscheiden; eine von ihnen legt Geld für die Zukunft zurück.

Allen jungen Müttern, die ihre ökonomische Situation im letzten Interview positiv einschätzen, ist gemeinsam, dass sie seit Beginn der Untersuchung fast durchgängig davon berichten, mit ihren finanziellen Mitteln zurechtzukommen (*Kontinuität*).

Paare mit ambivalenter Einschätzung

Zwölf Paare, von denen ein Paar noch nicht zusammenlebt und -wirtschaftet, beurteilen ihre finanziellen Verhältnisse *ambivalent*. Da sich die wirtschaftlichen Lagen der Paare in z.T. erheblichem Maße voneinander unterscheiden, führten wir zwei Unterkategorien ein: Die Unterkategorie problematische Aspekte beinhaltet alle Schilderungen von Paaren, die z.T. sehr heikle Momente aufweisen, etwa den Hinweis auf ein Leben am Existenzminimum. Die zweite Unterkategorie ist die der prekären finanziellen Lagen. Für sie ist charakteristisch, dass die Paare sich bereits verschuldet haben und sich in einer Schuldenspirale befinden.

Formen der Grundsicherung

Wie bei den Befragten mit positiver Bewertung ihrer wirtschaftlichen Lage finden sich auch bei den Paaren mit ambivalenter Einschätzung verschiedene Kombinationen der Mischfinanzierungen zur Sicherung ihrer Existenz. Jedoch sind sie stärker auf *externe finanzielle/materielle Unterstützung* angewiesen als die anderen. Dies steht mit der weniger stabilen beruflichen Situation der Paare in Zusammenhang. Nur drei Interviewpartner sind voll erwerbstätig, alle anderen verfügen entweder über gar kein Einkommen oder über geringe Einkünfte. Sie leisten Teilzeitarbeit, stehen zurzeit in einem geringfügigen Beschäftigungsverhältnis, absolvieren eine Ausbildung bzw. ein Praktikum oder studieren. Einige sind arbeitslos, andere ohne abgeschlossene Ausbildung, ohne Arbeitserlaubnis oder nehmen an einer berufsvorbereitenden Maßnahme teil.

Auf Grund der schlechteren ökonomischen Lage benötigen zwei Paare neben dem eigenen Einkommen Unterstützung von ihren Familien, fünf Paare (bzw. ein Partner) zudem öffentliche Mittel. Die materielle/finanzielle Basis von fünf Paaren beruht vornehmlich bzw. gänzlich auf staatlichen Unterstützungen.

Einschätzungen mit problematischen Aspekten

Sechs Paare geben an, zwar (noch) mit ihren finanziellen Mitteln auszukommen, aber nur durch z.T. erhebliche materielle Selbstbeschränkung (Konsumverzicht, Verzicht auf Freizeitaktivitäten u. Ä.). Geld für etwas auszugeben, das über die Befriedigung von Grundbedürfnissen hinausgeht, ist bei diesen jungen Paaren selten möglich. Dies deutet darauf hin, dass sie am Rande des Existenzminimums leben. Sie berichten davon, dass außerplanmäßige Ausgaben zu finanziellen Engpässen führen – z.B. durch den Erwerb von Unterrichtsmaterialien für das Studium. Selbst geringfügige Ausgaben, etwa für ein Eis oder ein belegtes Brötchen, sind zum Luxus geworden. Bedrohlich wird die Situation, wenn das Erziehungsgeld wegfällt. Dann besteht die Gefahr einer weiteren Verschlechterung der materiellen Basis. Aus solch einer Zuspitzung können dann prekäre Lebenslagen entstehen, die zur Verschuldung, aber auch zu Sekundärproblemen, etwa zu Partnerschaftskonflikten, führen können.

Bewältigungsstrategien

Eine der Bewältigungsstrategien, die die meisten der Befragten anwenden, besteht in z.T. sehr starker Konsumeinschränkung mit Verzicht auf die Erfüllung von Wünschen, die das existenziell Notwendige überschreiten. Dies ist z.T. mit geringen materiellen Ansprüchen und einem bewussten Umgang mit ihrem monatlichen Etat verbunden. Jedoch machen einige Befragte auch deutlich, dass sie Schwierigkeiten mit der Einteilung ihres Geldes haben. Sie bemerken, ihre Ausgaben seien in manchen Bereichen oder für manche Zwecke (z.B. für Telefonate), gemessen an den verfügbaren geringen Mitteln, unverhältnismäßig hoch oder sie könnten die Ausgaben nicht richtig kalkulieren (z.B. bei Lebensmitteleinkäufen). Einige der Befragten haben eine eher konsumorientierte Einstellung und, verglichen mit anderen dieser Gruppe, höhere materielle Ansprüche. Andere zeigen eine eher konsumkritische Haltung und wenden sich gegen materielle Konformitätszwänge.

Zusätzliche Erwerbsarbeit wird als weitere Möglichkeit zur Verbesserung der finanziellen Lage betrachtet. Ein Teil der Paare erwägt die Aufnahme zusätzlicher beruflicher Beschäftigungen bzw. Nebentätigkeiten. Das betrifft insbesondere diejenigen Befragten, die mittlerweile zwei Kinder haben, nur über geringe Einkünfte verfügen und bestrebt sind, möglichst wenig externe Unterstützung in Anspruch zu nehmen.

Das Ausschöpfen öffentlicher Mittel und (umfangreicher) privater Unterstützungsmöglichkeiten ist eine weitere Strategie einiger Paare. Obwohl sie ihre materiellen Ansprüche gering halten, haben sie finanzielle Schwierigkeiten. Dennoch versuchen sie, sich eine positive – möglicherweise zweckoptimistische oder dem sozial Erwünschten folgende – Einstellung zu ihrer wirtschaftlichen Situation zu erhalten.

Wie oben bereits angesprochen, weisen die ambivalenten Schilderungen der Paare mit problematischen Inhalten aber auch Strategien auf, die gleichzeitig Konfliktpotenzial beinhalten können. So kann extreme Konsumeinschränkung oder einseitige Selbstbeschränkung eines Elternteils das partnerschaftliche und familiäre Klima beeinträchtigen, zumal wenn sich die Zurückhaltung über lange Zeiträume erstreckt. Selbst in den Äußerungen von Paaren mit geringen materiellen Ansprüchen oder mit einer konsumkritischen Einstellung kommen Hinweise auf Beziehungsspannungen vor. Sie können zwar nicht unmittelbar und ausschließlich auf die schwierige finanzielle Situation zurückgeführt werden, lassen aber deutlich werden, dass finanzielle (Zukunfts-)Sorgen eine der besonderen Belastungen ihres Alltags mit Kind/Kindern sind.

Die Mehrheit dieser jungen Mütter zeigt *Kontinuität* in der Einschätzung ihrer finanziellen Situation: angespannt, aber von ihnen zu bewältigen. Nur eine *ändert* ihre anfänglich *negative* Einschätzung: Sie *kommt* zum Zeitpunkt des dritten Interviews mit den geringen Mitteln und der unbefriedigenden Situation *zurecht*.

Paare in prekären finanziellen Lagen

Ebenfalls sechs Paare sind verschuldet. Die jungen Eltern bzw. Mütter leben z.T. bereits seit der Schwangerschaftszeit in prekären finanziellen Verhältnissen, die durch eine hohe Schuldenlast des Partners oder durch Schulden, die sie als Paar machten, gekennzeichnet ist. Im Höchstfall belaufen sich die Schulden auf über 30.000 €; eine Schuldenlast bis zu 10.000 € kommt mehrfach vor. Hier ist eine Konsolidierung der wirtschaftlichen Situation, wenn überhaupt möglich, nur mühsam zu erreichen. Sie setzt einen dauerhaften, kontrollierten Umgang mit Geld und äußerste Selbstbescheidung bzw. starke Konsumeinschränkung sowie langfristige regelmäßige Einkünfte in nicht geringer Höhe voraus.

Auch eine schleichende Neuverschuldung durch Ratenkäufe charakterisiert die prekären finanziellen Lagen. Zugleich fehlt eine Unterstützung von außen oder diese reicht nicht aus, um wirksam eine Verbesserung der wirtschaftlichen Situation der jungen Familien herbeizuführen. Keine oder zu geringe Einkünfte aus einer Erwerbsarbeit tragen ebenfalls zu einer prekären Situation bei, sodass einige Paare vollständig von staatlicher Unterstützung abhängig sind.

Selbst wenn einige dieser jungen Eltern davon sprechen, „eigentlich genug Geld“ zu haben – z. B. weil sie über regelmäßige Einkünfte aus einer Vollzeiterwerbsarbeit oder aus öffentlichen Mitteln verfügen –, haben sie aber Schwierigkeiten, ihre monatlichen Kosten abzudecken oder ihre Raten für Anschaffungen abzubezahlen, also ihre Schulden zu begleichen. Dies ist z. B. der Fall, wenn Männer einer ehemaligen Partnerin und ihrem gemeinsamen Kind gegenüber unterhaltspflichtig sind, gleichzeitig aber einen neuen Hausstand mit einer neuen Partnerin und deren Kind gründen.

Für junge Paare mit Kind, die nicht über eigene Einkünfte verfügen, gerade ihre Ausbildung absolvieren oder keine abgeschlossene Ausbildung haben und daher niedrigdotierte Aushilfstätigkeiten ausüben, ist in absehbarer Zeit vielfach keine Verbesserung und erst recht keine Konsolidierung ihrer wirtschaftlichen Situation zu erwarten. Wenn eine konsumorientierte Einstellung hinzukommt und sie sich unter Konformitätsdruck setzen lassen, der sich z. B. in größeren Anschaffungen für die Wohnung u. Ä. äußert, geraten sie schnell in eine Schuldenspirale. Bei Wegfall des Erziehungsgeldes und der zumeist in absehbarer Zeit geringen Aussicht auf ein höheres Einkommen wird die daraus resultierende wirtschaftliche Situation schwer zu bewältigen sein. Dies ist besonders der Fall, wenn die Familie größer wird (einige Paare haben oder erwarten ihr zweites Kind).

Prekäre finanzielle Situationen sind eindeutig eine schwere Belastung und bergen sehr viel Potenzial für Konflikte und Folgeprobleme in sich. Mit Geldsorgen verbundene Schuldgefühle, Zukunftsängste (z. B. in Bezug auf Arbeitsplatzverlust), Aggressionen und Depressionen erhöhen die Brisanz der Lebenssituation nicht nur bei jungen, sondern auch bei älteren „gestandenen“ Paaren.

Strategien bei Verschuldung

Wie bei den meisten anderen Paaren, die ihre finanzielle Lage zwar ambivalent beschreiben, jedoch nicht verschuldet sind, unternimmt mehr als die Hälfte der in prekären Lagen lebenden Befragten z.T. erhebliche Anstrengungen, ihre finanzielle Misere zu bewältigen. Beim Umgang mit ihren finanziellen Mitteln und der Verbesserung ihrer ökonomischen Situation entwickelt die Mehrheit der Paare aktive Strategien. Aktive Strategien zeigen sich in einem bewussten, kontrollierten Kaufverhalten, verbunden mit Konsumeinschränkung bzw. einer (z.T. äußerst starken) Zurücknahme eigener materieller Bedürfnisse (zu Gunsten der Kinder) und dem Verzicht auf kostspielige Freizeitaktivitäten (teure Hobbys, Freizeitpark-, Gaststättenbesuche). Mit der (beabsichtigten) Aufnahme zusätzlicher Erwerbsarbeit bzw. dem Ausführen mehrerer Nebentätigkeiten, aber auch mit der Absicht, eine Ausbildung zu beginnen, versuchen die jungen Eltern, ihrer ruinösen finanziellen Lage zu entkommen bzw. sich die Grundlage für eine eigene Existenzsicherung zu schaffen.

Einige wenige Befragte aktivieren jedoch keine Selbsthilfepotenziale, um ihre Finanzlage zu konsolidieren. Sie lassen kaum eine Strategie zur Verbesserung ihrer finanziellen Situation erkennen, die über eine ansatzweise selbstkritische Reflexion der eigenen materiellen

Ansprüche und des Konsumverhaltens und über den Verzicht auf teure Freizeitaktivitäten hinausgehen. Eher sprechen sie von passiven Strategien, um sich mit ihrer Situation zu arrangieren. Sie finden Rechtfertigungen für ihre finanzielle Misere in Gründen, die außerhalb des eigenen Verantwortungs- und Einflussbereichs liegen. Manche InterviewpartnerInnen resignieren und nehmen ihre schwierige finanzielle Situation hin, andere beschönigen sie. Einige von ihnen zeigen keine Initiative, etwas gegen ihre wirtschaftlich schlechte Lage zu unternehmen, andere eruieren staatliche Unterstützungsmöglichkeiten. Der Umgang dieser Paare mit ihren finanziellen Mitteln ist dadurch charakterisiert, dass sie zur Verfügung stehendes Geld unkontrollierter als andere und weniger planerisch-vorausschauend ausgeben. Es fällt ihnen schwer, ihre Konsumbedürfnisse zu reduzieren. Im Vergleich zu anderen Befragten haben sie höhere materielle Ansprüche (z. B. in Bezug auf die Wohnungseinrichtung, Kleidung, Auto u. Ä.). Sie streben eine Lebensführung an, die sie als allgemeinen Standard annehmen, die aber ihre Möglichkeiten übersteigt.

Vor dem Hintergrund ihrer Verschuldungen zeigen zwei junge Mütter ***negative Veränderungen*** in ihrer Einschätzung der finanziellen Situation. Zwei Frauen bewerten ihre Lage durchgängig als angespannt, sind jedoch der Meinung, sie zu bewältigen. Zwei junge Mütter zeigen ***Kontinuität*** in der ***negativen*** bzw. ***positiven*** Beurteilung ihrer schwierigen wirtschaftlichen Situation. Dabei kommt diejenige mit positiver Einschätzung mit ihrem Geld aus und fühlt sich von der Schuldenlast ihres Partners nicht betroffen.

Auswirkungen

Eine angespannte wirtschaftliche Situation ist für junge Eltern eine besondere psychische Belastung, die Zukunftsängste (z. B. vor Arbeitslosigkeit oder Nichterreichen von Ausbildungszielen) und Selbstzweifel hinsichtlich eigener Fähigkeiten zur Folge haben kann. Permanente Unzufriedenheit mit der materiellen Situation, Schuldgefühle desjenigen, der die Schulden in die Beziehung eingebracht hat, Konflikte des Partners/der Partnerin zwischen der finanziellen Verpflichtung dem eigenen Kind aus einer früheren Partnerschaft und der empfundenen Verantwortung der neuen Partnerin oder dem neuen Partner gegenüber sind Ausdruck der psychischen Belastung. Es kommt zu Beziehungsproblemen, die sich in häufigen größeren Streitigkeiten äußern.

Ein klassisches Rollenverständnis unterstützt Schuld- und Schamgefühle sowie Rollenkonflikte der Männer. Sie sehen sich nicht in der Lage, den Lebensunterhalt der jungen Familie zu bestreiten bzw. können ihr nicht den gewünschten Lebensstandard bieten, obwohl sie ihren Konsum einschränken und auf die Ausübung ihnen wichtiger Hobbys verzichten.

Erschwerend kann die gesellschaftlich normierte Einstellung hinzukommen, nach der die wirtschaftlichen Voraussetzungen der jungen Eltern materielle/finanzielle Sicherheit für die (weiteren) Kinder garantieren müssen. Ein starkes materielles Sicherheitsbedürfnis wie auch der Wunsch, ihren Kindern Luxus bieten zu können, oft verbunden mit vergleichsweise höheren materiellen Ansprüchen, haben unmittelbaren Einfluss auf die Familienplanung – eine der Befragten ließ z. B. einen Schwangerschaftsabbruch wegen ökonomischer Unsicherheit vornehmen. Neue Konflikte oder Probleme (Schuldgefühle, depressive Verstimmungen) werden hervorgerufen bzw. können sich verstärken. Einige Paare erleben es als Druck, einen „normalen" Lebensstandard erreichen zu müssen, der sie nicht mehr von anderen Familien unterscheidet. Sie empfinden die Divergenz zwischen materiellen Ansprüchen und deren Realisierbarkeit als Konflikt. Probleme dieser Art sind nicht altersspezifisch und betreffen ebenso „ältere" Paare. Für „junge" Paare sind sie wegen ihrer „Unerfahrenheit" aber noch schwieriger zu bewältigen.

Zu den problematischsten Situationen sehr junger Familien zählt sicherlich die Konstellation: Arbeitslosigkeit beider Eltern, Verschuldung, mangelnde Fähigkeiten hinsichtlich der Einteilung von finanziellen Mitteln und fehlende Unterstützung aus dem sozialen Nahbereich. Die jungen Eltern sind dann vollständig auf öffentliche Mittel angewiesen und werden dies wahrscheinlich auf unabsehbare Zeit auch bleiben. Das muss allerdings von ihnen nicht unbedingt als belastend empfunden werden.

Insgesamt kann festgestellt werden, dass es den in Partnerschaften lebenden jungen Eltern gelingen kann, in den ersten zwei Jahren nach der Geburt ihres Kindes finanziell zurechtzukommen – vorausgesetzt sie erhalten private und staatliche Unterstützung in ausreichender Höhe. Allerdings kann die Tatsache, dass die jungen Eltern eine materiell anspruchslose Lebensführung längerfristig durchhalten müssen, auch als problematisch betrachtet werden, besonders wenn sich der finanzielle Status nach Entfallen des Erziehungsgeldes weiter verschlechtert. Somit ist der Befund, dass die überwiegende Mehrheit der Aussagen unserer Befragten Hinweise auf Schwierigkeiten, Belastungs- oder Überforderungsgefühle in Zusammenhang mit ihrer ökonomischen Situation beinhalten, sehr ernst zu nehmen.

Interviewauszug: finanzielle Situation – problematische Aspekte

Das hier vorgestellte Elternpaar ist weit gehend auf öffentliche Mittel angewiesen. Die junge Mutter hat keine eigenen Einkünfte und ihr Partner verfügt über „ein bisschen BaföG" und eine Vergütung von der Firma, in der er seine Diplomarbeit schreibt. Da der junge Mann wegen seiner Abschlussarbeit für sein Studium an einem weiter entfernten Ort lebt und diese Entfernung ein tägliches Pendeln zwischen Arbeits- und Wohnort unmöglich macht, hat das Paar die Belastung von zwei Wohnungsmieten zu tragen. Die junge Familie erhält Sozialhilfe und Wohngeld, wobei die Einkünfte des jungen Vaters gänzlich in den Unterhalt seiner Familie und in das berufsbedingte Getrenntwohnen und „Berufspendeln" fließen.

Frage: „Gut, und reicht dein Geld aus?

Amadeus: Hm, plus/minus Null. Also wenn ich ehrlich bin – eigentlich leg ich noch drauf, weil ich momentan erst mal zwei Wohnungen (hab), die bezahlt werden (müssen). Ich zahl zwar wenig hier Miete, aber in R. (Stadt) hab ich das Gleiche, also zahl ich schon an Mieten tausend Mark schon allein. Und dann kommt das Pendeln noch, also Spritgeld, das sind auch vierhundert Mark, dann bleibt nicht mehr viel zum Leben (lacht). Eigentlich fast gar nichts.

Frage: Was würdest du sagen, wofür du das meiste Geld ausgibst? Du hast es eben schon angedeutet.

Amadeus: Ja, Wohnung und Pendeln. Also unterm Schluss-Strich bleibt für mich also eigentlich fast gar nichts übrig.

Frage: Ja, das kann ich mir vorstellen.

Amadeus: Ich bin zwar so 'n bisschen bescheiden von den Klamotten her und so, aber es bleibt auch nichts übrig dafür, muss ich jetzt momentan auch sagen.

Frage: Wirst du denn von deinen Eltern irgendwie unterstützt?

Amadeus: Ja, ach so, das Kindergeld kann ich jetzt noch erwähnen, ... aber ansonsten nein."
(Int. 14, S. 6 f., 26 Jahre)

In seiner Äußerung: „Also wenn ich ehrlich bin – eigentlich leg ich noch drauf" liegt der Hinweis auf ein brisantes Moment, denn er trägt im Vergleich zu seiner Partnerin die größere finanzielle Belastung. Das hat zur Folge, dass für ihn persönlich „eigentlich fast gar nichts übrig" bleibt. In diesem Ungleichgewicht kann Konfliktpotenzial für die Partnerschaft liegen.

Interviewzitate auf CD-ROM

Die in der Analyse verwandten Interviewpassagen wurden durchnummeriert und auf einer CD-ROM verfügbar gemacht. Hier finden Sie alle Interviews zu diesem Unterkapitel

Positive Einschätzung der finanziellen Situation Nr. 1001 - 1011

Differenziert nach: zusammenlebenden und nicht zusammenlebenden Paaren

Ambivalente Einschätzung der finanziellen Situation Nr. 1012 - 1036

Differenziert nach: grundsätzlich problematischen Aspekten und einer Unterscheidung von prekärer Situation zusammenlebender und nichtzusammenlebender Paare.

2 Sexualität und Verhütung nach der Geburt des Kindes

Die Kategorie Sexualität und Verhütung nach der Geburt des Kindes umfasst zwei wesentliche Themenkomplexe, die aus den drei Befragungsserien mit den Interviewpartnerinnen und der Befragung ihrer Partner erarbeitet werden konnten. Diese Dimensionen zeigen auf, was ihnen bezüglich ihrer Sexualität und ihres Verhütungsverhaltens wichtig ist:

- Erleben von Sexualität und
- Verhütung nach der Geburt des Kindes bzw. der Kinder

2.1 Erleben von Sexualität

Die meisten unserer Interviewpartnerinnen hatten zum Zeitpunkt des ersten Interviews eine negative Einstellung zu ihrer eigenen Sexualität auf Grund ihrer bisherigen Erfahrungen, aber auch durch negative Beurteilungen ihrer sexuellen Aktivität durch das soziale Umfeld. Einige Jugendliche versuchten dann aber, über weitere sexuelle Begegnungen ihre Möglichkeiten des sexuellen Erlebens auszuloten und neue, für sie positivere Erfahrungen zu machen.

Welche Einstellung die jungen Mädchen ihrer Sexualität gegenüber hatten, wurde auch bestimmt von ihrem Vertrauen in die Ernsthaftigkeit der Absichten der jungen Männer. Wurde dieses Vertrauen enttäuscht, reagierten sie mit negativen Einstellungen zu Sexualität, ebenso dann, wenn es ihnen in für sie negativen Situationen nicht gelang, sich zu verweigern.

Ähnlich wie bei den jungen Müttern ohne Partner soll im Folgenden dargestellt werden, wie sich das Erleben von Sexualität und die weitere sexuelle Aktivität der jungen Mütter in festen Partnerschaften entwickelt haben.[69] Darüber hinaus wurden auch die Berichte der jungen Väter zum Thema analysiert, um systematische Einblicke in ihre Erfahrungen mit Sexualität und ihre Einstellungen zu diesem Bereich ihrer Beziehung mit den jungen Müttern (und anderer Partnerinnen) zu gewinnen.

Im Vergleich mit den Bewertungen ihrer sexuellen Erfahrungen und ihres Erlebens von Sexualität stellen sich die Einschätzungen bei den jungen Paaren als sehr viel heterogener dar als bei den jungen Frauen ohne feste Partnerschaft.

---

69 Die Tatsache, dass sie zum Zeitpunkt des dritten Interviews nach ihren eigenen Aussagen in festen Beziehungen leben, heißt nicht, dass sie keine weiteren sexuellen Erfahrungen gesammelt haben. Das trifft besonders auf die jungen Mütter, die einen neuen festen Partner haben, zu, aber auch für einige, die noch immer mit dem Kindsvater in einer festen Beziehung leben.

Erfahrungsmuster in den Paarbeziehungen

Ausgehend von der Einschätzung ihrer sexuellen Erfahrung konnten drei Erfahrungstypen gebildet werden, die wesentliche Erlebensmomente gemeinsam haben, aber auch recht unterschiedliche Einzelmerkmale aufweisen. Datenbasis dieser Typenbildung sind – in Parallelität zu der der jungen Mütter ohne festen Partner – die Aussagen unserer Interviewpartnerinnen. Die Einschätzungen ihrer Partner, die die Aussagen ergänzen und z.T. differenzieren, werden einbezogen.

Positive Erfahrungen

Zwölf der 20 jungen Mütter in festen Beziehungen beschreiben im dritten Interview ihre Erfahrungen mit Sexualität als *positiv*. Sechs dieser jungen Frauen sind noch mit den leiblichen Vätern der Kinder zusammen. Bei vier von ihnen haben sich im Vergleich zum zweiten Interview *keine Veränderung* der Einschätzung ihres sexuellen Erlebens ergeben. Auch ihre Partner schildern übereinstimmend die gemeinsame Sexualität als „gut".

Eine verheiratete junge Frau bleibt in ihrer Beurteilung ebenfalls konstant positiv, während ihr Mann sein sexuelles Erleben als weniger befriedigend beschreibt und seinen Mangel an Erfahrungen mit anderen Frauen bedauert. Eine weitere der jungen Frauen äußert sich ebenfalls konstant positiv, ihr Partner verweigert jedoch als einziger in unserer Stichprobe die Beantwortung aller Fragen zu Sexualität, sodass die Frage nach Übereinstimmung nicht beantwortet werden kann.

Sechs unserer Interviewpartnerinnen leben in festen Beziehungen mit neuen Partnern und schildern jetzt ihre sexuellen Erfahrungen, im Gegensatz zum zweiten Interview, *wieder als positiv*. Bei allen ihren Partnern besteht Übereinstimmung in dieser Beurteilung.

Negative Erfahrungen

Insgesamt nur fünf der jungen Mütter schildern ihre Erfahrungen mit Sexualität als *negativ*. Drei von ihnen hatten sich auch schon im zweiten Interview negativ geäußert. In zwei Fällen stimmt ihr Partner in seiner Beurteilung mit ihnen überein. Ein neuer Partner hingegen zeigt keine Übereinstimmung mit der Einschätzung seiner Partnerin.

In den beiden anderen Fällen hatten die jungen Mütter ihre sexuellen Erfahrungen im zweiten Interview noch als positiv geschildert, haben zwischenzeitlich aber ihre Einschätzung – in Übereinstimmung mit ihren Partnern – *geändert*.

Sexuelle Abstinenz

Ähnlich wie bei den jungen Müttern ohne feste Partner sind drei unserer – aus ihrer Sicht – in festen Partnerschaften lebenden Interviewpartnerinnen *sexuell abstinent*, mit sehr heterogenen Begründungen und aus sehr unterschiedlichen Beziehungszusammenhängen heraus. Bei zwei dieser jungen Frauen bestätigt der feste Partner die Tatsache, dass beide keinen Geschlechtsverkehr haben. In einem Fall äußert sich der junge Vater zwar, lässt aber im Gegensatz zu seiner Freundin offen, ob er zum Zeitpunkt des Gesprächs mit ihm sexuellen Kontakt zu ihr hat.

Typologie der Einstellungen

Ausgehend von der Einschätzung ihrer sexuellen Erfahrung konnte eine Typologie aus vier Erfahrungstypen gebildet werden. Sie haben wesentliche Erlebensmomente gemeinsam, weisen aber auch recht unterschiedliche Einzelmerkmale auf. Datenbasis dieser Typenbildung sind – wie bei den jungen Müttern ohne festen Partner – die Aussagen unserer Interviewpartnerinnen. Im Gegensatz zu den Daten dort können hier gleichberechtigt die Aussagen und Einschätzungen ihrer Partner einbezogen werden, die Einblicke in Aspekte der sexuellen Paardynamik ermöglichen.

Der erste Typus ist der der *Zufriedenen*, dem sechs der 20 in festen Partnerschaften lebenden jungen Mütter zugeordnet werden konnten. Charakteristisch für diesen Typus ist, dass vier der sechs jungen Frauen in Übereinstimmung mit ihren Partnern im dritten Interview wie schon zuvor im zweiten, durchgängig positive Beschreibungen ihrer sexuellen Erfahrungen geben. Bei einem Ehepaar gibt es diese Übereinstimmung nicht, der junge Ehemann bedauert sein „Erfahrungsdefizit" im sexuellen Bereich. Der neue Freund einer weiteren dieser Interviewpartnerinnen verweigert alle Fragen zu seiner Sexualität.

Dem Typus der *wieder Zufriedenen* können ebenfalls sechs Paare zugeordnet werden. Alle diese jungen Mütter haben neue feste Partner. Charakteristisch für diesen Typus ist, dass die jungen Mütter auf der Suche nach einem Mann waren, dem „Richtigen" für sie, mit dem sie eine dauerhafte Partnerschaft anstreben konnten. Sie erhofften sich von ihm ebenfalls eine für sie befriedigende Sexualität. Sie hatten alle im zweiten Gespräch ihre sexuellen Erfahrungen als negativ geschildert. Sie bezogen offensichtlich die sexuelle Kompatibilität ebenso in die Partnersuche ein wie andere, meist mit höherer Priorität versehene Elemente des „Zusammenpassens" mit einem Partner. Alle sind zum Zeitpunkt des dritten Interviews überzeugt, jetzt den richtigen Partner gefunden zu haben und schildern ihre Sexualität wieder als positiv.

Charakteristisch für einen weiteren Typus, den der *Unzufriedenen*, sind Äußerungen der jungen Leute, die verdeutlichen, dass sie sich in ihrem sexuellen Erleben eingeschränkt bzw. beeinträchtigt fühlen. Sie geben z.T. auch sehr negative Einschätzungen ihrer sexuellen Erfahrungen nach der Geburt des Kindes. Als negativ werden dabei einmal situative Faktoren wie die Einschränkungen der „Gelegenheiten" durch die Gegenwart des Kindes, aber auch der Mangel an spontanen sexuellen Situationen genannt. Im Gefühlsbereich deuten einige junge Mütter an, dass ihnen Sexualität nicht mehr viel bedeutet, ihre Empfindungsmöglichkeiten eingeschränkt sind bzw. die erotische Attraktivität des Partners deutlich nachgelassen hat.

Charakteristisch für den letzten Typus, die sexuell *Abstinenten*, ist eine umfassende sexuelle Abstinenz bzw. Koitusabstinenz. Sie bedeutet zum einen sexuelle Verweigerung der jungen Mütter. Zum anderen ist sie als noch geübte sexuelle Zurückhaltung zu verstehen, die im Wesentlichen vom neuen Freund ausgeht, aber von beiden PartnerInnen getragen wird. Diesem Typus können zwei Paare, bei denen die jungen Männer leibliche Väter ihrer Kinder sind, und ein Paar, bei dem die junge Mutter einen neuen Freund hat, zugeordnet werden. Alle drei jungen Mütter berichten, dass sie „nicht mehr“ oder „noch nicht“ mit ihren Partnern „schlafen“. Zwei der hier zugeordneten jungen Frauen begründen ihre Verweigerung im Wesentlichen mit mangelnder Libido. Eine von ihnen hatte einen Abbruch einer Zwillingsschwangerschaft, den sie zwar be-, aber nicht verarbeitet hat. Er lässt sie sich aus Schuldgefühlen heraus verweigern. Zudem nennt sie wie die andere junge Frau schwer wiegende Ereignisse in den Beziehungen zum Kindsvater, die zu ihrem mangelnden Interesse an und gänzlichem Verzicht auf Sexualität führten. Auch bei der dritten jungen Mutter sind es gravierende Erfahrungen im Beziehungsbereich mit dem Kindsvater. Sie lassen sie, nach ihrer Trennung von ihm, in der neuen Beziehung die vom Freund ausgehende Zurückhaltung akzeptieren.

Interviewzitate auf CD-ROM

Die in der Analyse verwandten Interviewpassagen wurden durchnummeriert und auf einer CD-ROM verfügbar gemacht. Hier finden Sie alle Interviews zu diesem Unterkapitel

Die Zufriedenen	Nr. 1037 - 1043
Die wieder Zufriedenen	Nr. 1044 - 1047
Die Unzufriedenen	Nr. 1048 - 1054
Die Abstinenten	Nr. 1055 - 1058

Interviewauszug: Einstellungstypus „Die Zufriedenen"

Befragt nach ihren sexuellen Erfahrungen nach der Geburt des (ersten) Kindes, antwortet die 17-jährige junge Mutter im zweiten Interview knapp:

Sibel: „Ja, normal. Wie vorher auch." (2. Int. 04, S. 18, 17 Jahre)

Sie ist zu diesem Zeitpunkt mit ihrem zweiten Kind, das geplant war, schwanger. Als wir uns mit ihr zum dritten Mal und nun auch mit dem jungen Vater unterhalten können, ist das zweite Kind bereits sechs Monate alt. Auf die Frage nach ihren Erfahrungen mit Sexualität äußert sie sich ähnlich wie im zweiten Gespräch mit ihr wie folgt:

Sibel: „Wie vorher auch (unschlüssiges Lachen), also gut!" (3. Int. 04, S. 14, 18 Jahre)

Auch wenn sie u. a. wegen ihrer situativ bedingten Anspannung (ihre Kinder waren anwesend und unruhig) nur sehr kurz und bündig antwortet, wird deutlich, dass sich ihr sexuelles Erleben nicht verändert hat und sie ihre diesbezüglichen Erfahrungen mit dem Vater beider Kinder positiv einschätzt. Das Interview mit dem jungen Vater fand dagegen ohne Kinder statt. Er berichtet weitaus ausführlicher[70] und beschreibt seine Erfahrungen mit Sexualität folgendermaßen:

Frage: „Jetzt geht es ums Thema Sexualität und Verhütung. Hat sich in eurer Sexualität durch die Kinder oder auch schon beim ersten Kind ... etwas verändert?

Matthias: Ja, das war halt, weil man immer nach 'ner Schwangerschaft, nach der Geburt immer 'n bisschen warten muss, bis man wieder Sex machen kann. Das war immer ein bisschen anstrengend. Das fand ich auch immer – da hat man heftigen Druck hinterher, auf beiden Seiten. Und irgendwie, das war schon ein bisschen schwierig, aber sonst eigentlich nichts. Also find ich nicht, dass sich da irgendwas geändert hätte!" (Int. 04, S. 29, 22 Jahre)

Abgesehen von seiner biologistischen „Dampfkessel-Alltagstheorie" versucht er (gerade auch über dieses Beispiel) deutlich zu machen, dass für beide die „Wartezeiten" nach den Geburten zu lang waren.

70 Er erscheint eloquenter und vor allem entspannter in der Interviewsituation, da seine Freundin die Kinder betreut und er daher die Fragen ungestört beantworten kann.

2.2 Verhütung nach der Geburt des Kindes bzw. der Kinder

Vor der ersten Schwangerschaft hatte die überwiegende Mehrzahl (16) der zum Zeitpunkt des dritten Interviews in festen Partnerschaften lebenden jungen Mütter mit den Kindsvätern über Schwangerschaftsverhütung gesprochen. Nur vier hatten damals angegeben, dass sie nicht über dieses Thema kommuniziert hatten.

Veränderungen beim Verhütungsverhalten

Auch bei in festen Partnerschaften lebenden jungen Paaren entsteht nach der Geburt des Kindes bzw. in neuen Beziehungen immer wieder neuer Bedarf an Gesprächen über Kontrazeption, denn die meisten von ihnen wenden über die Zeit gesehen verschiedene Verhütungsmethoden an und experimentieren mit unterschiedlichen Kontrazeptiva.

Konstantes Verhütungsverhalten

Nur etwa ein Viertel der Paare zeigt ein Verhütungsverhalten ohne Brüche und Experimente. Diese jungen Eltern haben also konstante und sichere Verhütungsbiografien, die durch eine regelmäßige und problemlose Einnahme der Pille charakterisiert sind. Bei ihnen ist die Einsicht in die Notwendigkeit von Kontrazeption ausgeprägt – auch vor dem Hintergrund ihrer Erfahrung als sehr junge Eltern.

Wechsel der Verhütungsmethode

Drei Viertel der Paare „experimentieren" demgegenüber z.T. mit mehreren Kontrazeptionsmethoden oder müssen aus bestimmten medizinischen Gründen ein Kontrazeptivum durch ein anderes ersetzen. Daraus ergeben sich Situationen, durch die Gesprächs- und Abstimmungsbedarf entsteht.

Kommunikation über Verhütung

Situationen, in denen kommuniziert werden muss zwischen den PartnerInnen, ergeben sich nach Aussage der Befragten aus dem geplanten Wechsel der Verhütungsmethode, z.B. bei „falschem Sitz" einer Spirale; inkonsequenter Anwendung eines Verhütungsmittels bzw. dessen Unverträglichkeit usw. Gesprächs- und Abstimmungsbedarf entsteht auch bei Beendigung der Verhütung bei weiterem Kinderwunsch, dann erneute Wahl einer Verhütungsmethode nach der Geburt und bei sexuellen Erfahrungen außerhalb der bestehenden Partnerschaften. Auch zeitweise sexuelle Abstinenz mit Aufgabe der Kontrazeption und Wiederaufnahme von Sexualverkehr mit neuem Partner erfordern Austausch und Abstimmung.

Es kann nicht immer davon ausgegangen werden, dass die Paare bei solchen Änderungen miteinander kommunizieren, um verhütungsrelevante, sichere und für beide akzeptable Übergangs- bzw. Zwischenlösungen zu finden, auch dann nicht, wenn sie eine weitere Schwangerschaft vermeiden möchten und feste Kontrazeptionsabsichten haben. Ein Indiz für diese Hypothese ist die Tatsache, dass sechs Frauen erneut ungeplant schwanger wurden.

Experimentelles Verhütungsverhalten

Drei Viertel der Paare haben sehr komplexe Verhütungserfahrungen. Sie experimentieren mit verschiedenen Verhütungsmethoden bzw. -mitteln und Präparaten, probieren andere aus, ohne jedoch in allen Fällen die adäquaten Übergangslösungen zu finden. Sie zeigen experimentelle Verhütungsbiografien. Ihre Verhütungsbiografien sind von Unregelmäßigkeiten und Brüchen in der Verwendung z.T. mehrerer Kontrazeptiva nacheinander geprägt.

Die Gründe für experimentelle Verhütungsbiografien sind vielfältig: von Ausblenden des Risikos schwanger zu werden über Nicht-Verträglichkeit eines Verhütungsmittels bis zu emotionaler Überforderung in der intimen Situation. Auch bei diesen jungen Müttern, z.T. auch bei ihren Partnern, ist die Einsicht, dass Verhütung wichtig ist, durchaus ausgeprägt. Ihnen gelingt es jedoch nicht bzw. nicht durchgängig, diese Erkenntnis in konsistentes Handeln umzusetzen. Sie erleben, dass verschiedene Verhütungsmöglichkeiten für sie nicht in Frage kommen, suchen nach anderen Möglichkeiten und experimentieren damit.

Erneute Schwangerschaft

Sieben der in festen Beziehungen lebenden 20 jungen Mütter sind nach dem ersten Kind erneut schwanger geworden, eine achte junge Frau vermutet eine erneute Schwangerschaft. Zwei dieser Schwangerschaften waren geplant, die verbleibenden sechs dagegen ungeplant. Bei zwei von ihnen entschieden sich die Paare für einen Schwangerschaftsabbruch. Bei einer weiteren jungen Mutter wird nicht deutlich, ob die Schwangerschaft durch eine Fehlgeburt oder einen Abbruch beendet wurde. Vier der jungen Paare sind zum Zeitpunkt des dritten Interviews Eltern zweier Kinder.

Als Gründe für die geplanten zweiten Schwangerschaften innerhalb zweier Jahre werden Freude an der Elternschaft genannt und der Wunsch, einen großen Altersunterschied zwischen den Kindern zu vermeiden. Einige Befragte haben eine Lebensplanung, die ihnen nach der Erziehungsphase noch Zeit- und Spielräume für eine Realisierung eigener „Lebensträume“ in noch jüngerem Lebensalter ermöglichen soll.

Von den Paaren, die sich für einen Schwangerschaftsabbruch, in einem weiteren Fall für die Inpflegegabe des zweiten Kindes entschieden haben (unerwünschte Schwangerschaften), werden als Gründe für die erneuten Schwangerschaften die Weigerung des Mannes zu verhüten und der unter Druck entstandene Verzicht auf Verhütung genannt. Die jungen Mütter hofften schlicht, nicht gleich wieder schwanger zu werden. Aber auch Probleme mit der Lage der Spirale und „Versagen“ des Verhütungsschutzes der Pille werden als Ursachen angegeben.

Die Schwangerschaftsabbrüche bzw. die Inpflegegabe des zweiten Kindes werden mit der jeweiligen schwierigen sozialen und emotionalen Situation und der situativen Überforderung der jungen Mütter bzw. Eltern begründet. Eine der Frauen verweigert z.B. seitdem aus Schuldgefühlen jeglichen sexuellen Kontakt, eine andere hat sich nach dem Abbruch vom Kindsvater getrennt. Er hatte unterstellt, das Kind sei nicht von ihm.

Interviewzitate auf CD-ROM

Die in der Analyse verwandten Interviewpassagen wurden durchnummeriert und auf einer CD-ROM verfügbar gemacht. Hier finden Sie alle Interviews zu diesem Unterkapitel

Kommunikation über Verhütung, Verhütungsverhalten — Nr. 1059 - 1072

Differenziert nach: konstanten / sicheren und experimentellen Verhütungsbiografien

Gründe für weitere Schwangerschaft — Nr. 1073 - 1078

Differenziert nach: Wunschkindern und unerwünschten Schwangerschaften

Interviewauszug: experimentelle Verhütungsbiografie

Die Interviewpartnerin berichtet auf die Frage nach ihren Erfahrungen mit Sexualität, dass sie nach der Geburt des ersten Kindes mit dem Kindsvater und auch nach der Trennung von ihm keinen Geschlechtsverkehr mehr hatte und deshalb auch keine Notwendigkeit sah, Schwangerschaftsverhütung zu betreiben.

Manuela: „Mit dem Kindsvater eigentlich, also nach dem Kleinen, also eigentlich überhaupt nicht mehr, weil das eigentlich kein Thema mehr war und ich auch eigentlich überhaupt keinen Nerv mehr dafür hatte. Ja, und mit meinem neuen Partner im Prinzip auch schon (lacht). Sonst wär ich ja wohl nicht wieder schwanger.

Frage: Hmhm (ermutigend).

Manuela: Ja, und es hat auch eigentlich alles geklappt, würde ich sagen. Besser als vorher (lacht).

Frage: Du meinst jetzt die Sexualität selber, ne?

Manuela: Ja. Auf jeden Fall ...

Frage: Habt ihr da auch über Verhütung gesprochen oder war das kein Thema für euch?

Manuela: Ja, wir haben schon drüber gesprochen, aber gebracht hat es nicht viel, wie man sieht (lacht).

Frage: Habt ihr die Schwangerschaft verhütet?

Manuela: Nee.

Frage: Die ganze Zeit nicht?

Manuela: Nee.

Frage: War das bewusst?

Manuela: Ja, wir haben ja eigentlich – ich hab ja gedacht, wir rechnen da mal den Termin vom Eisprung (aus) und so und irgendwie. Haben wir aber dann nicht mehr dran gedacht (lacht). Ja, wir haben uns nicht verrechnet, wir haben danach nicht mehr dran gedacht. Und irgendwie – das ist halt dann doch passiert. Und das eigentlich gleich, nachdem wir zusammengekommen sind, gleich im ersten Monat!“ (2. Int. 35, S. 27 f., 18 Jahre)

Mit dem neuen Freund gab es ihrem Bericht zufolge zwar eine Kommunikation über Kontrazeption, sie haben auch erwogen, eine bestimmte empfängnisverhütende Methode (Knaus-Ogino) für die Übergangszeit anzuwenden, dann aber nicht mehr „dran gedacht“. Die junge Mutter unterstreicht, dass sie sich nicht verrechnet hätten, sondern impliziert, dass die sexuellen Situationen diesen Vorsatz gar nicht zugelassen haben.

3 Lebensweltlicher Kontext

Wie schon im entsprechenden Kapitel „Lebenssituation junger Mütter ohne Partner" ausgeführt[71], sind die jungen Frauen und ihre Partner in einer Phase ihres Lebens Eltern geworden, in der sie ohnehin komplexe und vielschichtige Entwicklungsaufgaben zu bewältigen haben. In der Regel ist die Entwicklung einer Erwachsenen-Identität bei ihnen noch nicht abgeschlossen.

Die Vielschichtigkeit dieses Lebensabschnitts wird durch die zusätzliche Verantwortung für ein Kind und die Herausforderungen, eine Paarbeziehung zu gestalten, noch wesentlich komplexer und damit auch schwerer zu bewältigen.

Die Kategorie „Lebensweltlicher Kontext" ist bei jungen Paaren mit Kind noch komplexer als bei den Müttern ohne Partner. Wir haben die folgenden Themenbereiche, die für sie in ihrem Leben mit Kind besonders wichtig sind, als Dimensionen der Analyse herausgearbeitet. Diese Dimensionen sind die gleichen wie die der jungen Mütter ohne Partner:

- Beziehungen zu den Herkunftsfamilien
- Beziehungen zu Gleichaltrigen
- Unterstützung im sozialen Umfeld

3.1 Beziehungen zu den Herkunftsfamilien

Verglichen mit den jugendlichen Müttern ohne festen Partner hat wahrscheinlich bei den jungen Frauen, die mit einem festen Partner und ihrem Kind meist in eigenen Wohnungen leben, die Herkunftsfamilie einen anderen, vielleicht weniger bedeutenden Stellenwert.[72] Die Vermutung liegt nahe, dass sie sich aus Abhängigkeiten und zu engen Bindungen an ihre Eltern und Geschwister weit gehend gelöst haben, also ihre Verselbstständigung weiter fortgeschritten ist.

Mit dem zweiten und dritten Interview versuchen wir folglich herauszufinden, wie jugendliche Mütter und ihre Partner ihre gemeinsamen Beziehungen zu ihren jeweiligen Herkunftsfamilien gestalten. Ähnlich wie bei den jungen Müttern ohne festen Partner standen nicht die Unterstützungsleistungen von Eltern, Großeltern oder nahen Verwandten im Zentrum der analytischen Auseinandersetzung. Solche Unterstützungsleistungen werden gesondert betrachtet.[73]

---

71 Vgl. Teil 2, Interview 2 und 3, Junge Mütter ohne Partner, Kapitel 3, S. 147

72 Vgl. Teil 2, Interview 2 und 3, Abschnitt 3.1, S. 147

73 Vgl. in diesem Kapitel, Abschnitt 3.3, S. 154

Von besonderem Interesse sind an dieser Stelle die Beziehungen zu den Herkunftsfamilien. Es geht um die Qualität der Kontakte, die die jungen Paare mit ihnen pflegen, deren Bedeutung für sie, auch mit Blick auf den Grad der erreichten Verselbstständigung bzw. Unabhängigkeit.

Diesem Aspekt der Beziehungen zur Herkunftsfamilie gebührt besondere Aufmerksamkeit, da er – so die Annahme – als wesentliche Voraussetzung dafür gilt, in die Mutter- und Vaterrolle hineinzuwachsen und sie kompetent auszufüllen.

Gute Kontakte

Mehr als die Hälfte der jungen Mütter und knapp die Hälfte der jungen Väter berichten von *guten Kontakten* zu ihren jeweiligen Familien und den „Schwiegerfamilien".

Inhaltlich beschreiben die Befragten diese Kontakte als gut, wenn regelmäßige gegenseitige Besuche stattfinden, wenn den Enkel- bzw. Urenkelkindern Zuwendung und Liebe entgegengebracht werden, oder wenn sie familiären Zusammenhalt z. B. bei Familienfesten erleben. Die Kontakte gelten ihnen als gut, wenn ihre Mütter und auch Väter „beste FreundInnen" für sie sind, mit denen sie „über alles reden" und von denen sie sich Rat in wichtigen Fragen holen können. Als positiv bezeichnen sie es auch, wenn ihre Eltern zu ihnen „halten", z. B. bei Schwierigkeiten in der Partnerschaft.

Grad der Eigenständigkeit bei guten Kontakten

Unter Berücksichtigung der jugendspezifischen Aufgaben, sich von der Herkunftsfamilie zu lösen, sind diese als gut bezeichneten Kontakte analytisch sehr unterschiedlich zu beurteilen.

Gute Kontakte können Ausdruck erreichter *Selbstständigkeit* sein, wie es bei zehn jungen Paaren der Fall ist. Inhaltlich findet Selbstständigkeit ihren Ausdruck in der Fähigkeit der jungen Paare, auf einer mehr oder weniger gleichrangigen Basis die Beziehungen zu ihren Herkunftsfamilien selbst initiiert zu gestalten. Ihre Wohnungen werden teilweise zum Familienmittelpunkt für Eltern und Geschwister oder sie besuchen diese. Diese Kontakte werden nicht immer als konfliktfrei erlebt, aber gelegentliche Spannungen gelten für sie als „normal" und beeinträchtigen den Familienzusammenhalt daher nicht nachhaltig. Selbstständigkeit wird auch in der Fähigkeit deutlich, die Kontakte mit Blick auf ihre als legitim empfundenen eigenen Interessen zu gestalten und bestimmte Formen der Unterstützung in Anspruch zu nehmen. Sie brauchen dabei aber die Gewissheit, nicht in verpflichtende Abhängigkeiten zu geraten.

Die Einschätzung der Beziehung zur Herkunftsfamilie als „gut" kann auch Ausdruck von *Abhängigkeit mit Tendenzen zur Verselbstständigung* sein. Die jungen Paare sind von den Kontakten zu wichtigen Bezugspersonen der Herkunftsfamilie abhängig, aber doch um Selbstständigkeit bemüht. Die jugendlichen Eltern (bzw. ein Elternteil) lassen sich immer wieder in den „Schoß" der Familie „zurückfallen" und empfinden diese Geborgenheit als Entlastung. Die Kontakte werden nach wie vor weit gehend von den Eltern oder Elternteilen initiiert, z.T. mit erzieherischen Intentionen, während sich die jungen Paare davon zu lösen suchen. Die Loslösung ist jedoch noch nicht vollständig erreicht, die Beziehungen sind noch unentschieden.

Überschattete Kontakte

Eine Reihe der Beziehungen zur Familie sind durch *überschattete Kontakte* charakterisiert, d.h. sie sind durch Spannungen belastet. Die jungen Paare wurden zu einem Zeitpunkt Eltern, in dem sie ihre Loslösung von den engen Familienbindungen der Kindheit noch nicht erreicht hatten und noch keine eigenständige Identität als junge Erwachsene entwickeln konnten. Charakteristisch für überschattete Beziehungen sind eine vehement kritische Distanzierung von den Lebensweisen und -gewohnheiten der Eltern, Auflehnung gegen Bevormundungen und Einmischungen der Eltern sowie Neuorientierung an anderen Lebensmodellen. Die jungen Paare finden diese z.T. im sozialen Nahbereich des Partners, der Partnerin.

Sechs unserer Interviewpartnerinnen bezeichnen die Kontakte zu ihren Herkunftsfamilien als überschattet. Vier ihrer Partner berichten ebenfalls von gespannten Beziehungen zu ihren Angehörigen. Die anderen beiden bezeichnen diese hingegen als gut. Die beiden sozialen Väter, die von „guten" Beziehungen zu ihren Familien sprechen, leben mit Partnerin und Kind bei seinen Eltern bzw. bei seiner Mutter.

Inhaltlich begründen die jungen Mütter die Spannungen mit unangemessenen Geschenken seitens der Eltern, Mangel an Kommunikationsmöglichkeiten mit den Eltern, deren Einmischung in den Alltag der jungen Familie. Als weitere Ursachen werden sexuelle Übergriffe des Vaters in der Vergangenheit, Ablehnung der Partnerwahl der jungen Mutter, Schwierigkeiten mit neuen Partnern der Mutter und Vertrauensmangel genannt.

Auch die jungen Väter sprechen von fehlendem Vertrauen, besonders aber von mangelndem Respekt gegenüber ihren „antiautoritären" Vätern. Sie berichten von Geschwisterrivalitäten, fehlender Unterstützung in belastenden Schuldensituationen, und von geringem Interesse ihrer Väter an ihrem Lebensweg.

Solche, aus der Sicht der jungen Paare überschatteten Kontakte zur Herkunftsfamilie sind analytisch ebenfalls mit Blick auf jugendspezifische Entwicklungsaufgaben zu betrachten.

Grad der Eigenständigkeit bei überschatteten Kontakten

Bei einigen Paaren führen sie zu einer weit gehenden Loslösung von den Herkunftsfamilien, zur *Selbstständigkeit*, die zwei der jungen Paare erreicht haben. Selbstständigkeit bei überschatteten Beziehungen manifestiert sich in einer Loslösung aus engen Beziehungszusammenhängen, einer gewissen strategischen Vorsicht wieder aufgenommenen Kontakten gegenüber, der eigeninitiierten und geplanten Gestaltung dieser Kontakte. Diese Handlungsweise wird begünstigt durch räumliche Entfernung der Wohnorte von Herkunftsfamilien und jungen Paaren, aber auch durch eine strategisch geplante, selektive Kontaktpflege.

Zwei weitere der jungen Paare haben noch keine Selbstständigkeit im genannten Sinne erreicht, versuchen aber wiederholt, sich von den engen emotionalen Abhängigkeiten zu lösen. Ihre Kontakte zu den Herkunftsfamilien zeigen *Abhängigkeit mit Tendenzen zur Verselbstständigung*. Sie sind nur zum Teil eigeninitiiert, werden entweder in Häufigkeit und Regelmäßigkeit als unerwünschte Einmischung empfunden oder unterliegen Schwankungen zwischen eigenmotivierter Kontaktpflege und „gekränktem" Rückzug.

Bei zwei weiteren Paaren zeigt sich noch eine starke *Abhängigkeit* von den sozialen Kontakten zu ihren Herkunftsfamilien. Sie sind weiterhin angewiesen auf die Angebote sozialer Kontakte von Familienmitgliedern und die damit verbundene emotionale Sicherheit. Geht eine solche Abhängigkeit mit überschatteten Beziehungen einher, sind eigeninitiativ und selbstständig gestaltete Kontakte für die jungen Paare sehr schwer herzustellen. Denn sie müssen sich immer wieder mit den Spannungen und den erfahrenen Verletzungen auseinander setzen, die sie emotional binden.

Inhaltlich berichten sie über Enttäuschungen, die ihnen ihre Familien bereiten. Sie geben auch sich widersprechende Einschätzungen des Verhältnisses zu ihnen, erwähnen Auseinandersetzungen mit den Eltern über Fragen der Kindererziehung, fühlen sich von den Eltern übergangen oder berichten von Schwierigkeiten mit neuen Partnern eines ihrer Elternteile.

Keine oder sporadische Kontakte

Drei der befragten jungen Paare haben *keine oder sporadische Kontakte* zu ihren Herkunftsfamilien. Wenig oder kein Kontakt bedeutet nicht immer, dass sich die Jugendlichen von ihren Herkunftsfamilien lösen und sich emotional verselbstständigen können.

Nur ein Paar vermittelt den Eindruck einer Verselbstständigung. *Selbstständigkeit* zeigt sich in der Fähigkeit mit Blick auf die Entwicklung des Kindes, bei emotionaler Distanzierung von der Herkunftsfamilie, Kontakte aufrechtzuerhalten zu anderen nahen Bezugspersonen, z.B. der Mutter des Kindsvaters, auch nach der Trennung von ihm.

Darüber hinaus wird Selbstständigkeit in der Fähigkeit erkennbar, eine gute Beziehung zu Menschen im sozialen Nahfeld herzustellen. Sie können gleichsam zu einer „Ersatzfamilie" werden, wenn diese Kontakte eigeninitiiert gepflegt werden. Selbstständigkeit kann auch in konsequenter Loslösung aus besonders belasteten familiären Beziehungen deutlich werden.

Die beiden anderen Paare können nur weniger souverän mit der Tatsache umgehen, dass sie kaum Kontakte zu ihren Familien haben. Sie bleiben in weit gehender emotionaler *Abhängigkeit*. Sie kommt zum Ausdruck im heftigen Bemühen, sich von den Eltern abzugrenzen, von deren Werten, Lebens- und Verhaltensweisen. Die Eltern sind ihnen aber gerade durch diese heftige Abgrenzung emotional nahe. Inhaltlich manifestiert sich solche Abhängigkeit in negativen Charakterzuschreibungen wie Unehrlichkeit einzelner Familienmitglieder, Vorwürfen, entgegengebrachtes Vertrauen missbraucht zu haben oder Wertgegenstände vorzuenthalten oder gestohlen zu haben.

Die wichtige Voraussetzung für die Fähigkeit, die Eltern- und Partnerrollen kompetent auszufüllen, sich nämlich aus der kindlichen Abhängigkeit von den Herkunftsfamilien zu lösen, ist nicht bei allen der Paare gegeben. Selbst Eltern zu sein in einer Phase noch nicht vollzogener Verselbstständigung bringt vielfältige Gefährdungen mit sich. Sie zeigen sich sowohl in den Beziehungen zu den eigenen Eltern, besonders aber auch in den Beziehungen zum Kind und zum Partner bzw. der Partnerin. Die daraus erwachsenden Komplikationen verzögern oder behindern ihrerseits das Erwachsenwerden der jungen Eltern.

Interviewzitate auf CD-ROM

Die in der Analyse verwandten Interviewpassagen wurden durchnummeriert und auf einer CD-ROM verfügbar gemacht. Hier finden Sie alle Interviews zu diesem Unterkapitel

Gute Kontakte	Nr. 1079 - 1092
Überschattete Kontakte	Nr. 1093 - 1112
Keine oder sporadische Kontakte	Nr. 1113 - 1124

Differenziert nach: Selbstständigkeit, Abhängigkeit mit Tendenzen zur Verselbstständigung und Abhängig-

Interviewauszug: Überschattete Kontakte – Selbstständigkeit

Manuela: „Ja, dadurch, dass wir umgezogen sind, haben wir nicht mehr sehr viel Kontakt, also muss ich sagen. Bin ich auch froh drüber. Jetzt werde ich halt wahrscheinlich jeden Mittwoch zu meiner Mutter rein fahren, da ist mein Vater allerdings nicht da, immer. Weil sie von zwei bis um vier dann den Kleinen nimmt. Und die Kleine auch. Und damit ich da wieder mal ein bisschen arbeiten kann ..."
(3. Int. 35, S. 6, 19 Jahre)

Manuela hält die Kontakte aufrecht, ist aber erleichtert, dass sie nicht mehr so eng sind wie zu der Zeit, als sie noch in derselben Stadt wie ihre Eltern wohnten. Die Beziehung vor allem zu ihrem Vater – so wird implizit deutlich – hat sich verschlechtert. Denn sie unterstreicht, dass er zu den Terminen, an denen sie ihre Mutter besuchen wird, nicht anwesend ist. Als Gründe für die Verschlechterung der Beziehung zur Herkunftsfamilie gibt sie später im Interview an:

Frage: „Wie stehen die Menschen in deiner Umgebung jetzt zu dir und deinen Kindern?

Manuela: Sie sind neidisch, weil ich damit so gut klarkomme.

Frage: ... Wer?

Manuela: Meine Geschwister. Meine ältere Schwester, weil sie bis jetzt keinen Partner hat. Und meine andere Schwester, weil sie mit ihren Kindern einfach nicht klarkommt, also mit ihrem jetzigen Kind, und jetzt erwartet sie ja wieder eins. Und ihr Partner, der steht auch nicht hinter ihr. Und auch meine Eltern, weil sie jetzt einfach sehen, dass sie es irgendwie nicht so geschafft haben. Und ich denke, dass das einfach nur Neid ist. Und deswegen habe ich auch da nicht mehr so viel Kontakt. Genau."
(3. Int. 35, S. 9, 19 Jahre)

Mit ihrem Verweis auf die verschiedenen Schwierigkeiten und den Neid ihrer Geschwister und Eltern darauf, dass sie alles so gut schafft, macht sie deutlich, sie ist nicht nur eine kompetente Mutter zweier Kinder geworden, sondern auch fähig, eine gute Beziehung zu ihrem Partner zu leben. Sie sieht sich als junge Erwachsene, die durchaus auf gewisse Hilfen, z. B. auf kurzzeitige Kinderbetreuung durch ihre Mutter, zurückgreift, aber nicht darauf angewiesen ist. Denn sie kommt selbst „damit so gut klar", dass sie – aus ihrer Sicht – den Neid ihrer Herkunftsfamilie weckt.

3.2 Beziehungen zu Gleichaltrigen

Es ist zu vermuten – und die Analyse der Daten bestätigt es –, dass vielfältige Aspekte der Lebenssituation jugendlicher Eltern darüber entscheiden, ob die jungen Paare weiterhin Kontakte zu Gleichaltrigen behalten oder isoliert sind. Strukturelle Elemente wie Zeitmangel, ausbildungsbedingter Ortswechsel oder Veränderungen der Relevanzsysteme und Interessen der Eltern sowie Mangel an Verständnis bei Gleichaltrigen ohne Kinder beeinträchtigen oder verhindern den Erhalt von Peerkontakten. Aber auch in den Persönlichkeiten der jungen Eltern verankerte Aspekte wie Unsicherheit in der eigenen sozialen Verortung, Partnerschaftsprobleme oder kulturelle Mentalitäten spielen dabei eine Rolle.

Bei jungen Paaren mit Kind kann vermutet werden, dass die jungen Mütter und Väter in festen Partnerschaften über einen eigenen Bekanntenkreis hinaus potenziell Kontakte zu dem Freundeskreis ihrer Partnerin und ihres Partners pflegen. Daraus wäre zu folgern, dass sich die Beziehungen der Paare zu Gleichaltrigen dadurch als komplexer erweisen als z. B. die der jungen Mütter ohne festen Partner.[74]

Im Folgenden wird dargestellt, von welchen Erfahrungen mit Gleichaltrigen die Paare berichten und welche Bedeutung sie ihren Peerkontakten – oder deren Fehlen – beimessen.

Weiterentwicklung der Peerbeziehungen

Zu den Peerkontakten der 20 befragten Paare lässt sich festhalten, dass neun der jungen Mütter von einem neuen Bekanntenkreis berichten, nur bei einer dieser jungen Frauen nennt übereinstimmend auch der Partner einen neuen Bekanntenkreis seit der Geburt des Kindes.

Demgegenüber stehen zehn junge Väter, die noch immer Kontakte zu ihrem ursprünglichen Freundeskreis haben, und ein junger Mann berichtet, er hat sowohl neue Freunde als auch noch Kontakte zu seinem alten Bekanntenkreis. In dieser Gruppe gibt es bei drei Paaren Übereinstimmungen, d. h. auch die jungen Mütter sind noch mit ihrem alten Bekanntenkreis zusammen. Darüber hinaus berichtet eine junge Frau von andauernden Freundschaften mit früheren Freunden, während ihr Partner keine ausführliche Auskunft über seine Peerkontakte gibt.

Aus den Berichten von zwei Paaren wird übereinstimmend deutlich, dass sie weit gehend isoliert leben. Darüber hinaus haben sechs junge Mütter und drei junge Väter keine Kontakte zu Peers, ihre jeweiligen Partner sind jedoch entweder noch mit ihren früheren Freunden zusammen oder haben neue Peerkontakte.

---

74 Vgl. Interview 2 und 3, Junge Mütter ohne Partner, Abschnitt 3.2, S. 151

Nur bei insgesamt sechs Paaren von 20 Paaren gibt es also eine Übereinstimmung in ihren Aussagen über Peerkontakte.

Aktive und passive Gestaltung von Kontakten

Beziehungen zu Gleichaltrigen können seitens der jungen Eltern *aktiv* oder *passiv* sein. Sie werden als aktiv bezeichnet, wenn die jungen Eltern nach wie vor eigenmotiviert an jugendspezifischen Aktivitäten, wenn auch eingeschränkt, in alten oder neuen Bekanntenkreisen teilnehmen. Als passiv gelten sie dann, wenn die jungen Eltern sich vornehmlich in die Paarbeziehung zurückziehen, nicht mehr an jugendspezifischen Aktivitäten teilnehmen und ggf. nur noch mit „besten FreundInnen" Kontakt haben.

Aktiv in diesem Sinne sind zehn junge Mütter und elf der jungen Väter. Ebenfalls zehn der jungen Mütter sind passiv, aber auch acht junge Väter. Ein junger Vater gibt keine nähere Auskunft darüber.

Bei sechs jungen Paaren besteht Übereinstimmung darin, dass beide aktiv an jugendspezifischen Aktivitäten teilnehmen und ihre Kontakte in alten oder neuen Bekanntenkreisen pflegen. Vier weitere junge Paare zeigen ebenfalls Übereinstimmung, sie sind aber überwiegend passiv.

Bei den zehn Paaren, bei denen keine Übereinstimmung bezüglich ihrer Aktivität oder Passivität besteht, sind vier junge Mütter aktiv und ebenfalls vier junge Väter passiv, ein junger Vater gibt keine Auskunft darüber.

Bemerkenswert ist, dass ein relativ hoher Anteil junger Väter (acht von 20) sich weit gehend in die Paarbeziehung zurückzieht und kaum noch an jugendspezifischen Aktivitäten teilnimmt. Das verweist auf Veränderungen beim Stellenwert des privaten Bereichs der eigenen Familie, die den gültigen Vorstellungen von femininem Rückzug in die Familie und maskuliner Aktivität im Außenverhältnis widersprechen. Diese Veränderung wird aber auch darin deutlich, dass die Hälfte der jungen Mütter ebenfalls aktiv bleibt und sich nicht auf den Binnenbereich der Familie beschränkt.

Aus den Daten ergaben sich drei Gruppen jugendlicher Eltern: junge Paare mit neuem Bekanntenkreis, die mit fortwährenden Kontakten zu ihrem alten Bekanntenkreis und junge Eltern, die so gut wie keine Kontakte mehr haben.

Paare mit neuem Bekanntenkreis

Nur bei einem Paar haben beide einen *neuen Bekanntenkreis*. Aber häufig haben sich die jungen Mütter einen neuen Bekanntenkreis aufgebaut. Ihre zeitlichen Rahmenbedingungen haben sich durch das Kind verändert, ihre Spielräume für jugendspezifische Freizeitaktivitäten sind wesentlich geringer geworden. Sie befassen sich nun mit anderen Themen und setzen andere Schwerpunkte in ihrer Freizeitgestaltung als ihre Peers, die häufig nicht bereit sind, sich auf die veränderten Lebensbedingungen der jungen Eltern einzulassen.

Charakteristisch für die Gruppe der jungen Mütter und dem einen Vater mit neuen Bekanntenkreisen ist, dass sich die jungen Eltern zum Freundeskreis des anderen Elternteils hinorientieren, gemeinsam einen neuen Bekanntenkreis aufbauen oder im Rahmen ihrer Ausbildung neue Freundschaften mit Gleichgesinnten schließen. Neue Beziehungen entstehen auch durch Umzüge der jungen Mütter und Neuorientierungen am neuen Wohnort. Aber auch Ortswechsel der Peers auf Grund deren Ausbildungssituation oder auch der Rückzug der früheren Freunde auf Grund der Veränderungen in den Freizeitaktivitäten der jungen Eltern unterbinden Kontakte.

Paare mit altem Bekanntenkreis

Bei den 15 Paaren, die von andauernden Kontakten zu ihrem *alten Bekanntenkreis* berichten, treffen sich überwiegend die Väter (11) noch mit alten Freunden. Bei drei Paaren berichten beide PartnerInnen übereinstimmend, dass sie noch immer in ihre alten Freundeskreise integriert sind. Nur eine junge Mutter hat, anders als ihr Partner, noch Kontakte zu ihren alten Freunden.

Charakteristisch für diese Gruppe junger Eltern ist, dass sowohl die Häufigkeit der Kontakte als auch die Anzahl der Gleichaltrigen, mit denen sie noch Kontakte pflegen, abnimmt. Bezeichnend ist hier, dass diese Reduktion nicht nur mit Zeitmangel begründet wird, sondern auch mit Veränderungen sowohl eigener Relevanzsysteme und Interessenschwerpunkte als auch denen der Peers. Veränderungen in der Einschätzung von Problemen mit den eigenen Eltern werden genannt, ebenso wie veränderte eigene politische Orientierungen. Aber auch Unterlegenheitsgefühle der Peers wegen der Leistungen als Eltern zusätzlich zu Schule bzw. Ausbildung scheinen eine Rolle zu spielen. Die jungen Mütter nennen Beständigkeit und Intensität als Gründe für weiterbestehende Freundschaften und die jungen Väter gemeinsame Interessen. Auch Akzeptanz der (sozialen) Vaterschaft und Anerkennung für das Verantwortungsgefühl gegenüber dem Kind durch die Freunde, charakterisieren überdauernde Kontakte. In bikulturellen Beziehungen bleiben die Freundschaften aus dem eigenen kulturellen Milieu wichtig.

Paare ohne Peerkontakte

Zwei junge Paare zeigen Übereinstimmung darin, dass sie keine Kontakte zu Gleichaltrigen haben. Das trifft auch auf sechs junge Mütter zu, die ebenfalls *ohne Peerkontakte* sind. Ihre Partner hingegen haben alle noch teilweise regen Kontakt zu ihrem alten Bekanntenkreis. Demgegenüber machen auch drei junge Väter deutlich, dass sie so gut wie keine Beziehungen zu Gleichaltrigen mehr haben, während ihre Partnerinnen von einem neuen Bekanntenkreis berichten.

Charakteristisch für diese Gruppe junger Eltern ohne Gleichaltrigenkontakte ist, dass sie durch Studium oder Ausbildung bzw. Berufstätigkeit und Kind keinerlei zeitliche Spielräume für Peerkontakte haben und das bedauern. Das betrifft mehrheitlich die jungen Mütter, die zwar z.T. „Arbeitskontakte" nennen, die aber nicht in den Privatbereich reichen. Bezeichnend ist auch bei ihnen die Erfahrung des Rückzugs der Peers, die kein Verständnis für ihre neue Lebenssituation als Eltern aufbringen. Ihnen fehlt es an Zeit, um einen neuen Bekanntenkreis aufzubauen. Sie sind z.T. umgezogen und haben bisher keinen Anschluss am neuen Wohnort gefunden. Andere sehen sich emotional oder aus Mangel an Betreuungspersonen nicht in der Lage, ihr Kind zur kurzfristigen Betreuung abzugeben, um Zeit für Gleichaltrigenkontakte oder altersspezifische Aktivitäten zu gewinnen. Aber auch Rückzug nach Auseinandersetzungen mit Peers ist ein Grund für Isolation.

Sowohl die Anstrengungen derjenigen, denen es gelingt, alte Bekanntschaften zu pflegen oder neue Bekanntenkreise aufzubauen, als auch die Klagen der anderen, die ihre Isolation schildern, machen auch hier deutlich, wie bedeutsam Gleichaltrigenkontakte für eine befriedigende Elternschaft im Jugendalter sind.

Interviewzitate auf CD-ROM

Die in der Analyse verwandten Interviewpassagen wurden durchnummeriert und auf einer CD-ROM verfügbar gemacht. Hier finden Sie alle Interviews zu diesem Unterkapitel

Junge Paare mit neuem Bekanntenkreis	Nr. 1125 - 1132
Junge Paare mit Kontakten zum alten Bekanntenkreis	Nr. 1233 - 1143
Junge Paare ohne Peerkontakte	Nr. 1144 - 1157

Interviewauszug: Paare mit neuem Bekanntenkreis

Zu ihren Kontakten zu ihren alten Freunden und dem neuen Freundeskreis berichtet die junge Mutter:

Frage: „Mit wem bist du am meisten zusammen außer mit deinem Kind?

Susanne: ... Halt mit meinen Arbeitskollegen, weil ich ja auch die ganze Zeit arbeite. Aber so Freunde oder so, nicht. Die meisten haben sich auch alle abgeseilt, also da ist nicht viel.

Frage: Was meinst du, warum die sich abgeseilt haben?

Susanne: Weil ich nicht mehr so die Zeit habe für sie. Aber das interessiert mich eigentlich auch weiter nicht so.

Frage: Interessiert dich nicht?

Susanne: Nee, weil, die müssten mal 'n bisschen überlegen, was sie (tun), die müssten auch andersrum denken. Weil, die kennen vielleicht auch 'n paar (Leute) mit Kindern ... Na ja, die meisten haben sich dann abgeseilt. Wohl mal so ‚hallo', wenn man sie trifft oder so, aber sonst nichts mehr weiter.

Frage: Hast du noch Kontakt mit Gleichaltrigen, außer jetzt in der Schule ... sind noch andere Auszubildende bei dir im Betrieb?

Susanne: Also Auszubildende nicht mehr, aber auch so um den Dreh, so in dem Alter ungefähr. Die haben schon ausgelernt ... Und da sind auch so Ältere, so vierzig ungefähr, aber (mit denen) versteht man sich trotzdem gut. Die sind nicht jetzt irgendwie verklemmt oder so. Die sind trotzdem irgendwie jung geblieben alle. Also haben 'ne gute Meinung auch.

Frage: Toll, also da hast du sozusagen 'n paar Kontakte, so dass du nicht auf deine früheren Freunde angewiesen bist?

Susanne: Nee, bin ich auch nicht. Und in der Schule, da sind ja auch welche dann ... (mit denen ich) mich richtig gut verstehe, zwei, drei so. Da telefoniert man auch mal so. Also das ist das dann. Interessiert mich eigentlich auch nicht, was die andern tun!" (3. Int. 29, S. 8, 19 Jahre)

Ihren früheren Bekanntenkreis hat sie mittlerweile ganz verloren. Sie betont aber, dass sie die Kontakte mit Gleichaltrigen (und auch älteren Kolleginnen) über ihre Lehrstelle und ihre Berufsschulklasse als nicht nur ausreichend, sondern auch befriedigend findet. Sie macht implizit deutlich, dass ihre früheren Freunde ihre neue Lebenssituation mit Kind und Lehre in einer anderen Stadt nicht berücksichtigen. Die neuen Freunde, die sie gefunden hat, bringen ihr aber genau dieses Interesse entgegen:

Frage: „Wie würdest du beschreiben, wie die Menschen in deiner Umgebung jetzt zu dir und deinem Kind stehen?

Susanne: Also mit denen, wo ich Kontakt habe, die akzeptieren das alle. Die sind voll in Ordnung. Die interessieren sich auch für die Kleine und, also wie sie sich entwickelt und so, was sie macht und wie sie erzählt und – weil, sie spricht ja jetzt schon alles Mögliche. Ja, das machen sie. Interessieren sie sich auch so. Meine Arbeitskollegen und so fragen immer nach. Das ist also richtig schön, ja."
(3. Int. 29, S. 11, 19 Jahre).

3.3 Unterstützung im sozialen Umfeld

Die Unterstützung, die die jungen Paare aus ihrem sozialen Umfeld erhalten, ist ein wichtiger und oft wesentlicher Faktor für ihre emotionale Befindlichkeit. Darüber hinaus ist sie vielfach auch ausschlaggebend für die Realisierung ihrer schulischen und beruflichen Pläne. Materielle und finanzielle Unterstützung tragen maßgeblich dazu bei, ein relativ gutes Auskommen zu haben und die finanzielle Situation stabil zu halten. Unter den gegebenen schwierigen Umständen, die durch finanzielle Belastungen gekennzeichnet ist – z. B. wegen eigener Haushaltsgründung oder noch zu geringer bzw. fehlender eigener Einkünfte –, ist diese Unterstützung existenziell wichtig.

Die Tatsache, dass die Befragten in festen Partnerschaften leben, hat eine komplexere Situation als bei den Interviewpartnerinnen ohne festen Partner zur Folge, da die Sichtweise der männlichen Befragten hinzu kommt. Daher werden, im Unterschied zu dem entsprechenden Kapitel über die Unterstützungserfahrungen der Alleinerziehenden, die Aussagen der jungen Frauen hier nicht vorrangig nach der für sie ursprünglich entwickelten Typologie ausgewertet. Vielmehr werden die Ausführungen der jungen Eltern unter dem Gesichtspunkt der Inhalte dessen, was für sie eine gute Unterstützung bedeutet, präsentiert. Danach wird differenziert, was für sie fehlende, mangelhafte bzw. unzureichende Unterstützung ausmacht. Darüber hinaus wird der Umgang der Befragten mit erhaltener und angebotener Hilfe bzw. fehlender Unterstützung aus ihrem sozialen Nahbereich eruiert. Dabei findet auch die erwähnte Typologie des Umgangs der Frauen mit Unterstützung und Hilfsangeboten Berücksichtigung.

Für die Auswertung der Aussagen der Frauen werden das zweite und dritte mit ihnen geführte Interview zu Grunde gelegt. Zudem werden die Äußerungen der jungen Mütter zu der Frage, ob sie sich genügend unterstützt fühlen, auf Kontinuität bzw. Veränderung seit dem ersten Interview überprüft.

Beurteilung der erhaltenen Unterstützung

Alle drei Interviews mit den Frauen wie auch die Interviews mit den Männern enthielten die Frage nach der Unterstützung aus dem sozialen Umfeld. Die Auswertung der Daten ergibt ein *überwiegend positives Bild.* Nur eine Minderheit der Befragten beklagt sich über fehlende Unterstützung ihrer Herkunftsfamilie oder einzelner Familienmitglieder. Die Mehrheit der jungen Eltern berichtet von privater Unterstützung unterschiedlichen Umfangs: von sporadischen materiellen und immateriellen Hilfen (z. B. Geldgeschenke oder andere geldwerte Zuwendungen; Beaufsichtigung des Kindes) über regelmäßige Unterstützung zu festgesetzten Terminen (meist Kinderbetreuung) bis hin zu umfassender Unterstützung (mietfreies Wohnen, Versorgung mit Nahrungsmitteln, Begleitung und Beratung bei Behördenangelegenheiten).

Die Auswertung der Aussagen der jungen Frauen ergibt, dass 13 von ihnen zum Zeitpunkt des dritten Interviews die Unterstützung aus ihrem sozialen Umfeld sehr *positiv beurteilen*, und bei elf von ihnen besteht diese Einschätzung unverändert von Beginn der Untersuchung an. Bei den zwei jugendlichen Müttern, die von einer anfänglich negativen zu einer positiven Einschätzung gelangen, haben sich die privaten Verhältnisse nach der Schwangerschaft in dem von ihnen gewünschten Sinn verändert. Sie können nun von einer optimalen Unterstützung in ihrem sozialen Umfeld sprechen (umfangreichere Unterstützung durch die Familien bzw. durch den neuen Partner).

Die Aussagen von fünf Interviewpartnerinnen weisen Ambivalenzen auf; in zwei Fällen ist dies von Beginn der Untersuchung an festzustellen. Ambivalenzen zeigen sich vornehmlich in der Weise, dass die Befragten sich nur in manchen Bereichen (Haushalt, Kinderbetreuung) oder von bestimmten Personen ungenügend unterstützt fühlen, während dies für andere Bereiche und Personen nicht zutrifft.

Zwei Frauen geben *negative Beurteilungen* ab, obwohl sie Unterstützung erhalten, die allerdings auf Grund äußerer Umstände eingeschränkt ist (geografische Entfernung vom Elternhaus, Reduzierung der professionellen Betreuung).

Ebenfalls wichtig ist das Ergebnis, dass auch die meisten Frauen mit ambivalenten und negativen Einschätzungen nicht vollkommen ohne Hilfen aus ihrem privaten Umfeld leben. Es sind aus ihrer Sicht jedoch noch Verbesserungen wünschenswert. Somit deuten die Analyseergebnisse auf ein relativ intaktes soziales Unterstützungsnetz dieser Gruppe von jugendlichen Eltern hin. Sie haben zumindest grundsätzlich eine Anlaufstelle bei Unterstützungsbedarf, besonders bei Betreuungsmöglichkeiten für die Kleinkinder. In manchen Fällen sind es die jugendlichen Eltern selbst, die sich durch unterschiedliche Aufgabenteilung (Hausfrau-und-Ernährer-Modell, partnerschaftliche Teilung aller Pflichten) gegenseitig entlasten und wenig Hilfe von außen in Anspruch nehmen.

Kontinuität und Wandel der Einschätzungen

Aus der hohen Anzahl gleichbleibender *Einschätzungen der jungen Frauen seit dem ersten Interview* wird ersichtlich, dass die meisten Befragten die Unterstützungsmöglichkeiten in ihrem sozialen Nahbereich bereits als Schwangere richtig einschätzten.

Umgekehrt beruhen die Veränderungen in den Beurteilungen im Allgemeinen auf einer falschen Einschätzung der jungen Frauen während der Schwangerschaft hinsichtlich künftig zu erwartender Hilfen oder auf Veränderungen in den äußeren und inneren Bedingungen. Beispiele dafür sind: die durch einen Umzug entstandene geografische Entfernung zum Elternhaus oder eine inzwischen eingetretene Verbesserung bzw. Verschlechterung des Verhältnisses zu Personen aus dem sozialen Nahbereich.

Auch die Entwicklungen der jungen Frauen von zumeist verunsicherten schwangeren Jugendlichen zu selbstständigeren Persönlichkeiten können eine Veränderung in den Beurteilungen ihrer privaten Unterstützungsnetze mit sich bringen: Wenn sie sich Fertigkeiten angeeignet haben, die Hilfestellungen aus ihrem Umfeld überflüssig machen oder wenn sie die Erfahrung gemacht haben, trotz aller Belastungen den Alltag bewältigen zu können, ist ihr Selbstvertrauen so weit gestärkt, dass sie weniger Hilfen erwarten oder annehmen müssen.

Formen der Unterstützung

Drei Formen von Unterstützung sind sowohl für die jungen Mütter als auch für die (sozialen) Väter relevant. Große Bedeutung hat die *emotionale/immaterielle* Unterstützung, deren Relevanz sie häufig damit zum Ausdruck bringen, dass ihre Bezugspersonen, besonders die Eltern, sie in ihrer neuen Lebenslage und mit all ihren Problemen akzeptieren. Sie stärken ihnen somit „den Rücken" und zeigen Verständnis sowie Interesse für sie und ihr Kind.

Ebenfalls von Bedeutung ist die *organisatorisch-alltagspraktische* Unterstützung, die sich für sie zwar in unterschiedlichem Ausmaß, aber überwiegend in der Betreuung des Kindes während ihrer Abwesenheit äußert. Dadurch wird ihnen ermöglicht, Schul- und Ausbildungsabschlüsse zu erreichen bzw. einer beruflichen Tätigkeit nachzugehen.

Die dritte, von den jugendlichen Eltern genannte Form von Hilfen sind *materieller* bzw. *finanzieller* Art unterschiedlichsten Umfangs. Sie hilft ihnen – falls sie sie erhalten – ihre finanzielle Situation stabil zu halten.

Facetten und Inhalte der drei Formen von Unterstützung

Die InterviewpartnerInnen fühlen sich *emotional unterstützt*, wenn sie Verständnis für ihre Situation als junge Eltern mit ihren Problemen erfahren. Toleranz und Akzeptanz ihrer (sozialen) Elternschaft in ihrer Herkunftsfamilie bzw. als jugendliche Mütter in der Familie des neuen Partners sind weitere Kriterien. Dazu gehört auch die Anerkennung ihres Erwachsenenstatus und das Bestärken in ihrer Rolle als Eltern, aber auch die Vermittlung des Gefühls, sie und ihr Kind (ihre Kinder) werden geliebt. Sie erfahren Anteilnahme an ihrem Leben, ohne dass Kontrolle über sie ausgeübt wird oder Einmischungsversuche unternommen werden. Ebenso ist die Möglichkeit, mit den Personen des Umfelds vertrauensvolle Gespräche, auch über Probleme, führen zu können, eine Facette emotionaler Unterstützung. Sehr häufig wird erfahrene emotionale Unterstützung von den befragten Eltern mit den Worten zum Ausdruck gebracht, sie könnten sich auf ihre Familie „verlassen" und sich mit allen Fragen und Bitten an sie wenden.

Umgekehrt sprechen diejenigen jugendlichen Eltern von *fehlender oder mangelhafter emotionaler Unterstützung*, denen aus ihrer Sicht zu wenig Interesse, Verständnis und Aufmerksamkeit von Personen ihres sozialen Umfelds entgegengebracht wird. Beispielsweise werden unregelmäßige, seltene telefonische oder persönliche Kontakte und fehlende materielle Zuwendungen (z.B. Geschenke für das Kind) von einigen Befragten als mangelndes Interesse an ihnen und ihrem Kind (ihren Kindern) interpretiert. Auch fehlgeschlagene Versuche, mit den Bezugspersonen über Belastendes zu sprechen sowie die Erfahrung, dass diese eine Auseinandersetzung z.B. über familiäre oder partnerschaftliche Probleme verweigern, wird von einigen InterviewpartnerInnen als fehlende Unterstützung empfunden. Sie fühlen sich mit ihren Bedürfnissen, eine Verbesserung des Verhältnisses zu den Bezugspersonen zu bewirken und Beziehungsfragen zu klären, abgewiesen und nicht ernst genommen.

In Bezug auf *Unterstützung in alltagspraktischen Angelegenheiten* wird von den jugendlichen Eltern besonders die Bedeutung von Kinderbetreuungsmöglichkeiten betont. Diese sind ihnen wichtig, um gelegentlichen oder auch regelmäßigen Freizeitaktivitäten nachgehen und spontan Besorgungen erledigen zu können. In vielen Fällen ist diese Hilfe auch erforderlich, um schulische und berufliche Ziele weiterverfolgen oder einer Erwerbsarbeit nachgehen zu können. Auch Entlastungen bei Haushaltsarbeiten (z.B. einkaufen und kochen) werden zwar seltener genannt, aber dennoch, insbesondere von berufstätigen bzw. in Ausbildung befindlichen Eltern, als positive Unterstützungserfahrung hervorgehoben. Für einige Befragte – vornehmlich jugendliche Mütter – ist es zudem wichtig, Beratung bzw. Begleitung bei Behördenangelegenheiten sowie in für sie unangenehmen oder neuen Situationen (Arztbesuch u.a.) gewährleistet zu wissen. Mehrere junge Mütter, die auf Grund ihres Alters aus Maßnahmen der Jugendhilfe ausgeschieden sind, bedauern, nicht mehr über solche Hilfestellungen verfügen zu können.

Materielle Unterstützung (z.B. Versorgung mit Lebensmitteln, Kleidung u.Ä.) und geldwerte Leistungen (mietfreies Wohnen bei den Eltern) werden von einem Teil der jungen Eltern als hilfreich erwähnt. Von *finanzieller Unterstützung* berichten in diesem Interviewzusammenhang relativ wenige, dabei mehrheitlich männliche Befragte.

Arbeitsteilung in der Familie

Die Auswertung des Aspekts der *Unterstützung durch den Partner bzw. die Partnerin* ergibt, dass sich die jungen Eltern dann gut unterstützt fühlen, wenn sie eine in ihrem Sinne gleichwertige, gleichberechtigte Aufgabenteilung gefunden haben. Wichtig dabei ist, dass sich keiner von beiden hinsichtlich der Übernahme von Pflichten und alltäglichen Aufgaben übervorteilt sieht. Auch Rücksichtnahme auf den anderen, die Sorge um sein Wohlbefinden und das Zulassen von Freiräumen – Facetten emotionaler Unterstützung – werden hierbei als bedeutsam hervorgehoben.

Klagen über mangelndes Engagement des Partners bzw. der Partnerin im Haushalt sowie bei der Versorgung des Kindes verweisen sehr häufig auf tiefer liegende Probleme (z.B. Rollenkonflikte, Partnerschaftsprobleme). Wenn von einem Elternteil unzureichende

Unterstützung durch den anderen moniert wird, sind damit einerseits unterlassene Hilfen oder nicht erfüllte Verpflichtungen bei der Bewältigung des Alltags gemeint. Mindestens genauso häufig betrifft diese Kritik andererseits mangelnde Konfliktfähigkeit, fehlende Kompromissbereitschaft und wenig Bereitwilligkeit des anderen, sein Verhalten zu Gunsten des partnerschaftlichen und familiären Klimas zu ändern. Auch hier sprechen die Befragten von ihren Gefühlen, nicht ernst genommen und respektlos behandelt zu werden. Das ist z.T. verbunden mit dem Empfinden nachlassenden Interesses des anderen für sie bzw. ihn und das Kind.

Die Schilderungen über unzureichende oder adäquate Unterstützung sagen also sehr viel darüber aus, wie die Beziehungen der jugendlichen Eltern zueinander und die zu ihren Bezugspersonen strukturiert sind. Ein gutes Verhältnis zu den Personen des Umfelds ist häufig die Voraussetzung für die jungen Eltern, auf deren Hilfsangebote einzugehen und sie annehmen zu können. Dabei spielt es auch noch eine Rolle, inwieweit sich die Befragten von ihren Eltern bzw. Bezugspersonen gelöst haben bzw. sich abgrenzen können.

Typologie zum Umgang mit Unterstützung

Zur Frage des *Umgangs der Befragten*, insbesondere der jungen Mütter, *mit ihren Unterstützungserfahrungen* wurden die drei Verhaltenstypen, die aus den Daten der Erstinterviews der jungen Schwangeren entwickelt wurden, erneut zu Grunde gelegt: die Selbstständigen, die Zielstrebigen und die Kindlichen. Am Ende des Untersuchungszeitraums gehören 13 Interviewpartnerinnen dem Typus der *Selbstständigen*, fünf dem Typus der *Zielstrebigen* und zwei dem Typus der *Kindlichen* an.

Charakteristika der Selbstständigen

Alle Interviewpartnerinnen, die als Schwangere dem Typus der *Selbstständigen* zugeordnet wurden, weisen auch noch im dritten Interview die Merkmale dieser Gruppe auf. Sieben junge Frauen, die als Schwangere dem Typus der Zielstrebigen angehörten, verfolgten ihre Ziele konsequent weiter (z.B. das Erlernen eigenständigen alltagspraktischen Handelns) und erarbeiteten sich dadurch eine weit gehende Unabhängigkeit von ihrem sozialen Umfeld. Vor dem Hintergrund ihrer Verselbstständigungserfolge gehören sie nun auch zum Typus der Selbstständigen.

Charakteristisch für diesen Typus ist die Fähigkeit der jungen Eltern, Hilfe einzufordern und annehmen zu können. Dabei können sie klar erkennen, welche Hilfen für sie erforderlich sind. Sie sind in der Lage, die sich aus äußeren Umständen ergebende Notwendigkeit bestimmter Unterstützungsformen zu akzeptieren (z.B. auch wenn es ihnen schwer fällt, ihr Kind zur Betreuung „abzugeben“, da sie Schule, Ausbildung beenden wollen). Darüber hinaus reflektieren sie ihre Defizite bei der Bewältigung des Alltags selbstkritisch und greifen auf (ggf. professionelle) Hilfe zu bzw. nutzen diese für die Weiterentwicklung eigener Fähigkeiten und Fertigkeiten. Gleichzeitig sind die jungen Eltern sehr bemüht, Hilfen ihres sozialen Umfeldes nur bei wirklichem Bedarf zu erbitten. Sie möchten vermeiden, die Unterstützungsbereitschaft anderer übermäßig zu beanspruchen, und hierfür stellen sie weit gehend ihre Interessen und Bedürfnisse zurück. Die jungen Mütter und Väter begründen dies mit ihrer eigenen Verantwortlichkeit für die Bewältigung ihres Alltags und mit ihrem großen Verantwortungsgefühl gegenüber ihren Kindern.

Einige von ihnen legen zudem Wert darauf, aus eigener Initiative Hilfe anzufordern; Hilfsangebote lehnen sie ab. Zum Teil ist das ausgeprägte Bestreben, so weit wie möglich allen Anforderungen im Alltag ohne Hilfe gerecht zu werden, mit tendenzieller Selbstüberforderung verbunden. Einige der jungen Eltern berichten von ihrem „schlechten Gewissen“, das sie ihrem Kind gegenüber haben. Dieses Gefühl stellt sich ein, wenn sie es von Dritten beaufsichtigen lassen, während sie selbst eigenen Interessen nachgehen (z. B. sportliche oder jugendspezifische Freizeitangebote, politische Arbeit). Aber sie berichten auch davon, an dieser, bereits von ihnen erkannten Problematik zu arbeiten.

Charakteristika der Zielstrebigen

Von den fünf, dem Typus der *Zielstrebigen* zugeordneten, jungen Frauen gehören vier weiterhin diesem Typus an. Sie weisen ebenso die Charakteristika dieser Gruppe in ihrem Umgang mit Unterstützung auf, wie die fünfte junge Mutter, die vor dem Hintergrund ihrer Verselbstständigungserfolge nicht mehr dem Typus der Kindlichen zugerechnet werden kann.

Charakteristisch für die Zielstrebigen ist ihre Unsicherheit in Bezug auf ihre eigenen Fähigkeiten. Z.T. stellen sie in Frage, ihren Alltag mit Kind oder bestimmte Angelegenheiten (z. B. in behördlichen Zusammenhängen) schon allein, ohne Hilfe von außen, bewältigen zu können. Zwar sind sie eigenständiger und haben mehr Selbstvertrauen als zum Zeitpunkt des ersten oder zweiten Interviews, aber sie sind mehr als die Selbstständigen auf emotionale und alltagspraktische Unterstützung aus ihrem sozialen Umfeld angewiesen.

Es ist aber auch ein Merkmal der Zielstrebigen, Hilfsangebote abzulehnen. Jedoch geschieht dies nicht wie bei den Selbstständigen vor dem Hintergrund der selbstbewussten Auswahl unter vorhandenen Unterstützungsmöglichkeiten oder des hohen Anspruchs an sich selbst, den Alltag eigenständig zu bewältigen. Die Ablehnung von Hilfen ist bei den Zielstrebigen als Versuch der Abgrenzung und Loslösung von den Eltern, resp. der Mutter, einzuschätzen. Sie setzen sich gegen das als Kontrolle und Einmischung empfundene Verhalten ihrer Bezugspersonen zur Wehr. Sie wollen sich selbst oder anderen beweisen, dass sie ihren alltäglichen Verpflichtungen aus eigener Kraft nachkommen können.

Charakteristika der Kindlichen

Zwei junge Mütter gehören nach wie vor dem Typus der *Kindlichen* an. Für sie ist es noch sehr schwierig, die verschiedenen Lebensbereiche (Familien-, Berufs- und soziales Leben außerhalb des Binnenbereichs) zukunftsorientiert zu strukturieren, zu planen und zu koordinieren. Insgesamt müssen ihre Lebenssituationen als brisant bezeichnet werden (z. B. leben beide in prekären finanziellen Lagen). Vor dem Hintergrund ihrer schwierigen Biografien und den daraus z.T. erklärbaren fehlenden sozialen Kontakten (besonders die abgebrochenen oder problematischen Verbindungen zu ihren Herkunftsfamilien und den Familien der Kindsväter), berichten sie ausschließlich von ihren Erfahrungen mit staatlicher bzw. professioneller Unterstützung.

Für den Typus der Kindlichen ist kennzeichnend, dass die jungen Eltern wenig Reflexions- und Handlungsspielräume haben, sich neuen Situationen anzupassen. D. h. ihre Fähigkeit, sich Veränderungen zu stellen und sich auf neue (Lebens-)Bedingungen einzustellen, ist wenig ausgebildet. Zudem neigen sie dazu, Verantwortung für sich selbst an das Umfeld abzugeben, bzw. die Gründe für eine unbefriedigende oder problematische Situation in äußeren, nicht von ihnen zu beeinflussenden Faktoren zu suchen.

Ein weiteres Kennzeichen des Typus der Kindlichen ist, dass die jungen Frauen verschiedenartige Konflikte mit ihrer Rolle als Mutter und Unsicherheiten bzw. Schwierigkeiten mit Menschen ihrer Umgebung haben. Einige ihrer Schilderungen weisen auf erhebliche Störungen ihres Selbstvertrauens hin. Indirekt machen sie deutlich, dass sie ihre eigenen Fähigkeiten bei der Alltagsbewältigung nicht sehr hoch einschätzen. Im Unterschied zu den Unsicherheiten und Ängsten der Zielstrebigen im Hinblick auf diese Problematik stellen sich die Kindlichen ihr nicht. Sie neigen dazu, Probleme beiseite zu schieben oder ihre Situation zu beschönigen.

Interviewzitate auf CD-ROM

Die in der Analyse verwandten Interviewpassagen wurden durchnummeriert und auf einer CD-ROM verfügbar gemacht. Hier finden Sie alle Interviews zu diesem Unterkapitel

Gute Unterstützung — Nr. 1158 - 1178

Differenziert nach: emotionaler, alltagspraktischer und materieller Unterstützung

Mangelhafte oder fehlende Unterstützung — Nr. 1179 - 1194

Differenziert nach: mangelndem Interesse / Verständnis und mangelnder Unterstützung bei der Hausarbeit und der Versorgung des Kindes

Umgang mit Unterstützung und Hilfsangeboten — Nr. 1195 - 1208

Interviewauszug: emotionale Unterstützung

Im Fall eines Vaters (Kosovo-Albaner) lehnten sein eigener Vater und andere Verwandte erst einmal die Beziehung zu seiner Freundin ab, da diese nicht aus dem gewohnten Kulturkreis stammt. Durch die Schwangerschaft, besonders aber nach der Geburt des Kindes, wurde aus seiner Sicht nicht nur seine Vaterschaft, sondern auch seine Partnerschaft von seiner Verwandtschaft akzeptiert.

Roberto: „Also, wo sie (seine Verwandten) erfahren haben, dass ich mit Seppi zusammen bin, da haben sie erst mal – waren sie nicht einverstanden, dass ich mit ihr, –

Frage: Oh! Hmhm.

Roberto: – dass sie als, wie soll ich sagen, dass ich sie als Frau haben will. Und dass ich mit ihr zusammen bin. Sie wollten natürlich, dass ich eine von meine – also mit den Frauen habe. Und na ja, wo die Liebe (hin)fällt ... also der liebe Gott wollte halt so, dass ich mich in Seppi verliebe und ich hab mich in Seppi verliebt. Und meinem Vater hab ich gesagt: ‚Ja, tut mir Leid'. Wenn er es immer noch nicht akzeptieren kann, dann muss er halt nicht. Ich muss damit klarkommen. Also ich muss mit meiner Freundin, mit meiner Frau klarkommen, mit ihr. Und das ist mein Problem mit ihm. Ich will auch mit ihm nicht Streit haben. [...]

Roberto: Aber wo die Baby, – wo sie erfahren haben, dass sie schwanger ist und so, haben sie sich alle tierisch gefreut. [...]

Frage: Aha. Und seitdem B. (erster Sohn) auf der Welt ist, wie verhalten sie sich B. gegenüber jetzt?

Roberto: Sehr gut ... Also meine ganze Familie war froh über B., sehr gut. Die lieben ihn und mögen ihn alle. Und mein Vater liebt ihn sehr viel natürlich. Und der akzeptiert auch, weil Seppi schwanger war.

Frage: Ja.

Roberto: Akzeptiert er. Also, sie können sich verstehen." (Int. 24, S. 6 f., 21 Jahre)

Wie hier Roberto so berichten auch andere junge Männer, wie froh, teilweise auch erleichtert sie darüber sind, dass ihre Familie ihr Kind oder das Kind ihrer Freundin annimmt und liebt. Auch für die jungen Mütter ist das Gefühl, dass sie und ihr Kind von ihrem sozialen Umfeld geliebt werden, von großer Bedeutung.

4 Professionelle Unterstützung

Die Kategorie professionelle Unterstützung beinhaltet die Gesamtheit öffentlich zugänglicher, qualifizierter Beratungs- und Hilfsdienste. Hierzu zählen Schwangerenberatungsstellen, diverse andere Beratungseinrichtungen, Behörden usw. Im Folgenden geht es um die Frage, welche Erfahrungen die Paare mit professionellen Unterstützungsangeboten haben, welche sie annehmen oder ablehnen und wie sie ihre Einstellungen jeweils begründen. Aus den Daten der zweiten und dritten Interviews mit den jungen Müttern und denen aus der Befragung der jungen Väter konnten die folgenden fünf Dimensionen erarbeitet werden:

- Beratungsstellen
- Angebote für Schwangere bzw. Mutter und Kind
- Allgemeine und elternbezogene Beratung
- Ämter
- Betreute Wohnformen – Übergänge in die Eigenständigkeit

Je nach Lebenssituation und finanzieller Lage nehmen die jungen Eltern verschiedene Formen professioneller Unterstützung in Anspruch, die im Einzelfall zu den unterschiedlichen Interviewzeitpunkten differieren können.

Da die jungen Frauen sowohl ihre ehemaligen Beraterinnen i. d. R. ohne ihren Partner besuchen als auch prä- oder postnatale Angebote zumeist allein wahrnehmen, geht es bei den ersten beiden Punkten ausschließlich um die Einstellungen und Erfahrungen der jungen Mütter. Im dritten Abschnitt werden die Einstellungen und Erfahrungen der sozialen und leiblichen Väter zu professioneller Beratung und Unterstützung unter männerspezifischen Gesichtspunkten behandelt. Darunter fallen auch die der wenigen Kindsväter, die an pränatalen Angeboten teilnahmen und davon berichten.[75] Außerdem werden dort die Daten aller Befragten zu Akzeptanz und (möglicher) Inanspruchnahme von Beratung vorgestellt.

In zwei weiteren Unterkapiteln werden die Angaben aller InterviewpartnerInnen, die sich zu ihren Erfahrungen mit Ämtern äußern, dargestellt wie auch die der jungen Frauen zu ihren betreuten Wohnformen.

75 Drei Kindsväter berichten in ihren Interviews sowohl von der Teilnahme an einem Geburtsvorbereitungskurs als auch von der Konsultation eines Gynäkologen; einer von ihnen hat seine Partnerin offenbar auch zur Schwangerenberatung begleitet. Zwei weitere leibliche Väter erwähnen ebenfalls ihre Teilnahme an der Schwangeren(-konflikt-)beratung.

4.1 Beratungsstellen

Einen Großteil unserer Interviewpartnerinnen lernten wir durch die Kooperation mit Schwangerenberatungsstellen kennen. Zwölf der jungen Frauen, die am Ende der Erhebung in einer festen Partnerschaft leben, suchten als Schwangere eine Beratungsstelle auf, um sich über finanzielle bzw. materielle Unterstützung zu informieren. Drei weitere Jugendliche führten Schwangerschaftskonfliktgespräche. Eine gab an, sich hauptsächlich mit Fragen zur Geburt und zum Umgang mit Kind an eine Beratungseinrichtung gewandt zu haben.

Vier jugendliche Schwangere nahmen dagegen während ihrer Schwangerschaft keinen Kontakt zu einer Schwangerenberatungsstelle auf. Da sie entweder bereits vor ihrer Schwangerschaft in Jugendhilfemaßnahmen eingebunden waren oder wegen ihrer Schwangerschaft Jugendhilfe erhielten und sie hierdurch umfassend unterstützt wurden, war für sie eine externe Beratung überflüssig.

Die Mehrheit dieser Gruppe von jungen Frauen stand also während der Schwangerschaft mit einer Beratungsstelle in Kontakt und berichtete überwiegend sehr positiv über ihre damit verbundenen Erfahrungen. Vor dem Hintergrund des gesetzlich verankerten Anspruchs auf Nachbetreuung nach der Geburt des Kindes – wie auch nach einem Schwangerschaftsabbruch – ist die Frage von Bedeutung, ob die jugendlichen Mütter ein solches Angebot wahrnehmen. Darüber hinaus ist von Interesse, wie die Wiederaufnahme oder das Aufrechterhalten des Kontakts zu der Beratungseinrichtung motiviert ist. Ferner wird der Frage nachgegangen, ob sie Freizeitangebote für Mutter und Kind in Anspruch genommen (z.B. Babyschwimmen u.Ä.) oder mutterschaftsbezogene Kurse (z.B. Säuglingspflege u.Ä.) belegt haben und welche Erfahrungen sie damit machten. Da einige Interviewpartnerinnen in diesem Zusammenhang retrospektiv ihre Teilnahme an Geburtsvorbereitungskursen erwähnen, werden diese Hinweise ebenfalls berücksichtigt.[76]

Von Interesse sind auch die Begründungen der Befragten, warum sie keine Beratung suchten und keine Angebote für (werdende) junge Mütter in Anspruch nahmen.

Inanspruchnahme von Beratung

Neun der 16 Interviewpartnerinnen, die als Schwangere in einer Schwangerenberatungsstelle betreut wurden, gaben im zweiten Interview an, nach der Entbindung *keinen Kontakt* mehr zu dieser Stelle zu haben.

---

76 Obwohl sie der Sache nach eigentlich im Teil: Interview 1, behandelt werden müssten, da die Geburtsvorbereitungskurse in die Zeit der Schwangerschaft fallen; jedoch taucht diese Thematik erst retrospektiv im Zusammenhang mit der Frage nach Angeboten für Mutter und Kind auf.

Fehlende Kontakte zu Beratungsstellen

Vier Befragte waren auch zum Zeitpunkt des zweiten Interviews noch in Maßnahmen der Jugendhilfe eingebunden (Betreutes Wohnen, Mutter-Kind-Einrichtung). Für sie ist eine anderweitige Form von Beratung überflüssig, da sie jederzeit und mit all ihren Belangen auf den Rat und die Unterstützung mindestens einer professionellen Bezugsperson zurückgreifen können.

Bis auf zwei junge Mütter, die sich nicht zum fehlenden Kontakt zu ihrer ehemaligen Beratungsstelle äußern, machen die anderen deutlich, dass sie keinen Bedarf an Beratung haben. Sie begründen dies mit dem Argument, ihre materiellen bzw. finanziellen Angelegenheiten seien geregelt. Es gehe ihnen gut und sie hätten keine Probleme oder Fragen, die eine Beratung notwendig machen würden.

Einige jugendliche Mütter berichten auch davon, dass sie genügend Unterstützung in ihrem sozialen Umfeld erfahren. Sie holen sich Rat für den Umgang mit dem Kind oder in amtlichen Angelegenheiten bei ihren (Schwieger-)Eltern. Ebenso verweisen einige in ihren Argumentationen auf die eigene, mittlerweile erreichte Selbstständigkeit, die professionelle Beratung überflüssig macht.[77]

Die Schwangerenberatungsstellen werden von den Interviewpartnerinnen in der Regel mit ihren Hauptfunktionen in Verbindung gebracht: pränatale Beratung und Betreuung. Da es sich hierbei in den meisten unserer Fälle um wirtschaftliche Beratung handelte, ist für die Mehrheit der Befragten mit Klärung der materiellen Existenzgrundlage und der vorläufigen finanziellen Absicherung die Inanspruchnahme von Beratung abgeschlossen.

Die Beratungs- und Unterstützungsmöglichkeiten, die Schwangerenberatungsstellen im Übrigen anbieten, sind – wie bei den alleinstehenden Müttern – wenig bekannt. Als Anlaufstelle zur Klärung neuer Fragen, die sich z.B. aus dem Alltag mit Kind oder den veränderten Lebensumständen ergeben können, treten die Beratungseinrichtungen kaum in Erscheinung.

Bestehende Kontakte zu Beratungsstellen

Sieben der jungen Mütter hatten dagegen *nach der Entbindung noch Kontakte zu ihrer Beratungsstelle*. Drei von ihnen reagierten dabei ausschließlich bzw. einmalig auf Angebote der Beratungsstellen und nahmen z.B. an einem Mutter-Kind-Treffen teil oder nahmen die Möglichkeit, kostenlos gebrauchte Kinderkleidung zu tauschen, in Anspruch.

77 Zum Beratungsbedarf der Väter vgl. S. 266ff.

Zu den eigeninitiierten Kontakten, die die jungen Mütter zu ihrer Beratungsstelle aufnahmen, gehört z.B. die Mithilfe bei der Organisation und Durchführung des Verkaufs von Kinderkleidung u.Ä. aus zweiter Hand. Dies hat ganz pragmatische Gründe, nicht mehr benötigte Kleidung zu verkaufen oder notwendige günstig zu erwerben. Daneben hat es die Funktion, sowohl mit der Beratungsstelle in Verbindung zu bleiben als auch Kontakt zu anderen Müttern zu erhalten und gemeinsam mit ihnen diese Aktionen durchzuführen.

Die engagierte Aktion einer Interviewpartnerin, in der Schwangerenberatungseinrichtung eine Kontaktstelle für sehr junge Mütter einzurichten, hat neben dem pragmatischen Moment auch psychosoziale Aspekte. Ziel war es, die Möglichkeit gegenseitiger Entlastung bei der Kinderbetreuung zu schaffen und einen Bekanntenkreis von Gleichaltrigen in ähnlichen Lebenslagen zu gründen. Hier sollten die jungen Mütter sich unbeobachtet fühlen und außerhalb der vermeintlichen Kontrolle Älterer agieren können. Ein weiterer Grund lag aber möglicherweise auch darin, der sozialen Isolation entgegenzuwirken.

Gerade die engagierten und eigeninitiativ handelnden jungen Mütter nutzen ihre Verbindung zu der Beratungsstelle u.a. auch, um sich Rat und Hilfe bei Fragen in Behördenangelegenheiten und Problemen bei der Bewilligung von staatlichen Mitteln zu holen (z.B. auch im Zusammenhang mit ihren erneuten Schwangerschaften). Aber sie bezeichnen und empfinden diese, z.T. telefonisch eingeholten Auskünfte, nicht unbedingt als Beratung.

Zwei junge Mütter berichten, ihre Beraterin ohne besonderen Anlass besucht zu haben. Hier kann vermutet werden, dass die während der Schwangerschaft erfahrene gute Unterstützung zu einer emotionalen Bindung geführt hat, die einem Vertrauensverhältnis gleichkommt.

Interviewzitate auf CD-ROM

Die in der Analyse verwandten Interviewpassagen wurden durchnummeriert und auf einer CD-ROM verfügbar gemacht. Hier finden Sie alle Interviews zu diesem Unterkapitel

Fehlender Kontakt der jungen Mütter zu ihrer Beratungsstelle	Nr. 1209 - 1218
Kontakte der jungen Mütter zu ihrer Beratungsstelle	Nr. 1219 - 1227

Interviewauszug: fehlender Kontakt der jungen Mütter zu ihrer Beratungsstelle

Mit der Klärung und Bewerkstelligung der wirtschaftlichen Existenzgrundlagen für die erste Zeit nach der Entbindung ist die Inanspruchnahme von Beratung durch diese Einrichtungen für die meisten Interviewpartnerinnen abgeschlossen. Ein exemplarisches Beispiel dokumentiert dies:

Frage: „... Und du hast eben, anfangs ... gesagt, dass du zu dieser Beratungsstelle keinen Kontakt mehr hast, ne? Hatte das irgendeinen Grund?

Nadja: Nöö, das war ja bloß so, dass – es ist lediglich darum gegangen, dass sie uns aufgezeigt haben, was es für Möglichkeiten gibt, mit Unterstützung und so weiter, wir haben dann auch unser Geld gekriegt.

Frage: Hat das geklappt?

Nadja: Joa. (lacht) Für ein, zwei Monate 'n bissel Unterstützung für Klamotten, ist ja auch nicht so billig. Und dann da war eigentlich der Kontakt abgebrochen, weil es nix mehr gegeben hat ... das Geld haben wir dann gekriegt, und (wir) haben sie dann auch informiert. Und hab ich denen auch die Geburtsurkunde und so geschickt, und das war's halt.

Frage: Dann gab's keinen Anlass mehr, dahin zu gehen?

Nadja: Nein." (2. Int. 22, S. 17, 18 Jahre)

Die Möglichkeiten einer Nachbetreuung sind wenig bekannt. Als Anlaufstelle für die jungen Mütter bei neu auftretenden Fragen, die sich z. B. aus dem Alltag mit Kind ergeben können oder aus veränderten Lebensumständen, die neue oder andere Behördengänge notwendig machen, treten die Schwangerenberatungseinrichtungen kaum ins Bewusstsein.

4.2 Angebote für Schwangere bzw. Mutter und Kind

Nachdem festgestellt werden konnte, dass nur eine Minderheit der Gruppe von Befragten mit Partner nach der Entbindung weiteren Kontakt zur früheren Beratungsstelle hat, geht es im Folgenden um die Akzeptanz von Angeboten für werdende Mütter bzw. Mutter und Kind.

Erfahrungen mit pränatalen Angeboten

Die Akzeptanz von *pränatalen Angeboten* zur Geburtsvorbereitung und Säuglingspflege erscheint unter unseren Interviewpartnerinnen relativ gering.

Nur fünf von 20 jungen Frauen geben überhaupt an, ein solches Angebot in Anspruch genommen zu haben. Als Begründung für die Relevanz dieser Angebote nennen die Teilnehmerinnen, dass die dort vermittelten, auf die Alltagspraxis mit dem Säugling bezogenen Inhalte in ihrem späteren Alltag als Mutter hilfreich und nützlich seien.

Als (retrospektiv) überflüssig betrachten die jungen Frauen ihre Teilnahme an einem pränatalen Kurs, wenn sie die gleichen Informationen und praktischen Übungen später im Krankenhaus erneut erhielten bzw. durchführten. Eine negative Beurteilung eines vorgeburtlichen Kursangebots beruhte in einem Fall auf der Erfahrung, sich als Jüngste unter den Teilnehmerinnen beobachtet und kontrolliert zu fühlen. Dies wird ebenfalls als Begründung angeführt für den Verzicht auf die Teilnahme an anderen öffentlichen Angeboten für Mütter nach der Entbindung.

Erfahrungen mit postnatalen Angeboten

Die Mehrheit (13) der Interviewpartnerinnen zeigt eine nur teilweise ablehnende Haltung gegenüber öffentlichen Angeboten, wobei die *nachgeburtlichen Kurse* eine größere Akzeptanz bei den Jugendlichen erfahren und auch etwas häufiger in Anspruch genommen werden als die vorgeburtlichen. Besonders Babyschwimmen, Kinderturnen und regelmäßige Mutter-Kind-Treffen sind vergleichsweise beliebt und werden von den jungen Müttern als positive Erfahrung geschildert. Ihre Teilnahme begründen sie mit ihrem Interesse an der Beobachtung der Entwicklung ihrer und anderer Kinder. Der Kontakt ihres Kindes zu Gleichaltrigen ist ihnen wichtig. Sie glauben, die Veranstaltungen seien dem Wohlbefinden und der Entwicklung des Kindes dienlich.

Als besonders hilfreiches postnatales Angebot wird von einigen Befragten die Betreuung durch eine Hebamme genannt, die ihnen rat- und tatkräftig zur Seite steht und auch im

Bedarfsfall telefonisch erreichbar ist. Die Entscheidung für das Hinzuziehen einer Hebamme wird auch mit dem Wunsch begründet, von einer Fachfrau kompetente Rückmeldung für den Umgang mit dem Kind zu erhalten.

Ablehnung von prä-/postnatalen Angeboten

Von den Müttern, die sich zu *prä- oder postnatalen Angeboten* äußern, weisen einige entweder von vornherein oder vor dem Hintergrund ihrer Erfahrungen mit solchen Angeboten retrospektiv eine vollkommen *ablehnende Haltung* auf. Hierbei spielen *Ängste und Unsicherheiten* der Jugendlichen keine unerhebliche Rolle. Jugendliche, die an Geburtsvorbereitungen teilnahmen und diese Erfahrung negativ beurteilen, begründen dies damit, dass sie den Eindruck hatten, bevormundet anstatt beraten zu werden. Zum Teil führen diese Erfahrungen, wie erwähnt, zur Ablehnung von postnatalen Angeboten, obwohl die Mütter sich eigentlich für sie interessieren. Sie sind der Meinung, für ihr Kind seien sowohl die sportlichen Aktivitäten als auch die Kontaktaufnahme zu anderen Kindern wichtig. Doch sie haben Ängste entwickelt, in ihrer Mutterrolle nicht akzeptiert und in ihren Kompetenzen als Mutter unterschätzt zu werden. Die jungen Frauen schildern z.T. auch Unsicherheiten, sich auf die fremde Situation und fremde Menschen einzulassen.

Eine häufige Begründung derjenigen, die vorgeburtliche Angebote von vornherein ablehnen oder eine Teilnahme für sich nicht in Betracht ziehen, ist die, dass solche Maßnahmen *überflüssig* seien. Ein Teil der Interviewten begreift die Geburt als natürlichen Vorgang, der nicht geprobt werden müsse, zumal die Übungssituation ohnehin nicht der realen Situation bei der Entbindung entspreche. Bei der Geburt sei „eh alles anders", sodass eine Vorbereitung völlig sinnlos sei. Andere Befragte sind der Auffassung, es sei für sie nicht notwendig, pränatale Angebote wahrzunehmen, da sie bereits „genau wussten", was auf sie zukam und wie sie mit einem Säugling umzugehen hätten. Sie berufen sich dabei z.T. auf Erfahrungen, die sie als Babysitterin oder als Mitbewohnerin bei einer jugendlichen Mutter und deren Kind gemacht haben.

Ein Teil der Interviewpartnerinnen begründet die Tatsache, keine Angebote wahrgenommen zu haben, mit der fehlenden Notwendigkeit, da sie, wie auch ihr Kind, genügend Kontakte und private Unterstützung hätten. In Bezug auf Säuglingspflege und Umgang mit dem Baby weisen sie auf die ausreichende Vorbereitung im Krankenhaus hin. Deshalb habe sich die Teilnahme an einem anderen Programm erübrigt.

Einige Jugendliche lehnen die herkömmlichen Angebote für Mutter und Kind (z.B. Krabbelgruppe) mit den Begründungen ab, die *Inhalte* seien zu mutterschaftsbezogen und genügten ihren *intellektuellen Ansprüchen* nicht. Außerdem träfen sie ihre vielen anderen, außerhalb der Mutterschaft liegenden Interessen nicht. Aber auch die Erwartung vornehmlich auf ältere, erfahrenere Mütter zu treffen und sich mit deren Verhalten und Gesprächsinhalten nicht einverstanden erklären zu können, wird als Hinderungsgrund für die Teilnahme an postnatalen Angeboten genannt. Dabei herrscht die Vorstellung vor, die Gespräche kreisten ausschließlich um kindzentrierte Themen. Es wird unterstellt, viele Mütter hätten nur die Absicht, die Fähigkeiten und Fertigkeiten ihres eigenen Kindes in den Vordergrund zu rücken.

Teilweise nehmen die Jugendlichen Kompromisse in Kauf, indem sie Angebote wahrnehmen, die eigentlich nicht ihren Vorstellungen entsprechen. Sie bieten ihnen jedoch einen regelmäßigen Kontakt zu anderen Eltern und ermöglichen ihrem Kind das Zusammensein mit anderen Kindern. Andere junge Mütter beabsichtigen, selbst eine Gruppe mit Eltern ihres Alters zu gründen. Sie wollen sich einen Kreis Gleichgesinnter schaffen, von dem sie sich gemeinsame Interessen, gegenseitige Entlastung bei der Kinderbetreuung sowie gemeinsame Unternehmungen versprechen.

Äussere Faktoren als Hinderungsgründe

Weitere Begründungen für fehlende Inanspruchnahme öffentlicher Angebote beziehen sich auf *äußere Faktoren und Bedingungen*. Einige junge Mütter bedauern es, auf Grund ihres Eingebundenseins in regelmäßige Tagesabläufe durch Schulbesuch, Studium oder Berufstätigkeit keine Angebote mit ihrem Kind wahrnehmen zu können. Sie beschreiben zeitliche und organisatorische Schwierigkeiten als Hinderungsgründe bzw. ihnen ist der organisatorische Aufwand zu groß und – besonders gleich nach der Geburt – zu anstrengend. Zum Teil schaffen sie sich private Alternativen, z. B. indem sie mit ihrem Baby schwimmen gehen oder etwas gemeinsam mit anderen Müttern und deren Kindern unternehmen. Ihnen ist ebenfalls die Kontaktaufnahme ihres Kindes zu anderen Kindern wichtig, aber auch die Befriedigung ihres Bedürfnisses, andere Eltern kennen zu lernen. Sie wollen mit ihnen Verbindung halten, um den Mangel an Kontakten zu Gleichaltrigen auszugleichen, der sich durch die Elternschaft ergeben hat.

Über diese Begründungen hinaus weist eine junge Mutter darauf hin, ein Angebot aus finanziellen Gründen nicht wahrgenommen zu haben. Eine weitere Befragte begründet dies mit der Sorge um die Gesundheit ihres Kindes. Sie wäre gefährdet, wenn sie mit ihrem Kind an einem Säuglingsschwimmkurs teilnehmen würde, da ihr Kind noch keinen ausreichenden Impfschutz habe.

Interviewzitate auf CD-ROM

Die in der Analyse verwandten Interviewpassagen wurden durchnummeriert und auf einer CD-ROM verfügbar gemacht. Hier finden Sie alle Interviews zu diesem Unterkapitel

Pränatale Angebote	Nr. 1228
Postnatale Angebote	Nr. 1229 - 1231
Begründungen für fehlende Inanspruchnahme von Angeboten	Nr. 1232 - 1243

Interviewauszug: Mutter-Kind-Angebote – Nicht-inanspruchnahme

Junge Mütter, deren Alltag durch Schulbesuch, Studium oder Erwerbstätigkeit bestimmt wird, bedauern es, auf Grund dieser Bedingungen nicht an postnatalen Programmen teilnehmen zu können.
Eine Schülerin beschreibt:

Frage: „Hast du vor und nach der Geburt von A. (Tochter) Mutter-und-Kind-Kurse, Säuglingspflegekurse oder etwas in dieser Art gemacht?

Aylien: Nein, das finde ich auch so schade. Aber ich bin acht Wochen nach der Geburt zur Schule gegangen, da ist das alles nicht gegangen. Ich wollte mit ihr zum Babyschwimmen, und jetzt ist sie halt auch schon zu alt ..." (2. Int. 25, S. 26, 18 Jahre)

Ähnlich bedauernd äußert sich eine berufstätige Interviewpartnerin, die allerdings die Initiative ergreift und ihren Mangel an Kontaktmöglichkeiten für ihr Kind, aber auch für sich selbst, auszugleichen versucht: In Kooperation mit einer anderen Mutter will sie eine eigene Krabbelgruppe gründen. Sie äußert sich über ihre Situation folgendermaßen:

Frage: „Gibt's in deiner Umgebung nicht so was wie Mutter-Kind-Kurse, Säuglingspflegekurse oder Babyschwimmen und so was?

Nadja: Ja, doch, aber da muss ich sagen, da hab ich keine Zeit dazu, also ... in so 'ne Krabbelgruppe geh ich in 'nem Monat, mit 'ner Arbeitskollegin, die hat auch 'n Kind. Und das – also die wollen wir selber machen ... In G. (Ort) weil, also da gibt's mehr Mütter, aber da ist noch keine Krabbelgruppe ... Ja, und sonst, Babyschwimmen, wir gehen ab und zu mit ihm selber zum Schwimmen. Weil, das andere, das geht einfach nicht von der Zeit her.

Frage: Und wenn du Zeit hättest, wär das dann anders?

Nadja: Ja. Also ich würd (lacht) ... bestimmt in so eine Stillgruppe (gehen) ..."
(2. Int. 22, S. 18, 18 Jahre)

Im weiteren Verlauf dieses Zitats stellt sie explizit heraus, welche Bedeutung solche Angebote für sie haben:

Frage: „... Was würdest du von solchen Angeboten erwarten?

Nadja: Ja, mei, dass man sich einfach austauscht. Dass man da vielleicht einfach in Kontakt kommt, sodass man sich dann vielleicht auch 'nen anderen Freundeskreis irgendwo aufbaut. Weil, es hat sich ja schon sehr geändert, so von den Freunden her. Mei, ich bin jetzt nicht mehr so der Typ, der weggeht, lieber daheim, (leise) dann kann man auch keine Leute kennen lernen, oder schlecht.

Frage: Und dann hättest du den Gedanken, dass man auch über solche Gruppen so Gleichgesinnte finden würde, also dass das dann eher wieder passt?

Nadja: Ja, genau." (2. Int. 22, S. 18, 18 Jahre)

Diese junge Mutter hat erkannt, dass sich ihr Freundeskreis durch ihre Mutterschaft erheblich reduziert hat und sie aktiv gegen eine Isolation einschreiten muss.

Für eine weitere junge Frau ist das Bedürfnis nach Austausch mit gleichaltrigen Müttern der Grund zum Aufbau einer eignen Gruppe:

Sibel: „Diese Baby-Schwimmkurse und Turnkurse oder so was, hatte ich aus dem Grunde nicht gemacht, weil da Eltern sind, die doppelt so alt sind wie ich, und wo ich mir dann irgendwie ein bisschen komisch vorkomme und so. Ja, deswegen halt auch die Aktion mit den anderen, dass man da halt mal gemeinsam mit Gleichaltrigen etwas unternehmen könnte oder so. Weil, das sind wirklich immer nur Dreißigjährige und – weiß ich nicht." (2. Int. 04, S. 23, 17 Jahre)

4.3 ALLGEMEINE UND ELTERNBEZOGENE BERATUNG

Die überwiegende Mehrheit der Frauen nahm während der Schwangerschaft eine – zumeist wirtschaftliche – Beratung in Anspruch.[78] Nach der Entbindung suchten die jungen Mütter nur in Ausnahmefällen, in behördlichen Angelegenheiten und im Zusammenhang mit einer erneuten Schwangerschaft, dort um Rat nach. Mit Klärung und Bewerkstelligung der wirtschaftlichen Existenzgrundlage verschwindet in der Regel nach Meinung der Befragten ihr Bedarf an Beratung. In der Folge wenden sich die jungen Eltern bei Unterstützungs- und z.T. auch bei Beratungsbedarf i.d.R. direkt an die Ämter und diverse behördliche Stellen, hauptsächlich, um ihre materiellen bzw. finanziellen Ansprüche zu eruieren oder geltend zu machen.[79]

Es wurde ebenfalls festgestellt, dass die Schwangerenberatungseinrichtungen nicht als Anlaufstelle bei mutterschaftsbezogenen Fragen oder Problemen (z.B. hinsichtlich der Erziehung des Kindes) in Erscheinung treten. Auch andere Beratungsangebote dieser Einrichtungen (z.B. in Bezug auf Sexualität und Familienplanung) werden von unseren Befragten nicht in Anspruch genommen. Die Ratsuche findet teilweise im privaten Umfeld statt. Besonders die Schwiegereltern und Eltern, insbesondere die eigene Mutter werden als Ratgebende sowohl von Frauen als auch von Männern genannt.

Nun ist die Frage von Interesse, welche Einstellungen die jungen Männer und Frauen zu Beratung haben, d.h. wie hoch die Akzeptanz bei welcher Art von Beratung ist. In unseren analytischen Zusammenhängen ist dabei die spezifisch vaterschaftsbezogene Frage von Bedeutung, ob die männlichen Befragten Beratungs- und Unterstützungsbedarf für sich als (soziale) Väter sehen. Und falls dies der Fall sein sollte, in welchen Situationen sie sich Beratung bzw. Unterstützung gewünscht hätten oder hypothetisch in Anspruch nehmen würden. Für die weiblichen Befragten ist besonders die Frage nach momentan notwendiger Beratung sowie möglichem zukünftigen Beratungsbedarf wichtig.[80]

BERATUNGSERFAHRUNGEN

Die Betrachtung der Angaben unserer InterviewpartnerInnen zu der allgemein formulierten Frage, mit welcher *Art von Beratung sie Erfahrung* haben, erbrachte, dass nur eine kleine Minderheit (zwei Männer und eine Frau) bei sehr persönlichen bzw. emotionalen Problemen Beratung in Anspruch genommen hatte. Dabei handelt es sich um Partnerschafts- und Drogenprobleme.

---

78 Diese werden im Folgenden nicht mehr berücksichtigt; zu dieser Thematik s. Teil 2, Interview 1, S. 102 ff.

79 Dies wird von einem jungen Mann explizit folgendermaßen dargestellt: Matthias: „Ich hab's nie für nötig gehalten, irgendwie mich beraten zu lassen. Weil ich immer, wenn ich irgendwie was brauchte oder so, immer gleich zu den Ämtern rein: Tür auf und gesagt, was ich wollte, und dann ist das normalerweise entweder gelaufen oder ich bin auf die Fresse gefallen."

80 Eltern- bzw. mutterschaftsbezogene Beratung im engeren Sinne, z.B. bei Fragen, die die Erziehung des Kindes betreffen, nehmen die befragten jugendlichen Mütter derzeit nicht in Anspruch.

Alle anderen von den jungen Eltern genannten Fälle von Beratungsbedarf betreffen rechtliche und finanzielle Fragen (z. B. Jugendgerichtshilfe, Schuldnerberatung, Beratung für Sozialhilfeempfänger, Finanzierungsberatung für Wohneigentum). Oder es handelte sich um Beratung bei Fragen im Zusammenhang mit Ausbildung, beruflichem Werdegang und beruflichen Problemen (Studien-, Berufsberatung; gewerkschaftliche Beratung) sowie Fragen im Zusammenhang mit der (weiteren) Schwangerschaft.

Zukünftiger Beratungsbedarf

Im Gegensatz zum aktuellen Bedarf beziehen sich die weitaus meisten Nennungen (mehr als ein Viertel) bei der Frage nach *möglichem zukünftigen Beratungsbedarf* auf sehr *persönliche, private bzw. emotionale Problemlagen*. Genannt werden eigene psychische Probleme und Drogenabhängigkeit und solche ihnen nahe stehender Menschen, Unglücks- und Todesfälle in der eigenen Familie, partnerschaftliche und familiäre Schwierigkeiten sowie Probleme mit dem Kind bzw. Erziehungsprobleme. Ebenso viele Männer wie Frauen glauben von sich, dass sie in solchen hypothetischen problematischen Lebenslagen auf professionelle Beratung zurückgreifen würden.

Als zweithäufigster Grund für einen zukünftigen Beratungsbedarf wird – allerdings ausschließlich von ca. einem Drittel der Frauen – eine *erneute Schwangerschaft* genannt. Die meisten von ihnen begründen dies nicht. Nur eine junge Mutter spricht von der Erfahrung, wie hilfreich die Beratung während ihrer ersten Schwangerschaft gewesen sei. Eine andere Jugendliche würde bei einer weiteren Schwangerschaft eine Konfliktberatung benötigen.

Danach folgen die Nennungen, die eine künftige Inanspruchnahme von Beratung bei größeren Anschaffungen und *finanziell größeren Vorhaben* zum Inhalt haben. Fünf Männer nennen Wohneigentumserwerb, Wohnungssuche, Mieterprobleme, Autokauf und Kapitalanlagen, eine Frau Hausbau und Versicherungsfragen.

An vierter Stelle steht Beratungsbedarf bei Fragen zum eigenen beruflichen Werdegang und im Fall eigener *Arbeitslosigkeit*, den drei junge Frauen und zwei Männer für künftig möglich halten. Dabei handelt es sich um Studienberatung zur Klärung der weiteren Ausbildungslaufbahn, Berufsberatung im Falle von Arbeitslosigkeit und hinsichtlich weiterer Berufs- und Qualifikationsmöglichkeiten.

Die Art der Beratung, die an fünfter Stelle von zwei jungen Müttern und einem leiblichen Vater genannt wird, ist die bei *finanziellen Problemen*. Dabei geht es in einem Fall um Schuldnerberatung, die offenbar auch schon einmal in Anspruch genommen wurde.

Drei Frauen nennen *rechtliche Fragen und behördliche Angelegenheiten*, bei denen sie sich vorstellen können, eine Beratung zu benötigen.

Jeweils fünf Frauen und Männer (ein Viertel der Befragten) konnten sich keine Situation vorstellen, in denen sie künftig Beratung in Anspruch nehmen würden; von zwei Männern und einer Frau haben wir hierzu keine Angaben.

Akzeptanz von Beratung

Alle von den Befragten genannten Beratungserfahrungen zusammengenommen, ergibt sich etwa folgendes Bild: Mehr als die Hälfte der Interviewpartnerinnen suchte während und wegen ihrer Schwangerschaft Beratung. Ein Teil der jungen Mütter hat Erfahrungen mit phasenweiser oder kontinuierlicher beraterischer bzw. betreuerischer Unterstützung. Einige nahmen zu irgendeinem Zeitpunkt nach der Entbindung eine Form von professioneller Hilfe in Anspruch. Nahezu die Hälfte tat dies – ausgehend vom dritten Interview – „in der letzten Zeit“. Fast die Hälfte der männlichen Befragten kann auf Erfahrungen mit mindestens einer Art von Beratung (Geburtsvorbereitung eingeschlossen) zurückblicken. Nehmen wir die Angaben zum hypothetischen Beratungsbedarf hinzu: Danach nannten 13 männliche und 14 weibliche Befragte, nicht ganz drei Viertel der jungen Eltern, mindestens eine Situation, in der für sie professionelle Hilfe notwendig bzw. denkbar wäre.

Somit hat mehr als die Hälfte aller Befragten bereits bei den unterschiedlichsten Anlässen eine Form oder mehrere Arten beraterischer Unterstützung in Anspruch genommen. Daraus kann gefolgert werden: Diese jungen Eltern haben eine recht aufgeschlossene Einstellung zu professioneller Beratung und akzeptieren für sich die Inanspruchnahme von fachlicher Hilfe.

Kenntnis über Beratung für Väter

Bei der Frage, wie die männlichen Befragten *Unterstützung für (soziale) Väter* einschätzen, zielten wir nicht nur auf die materiellen Angebote ab. Es geht vielmehr um beraterische und betreuerische Hilfen, wie sie für Schwangere und Mütter nach der Entbindung gewährleistet sind. Der Tenor der Aussagen der Männer ist, ihnen sei nichts über spezifische Unterstützung für Väter bekannt. Bei ihren Überlegungen, welche Hilfen sie erhalten haben, nennen die meisten die Zuwendungen, die sie als werdende Familie während der Schwangerschaftszeit bzw. der Zeit als werdender Vater erhalten haben. Es handelte sich dabei um Leistungen kirchlicher und freier Beratungseinrichtungen sowie staatliche Leistungen, auf die sie Anspruch als Familie haben. Es kommt auch der Hinweis auf den gesetzlichen Anspruch der Väter auf Elternzeit und Erziehungsgeld vor. In Bezug auf beraterische Unterstützung weisen einige Befragte auf die Dienste des Jugendamtes hin. Einem Interviewpartner fallen die Beratungsstellen eines freien Trägers ein, an die sich auch Männer wenden könnten.

Die Tatsache, dass den Männern keine Beratungsmöglichkeiten für junge Väter bekannt sind, verweist auf ein Informationsdefizit. Denn in § 2 Absatz 1 Schwangerenhilfegesetz (SchHG) ist ausdrücklich derselbe gesetzliche Anspruch für Frauen und Männer auf Beratung festgelegt. Die Beratungsstellen diverser Träger stehen Männern ebenso offen wie Frauen. Doch machen die Aussagen der Interviewpartner deutlich, dass sie sich als Männer nicht von den Schwangerenberatungsstellen und -konzepten angesprochen fühlen. Sie haben den Eindruck, dort würden ausschließlich die Belange der Frau verhandelt. D.h. sie gehen davon aus, während der Schwangerschaft eine „Nebenrolle" einzunehmen. Einige, denen solche Vorstellungen bewusst sind, weisen explizit darauf hin, dass sie sich nicht integriert fühlen, wenn es um die Thematik „Kinderkriegen" geht.

Beratungsbedarf von Vätern

Aus der hohen Anzahl von positiven Stellungnahmen der Männer hinsichtlich der Frage, ob es für junge Väter Unterstützungsmöglichkeiten geben sollte, kann geschlossen werden, dass subtile oder explizite Unterstützungswünsche bei den meisten – besonders bei den leiblichen – Vätern vorhanden sind. Mehr als drei Viertel der Befragten befürworten prinzipiell und theoretisch Beratungsmöglichkeiten, die über wirtschaftliche Angelegenheiten hinausgehen. Sie sind der Meinung, leibliche und soziale Väter müssten bei Bedarf die Gelegenheit haben, emotionale Unterstützung in Anspruch nehmen zu können. Hierunter verstehen sie zum einen die Möglichkeit zur Klärung ihrer Fragen in Bezug auf ihre Vaterschaft – z.B. rechtlicher Art oder Kindererziehung betreffend. Zum anderen schließen sie auch solche zur Bewältigung ihrer durch die neue Situation als (werdender) Vater entstandenen Ängste und Probleme ein. Letzteres wird besonders von leiblichen Vätern hervorgehoben. Sie reflektieren retrospektiv vor dem Hintergrund ihrer eigenen Erfahrungen während der Zeit als werdender Vater, ob diesbezügliche Beratungsangebote sinnvoll und hilfreich für sie gewesen wären.

Ungeachtet der Tatsache, ob sie selbst als Väter beraterische oder betreuerische Unterstützung in Anspruch nehmen würden, sind die meisten Interviewpartner der Meinung, es müsste solche Unterstützungsmöglichkeiten für Männer geben. Bis auf vier Männer sprechen sich alle befragten sozialen und leiblichen Väter für Beratungsmöglichkeiten aus, die sie entweder allein – was einigen sehr wichtig wäre – oder gemeinsam mit ihrer Partnerin zu vater- bzw. elternspezifischen Fragestellungen in Anspruch nehmen könnten.

Einstellungsmuster zu Hilfsangeboten für Väter

Die weitere Analyse ihrer Aussagen erbrachte *vier unterschiedliche Einstellungsmuster der Männer* in Bezug auf Hilfsangebote für junge Väter.

Ablehnung von Beratung für Väter

Das erste Einstellungsmuster ist durch *Ablehnung vaterschaftsbezogener Beratung und Unterstützung* gekennzeichnet. Vier Väter halten Beratungs- bzw. Unterstützungsangebote für überflüssig oder bezweifeln, dass diese sinnvoll sind, da Männer auf Grund ihres „männlichen Stolzes" keine professionelle Hilfe annehmen würden. Sie schließen eine Inanspruchnahme solcher vaterschaftsbezogener Angebote für sich aus, da sie der Meinung sind, keine Hilfe zu benötigen. Oder sie vertreten die Auffassung, Probleme sollten innerhalb der Familie ausgetragen werden und sie holten sich bei Bedarf Rat in ihrem nahen sozialen Umfeld. Einer von ihnen stellt jedoch die Überlegung an, dass professionelle Unterstützung nach der Geburt seines Kindes für ihn sinnvoll gewesen wäre, um das Verhalten des Säuglings besser einschätzen zu können. Er schließt aber eine künftige Inanspruchnahme „kindbezogener" Beratung aus.

Prinzipielle Befürwortung – Nicht-Inanspruchnahme

Das zweite Einstellungsmuster ergibt sich aus den Aussagen der Männer, die *prinzipiell Unterstützung oder eine Anlaufstelle für junge Väter für sinnvoll halten*, da sie glauben, dass ein Teil junger Väter professionelle Hilfe benötigen könnte. *Sie selbst würden jedoch solche Beratungsangebote nicht annehmen*. Zwei soziale und zwei leibliche Väter begründen dies damit, dass sie bisher immer auf sich allein gestellt waren und sie, außer von ihren Eltern, keine Unterstützung gehabt hätten. Außerdem kommt der Hinweis, nicht gut Hilfe annehmen zu können und den Willen zu haben, mit persönlichen Problemen allein zurechtzukommen. Sie betonen ihre Selbstständigkeit und ihr Verantwortungsbewusstsein. Auch hier weist ein sozialer Vater darauf hin, dass er sich in Bezug auf den Umgang mit dem Kind häufiger Rat bei seinen Eltern hole.

Prinzipielle Befürwortung – eventuelle Inanspruchnahme

Das dritte Einstellungsmuster ist durch eine *gewisse Offenheit in Bezug auf eigene Inanspruchnahme fachlicher Hilfe* gekennzeichnet. Fünf Männer meinen, sie würden „eher nicht" auf vaterschaftsbezogene Angebote zurückgreifen, unter bestimmten Umständen „aber vielleicht doch". Zwar können sie sich im Augenblick nicht vorstellen, sich bei persönlichen Problemen professionell beraten zu lassen, doch schließen sie es auch nicht aus. Auf Grund ihres Problembewusstseins können sie deutlich machen, dass es durchaus Situationen der Ratlosigkeit bei ihnen gibt, z.B. im Umgang mit dem Kind.

Zwei soziale Väter weisen darauf hin, dass die Tatsache, mit einem fremden Kind umzugehen, viele Fragen aufwirft, die sie aber mit der Mutter des Kindes besprechen. Bisher wurden sie noch nicht mit solch gravierenden Problemen konfrontiert, die sie an eine professionelle Beratung hätten denken lassen. Ähnlich argumentieren die leiblichen Väter. Sie können sich nur bei massiven Problemlagen die Inanspruchnahme fachlicher Unterstützung vorstellen, wenn sie selbst oder ihr Umfeld keine Lösung für ein Problem finden, z.B. wenn das Kind mit Drogen in Berührung kommen sollte. Aus der Retrospektive betrachtet, weisen aber zwei von ihnen darauf hin, dass eine professionelle, väterspezifische Beratung schon in der Zeit als werdender Vater hilfreich gewesen wäre. Dann hätten sie die Möglichkeit gehabt, sich mit den verschiedenen Aspekten von Vaterschaft auseinander zu setzen.

Uneingeschränkte Befürwortung – Inanspruchnahme

Beim vierten Einstellungsmuster bringen die Interviewpartner ihre Überzeugung zum Ausdruck, *väterspezifische Unterstützungsmöglichkeiten seien notwendig oder sinnvoll und sie würden diese auch für sich nutzen.* Hier handelt es sich um vier leibliche Väter, von denen drei Erfahrungen mit Beratung in Schwangerschaftsberatungsstellen oder bei GynäkologInnen oder (zusätzlich) mit Geburtsvorbereitung haben. Einer von ihnen weist besonders auf das Fehlen von Beratungs- und Unterstützungsmöglichkeiten für (werdende) Väter und auf Mängel in der herkömmlichen, auf die schwangere Frau ausgerichtete Beratungspraxis hin.

Ein anderer bezieht sich auf die Zeit als werdender Vater, in der er gern fachliche Beratungsmöglichkeiten genutzt hätte, wenn er sie – ähnlich denen, die seine schwangere Freundin nutzen konnte – für sich gesehen hätte. Für ihn war seine Arbeitslosigkeit sehr problematisch und er konnte diesen Umstand nicht mit seinem Verantwortungsgefühl für sein Kind in Übereinstimmung bringen. Wie er, so macht auch ein weiterer Vater deutlich, dass er sich eine, auch längerfristige, Unterstützung wünschen würde. Dabei erscheint es diesen Vätern wichtig, zu einer professionellen Ansprechperson, deren Geschlecht sie nicht thematisieren, ein Vertrauensverhältnis aufbauen zu können.

In Bezug auf *künftigen Beratungsbedarf* können sich drei Väter vorstellen, bei emotionalen Problemlagen Beratung in Anspruch zu nehmen. Sie nennen in diesem Zusammenhang Unglücksfälle in der eigenen, kleinen Familie (z.B. Tod eines der Kinder) und partnerschaftliche Probleme. Die restlichen Befragten, drei soziale Väter, befanden sich bisher noch nie in der Situation, über diese Zusammenhänge nachdenken zu müssen. Deshalb äußern sie sich ein wenig distanzierter zu dieser Thematik als andere Befragte. Für sich selbst können sie sich momentan die Inanspruchnahme von Beratung primär in finanziellen Angelegenheiten vorstellen oder ihren beruflichen Werdegang betreffend.

Interviewzitate auf CD-ROM

Die in der Analyse verwandten Interviewpassagen wurden durchnummeriert und auf einer CD-ROM verfügbar gemacht. Hier finden Sie alle Interviews zu diesem Unterkapitel

Einstellungen der Interviewpartner zu Unterstützung von jungen Vätern und Akzeptanz von Beratung im Hinblick auf ihre (soziale) Vaterschaft	Nr. 1244 - 1257
Erfahrungen der jungen leiblichen Väter mit vorgeburtlichen Beratungen und Geburtsvorbereitung	Nr. 1258 - 1261

Interviewauszug: Vaterschaftsbezogene Beratung

Das folgende Beispiel ist dem dritten Einstellungsmuster zuzuordnen, das durch eine gewisse Offenheit charakterisiert ist, unter bestimmten Umständen selbst qualifizierte Beratung in Anspruch zu nehmen.

Frage: „Müsste deiner Meinung nach auch etwas für junge Väter getan werden?

Jürgen 1: Ja, zumindest zum Reden ... weil das ist auch nicht ganz einfach, wenn das Kind nicht unbedingt gewollt ist, dann bräuchte man schon, wenn man keine Freunde hat ... oder nicht so gute Freunde, wo ich mit reden kann, wäre das schon wichtig." (Int. 10, S. 18, 25 Jahre)

Später ergänzt der junge Vater, dass junge Menschen über die Veränderungen aufgeklärt werden müssten, die ein Leben als Eltern mit sich bringen. Im Nachhinein wünsche er sich eine Beratung, in der den werdenden Eltern vor Augen gehalten wird, „was da so alles auf einen zukommt".

Frage: „Kannst du dir Situationen vorstellen, in denen für dich Beratung, äh, in der Zukunft in Frage käme?

Jürgen 1: Im Moment nicht, nee. Also jetzt, weil ich die Kleine habe. Also ich habe jetzt, wie gesagt, miterlebt, wie die Kleine jetzt größer geworden ist. Und falls wir noch eins kriegen würden, ich glaub, dann würde ich damit klarkommen. Nur, wie gesagt, am Anfang ist das eben halt so, da ist das alles ganz anders, man kann sich das nicht vorstellen, was da so auf einen zukommt. Und wär das schon sinnvoll gewesen, wenn da 'ne Beratung da gewesen wäre. Also nicht zum Abraten vom Kind oder sonst irgendwas, sondern nur eben halt: ‚Pass auf, das und das kommt auf euch zu, ihr könnt nicht mehr das und das machen.' Also ich müsste schon klarkommen damit. Das wär schon am Anfang gut gewesen. So jetzt, beim zweiten Kind, wenn wir eins haben oder haben wollen, ähm, würde ich, glaube ich, keine in Anspruch nehmen, wenn es eine geben würde.

Frage: Hmhm. Und wenn du mal so an die Zeit denkst, wenn die Kinder größer werden? Oder wenn das Kind jetzt erst mal größer wird, und du hast Erziehungs-, Schulprobleme? Wenn Erziehungsprobleme auftauchen?

Jürgen 1: Ja, dann würde ich eher meine Eltern fragen. Meine Eltern fragen oder eben halt die Mutter von Janette (seine Partnerin) fragen. Ich glaub, damit würde ich nicht zu irgend 'ner Beratung gehen. Solange es nicht mit Drogen zusammenhängt oder sonst irgendetwas." (Int. 10, S. 19 f., 25 Jahre)

Er ist der Auffassung, dass er auf Grund seiner Erfahrungen, die er seit dem Aufwachsen seines Kindes gemacht hat, bei einem zweiten Kind keine Beratung mehr benötige, außer möglicherweise bei massiven Problemen, bei denen auch seine Eltern keinen Rat mehr geben könnten.

4.4 Ämter

Wie an anderer Stelle bereits erwähnt, erhalten zum Zeitpunkt des dritten Interviews bis auf drei Paare alle anderen eine Form staatlicher Unterstützung.[81] Für die jungen Eltern ist neben dem Sozial- und Jugendamt das Wohnungsamt (Wohngeldstelle) von Bedeutung. Darüber hinaus nennen die Befragten das Versorgungsamt, solange sie noch Anspruch auf Erziehungsgeld haben. Zunehmend wichtiger für die Frauen wird auch das Arbeitsamt, das sie als Stelle zur Berufsberatung und Arbeitsvermittlung aufsuchen, aber auch um Arbeitslosengeld bzw. -hilfe oder Berufsausbildungsbeihilfe zu beantragen.

Das bedeutet, mindestens ein Elternteil jedes Paares kann auf Erfahrungen mit den entsprechenden Ämtern zurückblicken. In der Regel berichten die jungen Frauen ausführlicher über diese Erfahrungen als die Männer. Das steht z.T. mit dem anderen Fragekanon, der den Interviews mit den Männern zu Grunde liegt, in Zusammenhang. Hinzu kommt, dass eine Reihe von Paaren offensichtlich in Bezug auf Behördenangelegenheiten eine Aufgabenteilung vorgenommen hat. Es fiel bereits weiter oben auf, dass bei Paaren, bei denen ein Elternteil, zumeist der Mann, voll berufstätig ist, der andere die Aufgabe übernimmt, sich um die behördlichen Angelegenheiten zu kümmern.

Anders als im Kapitel zu den Erfahrungen der jungen Mütter ohne Partner hat im Folgenden nicht die im Interview 1 für Frauen erarbeitete Typologie der Umgangsmuster, Präferenz, da dies eine Überbetonung der Aussagen der weiblichen Befragten zur Folge hätte.[82] Im Vordergrund der nächsten Ausführungen stehen die Erfahrungen der jungen Eltern mit Ämterangelegenheiten, auf denen ihre Einstellungen zu Ämtern beruhen.

Überwiegend negative Einstellungen zu Behörden

Die meisten Befragten berichten von negativen Erfahrungen im Zusammenhang mit ihren behördlichen Angelegenheiten und haben deshalb eine grundsätzlich negative Einstellung zu Ämtern. Aber es gibt auch fünf positive Stellungnahmen von Befragten, mit denen sie ihr Vertrauen in das staatliche Unterstützungssystem umschreiben und damit ihre positive Grundhaltung zu Ämtern deutlich machen. Darüber hinaus nennen die Befragten Erfahrungen, die sowohl negative als auch positive Aspekte beinhalten.

---

81 Vgl. in diesem Teil, Junge Eltern in einer Paarbeziehung, Abschnitt 1.4, S. 212

82 Darüber hinaus würde diese Vorgehensweise auch keine neuen Erkenntnisse liefern. In Bezug auf die Erfahrungen werden allerdings die im Interview 1, Abschnitt 4.3 entwickelten Erfahrungsmuster wieder aufgegriffen; s. dort auch die Charakteristika dieser Muster, wie sie für die Aussagen der Schwangeren differenziert wurden.

Überforderung bei den jungen Paaren

Viele der jungen Eltern, die wegen ihrer Elternschaft einen eigenen Hausstand gründen und hierzu, z.T. erstmalig, mit entsprechenden Ämtern in Verbindung treten müssen, sind zunächst mit der Komplexität der in dieser Situation zu erledigenden Formalitäten überfordert. Einige berichten noch im dritten Interview, dass sie Hilfestellung bei behördlichen Angelegenheiten wünschen oder benötigen. Falls sie noch keine Erfahrungen mit Behördenangelegenheiten haben, müssen sie sich zunächst informieren, welche Ämter für welchen Bedarf zuständig sind und sich die entsprechenden Formulare besorgen.

Die Schwierigkeiten, von denen unsere Befragten berichten, beginnen in der Regel mit dem Ausfüllen der Formulare, deren Inhalte sie nicht verstehen. Besonders wenn sie mit mehreren Ämtern und unterschiedlichen Stellen in Verbindung stehen, durchschauen sie die Zusammenhänge bei den Leistungsberechnungen der verschiedenen Institutionen nicht. Sie beklagen die mangelnde Transparenz bei den Verfahrensabwicklungen und die dadurch bei ihnen hervorgerufene Verwirrung.

Diese grundsätzlichen Informationen sind für das Verständnis ihrer geschilderten, besonders der negativen, Einstellung zu Ämtern nicht unerheblich. Sie können auf eine bereits vorhandene negative Voreinstellung bei den betreffenden Jugendlichen verweisen, die möglicherweise auf dem Gefühl, „das alles nicht zu begreifen" beruhen. Eine häufig von den Befragten genannte Erfahrung ist, sie hätten es bei der Erledigung ihrer Behördenangelegenheiten mit Verwaltungsbürokratie und Beamtenherrschaft zu tun. Hier muss also berücksichtigt werden, dass sie sich überfordert fühlen und die Gesamtzusammenhänge in den Verfahrensabläufen nicht durchschauen.

Ebenen der negativen Erfahrungen

Die *negativen Erfahrungen* der jungen Eltern mit Behördenangelegenheiten, auf denen ihre Einstellungen zu Ämtern beruhen, berühren eine *emotionale, eine prozessuale und eine sachbezogene Ebene*.

Die *emotionalen Aspekte* bei den Erfahrungen werden besonders von den weiblichen Befragten hervorgehoben. Die jungen Frauen formulieren emotionale Aspekte, die zumeist das Verhalten der Behördenangestellten ihnen gegenüber betreffen, wenn sie sich unfreundlich, abweisend bzw. unhöflich behandelt fühlen oder wenn sie menschliches Interesse an ihrer Situation vermissen. Es berührt sie negativ, wenn sie den Eindruck gewinnen, sie werden mit ihren Problemen vom „Staat" allein gelassen, da die bürokratischen Zusammenhänge eine Berücksichtigung ihrer spezifischen Notlage unmöglich machen. Mit Letzterem machen sie auf einen *sachbezogenen Aspekt* aufmerksam: Die behördlichen Richtlinien erscheinen ihnen starr, da sie die besondere Lebenslage junger Eltern, die am Anfang eines eigenständigen Lebens mit eigener Haushaltsgründung stehen, nicht genügend einbeziehen. Dies bringen sie häufig mit dem Vorwurf zum Ausdruck, die staatlichen Zuwendungen seien zu gering bemessen und orientierten sich weder an ihrem tatsächlichen Bedarf noch an gesellschaftlichen Standards. Zudem empfinden sie die behördlichen Regelungen bzw. die Verfahrensweisen bei der Prüfung ihrer Leistungsansprüche als inhuman, wenn sie vor dem „Vertreter des Staates“ ihre finanziellen und materiellen Verhältnisse offen legen sollen. Sie müssen aus ihrer Sicht sozusagen Nachweise ihrer Bedürftigkeit erbringen, wodurch sie ihre Glaubwürdigkeit in Frage gestellt sehen. Diese Zusammenhänge bringen sie mit Begriffen wie „betteln“ müssen oder „Steine in den Weg gelegt bekommen“ zum Ausdruck.

Aber emotionale Aspekte tauchen auch bei männlichen Befragten auf, wenn sie sich wegen ihrer Geschlechtszugehörigkeit diskriminiert oder zurückgesetzt fühlen, beispielsweise wenn sie seitens des Sozialamts aufgefordert werden, einer beruflichen Tätigkeit nachzugehen, um die Familie zu ernähren. Die junge Familie dagegen hatte beschlossen, dass der Vater die Haushalts- und Erziehungsaufgaben übernehmen wird. In anderen Unterstützungs- und Beratungszusammenhängen bringen die Männer solche, aus ihrer Sicht, geschlechtsspezifischen Ungerechtigkeiten häufiger zum Ausdruck.

Über solche Erfahrungen, die sie als geringschätzige Behandlung von BürgerInnen interpretieren, hinaus, haben die jungen Eltern sehr häufig den Eindruck, die Ämter hätten *strukturelle Probleme*, die beispielsweise lange Bearbeitungszeiten und wiederholte Nachforderungen von Unterlagen zur Folge hätten. Wenn sie das Gefühl haben, zu häufigeren Behördengängen gezwungen zu werden, als dies von der Sachlage her notwendig wäre, folgern sie, die Behördenangestellten seien inkompetent. Sie zeigen sich aus der Sicht der jungen Eltern bei ihrer Arbeit nicht genügend organisiert oder gar „unordentlich“. Oder sie interpretieren die Art der Bearbeitung als Behördenwillkür bzw. Herrschaftsverhalten der SachbearbeiterInnen. Andere, die *prozessuale Ebene* betreffende Aspekte sind z.B. die langen Wartezeiten in den Ämtern und die Langwierigkeit in Verfahrensabläufen bei Antragstellungen. Diese Probleme treten selbst dann auf, wenn sie meinen, ihre Unterlagen frühzeitig eingereicht zu haben.

Ebenen der positiven Erfahrungen

Die *positiven Einstellungen* zu Ämtern beruhen *überwiegend auf emotionalen*, aber auch auf *sachbezogenen Aspekten*, z.B. wenn die Befragten die Atmosphäre im Amt durch freundliche Kommunikation mit den Behördenangestellten als angenehm erleben. Sie schätzen es, wenn sie einen komplikationslosen und umfassenden Unterstützungsprozess erfahren, der sich in emotionalem Aufgehobensein und materieller Absicherung manifestiert. Auch die Erfahrungen unkomplizierter Verfahrensabläufe bei ihrer Antragstellung und, in einem Fall, die Ermessensentscheidung zu Gunsten der Antragstellerin, sind ausschlaggebend für die positiven Einstellungen der jungen Eltern zu Ämtern.

Interviewzitate auf CD-ROM

Die in der Analyse verwandten Interviewpassagen wurden durchnummeriert und auf einer CD-ROM verfügbar gemacht. Hier finden Sie alle Interviews zu diesem Unterkapitel

Negative Einstellung zu Ämtern	Nr. 1262 - 1270
Positive Einstellung zu Ämtern	Nr. 1271 - 1274

Interviewauszug: negative Einstellung zu Ämtern

Die folgende junge Frau spricht aus, was auch einige andere Befragte, jedoch weniger deutlich, formulieren, nämlich dass sie ihr Vertrauen in die staatliche Unterstützung weit gehend verloren hat. Ihrer Ansicht nach ermuntert der Staat junge Frauen zwar dazu, Schwangerschaften auszutragen, indem er in Gestalt seiner Institutionen (wie Beratungsstellen und das von ihr angesprochene Mutter-Kind-Programm) „Versprechungen" hinsichtlich umfassender Unterstützung mache. Es stelle sich beim Einfordern dieser Unterstützung jedoch heraus, dass man um jede staatliche Leistung kämpfen müsse und man anstelle von Hilfestellungen „Steine in den Weg gelegt" bekomme. Auch andere junge Eltern sind der Auffassung, man müsse sich sehr bemühen, um seine Ansprüche geltend zu machen.

Claudia: „... Das ist das, was ich immer wieder sagen möchte, dass die einen wirklich anlügen. Also die machen einem wirklich was vor. Die erzählen einem da das Blaue vom Himmel herunter und versprechen einem da so viele Sachen. Bisher hab ich wirklich nichts gemerkt ..."

Dieser von der jungen Frau so explizit vorgetragene Vorwurf wird so häufig genannt, dass es notwendig erscheint, noch einmal näher zu betrachten, worauf er sich gründet bzw. wie eine solch negative Einstellung begründet wird. Denn obwohl der Jugendlichen schließlich doch die Wohnung größtenteils vom Sozialamt finanziert wird und sie finanzielle Mittel für die Erstausstattung eines Haushalts erhält, ändert sie ihre Meinung nicht.

Claudia: „... Ich hab jetzt diese Wohnung bekommen. Ich bezahl hier ab dem fünfzehnten. Aber es war ein wahnsinnig harter Kampf, bis ich diese Wohnung gekriegt hab. Und ich bin wirklich hergekommen und musste betteln, dass die mir (die Wohnung) bitte bewilligen, weil ich gesagt hab, ich muss von zu Hause raus. Die Situation ist einfach, ich hab meinem Vater versprochen, ich kann bis November ausziehen; es wurde mir versprochen, ich kann ausziehen ... ich wohne jetzt hier, ich hab noch nicht mal Geld für Möbel. Ich ... krieg – vom Sozialamt kriegt man achtzig Mark für 'nen Staubsauger, dreihundert Mark für 'ne Waschmaschine, hundertachtzig Mark, um eine komplette Küchenaussteuer zu kaufen, also Teller, Töpfe, Gläser. Kaffeemaschine ist nicht dabei. Man kriegt nicht mal Geld für 'nen Wäscheständer, das ist Luxus. Kein Sofa, kein Teppich. Man kriegt drei Stühle, einen Tisch für hundert Mark. Und, ja, ich denk, das kann nicht wahr sein. Also wie könn- wie können die erzählen, mir würd's finanziell ja nix machen (das Kind auszutragen)? Ich muss von meinem Sozialhilfegeld, das ich bekomme, muss ich hier noch für die Wohnung bezahlen, weil die einen zu hohen Quadratmeterpreis kriegt; das übernimmt das Sozialamt nicht mal ganz ..."

Im Vorangegangenen beschreibt die Jugendliche das auch in den Aussagen anderer Befragter immer wieder auftauchende Erfahrungsmuster, das zugleich eine sachliche und eine emotionale Ebene betrifft: Die Bestimmungen, nach denen die Behördenangestellten in diesem Fall Sozialhilfeanträge bearbeiten, werden als inhuman erfahren, da bei der Prüfung von Leistungsansprüchen auf individuelle Lebenslagen nicht oder kaum Rücksicht genommen werden kann.

4.5 Betreute Wohnformen – Übergänge in die Eigenständigkeit

Es ging bei der Auswertung der Daten des Erstinterviews um die Motivationen der Jugendlichen, sich für eine betreute Wohnform zu entscheiden und um ihre Erfahrungen mit dieser Unterstützung. Am Ende der Untersuchung ist bei den noch in solchen Jugendhilfemaßnahmen verbliebenen jungen Müttern von Interesse, was sie motiviert, sich aus der umfassenden professionellen Unterstützung, die eine Mutter-Kind-Einrichtung bzw. eine an eine Institution angegliederte Wohnsituation bieten, zu lösen. Hierbei spielen u. a. ihre positiven und negativen Erfahrungen, die sie mit der betreuten Lebensform verbinden, eine Rolle. Diese Erfahrungen ziehen sie z.T. als Begründungen für ihre Entscheidung, die Wohnform zu wechseln, heran und sie spiegeln ihre Einstellung zu der erhaltenen Betreuung wider.

Von den 20 jungen Frauen, die beim dritten Interview in einer Partnerschaft leben, waren neun zu Beginn der Untersuchung in eine Maßnahme der Jugendhilfe eingebunden. Fünf von ihnen lebten in einer Mutter-Kind-Einrichtung, zwei Jugendliche in einer Wohnung mit institutioneller Anbindung, und zwei junge Frauen in einer eigenen Wohnung mit Betreuung.

Zum Zeitpunkt des zweiten Interviews waren drei dieser jungen Frauen aus der Mutter-Kind-Einrichtung ausgezogen. Sie erhielten auf Grund der erreichten Altersgrenze, mit Vollendung ihres 18. Lebensjahres, keine Jugendhilfe mehr. Zwei von ihnen lebten mit ihrem Kind und neuem Partner zusammen, die dritte mit ihrem Kind allein.

Zwei von ihnen äußern sich nicht zu dieser Veränderung, eine gibt im dritten Interview eine fast überschwängliche Stellungnahme in Bezug auf Mutter-Kind-Einrichtungen ab. Sie hebt die Vorzüge einer solchen Lebensform für diejenigen hervor, die ihr Kind ohne Partner großziehen müssen. Da dies bei ihr schon zum Zeitpunkt des zweiten Interviews nicht der Fall ist, lehnt sie für sich selbst diese Lebensform ab.

Zwei junge Frauen, die mit ihrem Kind in einer eigenen Wohnung gelebt hatten, waren zwischen dem zweiten und dritten Interview aus der Jugendhilfe ausgeschieden, da sie mittlerweile das 18. Lebensjahr vollendet hatten und das Jugendamt nicht mehr für ihre finanzielle Unterstützung zuständig war. Einer von ihnen wurde zwar vom Jugendamt das Angebot unterbreitet, sich weiterhin durch Betreuung unterstützen zu lassen. Das lehnte sie jedoch ab, um von nun an allein Verantwortung für ihr Leben und das ihres Kindes zu übernehmen. Sie beschreibt dies mit den Worten:

Nicole 1: „Und da die mir ja so auf die Nerven manchmal gegangen sind, dieses ewige Kontrollieren, und ob alles in Ordnung ist. Ich sag, wenn die ewig da sind, werd ich nie lernen, mit Geld oder mit sonst irgendwas umzugehen. Da hab ich mir gesagt: ‚Komm, tritt dich in 'n Hintern und mach das selber!' (lacht)" (3. Int. 15, S. 22, 18 Jahre)

Die andere wandte sich mit der Bitte an das Jugendamt, weiterhin Hilfe zu erhalten, da sie der Meinung war, noch Unterstützung zu benötigen. Dies wurde vom Jugendamt jedoch nicht bewilligt:

Aylien: „Ja, weil ich – ähm, ich hab halt einen Brief vom Jugendamt erhalten, und da drin stand, dass die Erziehung bei mir abgeschlossen sei und dass ich die Hilfe nicht mehr benötige ... Ja aber, das stimmt nicht! Ich hab auch Briefe geschrieben, zum Jugendamt, und das hat nicht nur mich betroffen ..." (3. Int. 25, S. 23, 19 Jahre)

Zum Zeitpunkt des dritten Interviews sind noch vier junge Mütter in Maßnahmen der Jugendhilfe oder Hilfen für junge Erwachsene eingebunden: Jeweils eine von ihnen lebt seit der Schwangerschaft im betreuten Wohnen bzw. in einer Mutter-Kind-Einrichtung (ohne Partner). Eine junge Mutter löste sich zwischen dem ersten und zweiten Interview aus der Heimwohnform und lebt, zusammen mit ihrem Kind und neuem Partner, in einer eigenen Wohnung, erhält aber noch Betreuung. Die vierte junge Frau war nach dem zweiten Interview aus der Mutter-Kind-Wohnung, die einem Heim angegliedert war, ausgezogen und lebt nun mit einer minimalen Betreuung mit ihrem Kind allein.

Es kann berechtigt vermutet werden, dass die Partner dieser jungen Frauen von der professionellen Betreuung ihrer Freundinnen und ihrer Art des Wohnens mittelbar betroffen sind. Die unterstützenden Maßnahmen haben auch teilweise Auswirkungen auf ihr Leben, z. B. auf ihre Partnerschaft; daher wird ihre Einstellung hierzu herausgearbeitet, sofern sie sich zu dieser Thematik äußern.

Da dem Interviewleitfaden für die Männer z. T. andere inhaltliche Schwerpunkte als dem für die Frauen zu Grunde lagen, haben wir sie nicht explizit nach ihrer Beurteilung der professionellen Unterstützung ihrer Partnerinnen befragt. Doch geben die jungen Männer – mit einer Ausnahme – in verschiedenen Interviewkontexten Informationen zu dieser Thematik, die Rückschlüsse auf ihre Einstellung zu der jeweiligen Wohnform und der Betreuung ihrer Partnerinnen zulassen oder die eine explizite Stellungnahme hierzu darstellen. Priorität haben für die Analyse allerdings die Aussagen der jungen Frauen, die – neben den bereits genannten Fragestellungen – auch auf die Frage hin untersucht werden: Weisen die Einstellungen der jungen Frauen zu der erhaltenen Betreuung Kontinuität auf oder sind Veränderungen feststellbar? Hierdurch wird an die Analyseergebnisse des ersten Interviews angeknüpft, die eine hohe Akzeptanz der betreuten Wohnform bei den Jugendlichen aufzeigten.[83]

Scheinbar sind die Bestrebungen, sich aus der umfassenden Betreuung zu lösen, bei allen vier Interviewpartnerinnen durch den Wunsch nach mehr Autonomie, nach einem eigenbestimmten Leben (mit oder ohne den Partner) motiviert. Die Datenanalyse zeigt jedoch, dass nur bei einer der jungen Mütter der Entschluss, vom institutionalisierten Betreuungszusammenhang in die eigenständige Wohnform mit Betreuung zu wechseln, auf einer *eindeutigen, für sie positiven Entscheidung* beruht.

Reflektierte Zukunftsplanung

Der *eindeutigen Entscheidung* ging ein von der Jugendlichen bewusst angestrebter und erlebter Entwicklungsprozess voraus. Sie geht ihre Zukunftsplanungen besonnen und mit – aus der Außensicht betrachtet – relativer Gelassenheit an. Sie entwickelt Vorstellungen und Ziele z.B. hinsichtlich ihres beruflichen Werdegangs, verwirft sie wieder, wenn veränderte Lebensumstände oder andere Gründe sie unrealistisch erscheinen lassen. Sie trifft vor dem Hintergrund ihrer Überlegungen Entscheidungen und setzt diese zielstrebig um. Bei ihren Überlegungen überprüft sie selbstkritisch, welche alltagspraktischen Fertigkeiten sie bereits beherrscht und welche Fähigkeiten noch nicht ausgereift sind; d.h. sie ist in der Lage einzuschätzen, welche Schritte in die Eigenständigkeit sie sich zutrauen kann und wo sie noch an ihre persönlichen Grenzen stößt. Ihre Ziele verliert sie auch dann nicht aus dem Blick, wenn sie phasenweise mit ihrem Leben in der Einrichtung hadert, weil es Probleme und Auseinandersetzungen mit dem betreuenden Personal oder den Mitbewohnerinnen gibt.

Die endgültige Entscheidung, die Sicherheit der Einrichtung hinter sich zu lassen und eigenständig, mit Betreuung, zu wohnen, trifft sie erst, nachdem sie andere Entwicklungsschritte (Schulabschluss, Ausbildungsbeginn) erfolgreich vollzogen hat. In ihren Alltagserfahrungen mit Kind machte sie ebenfalls die Erfahrung, dass sie nur selten auf die Hilfe der Erzieherinnen zurückgreifen muss. Dies und ihre erreichten Ziele geben ihr die Selbstsicherheit, den Schritt in die weit gehende Unabhängigkeit zu gehen. Dabei ist sie sich der neuen Belastungen bewusst, die durch die neue Lebensform auf sie zukommen werden. Ihre Motivation für die Wahl des Alleinwohnens ist, einen höheren Grad an Autonomie zu erreichen.

Ihre Einstellung zu der betreuten Lebensform ist *kontinuierlich positiv*, ebenso wie die ihres Partners und Vater ihres Kindes, der seine Lehre in einer 150 km entfernten Stadt absolviert, mit dem sie sich über die Lebensgestaltung einig ist. Da es keine Widerstände von seiner Seite gibt und er ihre Entscheidungen akzeptiert, wird sie auf diese Weise in ihren Planungen und ihrer Entwicklung von ihm unterstützt.

---

83 Vgl. Interview 1, Abschnitt 4.4, S. 110

Ambivalenzen bei der Zukunftsplanung

Negative Erfahrungen mit dem institutionalisierten Wohnen – wie Auseinandersetzungen mit Erzieherinnen oder anderen jungen Müttern, das Gefühl, vom Personal der Einrichtung beobachtet und kontrolliert zu werden oder durch die Regeln der Einrichtung an einem selbstbestimmten Leben gehindert zu werden – geben die drei betreffenden Interviewpartnerinnen als Begründungen für ihren Wunsch nach einer sie weniger unterstützten Lebensform an. Die Hauptmotive bei ihren *ambivalenten Entscheidungen* sind, sich der „Kontrolle“ durch das Betreuungspersonal zu entziehen und für sie unangenehme Konfrontationen mit anderen Anschauungen zu vermeiden. Sie reagieren auf Probleme und Konflikte, die innerhalb der institutionalisierten Wohnform auftreten, mit Rückzug und favorisieren deshalb das eigenständige Wohnen (mit Betreuung). Dabei verdeutlichen sie sich zwar die Vorzüge des Alleinwohnens, nicht aber die Nachteile, besonders die zusätzlichen Belastungen.

Bei zwei der jungen Mütter lässt sich eine *Veränderung von einer positiven zu einer ambivalenten* Einstellung hinsichtlich ihrer Betreuungssituation feststellen, während die Einstellung der dritten Interviewpartnerin *kontinuierlich ambivalent* ist. Zwei der Partner dieser jungen Frauen, ebenfalls leibliche Väter ihrer Kinder, die sich zu dieser Thematik äußern, haben eine negative Einstellung zu der Betreuung ihrer Partnerinnen. Beide sind der Auffassung, dass professionelle Betreuung (und Beratung) durch Bevormundung und Kontrolle ihrer eigenen Lebensgestaltung und der ihrer Freundin gekennzeichnet sind.

Obwohl sich alle drei Paare in sehr prekären Lebenslagen befinden, ziehen sie sich aus betreuerischer Unterstützung zurück bzw. lehnen sie ab. Während zwei der jugendlichen Mütter tendenziell oder offen die Position vertreten, ohne umfassende Unterstützung zurechtzukommen – trotz ihrer vielfältigen Problemlagen, gesteht sich die dritte ihre diesbezüglichen Unsicherheiten und Ängste bis zu einem gewissen Grad ein. Sie kümmert sich aus eigener Initiative um regelmäßige Weiterbetreuung nach ihrem Auszug aus der Einrichtung.

Diese Interviewpartnerin versucht ebenso wie diejenige, die eine eindeutige Entscheidung für die Veränderung des Lebensortes trifft, ihre persönlichen Ziele zu realisieren. Sie wird aber durch die problematischen Verhältnisse, unter denen sie die Beziehung zu ihrem Partner und Kindsvater aufrechterhält, in ihrer Entwicklung gehemmt, wie sie selbst in den Interviews beklagt. Vor dem Hintergrund ihrer ungleich schwierigeren, mit Gewalterfahrungen belasteten Biografie und ihrer komplizierten Lebenslage spricht sie von Überforderung mit der Gesamtsituation. Die Probleme umfassen u. a. schnell aufeinander folgende Schwangerschaften, die unbewältigte Drogenabhängigkeit ihres Partners, dessen ungeklärten Aufenthaltsstatus und die damit verbundenen psychischen Belastungen.

Die Überforderung äußert sich bei ihr z. B. im Umgang mit Konflikten, wie ihre Schilderung der in heftigen verbalen Attacken geführten Auseinandersetzung mit einer Mitbewohnerin zeigt. Sie kann den Belastungen, die die Auseinandersetzungen mit dem Betreuungspersonal und den Mitbewohnerinnen für sie bedeuten, nicht mehr Stand halten und reagiert entweder nach alten Verhaltensmustern (manifeste Gewaltbereitschaft) oder mit Rückzug. Dieser Rückzug, mit dem sie vor ihren Problemen flüchten will, äußert sich einerseits in ihrem Willen, eine eigene Wohnung zu beziehen. Andererseits zeigen sich in ihren Wünschen nach einem harmonischen Zusammenleben mit Kind und Partner – Vorstellungen, die eine große Diskrepanz zu ihren realen Möglichkeiten aufweisen. Ähnlich verhält es sich bei ihrem Freund.

Interviewzitate auf CD-ROM

Die in der Analyse verwandten Interviewpassagen wurden durchnummeriert und auf einer CD-ROM verfügbar gemacht. Hier finden Sie alle Interviews zu diesem Unterkapitel

Eindeutige Entscheidung für den Schritt in die Autonomie	Nr. 1275 - 1280
Ambivalente Entscheidung für den Schritt in die Autonomie	Nr. 1281 - 1292

5 Medizinische Versorgung

Innerhalb der Kategorie medizinische Versorgung haben wir in unserem Untersuchungszusammenhang, vergleichbar mit dem entsprechenden Kapitel in Teil 2, Junge Mütter ohne Partner, zwei Dimensionen herausgearbeitet

- Kinderärztliche Untersuchung
- Gynäkologische Untersuchung

Bei beiden Dimensionen sind die Akzeptanz der Prophylaxeuntersuchungen bei den jugendlichen Müttern und ihre Erfahrungen mit Arztbesuchen von besonderem Interesse.

Wegen des teilweise anderen Fragekanons, der den Interviews mit den leiblichen und sozialen Vätern zu Grunde liegt, beruhen die Abschnitte zur medizinischen Versorgung der Kinder und Mütter ausschließlich auf den Schilderungen der jungen Frauen. Da wir die Männer nicht zu dieser Thematik befragten, können wir keine Aussagen darüber treffen, ob sie ebenfalls aktiv für die medizinische Versorgung des Kindes Sorge tragen, indem sie beispielsweise Kinderarztbesuche übernehmen. Auszuschließen ist dies bei einigen Vätern unseres Samples nicht, doch lassen die Äußerungen der Interviewpartnerinnen darauf schließen, dass sie selbst es i.d.R. sind, die Verantwortung für die Gesundheitsvorsorge des Kindes übernehmen.

5.1 Kinderärztliche Untersuchung

In diesem Teil der Untersuchung geht es um die Frage, ob die Befragten die empfohlenen Vorsorgeuntersuchungen[84] bei ihren Kindern durchführen lassen. Wir haben analysiert, wie sie ihre positiven sowie negativen Erfahrungen mit diesen Untersuchungen und den Arztbesuchen beschreiben und welche Schwierigkeiten sie in diesem Zusammenhang benennen.

Positive und negative Erfahrungen mit KinderärztInnen

Im Unterschied zu den jungen Müttern ohne festen Partner berichtet die Hälfte derjenigen, die in einer festen Partnerschaft leben, zu einem Zeitpunkt der Erhebung auch über negative Erfahrungen mit den KinderärztInnen oder über verschiedene Schwierigkeiten im Zusammenhang mit den Untersuchungen. Während neun von ihnen sowohl *positive*

84 U 1 bis U 9 und die prophylaktischen Impfungen; vgl. in Teil 2, Junge Mütter ohne Partner, Abschnitt 5.1, die entsprechende Fußnote zur näheren Erläuterung, S. 175

als auch negative Erfahrungen benennen, spricht eine Interviewpartnerin ausschließlich von *negativen Erlebnissen*. Neun weitere junge Frauen schildern ausschließlich *positive Erfahrungen* im Zusammenhang mit Kinderarztbesuchen. Von einer Jugendlichen haben wir diesbezüglich keine Angaben, da sie auf Grund der Tatsache, dass ihre Kinder nicht krankenversichert sind, keine medizinische Versorgung in Anspruch nimmt.

Kontinuität und Wandel in den Einstellungen

In Bezug auf Kontinuität bzw. Veränderung in den Erfahrungsberichten der jungen Mütter lässt sich feststellen, dass sich abgesehen von denjenigen, die kontinuierlich Positives bzw. Negatives berichten, vier jugendliche Mütter im zweiten Interview sowohl negative als auch positive Erfahrungen beschreiben. Im dritten Interview hingegen schildern sie ausschließlich Positives, bzw. in einem Fall bezeichnet die Interviewpartnerin ihre Erfahrungen als „belanglos“, also neutral. Weitere vier junge Frauen hatten anfangs negative Erfahrungen, äußern sich im dritten Interview jedoch positiv. Eine Jugendliche, die sich anfangs sehr positiv äußerte, berichtet zuletzt von negativen Erfahrungen.

Die jugendlichen Mütter mit negativen Erfahrungen haben mindestens ein Mal ihre Kinderärztin bzw. ihren Kinderarzt gewechselt, einige von ihnen zwei oder mehrmals. Jugendliche, die in diesem Zusammenhang ausschließlich Positives berichten, konsultierten offensichtlich keine anderen ÄrztInnen. Die meisten derjenigen, die anfangs Negatives schilderten, machten durch Arztwechsel neue, bessere Erfahrungen, sodass sie sich am Ende der Untersuchung zufrieden äußern.

Die Mehrheit, nämlich 17 der Befragten, nennen im dritten Interview Positives im Zusammenhang mit Besuchen bei KinderärztInnen.

Akzeptanz der Prophylaxeuntersuchungen

Ebenfalls die Mehrheit der jugendlichen Mütter gibt an, die *regelmäßigen prophylaktischen Untersuchungen* an ihrem Kind vornehmen zu lassen und dies auch weiterhin zu beabsichtigen. Sie haben eine uneingeschränkt positive Einstellung zu den kinderärztlichen Präventionsmaßnahmen. In den Aussagen von zwei Jugendlichen fallen hingegen Ambivalenzen auf: Bei einer von ihnen wird nicht eindeutig erkennbar, welche Einstellung sie zu den Prophylaxeuntersuchungen hat. Bei der anderen ist nicht eindeutig ersichtlich, ob sie alle empfohlenen Untersuchungen wahrnimmt, da sie Unsicherheiten bezüglich der Häufigkeit noch anstehender Untersuchungen ihres Kindes zeigt.

Die jugendlichen Mütter sind sehr bemüht, die Untersuchungstermine ihrer Kinder einzuhalten. Sie betrachten es als selbstverständlich und wichtig, ihr Kind regelmäßig auf seine körperliche Entwicklung hin untersuchen und ihm die empfohlenen prophylaktischen Impfungen zukommen zu lassen. Sie begründen dies mit der Sorge um die Gesundheit ihres Kindes und betrachten es als ihre mütterliche Fürsorgepflicht, den Gefahren, die einige Krankheiten für ihr Kind darstellen könnten, durch medizinische Vorsorge zu begegnen. Sie bringen z.T. explizit ihr Vertrauen in das medizinische Versorgungssystem zum Ausdruck, das die Früherkennung von inneren Krankheiten oder körperlichen Fehlbildungen ihres Kindes gewährleiste, die sie selbst nicht in der Lage wären zu erkennen.

Manche Kinderarztbesuche stellen sich bei einigen jugendlichen Müttern als seelische Belastung dar, da sie Mitleid mit ihrem Kind empfinden, besonders bei den schmerzhaften Impfungen. Das führt bei ihnen, so weit erkennbar, aber nicht dazu, die Relevanz der medizinischen Vorsorge in Frage zu stellen und den Untersuchungsterminen fernzubleiben.

Weiterhin wird deutlich, dass bei einigen jugendlichen Müttern auch Unsicherheit über den Ablauf der Untersuchungsreihe, insbesondere über die zeitliche Abfolge der einzelnen Maßnahmen, herrscht. Sie verlieren den Überblick über noch wahrzunehmende Untersuchungen. Zudem ist es für manche Jugendliche schwierig, die Inhalte der Vorsorgeuntersuchungen zu verstehen; z.T. sind sie nicht genau darüber informiert, wozu die einzelnen Untersuchungen dienen.

Insgesamt kann festgehalten werden, dass kinderärztliche Versorgung und Vorsorge eine hohe Akzeptanz bei den jugendlichen Müttern haben.

Umgang mit akuten Erkrankungen

Alle Interviewpartnerinnen erwähnen spätestens im dritten Interview über die Krankheitsprävention hinausgehende *Kinderarztbesuche bei akuten Erkrankungen* ihres Kindes. Hierbei nennen sie Anlässe, die von leichten Erkältungskrankheiten über die typischen Kinderkrankheiten bis hin zu ernsthaften Erkrankungen, wie schwere Magen-Darm-Infektionen, Lungenentzündung usw. reichen und z.T. Krankenhausaufenthalte der Kleinkinder notwendig machten. Auch hinsichtlich ihres Verhaltens bei akuten Erkrankungen des Kindes bringen die jugendlichen Mütter i.d.R. ihr Verantwortungsgefühl ihrem Kind gegenüber zum Ausdruck: Ihnen ist es wichtig, den Arzt/die Ärztin frühzeitig aufzusuchen und nicht erst eine Krankheitsentwicklung abzuwarten, die sie nicht einschätzen können.

Ambivalente Einstellung zur Prophylaxe

Die Interviewpartnerin, die im dritten Interview eine *ambivalente Stellungnahme* zu kinderärztlicher Versorgung abgibt, ist nicht nur aus diesem Grund ein Sonderfall. Sie ist auch die einzige unter den Befragten, deren Kinder nicht krankenversichert sind, die also weder eine medizinische Versorgung bei akuten Erkrankungen noch die Präventionsmaßnahmen erfahren. Die Ambivalenz in ihrer Aussage besteht darin, dass sie zwar einerseits auf den Zeitpunkt wartet, da sich die Bedingungen ändern werden und es ihr möglich sein wird, ihr Kleinkind medizinisch untersuchen zu lassen. Andererseits betont sie jedoch, bisher auch ohne medizinische Versorgung ihrer Kinder zurechtgekommen zu sein. Da sie sich offenbar seit einiger Zeit nicht mehr mit den Ämtern auseinander gesetzt hat, um eine Krankenversicherung für ihre Kinder zu erwirken, erhalten ihre Äußerungen Rechtfertigungscharakter: Sie wolle die „normalen Kinderkrankheiten" mit ihrem Sohn ohne medizinische Begleitung „durchstehen" und die prophylaktischen Impfungen im Kleinkindalter seien ohnehin bedenklich, da sie schwer wiegende gesundheitliche Probleme zur Folge haben könnten (wobei sie auf Informationen durch das Fernsehen verweist). Es ist nicht eindeutig, wie ihre grundsätzliche Einstellung zu kinderärztlichen Untersuchungen, insbesondere zu den Prophylaxemaßnahmen ist.

Erfahrungsebenen

Die Erfahrungen, die die jungen Mütter im Zusammenhang mit Kinderarztbesuchen schildern und die sie als negativ bzw. positiv bewerten, bewegen sich aus analytischer Betrachtung auf einer *persönlichen* und einer *fachlichen* Ebene. In der Regel beinhalten die Äußerungen der jungen Mütter Aspekte beider Ebenen.

Persönliche Ebene

Die Erfahrungen auf der *persönlichen Ebene* betreffen emotionale Aspekte, vor allem Sympathie oder Antipathie für die Person des Arztes bzw. der Ärztin. Die Interviewpartnerinnen bringen sie mit Beschreibungen der von ihnen wahrgenommenen Persönlichkeit als „nett" oder „komisch" zum Ausdruck. Die Einschätzung der Person des Arztes/der Ärztin ist verknüpft mit den Erfahrungen der jungen Mütter, die sie auf der Ebene der persönlichen Begegnung zwischen dem Arzt/der Ärztin und ihnen bzw. ihrem Kind machen. Das ärztliche Verhalten ihnen und ihrem Kind gegenüber spielt eine entscheidende Rolle dabei, ob sie ihre Erfahrungen mit Kinderarztbesuchen negativ oder positiv erleben.

Zu den *negativen Erfahrungen* gehört das Gefühl der jugendlichen Mütter, von der Kinderärztin bzw. dem Kinderarzt nicht ernst genommen zu werden. Sie berichten von Situationen, in denen der/die MedizinerIn ihr Handeln aus mütterlicher Fürsorge und Verantwortung nicht anerkannte. Ihre Reaktion auf die Erkrankung ihres Kindes wurde z. B. als übertrieben bezeichnet oder die von ihnen geschilderten Krankheitssymptome wurden in Frage gestellt.

Ein weiterer emotionaler Aspekt, den die Interviewpartnerinnen als negativ erleben, ist mangelnde Empathie ihnen oder ihrem Kind gegenüber. Dies ist aus ihrer Sicht z. B. der

Fall, wenn sie eine persönliche Ansprache vermissen, sich der Arzt/die Ärztin ihren mütterlichen Sorgen nicht aufgeschlossen zeigt, er/sie sich nicht weiter als über die professionelle Untersuchung hinaus mit dem Kind beschäftigt und sie das Gefühl haben, er/sie habe kein wirkliches Interesse an ihnen und ihrem Kind.

Entsprechend bewerten die jungen Mütter es als *positive Erfahrungen*, wenn sie den Eindruck haben, der Arzt/die Ärztin verhalte sich ihnen nicht anders als älteren Müttern gegenüber. Sie fühlen sich ernst genommen, wenn sie ihre Ängste und Fragen hinsichtlich des Verhaltens, der Erkrankung ihres Kindes mit ihm/ihr besprechen können und bei ihm/ihr Bestätigung für die Richtigkeit und Relevanz ihres mütterlichen Verhaltens finden. Ebenfalls als sehr positiv erleben sie ein unbekümmertes, freundliches Eingehen des Arztes auf ihr Kind, indem er mit ihm spricht und scherzt und nicht ungeduldig wird, wenn das Kind unruhig und „quengelig“ wird.

Fachliche Ebene

Die *fachliche Ebene* bezieht sich auf die Einschätzungen der Interviewpartnerinnen hinsichtlich ärztlicher Kompetenz und Vorgehensweise bei der Untersuchung und bei der Medikation. Hier geht es hauptsächlich um rationale Begründungen der jugendlichen Mütter für ihre Zufriedenheit bzw. Unzufriedenheit mit einem/einer MedizinerIn. Diese Begründungen spiegeln ihre Erwartungen wider. Die Inhalte negativer Erfahrungen dienen den jugendlichen Müttern häufig als Begründung für einen Arztwechsel.

Von *negativen Erfahrungen* berichten die jungen Mütter bei fehlender bzw. nachlässiger Verordnung von Medikamenten, z.B. wenn ihrem Kind bei einer ernsthaften Erkrankung kein Arzneimittel oder eine für Kleinkinder ungeeignete Arznei verordnet wurde. Die Jugendlichen beschreiben es ebenfalls als negativ, wenn sie den Eindruck haben, der/die MedizinerIn nehme sich nicht genügend Zeit für die Anamnese, untersuche ihr Kind nur oberflächlich. Sie bemängeln es, wenn sie das Gefühl haben, er/sie setze ausschließlich auf eine schnell wirksame medikamentöse Behandlung ihres Kindes, ohne darüber aufzuklären, wie die Mutter über die Verabreichung des Medikaments hinaus den Heilungsprozess unterstützen könnte. Außerdem wird fehlende Aufklärung, z.B. über die Relevanz der frühkindlichen Vorsorgeimpfungen und hinsichtlich der Bedeutung der Untersuchungsmethoden, sowie mangelnde Möglichkeiten der Auseinandersetzung mit medizinischen Maßnahmen durch ein abweisendes Verhalten des Arztes kritisiert.

Positiv wird demgegenüber von den Müttern hervorgehoben, wenn der Kinderarzt/die -ärztin sich engagiert zeigt, sich für die Untersuchungen und für Gespräche Zeit nimmt und ihnen ihre Fragen auf eine für sie verständliche Weise beantwortet.

Interviewauszug: negative Erfahrung mit KinderärztInnen

Junge Mütter ziehen aus ihrer Unzufriedenheit mit ihrem Kinderarzt/ihrer Kinderärztin die Konsequenz, den Arzt zu wechseln, unerheblich, ob sie es hauptsächlich persönlich oder fachlich begründen. In dieser Hinsicht haben die meisten von ihnen ein Selbstbewusstsein entwickelt, das sich auf ihr Verantwortungsgefühl ihrem Kind gegenüber gründet. Explizit lässt dies die Aussage einer jungen Frau deutlich werden, die sich in ihrer Argumentation auf die ärztliche Professionalität bezieht:

Lydia: „Na, wir haben ja jetzt schon zwei Mal (den Kinderarzt) gewechselt.

Frage: Ja?

Lydia: Ja! Weil, aah, sind voll die Unterschiede immer, und ich, wenn ich damit nicht zufrieden bin, dann ist mir das ... zu blöd, da zu bleiben.

Frage: Hmhm?

Lydia: Na, und dann geh ich immer zu 'nem anderen.

Frage: Was waren das für Punkte, über die du unzufrieden warst?

Lydia: Ja, total oberflächliche Anamnese und, also überhaupt nicht weiter gefragt und so, was die (Tochter) nun alles hat, und wie lange schon und so. Total blöd! Oberflächlich einfach, fand ich."
(3. Int. 07, S. 14, 21 Jahre)

Diese junge Mutter kann auf verschiedene Erfahrungen mit KinderärztInnen zurückblicken, die, wie sie berichtet, ihr zeigen, dass es große „Unterschiede" in der Qualität ärztlicher Arbeit gibt. Die Lehramtsstudentin der Sonderschulpädagogik konkretisiert ihre Kritik am ärztlichen Vorgehen, indem sie auf die von ihr als oberflächlich empfundene Erfragung der Krankengeschichte ihres Kindes verweist.

Interviewzitate auf CD-ROM

Die in der Analyse verwandten Interviewpassagen wurden durchnummeriert und auf einer CD-ROM verfügbar gemacht. Hier finden Sie alle Interviews zu diesem Unterkapitel

Akzeptanz der frühkindlichen Prophylaxeuntersuchungen	Nr. 1293 - 1304
Negative Erfahrungen	Nr. 1305 - 1309
Positive Erfahrungen	Nr. 1310 - 1323

5.2 Gynäkologische Untersuchung

Die Auswertung der Daten der Erstinterviews zu dieser Thematik zeigte, dass die Mehrheit der Jugendlichen negative Erfahrungen, vor allem Angst und Scham, mit ihrer ersten gynäkologischen Untersuchung verbanden. Auch viele derjenigen, die bereits vor ihrer Schwangerschaft ein- oder mehrmalig eine/n GynäkologIn konsultiert hatten, empfanden die Besuche als unangenehm. Ein kleiner Teil der Interviewpartnerinnen hatte die gynäkologische Untersuchung zum Zeitpunkt des ersten Interviews bereits als notwendig akzeptiert und mittlerweile ein „unverkrampfteres" Verhältnis zu ihr.

Während ihrer Schwangerschaft nahmen auch die Jugendlichen, die eine ausgesprochen negative bzw. ablehnende Einstellung hatten, die gynäkologischen Vorsorgeuntersuchungen in Anspruch. Hier war die Akzeptanz der Untersuchung bei den jungen Schwangeren sehr hoch und wurde zumeist mit dem Wohl ihres Kindes begründet bzw. damit, dass sie wissen wollten, ob die Schwangerschaft problemlos verläuft.

Vermutlich ist es z.T. diesen regelmäßigen Untersuchungen und dem damit verbundenen Effekt der Gewöhnung zuzuschreiben, dass die Mehrheit der 20 in festen Partnerschaften lebenden jungen Frauen im zweiten und dritten Interview eine deutlich positivere Einstellung zur frauenärztlichen Untersuchung erhalten hat.

Womit sie dies begründen, wird ebenso dargestellt wie die Motivationen, eine gynäkologische Praxis aufzusuchen. Danach wird herausgearbeitet, welche Erfahrungen die jungen Frauen in diesem Kontext als positiv bzw. negativ beschreiben.

Entwicklung einer positiven Einstellung

Die meisten Jugendlichen machen am Ende unserer Erhebung eine *positive Einstellung zur gynäkologischen Untersuchung* deutlich bzw. eine neutrale Haltung, wenn sie beispielsweise der Untersuchung Normalitätscharakter zuweisen und davon sprechen, sie sei nicht mit Ängsten verbunden. Auch diejenigen, die die Untersuchung als solche nach wie vor unangenehm erleben, lassen sich nach eigenen Angaben regelmäßig untersuchen. Eine positive Einstellung zur Untersuchung können die Jugendlichen auch dann haben, wenn sie z.B. mit ihrem Arzt/ihrer Ärztin unzufrieden sind. Nur einige wenige Jugendliche berichten noch immer von unangenehmen Empfindungen bei der Untersuchung.

Spätestens zum Zeitpunkt des dritten Interviews geben die meisten der jungen Mütter an, (mehr oder weniger) *regelmäßig eine/n GynäkologIn zu konsultieren*, was eine hohe *Akzeptanz der gynäkologischen Untersuchung* anzeigt.

Gründe für Konsultationen

Bei näherer Betrachtung der Gründe, die die Befragten für ihre (mehr oder weniger) regelmäßigen Arztbesuche angeben, wird ersichtlich, dass sowohl die Regelmäßigkeit als auch die Inanspruchnahme der Untersuchungen als solche für einen Teil der Befragten durch den *Wunsch nach einem verschreibungspflichtigen Kontrazeptivum* (Pille, seltener Spirale) motiviert ist. Die jungen Frauen nehmen die daran gebundenen Untersuchungen mehr „in Kauf" als aus Einsicht in Gesundheitskontrolle. Dies trifft sowohl zum Zeitpunkt des zweiten als auch des dritten Interviews auf etwa die Hälfte derjenigen zu, die mit zu verordnenden Kontrazeptiva verhüten.

So kann bei einem Teil der Befragten davon ausgegangen werden, dass sie sich weniger häufig bzw. regelmäßig, eventuell sogar überhaupt nicht gynäkologisch untersuchen lassen würden. Sie müssen aber wegen der Verschreibungspflicht ihres Kontrazeptivums notwendigerweise eine Praxis aufsuchen und werden möglicherweise von ihrem Arzt/ihrer Ärztin auf anstehende Untersuchungen angesprochen. Bei diesem Teil jugendlicher Mütter ist kaum ein Bewusstsein für die gynäkologische Untersuchung als Prophylaxemaßnahme erkennbar, was ratsam wäre vor dem Hintergrund sich ausbreitender Clamydien- und Pilzinfektionen.

Bei etwa ebenso vielen Befragten sind die Besuche einer gynäkologischen Praxis durch den *Wunsch nach einem Verhütungsmittel und gleichzeitig durch den nach Routineuntersuchungen* motiviert. Sie nennen neben der Verschreibungspflicht ihres Kontrazeptivums als Grund für die regelmäßige Konsultation auch die Inanspruchnahme z.B. der Krebsvorsorgeuntersuchung. Diese jungen Frauen machen deutlich, dass sie ein Bewusstsein für die Relevanz von Untersuchungen aus Präventionsgründen haben. Ihre Motivation, aus diesem Grund eine/n MedizinerIn aufzusuchen, hat denselben Stellenwert wie der, für kontinuierlichen und sicheren Empfängnisschutz zu sorgen.

Nur eine Minderheit der Befragten erklärt, dass für sie bei den gynäkologischen Untersuchungen der *Gesundheitsaspekt im Vordergrund* steht und sie aus *Prophylaxegründen* Wert auf regelmäßige Untersuchungen legen. Bei ihnen wie auch bei den anderen, die der gynäkologischen Untersuchung einen eigenen Stellenwert beimessen, kann eher davon ausgegangen werden, dass sie sich auch ohne die Verwendung verschreibungspflichtiger Kontrazeptiva – möglicherweise weniger regelmäßig – gynäkologisch untersuchen lassen würden.

Einige Befragte würden bei einer vermuteten oder tatsächlichen weiteren Schwangerschaft eine gynäkologische Praxis aufsuchen. In solchen Fällen wollen sie die Vorsorgeuntersuchungen in Anspruch nehmen oder einen Schwangerschaftsabbruch vornehmen lassen. Als weitere Gründe geben die Interviewpartnerinnen gynäkologische Probleme nach der Geburt bzw. nach einem Schwangerschaftsabbruch sowie einen natürlichen Abort an.

Gründe für negative Einstellung

Nur zwei Befragte lassen am Ende unserer Erhebung eine *negative* Einstellung zu *Frauenarztbesuchen* und eine *Ablehnung und Vermeidung der gynäkologischen Untersuchung* erkennen.

Bei diesen jungen Frauen hat sich seit ihrer ersten ungeplanten Schwangerschaft und im Zusammenhang mit einer zweiten, ungewollten Schwangerschaft, die sie abbrechen ließen, der Eindruck verfestigt, dass die Konsultation eines Frauenarztes mit schockierenden Nachrichten (Schwangerschaften) und Überforderungssituationen verbunden ist. Sie entwickelten nicht nur Ängste in Bezug auf ihr Sexualleben, sondern auch hinsichtlich gynäkologischer Untersuchungen. Beide Frauen haben den Termin für die Nachsorgeuntersuchung nach dem Schwangerschaftsabbruch nicht wahrgenommen. Die extreme Angst vor der Untersuchung stellt auch ein Problem für die Gewährleistung kontinuierlicher und sicherer Empfängnisverhütung bei ihnen dar.

Erfahrungsebenen

Seit dem Erstinterview haben sich die Erfahrungsberichte von negativen zu überwiegend positiven bzw. neutralen verändert. Von den Interviewpartnerinnen, die von sich sagen, sich (mehr oder weniger) regelmäßig untersuchen zu lassen, berichten sechs im zweiten oder dritten Interview von ausschließlich positiven Erfahrungen, fünf von positiven sowie negativen Erfahrungen. Sieben Frauen machen diesbezüglich keine Angaben oder berichten neutral von „normalen" Erfahrungen. Die gynäkologische Untersuchung „gehört" für sie „dazu", womit sie den Normalitätscharakter unterstreichen, den diese Form der medizinischen Versorgung für sie angenommen hat.

Ihre positiven und negativen Erfahrungen betreffen eine *persönliche* und eine *fachliche Ebene*; häufig berichten die Jugendlichen gleichzeitig von emotionalen und professionellen Aspekten, wenn sie den Umgang des Arztes/der Ärztin mit ihnen als Patientin beschreiben.

Persönliche Ebene

An den Äußerungen der jungen Frauen, die die Art der persönlichen Begegnung mit dem/der MedizinerIn zum Inhalt haben, also vornehmlich emotionale Aspekte auf der *persönlichen Ebene* betreffen, wird erkennbar, dass die empfundene Sympathie bzw. Antipathie bei den Jugendlichen eine große Rolle spielt. Denn die von ihnen wahrgenommene Persönlichkeit des Arztes/der Ärztin und den Umgang mit ihnen thematisieren sie am häufigsten. Dies stellt eine Veränderung zur Schwangerschaftszeit dar. Damals bestimmten Scham und Ängste ihr Erleben noch stärker als die positiv oder negativ erlebten Aspekte, die mit der Persönlichkeit der MedizinerInnen oder deren Verhalten ihnen gegenüber im Zusammenhang standen. Dies ist damit zu erklären, dass die meisten der

Befragten vor dem Hintergrund ihrer jetzt größeren Untersuchungserfahrung Gefühle von Angst und Scham weit gehend abbauen konnten.

Als *negative Erfahrungen* auf der persönlichen Ebene benennen sie das Gefühl, sich nicht gut aufgehoben zu fühlen. Das ist z.B. der Fall, wenn der Arzt/die Ärztin ihnen aus ihrer Sicht zu wenig Zeit widmet, sich ihnen nicht freundlich zuwendet und ihnen nicht den Eindruck vermittelt, offen für Gespräche oder Fragen zu sein. Bei zu großer professioneller Distanz können die jungen Mütter nur schwer oder gar kein Vertrauen zu den MedizinerInnen fassen.

Einige wenige Interviewpartnerinnen sprechen auch noch von Gefühlen der Angst, der Scham und des Ekels im Zusammenhang mit der Untersuchung. Hierfür machen sie jedoch nicht die ÄrztInnen verantwortlich, sondern suchen den Grund in ihrer eigenen Scham einem Mann gegenüber oder in medizinischen Problemen, die durch die Entbindung neu entstanden sind („Narben"). Manchmal können sie sich ihre unangenehmen Empfindungen selbst nicht erklären.

Verbindungen von emotionaler und fachlicher Ebene

Wie erwähnt, berühren viele Erfahrungsschilderungen der jungen Frauen *zugleich die emotionale und die fachliche Ebene*.

So kann der Eindruck der Befragten, der Arzt/die Ärztin nähme sich zu wenig Zeit für Gespräche, bei ihnen auch zu einer Infragestellung der Kompetenz führen. Dies ist z.B. der Fall, wenn die Jugendlichen angeben, sich nicht gut betreut zu fühlen, da die ÄrztInnen „nicht so nett" seien und „immer alles viel zu schnell" gehe: Damit nehmen sie ebenso Bezug auf den Untersuchungsablauf bzw. auf die Untersuchungsmethode, wie auf die fehlende Vorsicht und Sensibilität der ÄrztInnen. Hier vermischen sich fachliche und emotionale Elemente.

Über ihre als negative Erfahrungen geschilderten Hinweise zu Untersuchungsablauf oder -methode hinaus, nehmen die Befragten – im Unterschied zu ihren Einschätzungen bei KinderärztInnen – selten ausschließlich zur *fachlichen Ebene* Stellung. Hier werden stark frequentierte Praxen, die es den MedizinerInnen nicht ermöglichen, sich genügend Zeit für die einzelne Patientin zu nehmen, ebenso moniert wie das lange Warten auf einen Untersuchungstermin. Das kann für die jungen Frauen eine Schwierigkeit hinsichtlich der regelmäßigen Inanspruchnahme von Untersuchungen sein. Einige Befragte berichten, aus Unzufriedenheit mit ihrem Arzt/ihrer Ärztin bei der nächsten Untersuchung jemand anders konsultiert zu haben oder dies zu beabsichtigen.

Entsprechend beurteilen sie es als *positive Erfahrungen* auf der *fachlichen Ebene*, wenn sich aus ihrer Sicht der Arzt/die Ärztin genügend Zeit sowohl für die Untersuchung als auch für Gespräche nimmt. Besonders wichtig ist ihnen, signalisiert zu bekommen, über alle medizinischen Fragen und Probleme sprechen zu können. Hierdurch fühlen sie sich medizinisch gut betreut. Außerdem wurde positiv hervorgehoben, wenn der Arzt/die Ärztin dem Partner der Patientin die Möglichkeit gibt, sich z. B. über Verhütungsfragen zu informieren oder beraten zu lassen.

Aber der wichtige Aspekt der Gespräche mit dem Arzt/der Ärztin betrifft auch die *persönliche Ebene*. Die Jugendlichen erleben es als positiv und fühlen sich gut aufgehoben, wenn sie meinen, „über alles" sprechen zu können. Dabei möchten sie am professionellen Wissen ebenso partizipieren wie an den menschlichen bzw. privaten Erfahrungen der MedizinerInnen, z. B. als Vater oder Mutter eigener Kinder. Neben dem Wunsch, in der Untersuchungssituation plaudern und lachen zu können, ist es für einige Interviewpartnerinnen auf der persönlichen Ebene wichtig, ernste Themen und Probleme erörtern zu können. Dies schafft und stärkt ihr Vertrauen.

Die meisten Aussagen beziehen sich auf die persönliche Art der Begegnung des Arztes bzw. der Ärztin mit ihnen, und der „Sympathieaspekt" hat eine große Bedeutung für die Jugendlichen. Zudem ist es ihnen wichtig, dass der Arzt/die Ärztin eine gewisse Leichtigkeit in die Untersuchungssituation hineinbringt. Dabei geht es ihnen um eine entspannte Atmosphäre, die sie beruhigt und in der sie sich entkrampfen können. Eine Untersuchungsatmosphäre, die ihnen Scham oder Scheu einflößt, lehnen die Jugendlichen ab. Sie fühlen sich aber aufgehoben, wenn der/die MedizinerIn sich ihnen gegenüber „normal" und nicht als professionelle Autoritätsperson verhält.

Interviewauszug: Akzeptanz der gynäkologischen Untersuchung

Frage: „Hast du in der Zwischenzeit einen Frauenarzt oder eine Frauenärztin aufgesucht?

Sarah: Ja, hab ich auch schon lang (lacht).

Frage: Bitte?

Sarah: Einen Frauenarzt hab ich schon lange aufgesucht, schon während der Schwangerschaft.

Frage: Und wenn du dann (nach der Schwangerschaft) wieder hingegangen bist, was waren das für Anlässe?

Sarah: Wenn ich die Pille wieder holen musste oder zur Nachuntersuchung, zur Krebsvorsorge. Ja, bei so was.

Frage: Gehst du regelmäßig?

Sarah: Ja, alle halbe Jahre. Ja.“ (3. Int. 38, S. 12, 16 Jahre)

Nur wenige junge Frauen machen deutlich, dass für sie bei den gynäkologischen Untersuchungen der Gesundheitsaspekt im Vordergrund steht und sie aus Prophylaxegründen Wert auf regelmäßige Untersuchungen legen. Besonders ausgeprägt ist dies bei einer jungen Frau, deren Bewusstsein für Krankheitsprophylaxe durch ihre berufliche Tätigkeit in einem Krankenhaus geschärft ist, worauf sie selbst hinweist.

Frage: „... warst du seit der Entbindung noch mal beim Frauenarzt?

Nadja: Mhm (zustimmend), ich glaub, zwei Mal; hab ich auch schon wieder 'n Termin, nächsten Monat, Krebsvorsorge und so was. Ich steh da schon dahinter. Auch dadurch, dass ich jetzt im Klinikum so seh, was wirklich, wenn man nicht absolut zum Arzt geht, (unverständlich; sinngemäß: was einem alles passieren kann).“ (2. Int. 22, S. 16, 18 Jahre)

Die beiden zitierten jungen Frauen messen der gynäkologischen Untersuchung einen eigenen Stellenwert bei. Deshalb kann eher davon ausgegangen werden, dass sie sich auch ohne die Verwendung verschreibungspflichtiger Kontrazeptiva gynäkologisch untersuchen lassen. Sie würden möglicherweise weniger regelmäßig einen Termin machen, da sie nicht an den Turnus z. B. der erneuten Verordnung der Pille gebunden sind bzw. wären.

Interviewzitate auf CD-ROM

Die in der Analyse verwandten Interviewpassagen wurden durchnummeriert und auf einer CD-ROM verfügbar gemacht. Hier finden Sie alle Interviews zu diesem Unterkapitel

Akzeptanz der gynäkologischen Untersuchung	Nr. 1324 - 1328
Ablehnung der gynäkologischen Untersuchung	Nr. 1329 - 1334
Erfahrungen im Zusammenhang mit Frauenarztbesuchen	Nr. 1335 - 1346

Differenziert nach: negativen und positiven Erfahrungen

Teil 3

Anwendungsorientierte Schlussfolgerungen aus der Analyse

Vorbemerkung

Unterstützungsbedarf junger Schwangerer

Unterstützungsbedarf junger Mütter ohne Partner

Unterstützungsbedarf junger Paare mit Kind

Resümee

1 Vorbemerkung

In diesem anwendungsbezogenen Teil der Arbeit greifen wir die im Kapitel „Theoretischer Hintergrund" dargelegten und für das Jugendalter charakteristischen Entwicklungsaufgaben wieder auf und zeigen, wie die Jugendlichen als Schwangere, Mütter und Paare mit Kind diese Entwicklungsaufgaben zu lösen versuchen.

Bewältigung von Entwicklungsaufgaben

Das bedeutet im Einzelnen herauszuarbeiten, ob und wie die Entwicklungsaufgaben bewältigt werden können bzw. welche Bewältigungsstrategien die Jugendlichen entwickeln, um ihrer neuen Lebenssituation gerecht und gleichzeitig kompetente Erwachsene werden zu können. Das erfordert aber auch aufzuzeigen, ob und wie die lebensweltlichen Bedingungen, in denen sie sich bewegen, ggf. ihre Entwicklungschancen beeinflussen, wie sie darauf reagieren und wo ggf. Handlungsbedarf für beratende Institutionen besteht.

Grundlagenwissen für die Beratungspraxis

Der oben genannte Anspruch, nämlich herauszuarbeiten, wo ggf. Beratungsbedarf besteht, reicht nicht so weit, konkrete Umsetzungsvorschläge für die beraterische Praxis zu erarbeiten. Wir sind dafür weder kompetent noch können wir der Vielfalt der Konzeptionen und Beratungsaufträge der Beratungspraxis gerecht werden. Unsere Intention ist vielmehr, analytisch aufbereitetes Grundlagenwissen zu bieten, das die Sicht der Jugendlichen und ihre Interpretationen ihrer lebensweltlichen Situation zur Verfügung stellt. Dieses Grundlagenwissen bietet eine Basis für das pädagogische Postulat, die Jugendlichen „dort abzuholen", wo sie sich in ihrem lebensweltlichen Kontext befinden.

Argumente für umfassenden Beratungsbedarf

Wir sind uns auch bewusst, dass einzelne Elemente der folgenden Überlegungen z.T. bereits in verschiedenen Beratungszusammenhängen angerissen werden. Unsere Analysen zeigen jedoch, dass der Beratungsbedarf in den meisten Fällen ein längerfristiger ist, während die Erfahrung der jungen Schwangeren zeigt, dass sie in der Regel nur ein, höchstens zwei Mal in den Genuss von Unterstützung durch Beratung kommen. (Dies trifft besonders für die jungen Mädchen zu, die nicht durch verschiedene Jugendhilfemaßnahmen unterstützt werden oder Hilfen für junge Erwachsene erhalten.) Diese Situation hat nicht zuletzt mit der „Komm-Struktur" der meisten Beratungseinrichtungen bzw. medizinischen Praxen zu tun. Diese Situation ist für viele der Jugendlichen eine Überforderung. Weder sind sie umfassend informiert, welche Beratungsangebote und

Unterstützungsmöglichkeiten ihnen ggf. auch längerfristig zur Verfügung stehen, noch sind sie in der Beratungssituation in der Lage, die für sie relevanten und wichtigen Fragen zu denken oder zu formulieren.

Formale Hinweise

Die Bearbeitung der Information zu den Entwicklungsaufgaben folgt bis zu einem gewissen Grad der Struktur der Analyseteile der Studie. Die so gewählte Reihenfolge der Entwicklungsaufgaben setzt keine Prioritäten für die Bedeutung ihrer Bewältigung.

2 Unterstützungsbedarf junger Schwangerer

Im Folgenden geht es um verschiedene Entwicklungsaufgaben, die im Jugendalter gelöst werden müssen und denen sich die Mädchen und jungen Frauen unter den neuen und erschwerten Bedingungen der Schwangerschaft stellen müssen.

2.1 Ausbildung und Beruf

Charakteristisch für das Jugendalter und gesellschaftlich vorausgesetzt sind Berufsfindung, Ausbildung und die Aufnahme einer Erwerbstätigkeit, die die eigenständige Existenz sichern soll.

Hier stellt sich den jugendlichen Schwangeren die Aufgabe, Vorstellungen darüber zu entwickeln bzw. weiterzuentwickeln, welchen Bildungs- oder Ausbildungsgang sie verfolgen möchten und welche Voraussetzungen sie dafür erfüllen müssen. Darüber hinaus sind sie nun gefordert, gedanklich und strategisch einzubeziehen, dass sie in naher Zukunft ein Kind haben werden und sich ihr angestrebter Beruf, ihr angestrebtes Bildungsziel (z.B. Abitur und Studium mit anschließender Berufstätigkeit) mit ihrer künftigen Mutterschaft vereinbaren lassen muss. Auf diese Herausforderung reagieren die jugendlichen Schwangeren unterschiedlich. Ihre Reaktionen sind analytisch in Veränderungstypen zusammengefasst.

Der größte Teil der Mädchen bleibt bei den vorher gefassten Berufs- und Ausbildungsplänen (Typus die *Konstanten*), möchte jedoch z.T. eine kürzere oder längere Kindererziehungsphase vor der Fortsetzung der Ausbildung einschieben. Die Begründungen für den Aufschub liegen sehr häufig auf der Ebene an sie herangetragener und von ihnen übernommener Erwartungshaltungen bzgl. ihrer Mutterschaft. Diese Begründungen beinhalten meist diffuse Wünsche wie, eine gute Mutter werden zu wollen und für das Kind da zu sein. Es geht ihnen ebenfalls darum, ihrer „Umwelt" zu beweisen, dass sie auch als sehr junge Frau die Verantwortung für ihr Kind übernehmen und ihm als eine kompetente Mutter eine gesicherte Zukunft bieten können.

Fazit

Hier besteht Bedarf an Unterstützung zur Klärung, welche Beweggründe die jungen Schwangeren für diese Unterbrechung haben und ob, wann und wie die Rückkehr in ihre ursprünglichen Bildungs- bzw. Ausbildungsgänge im Individualfall möglich und sinnvoll ist.

Ein weiterer Teil der jungen Schwangeren passt Ausbildungs- bzw. Bildungspläne bereits während der Schwangerschaft an die Bedingungen der zukünftigen Mutterschaft an. Ausschlaggebend dafür ist die vermutete Vereinbarkeit mit dem ursprünglich angestrebten Berufsziel (Typus die *aktiv Realistischen*).

FAZIT Hier sollte im individuellen Fall beratend geklärt werden, ob die Annahmen und Vermutungen ebenso wie die geplanten Konsequenzen realistisch und umsetzbar sind und ggf. adäquate Alternativen entwickelt werden können.

Eine Reihe jugendlicher Schwangerer kommt zu dem Schluss, dass ihre z.T. ambitionierten beruflichen Vorstellungen vor der Schwangerschaft jetzt als Pläne erscheinen, die durch die Schwangerschaft unrealisierbar geworden sind. Die Jugendlichen bedauern diese Entwicklung zumeist und empfinden die für sie einschränkende Anpassung an eine Lebenssituation mit Kind als „Beschneidung" ihrer beruflichen Vorstellungen und Ziele (Typus die *resignativ Realistischen*).

FAZIT Da sich diese resignative Anpassung nicht immer auf realistische und realisierbare Möglichkeiten bezieht, wäre in einem beratenden Diskurs zu prüfen, ob die Rücknahme der beruflichen Pläne erforderlich und angemessen ist. Darüber hinaus sollte geprüft werden, welche anderen, ggf. befriedigenderen Alternativen es gibt.

Andere jugendliche Schwangere, die sich vor der Schwangerschaft entweder in schwierigen Lebenssituationen (wie Drogenszene, kriminelles Milieu, Heimkarriere etc.) befanden, entwickeln jetzt über die Schwangerschaft eine neue Perspektive. Ihnen wird mit der Schwangerschaft die Notwendigkeit einer beruflichen Ausbildung besonders deutlich. Um nicht von Sozialhilfe abhängig zu werden, stabilisieren sie sich durch die Schwangerschaft (Typus die *durch die Schwangerschaft Stabilisierten*).

FAZIT Bei diesen jugendlichen Schwangeren besteht ein meist längerfristiger Beratungs- und Betreuungsbedarf, denn die erreichte Stabilisierung ist häufig brüchig und krisenanfällig. Die Möglichkeiten der Umsetzung der beruflichen Ambitionen sind oft eingeschränkt und können von den Jugendlichen nicht immer realistisch eingeschätzt werden.

2.2 Partnerschaft/Familie

Neben der Berufsfindung gilt die Jugendphase auch als Zeitraum, in dem Jugendliche ihre Vorstellungen darüber entwickeln und präzisieren, welche Eigenschaften ihre PartnerInnen haben sollen. Dazu gehört auch die Auseinandersetzung mit Formen der Partnerschaft, die sie zukünftig leben möchten. Da die jungen Mädchen schwanger sind, gewinnt diese Entwicklungsaufgabe einen für sie umso höheren Stellenwert.

Die Jugendlichen reflektieren Erwartungshaltungen an den Partner, die zum großen Teil sehr hoch sind (wie z. B. absolute Treue, Offenheit, Ehrlichkeit, gegenseitiges Vertrauen), aber abstrakt bleiben. Einige sind sich aber auch durchaus bewusst, dass diese Vorstellungen nicht immer und dauerhaft zu realisieren sind. Sie haben bereits Erfahrungen, z. B. mit den Kindsvätern, gemacht, die ihren Erwartungen widersprechen.

Ihre Vorstellungen von Partnerschaft mit Kind, die sich in vergleichsweise hoher Zahl als Wunsch zu heiraten manifestieren, beziehen sich auf Harmonie, gegenseitige Übernahme von Verantwortung füreinander und für das Kind. Sie formulieren Hoffnungen auf Bestand der Beziehungen, auf die Möglichkeit, Probleme in der Beziehung gemeinsam lösen zu können, in selteneren Fällen auf die gegenseitige Gewährung von Freiräumen, auf gemeinsame Unternehmungen mit dem Kind oder auf ihre und des Kindes materielle Absicherung.

Fazit

Sowohl die Erwartungen an den Partner als auch die an verschiedene Formen von Partnerschaft machen deutlich, dass sie mit eigener Überforderung und auch der des oft noch jugendlichen Partners verbunden sind. Längerfristiger Beratungsbedarf besteht hier insbesondere bei den jugendlichen Schwangeren, aber auch bei ihren jugendlichen Partnern. Sie gehen zu dem frühen Zeitpunkt entweder eine Ehe oder eine auf Dauer angelegte Beziehung ein und sind mit der Komplexität der neuen Lebenssituation (z. B. Gestaltung des Zusammenlebens, Regelung alltäglicher Erfordernisse, Sicherung der materiellen Basis der Beziehung) überfordert.

2.3 Mutterrolle

Auf diese Entwicklungsaufgabe wird bei den jugendlichen Schwangeren noch nicht näher eingegangen, da die jungen Mädchen noch kaum präzise Vorstellungen haben, wie sie die Rolle der Mutter ausgestalten wollen. Sie haben so umfassende Neuorientierungen zu bewältigen, die sich auf die Situation ihrer Schwangerschaft beziehen, dass sie noch keine klaren Vorstellungen von ihrer Rolle als zukünftige Mütter haben.

2.4 Zukunftsperspektiven

Können sich andere junge Mädchen in diesem Alter mit der Entwicklung von Zukunftsperspektiven gewissermaßen Zeit lassen, wird die Auseinandersetzung junger Schwangerer mit der Gestaltung ihrer Zukunft als Mutter während der Schwangerschaft dringlich. Neben anderen Facetten dieser Entwicklungsaufgabe müssen sie sich zum einen Gedanken machen, wie sie ihre und ihres Kindes materielle Absicherung gestalten können. Zum anderen haben sie oft zum ersten Mal Kontakt mit Beratungseinrichtungen und Behörden. Sie machen bestimmte Erfahrungen und sind gefordert, Strategien für den Umgang mit BeraterInnen und Amtspersonen zu entwickeln, um ihre Zukunftsperspektiven auszuloten und dann auch zu realisieren.

Wirtschaftliche Situation

Wir haben analytisch verschiedene Einstellungs- bzw. Verhaltenstypen entwickelt, die beschreiben, wie die jugendlichen Schwangeren ihre finanziellen Ressourcen beurteilen und wie sie damit umgehen.

Eine Reihe der Mädchen ist in der Lage, mit den ihnen zur Verfügung stehenden Mitteln, auch wenn sie gering sind, sparsam, pragmatisch und auf die Zukunft mit Kind gerichtet umzugehen (Verhaltenstypus die *Pragmatischen*). Eine weitere vergleichbar kleine Gruppe werdender Mütter hat die Erfahrung gemacht, dass sie mit den ihnen jetzt zur Verfügung stehenden Mitteln finanziell besser gestellt sind als vor der Schwangerschaft (Einstellungstypus die *Zufriedenen*). Bei den jungen Schwangeren, die diesen beiden Typen zugeordnet werden konnten, wird deutlich, dass sie auch ihre materiellen Zukunftsperspektiven im Blick haben und letztlich positiv einschätzen.

Fazit

Hier besteht vorerst kein Beratungsbedarf. Da die Mädchen aber häufig nicht genau überblicken können, wie sich ihre materielle Situation nach der Geburt des Kindes entwickeln wird – besonders durch Wegfall des Erziehungsgeldes nach zwei Jahren –, wird dann ggf. Beratung und Unterstützung bei der Neuordnung der Sicherung der Existenzgrundlage für Mutter und Kind erforderlich.

Eine andere Gruppe der jugendlichen Schwangeren hingegen zeigt sich schon während der Schwangerschaft mit ihrer finanziellen Situation unzufrieden. Die Jugendlichen bemängeln, dass sie sich, aus ihrer Sicht, übermäßig einschränken müssen, um mit den ihnen derzeit zur Verfügung stehenden Mitteln auszukommen (Einstellungstypus die *Unzufriedenen*). Sie beurteilen ihre materiellen Zukunftsperspektiven eher skeptisch.

Die Gruppe der jungen Schwangeren, die wir dem letzten von uns entwickelten Verhaltenstypus (die *sich Einschränkenden*) zugeordnet haben, schätzt ihre finanzielle Situation ebenfalls als nicht ausreichend ein, zieht aber andere Konsequenzen: Sie schränken sich bzgl. ihrer eigenen Wünsche und Bedürfnisse bereits während der Schwangerschaft ein und versuchen so, ihre materiellen Perspektiven zu optimieren.

Fazit Bei diesen beiden Gruppen jugendlicher Schwangerer besteht – auch auf längere Sicht – Beratungsbedarf. Sie brauchen Unterstützung bei der Prioritätensetzung, was die Erfüllung ihrer eigenen Bedürfnisse und Wünsche angeht (wie sie z. B. auch in Mutter-Kind-Einrichtungen geleistet wird). Solche Unterstützung darf hier aber nicht missverstanden werden als Aufforderung, sich an jeweils vorhandene materielle Gegebenheiten anzupassen, sondern sollte auch ggf. die volle Ausschöpfung ihnen noch zustehender Transferleistungen beinhalten. Dieser Beratungsbedarf ist umso dringlicher, als die meisten jugendlichen Schwangeren, besonders diejenigen, die nicht durch Jugendhilfemaßnahmen unterstützt werden, sich an der Armutsgrenze bewegen.

Kontakte zu Beratungsstellen

Die überwiegende Mehrzahl der jugendlichen Schwangeren sucht eine der von verschiedenen Trägern eingerichteten Beratungsstellen für Schwangere auf, meist um sich über materielle und besonders finanzielle Hilfen zu informieren. Ungefähr ein Drittel von ihnen suchte in der Schwangerenberatung ein- oder mehrmalig nach Entscheidungshilfen im Schwangerschaftskonflikt bzw. wollte einen Beratungsnachweis erhalten, um sich die Möglichkeit eines Schwangerschaftsabbruchs erst einmal offen zu halten.

Fazit Da die meisten Befragten die Möglichkeit dieser Form von Beratung kennen und sie die Beratungen und Gespräche positiv beurteilten bzw. nur wenige mit der Beratung unzufrieden waren, erübrigen sich zum Zeitpunkt der Schwangerschaft weitere Beratungs- und Unterstützungsangebote.

Kontakte zum Jugendamt

Viele der jugendlichen Schwangeren kommen durch die Schwangerschaft zum ersten Mal mit dem Jugendamt in Kontakt. Einige hatten schon vorher Erfahrungen mit vom Jugendamt vermittelten Jugendhilfemaßnahmen, ihre gegenwärtigen Kontakte sind jedoch schwangerschaftsbezogen. Die meisten beschreiben ihre Erfahrungen mit dem Jugendamt als positiv und sind bereit, bzgl. ihrer Zukunftsperspektiven und -planungen auf die Unterstützung des Jugendamts zurückzugreifen. In Bezug auf ihren Umgang mit den Jugendamtsangeboten bzw. ihr Verhalten bei der Durchsetzung ihrer Leistungsansprüche können die jugendlichen Schwangeren folgenden Typen zugeordnet werden:

Ein Teil der jugendhilfeunerfahrenen Mädchen zeigt sich dankbar für die erhaltene Unterstützung und nimmt die Angebote unhinterfragt an (die *Dankbaren*).

Fazit Da diese Mädchen in Mutter-Kind-Einrichtungen leben, ist ihre längerfristige Beratung und Betreuung bzgl. ihrer Zukunftsplanungen in der Regel gesichert.

Eine weitere Gruppe Jugendlicher zeigt sich bei Kontakten mit dem Jugendamt bereits gut informiert. Diese jungen Frauen verhandeln selbstsicher über für sie in Frage kommende Hilfemöglichkeiten. Sie sind dabei weit gehend erfolgreich (die *Selbstsicheren*).

Fazit Für sie besteht in der Regel kein längerfristiger Beratungs- und Betreuungsbedarf. Es ist davon auszugehen, dass sie bei ggf. auftretenden Fragen bzw. Problemen eigeninitiativ wiederum Kontakt zum Jugendamt aufnehmen werden, um neue Perspektiven für ihre Zukunft mit Kind zu entwickeln.

Das trifft ebenso für die Jugendlichen zu, die fähig sind, ihre Situation selbstkritisch zu reflektieren und in der Lage sind zu kritischer Auseinandersetzung mit den JugendamtsmitarbeiterInnen und den vorgeschlagenen Angeboten (die *selbstkritisch Entschlossenen*). Auch sie nehmen den unterstützenden Rückhalt durch das Jugendamt für ihre Zukunft wahr.

Die Jugendlichen, die schon Erfahrungen mit Jugendhilfemaßnahmen haben, konnten ebenfalls drei Einstellungstypen zugeordnet werden:

Der Einstellungstypus der *Geläuterten* umfasst eine Gruppe Jugendlicher, die in der Retrospektive und unter selbstkritischer Reflexion erkennen, dass sie den zuvor vermittelten Jugendhilfemaßnahmen große persönliche Fortschritte zu verdanken haben.

Ähnlich zeigt sich die Situation bei der Gruppe von jugendlichen Schwangeren, die dem Einstellungstypus der *Vertrauensvollen* zugeordnet wurden. Sie wenden sich ebenfalls auf Grund ihrer Jugendhilfe-Erfahrungen mit der Gewissheit an das Jugendamt bzw. an ihre Betreuerin, Hilfsansprüche geltend machen und Unterstützung bei der Entwicklung ihrer Zukunftsperspektiven erhalten zu können.

Fazit Beide Gruppierungen sind bereit, von sich aus Beratung und Betreuung einzufordern und bedürfen keiner zusätzlichen längerfristigen Beratung und Betreuung.

Kontakte zu Ämtern

Sehr unterschiedlich sind die Erfahrungen der jungen Schwangeren mit Ämtern, besonders mit dem Sozialamt, das für die Grundsicherung eines Teils der Jugendlichen unserer Stichprobe zuständig ist. Hier konnten analytisch drei Erfahrungsmuster erarbeitet werden, die verschiedene Erfahrungsebenen reflektieren und Auswirkungen auf die Zukunftsplanungen der werdenden Mütter haben.

Das erste Erfahrungsmuster bezieht sich auf die emotionale Ebene. Die Jugendlichen erleben ein abweisendes, herablassendes und unfreundliches Verhalten von BehördenmitarbeiterInnen. Aber auch räumliche Gegebenheiten, die es nicht zulassen, ihre privaten Angelegenheiten vollständig vor anwesenden Unbeteiligten zu schützen, werden als negativ erlebt. Diese Bedingungen empfinden die jungen Frauen als Verletzung ihrer Würde und Missachtung ihrer Privatsphäre. Sie machen es ihnen schwer, diese für ihre Zukunftsperspektiven so grundlegenden Kontakte zu Ämtern aufrechtzuerhalten.

Ein weiteres Erfahrungsmuster betrifft die prozessuale Ebene. Hier werden lange Wartezeiten, Langwierigkeit und Komplexität der Verfahrensabläufe, verbunden mit nicht gebündelten Aufforderungen, fehlende Unterlagen nachzureichen, genannt. Damit einher geht das mehrmalige Aufsuchen der Behörde und anderer Stellen. Diese Erfahrungen führen die jungen Frauen auf eine ineffektive Arbeitsweise und auf eine phlegmatische Arbeitshaltung der BehördenmitarbeiterInnen zurück.

Das dritte Erfahrungsmuster berührt sowohl die sachbezogene als auch die emotionale Ebene. Als zu gering empfundene staatliche Leistungen und der Eindruck, sich die Bewilligung von Unterstützungen erkämpfen zu müssen und dabei z.T. erfolglos zu sein, werden von den Frauen als Täuschung erlebt, angesichts der Erwartungen, die in ihnen bei den Beratungen während der Schwangerschaft geweckt wurden. Sie wünschen sich eine stärkere Förderung junger Mütter und Familien.

Fazit

Alle drei Erfahrungsmuster verweisen auf die Notwendigkeit, gerade jugendliche Schwangere, die keine Unterstützung durch Jugendhilfemaßnahmen erfahren, auch über einen längeren Zeitraum beratend zu begleiten und ihnen ggf. bei Behördengängen eine Begleitperson zur Seite zu stellen. Nur dann können ihnen negative und demotivierende Erfahrungen bei den (eigenständigen) Versuchen, für sich und ihr Kind Perspektiven für die Zukunft zu erschließen, erspart werden.

2.5 Sexualität

Wie aus den Analysen ersichtlich wurde, bedeutet bei unserer Zielgruppe die Aufnahme heterosexueller Beziehungen für die meisten jungen Mädchen eine besondere Herausforderung, die auf verschiedenen Ebenen die analytische Aufmerksamkeit erfordert. Eine Ebene ist die der Sexualaufklärung, eine weitere die der Kohabitarche. Aber auch die Ebene der Auseinandersetzung mit dem Kindsvater über die meist ungeplante Konzeption und Schwangerschaft musste analytisch Berücksichtigung finden, um Erkenntnisse über die Bewältigung dieser Entwicklungsaufgabe zu gewinnen.

Sexualaufklärung und Verhütung

Wie aus verschiedenen Arbeiten zu jugendlicher Sexualität ersichtlich ist, hat auch unsere Zielgruppe ein z.T. umfassendes Wissen über Verhütungsmittel und -methoden, das aber längerfristig kaum handlungsrelevant wird. Verhütung erscheint meist als abstrakter Lehrstoff. Verhütungswissen ist in vielen Fällen charakterisiert durch nur oberflächliche und wenig präzise Information bzw. durch „Halbwissen" über die Wirkungsweise und Anwendungserfordernisse verschiedener Kontrazeptiva. Einige Verhütungsmethoden haben zudem z.T. altersunangemessene Verwendungsbedingungen. Das vorhandene Aufklärungswissen wird außerdem konterkariert von Alltagsmythen und durch diverse Ängste, die die Umsetzung verhindern. Die daraus resultierenden Herausforderungen betreffen alle Aufklärungsinstanzen wie Eltern, Schule und verschiedene Medien (Zeitschriften, Bücher, Broschüren und audiovisuelle Medien), können hier aber nur für die verschiedenen Beratungsinstanzen, die Kontakt zu jugendlichen Schwangeren haben, aufgezeigt werden.

Fazit

Aufklärungswissen muss immer wieder aufgefrischt und lebensweltlich angemessen vermittelt werden. Das bedeutet u.a., in Beratungssituationen individuell auf die Bedürfnisse der jungen Schwangeren einzugehen, über Gefühle und Ängste in intimen Situationen zu sprechen. Aber auch auf Ängste vor unangemessener Verwendung bestimmter Kontrazeptiva und die daraus resultierenden Befürchtungen, schwanger zu werden, sollte eingegangen werden. Alltagsmythen müssen angesprochen und entkräftet werden. Besonders wichtig erscheint uns dabei, dass die Beratungspersonen solche Zusammenhänge von sich aus und immer wieder ansprechen, da den Jugendlichen meist der Mut dazu fehlt bzw. bestimmte Zusammenhänge nicht in ihrem Denk-, Erfahrungs- und damit Fragehorizont liegen.

Sexuelle Erfahrungen

Die jungen werdenden Mütter haben z.T. ihre Kohabitarche sehr unterschiedlich erlebt. Dieses Erlebnis strukturiert ihre weitere sexuelle Biografie mit, ebenso wie positive oder negative Mythen vom „ersten Mal“. Auch die situativen Zusammenhänge des ersten Geschlechtsverkehrs, die Einschätzungen der jungen Mädchen zum Zeitpunkt und die Erfahrung sowie die Sensibilität der Sexualpartner beeinflussen das weitere Erleben von Sexualität.

Die überwiegende Mehrzahl der Jugendlichen berichtet von negativen Erfahrungen oder steht diesen Erfahrungen ambivalent gegenüber. Die Jugendlichen mit negativen oder ambivalent geschilderten Erfahrungen reagieren in ihrem weiteren Sexualverhalten sehr unterschiedlich. Einige bleiben für eine vergleichsweise lange Zeit sexuell abstinent, andere sagen schlicht, dass sie „vergessen haben“, wie es war. Sie sind nicht bereit oder in der Lage, mehr zu berichten. Wieder andere hingegen nehmen diese für sie negativen Erlebnisse zum Anlass, weitere Erfahrungen zu initiieren. Sie sind in der Folgezeit dann sexuell sehr aktiv.

Fazit

Junge Mädchen – und nicht nur diejenigen, die sehr früh ungeplant schwanger werden – sollten zumindest die Gelegenheit haben, ihre ersten sexuellen Erlebnisse kompetenten Beraterinnen zu berichten, um sie zu verarbeiten. Gerade aber die werdenden Mütter brauchen Gelegenheit sich mit diesen Erfahrungen auseinander zu setzen und sie mit beratender Hilfe zu verarbeiten. Beratung sollte ihnen auch die Möglichkeit geben, ihre Reaktionen und ihre weitere sexuelle Biografie zu reflektieren. Wie bedeutsam solche beratende Hilfe ist, wird deutlich aus der Tatsache, dass eine nicht unerhebliche Zahl der hier betrachteten jugendlichen Schwangeren innerhalb eines kurzen Zeitraumes wiederum ungeplant schwanger wurde.

Kommunikation über Verhütung

Wir haben uns darüber hinaus analytisch mit der Kommunikation über Verhütung zwischen den jugendlichen Schwangeren und den Kindsvätern befasst. Die meisten der jugendlichen Schwangeren geben an, mit den Kindsvätern über Verhütung gesprochen zu haben. Die Initiative dazu geht in der Regel von den Mädchen aus, denn sowohl sie selbst als auch ihre Partner verankern die Verantwortung für Verhütung wie selbstverständlich bei der Frau. Akzeptieren die Mädchen ihre (alleinige) Verantwortung für Prävention und wollen sie Verhütung praktizieren, stoßen sie dabei z.T. auf heftigen Widerstand ihres Sexualpartners, besonders dann, wenn sie ihren Partner zu Verhütung mit Kondomen bewegen möchten. Sie müssen dann viel Energie aufwenden sowie Konsequenz und Durchsetzungsvermögen beweisen, um Verhütung zu erreichen. Ist der Partner zur Mitverantwortung bereit, dann ist er aber, ebenso wie die jungen Mädchen, in den konkreten sexuellen Situationen häufig mit der konsequenten Umsetzung von Verhütung überfordert. Diese Überforderung resultiert zum einen aus widersprüchlichen Erwartungen an Sexualität und an Prävention, zum anderen aus dem jeweiligen psychosozialen Entwicklungsstand der Jugendlichen.

Fazit

Gerade jugendliche Schwangere und besonders auch ihre Partner sollten längerfristig beratend unterstützt werden, um gegenseitiges Verantwortungsbewusstsein zu fördern sowie Kontrazeption und Infektionsprophylaxe im Verhaltensrepertoire nachhaltig zu verankern. Um auch die jungen Männer zu erreichen, sind Anstrengungen erforderlich, sie in Beratungszusammenhänge zu integrieren.

Gynäkologische Untersuchungen

In der Regel geht mit beginnender sexueller Aktivität auch gynäkologische Gesundheitsvorsorge einher. Wir haben uns daher auch mit den Erfahrungen der jugendlichen Schwangeren bei ihrem ersten Besuch in einer gynäkologischen Praxis befasst. Das Durchschnittsalter bei der ersten Konsultation ist 14 Jahre. Diese ersten Erfahrungen strukturieren oft die Einstellungen zu weiterer Gesundheitsvorsorge.

Unsere Ergebnisse zeigen, erste gynäkologische Untersuchungen sind – mit sehr wenigen Ausnahmen – angstbesetzt und junge Mädchen erhalten wenig Gelegenheit, sich vor und nach dem ersten Besuch schamfrei und umfassend mit diesem Thema auseinander zu setzen. Dass die angstbesetzten Vorstellungen bei den Mädchen vorherrschen, auch so weit verbreitet sind und bei einem Teil der Mädchen zu Schmerzen bei der ersten Untersuchung führen, ist ein denkwürdiges Ergebnis. Weiterhin ist auffällig: Die gynäkologische Untersuchung bleibt noch in der Rückschau der Mädchen ein zwar unterschiedlich stark empfundenes, aber doch unangenehmes Ereignis. Durch die vorgeburtlichen Untersuchungen relativiert sich die Angst der meisten jungen Frauen und wird rational mit der Verantwortung für das werdende Leben und der Möglichkeit, durch die Ultraschalldiagnostik die Entwicklung des Kindes verfolgen zu können, kompensiert.

Fazit

Die Angst, ebenso wie das bleibende Gefühl der ersten gynäkologischen Untersuchung als unangenehmes Erlebnis machen Beratungsbedarf auf verschiedenen Ebenen deutlich. Der Aufklärungsunterricht in der Schule müsste das Thema aufgreifen, konkrete Informationen altersgerecht, anschaulich, tabubrechend vermitteln. Dabei müssen auch negative Alltagsmythen entkräftet werden. Aber auch GynäkologInnen sollten sich einfühlend, sprachlich angemessen und auf die ggf. individuell vorhandenen Ängste eingehend Zeit für ein Vorgespräch nehmen. Es sollte die Mädchen ohne professionelle, insbesondere sprachliche Distanz auf die unmittelbar bevorstehende Untersuchung vorbereiten. Mädchen-, aber auch Jungengruppen in der Jugendarbeit sollten das Thema stärker aufgreifen, um z. B. durch Anschauung (Besuche in einer gynäkologischen Praxis und Erklärungen des Untersuchungsprozedere) Ängste und negative Erwartungen abzubauen. Denn die Erfahrung zeigt, viele junge Mädchen (und Jungen) haben keine Vorstellung z. B. von einem gynäkologischen Stuhl oder dem Ablauf der Untersuchung.

2.6 Loslösung vom Elternhaus, Entwicklung von Unabhängigkeit

Als die Jugendlichen schwanger wurden, befanden sie sich in einer Phase der Loslösung vom Elternhaus, die auch ohne Schwangerschaft in vielen Fällen konfliktbeladen ist. Während der Schwangerschaft verändern sich bei vielen unserer Interviewpartnerinnen dann aber die Wertigkeiten der Beziehungen zur Herkunftsfamilie. Sie suchen Nähe, Verständnis und Unterstützung.

Die Jugendlichen müssen ihre Eltern über die Schwangerschaft informieren und sehen in vielen Fällen angstvoll deren Reaktionen entgegen. Zum Teil werden diese Ängste bestätigt und die Jugendlichen müssen sich mit diesen für sie negativen Reaktionen auseinander setzen. In anderen Fällen erfahren sie aber auch für sie überraschend positive und entlastende Elternreaktionen. Ein von den Jugendlichen als negativ interpretierter Reaktionstypus ist z.B. *Indifferenz der Eltern* gegenüber dem für die Töchter bedeutenden, verunsichernden und z.T. beängstigenden biografischen Ereignis. In der Regel interpretieren die jungen Mädchen die Sorge der Eltern um die Zukunft der Tochter als positiv. Zeigt der Reaktionstypus *Sorge um die Zukunft* der Tochter aber Elemente mütterlicher Projektionen auf „verpasste" eigene Chancen, wird diese vermeintliche Sorge zu einer zusätzlichen Belastung für die jungen Schwangeren. Die Belastung wird umso größer, wenn diese Projektionen mit Druck auf die Tochter verbunden sind.

Fazit

Gerade bei den von den Jugendlichen als belastend empfundenen Elternreaktionen sollten auch die Eltern in längerfristige Beratungszusammenhänge einbezogen werden, um den jugendlichen Schwangeren die Möglichkeit zu eröffnen, eine neue und eigenständige Beziehung zu ihrer Herkunftsfamilie zu entwickeln.

Jugendliche Schwangere, die aus verschiedenen Motivationen heraus in betreuten Zusammenhängen leben, werden kontinuierlich betreut und erfahren Unterstützung bei ihrer Verselbstständigung, auch durch Beratung.

2.7 Aufbau eines Freundeskreises sowie neuer, vertiefter Beziehungen zu Gleichaltrigen

Jugendliche orientieren sich an der Gruppe der Gleichaltrigen, übernehmen ihre Werte und Normen und experimentieren mit ihnen. Von den Gleichaltrigen nicht akzeptiert zu werden, bereitet den meisten Schwierigkeiten. Es lässt sie isoliert zurück und nimmt ihnen damit Möglichkeiten, für sich neue Orientierungen zu finden, und sei es nur für die Phase der notwendigen und identitätsstiftenden Ablösung von der Erwachsenengeneration. Wir haben die Erfahrungen, die die jungen Schwangeren mit den Kontakten zu Gleichaltrigen machen und mit denen sie sich, z.T. konfliktreich, auseinander setzen müssen, analytisch zu einer Erfahrungstypologie zusammengefasst.

Neben Freude und Interesse der Gleichaltrigen (Erfahrungstypus *Freude und Interesse*) und der des partiellen Auseinanderbrechens der Gleichaltrigengruppe (Erfahrungstypus *Unterschiedliche Reaktionen der Gleichaltrigen*) erfahren viele junge Schwangere Ablehnung durch die Peers und deren Rückzug (Erfahrungstypus *Ablehnung und Rückzug*). Sie erleben aber auch, dass die Gleichaltrigen ihre Situation entweder nicht verstehen oder ihr gleichgültig gegenüberstehen (Erfahrungstypus *Unverständnis und Gleichgültigkeit*).

Besonders auf die letzten beiden Erfahrungszusammenhänge reagieren die jungen werdenden Mütter mit Rückzug und Verzicht auf Aktivitäten mit den Peers, mit ausschließlicher Konzentration auf den Partner oder auf die „beste Freundin". Eine weitere Reaktion ist die Rückkehr in den „Schoß" der Herkunftsfamilie, die in der Regel neue Abhängigkeiten von den Familienmitgliedern mit sich bringt und Verselbstständigungsversuche erschwert.

Fazit

Da der Aufbau eines eigenen Freundeskreises als wichtige Entwicklungsaufgabe im Jugendalter gilt, wird ein längerfristiger Beratungs- und Betreuungsbedarf mit dem Ziel deutlich, den jugendlichen Schwangeren zu helfen, die drohende oder schon vollzogene Isolation von den Gleichaltrigen abzuwenden oder zu überwinden. Hier sind Hilfestellungen bei der Bewältigung der Enttäuschungen ebenso wichtig wie Ermutigung und Unterstützung bei der Möglichkeit, wieder oder weiter an jugendspezifischen Aktivitäten teilzunehmen.

3 Unterstützungsbedarf junger Mütter ohne Partner

Da wir eine Längsschnittstudie durchführen konnten, hatten wir die Möglichkeit zu untersuchen, wie die Entwicklungsaufgaben von den nun jungen Müttern vor dem Hintergrund der sich im Jugendalter oft schnell verändernden Lebenssituationen weiter gelöst wurden. Wir legten also das analytische Augenmerk zum einen auf Kontinuität oder Veränderungen in den Entwicklungsaufgaben, zum anderen auf Aspekte zu deren Weiterentwicklung.

3.1 Ausbildung und Beruf

Es ist einem kleineren Teil der jugendlichen Mütter ohne festen Partner gelungen, innerhalb eines Zeitraums von ca. zwei Jahren, ihre beruflichen Ziele kontinuierlich – wenn auch meist zeitlich durch eine Babypause verzögert – weiterzuverfolgen (Veränderungstypus *Kontinuität*). Sie gehörten während ihrer Schwangerschaft den Orientierungstypen die *Konstanten* und die *aktiv Realistischen* an. Sie konnten ihre Pläne umsetzen, aber z.T. nur unter erheblichen alltagspraktischen Schwierigkeiten, wie Organisationsprobleme bei der Unterbringung ihres Kindes, Neuorganisation ihrer Existenzgrundlage etc.

Fazit Ergab sich schon während der Schwangerschaft Beratungs- und Unterstützungsbedarf bzgl. ihrer Rückkehr in ihre ursprünglichen Bildungs- bzw. Ausbildungsgänge, so sind Hilfen bei der Realisierung der beruflichen Ziele nach der Geburt des Kindes umso dringlicher. Das trifft insbesondere für diejenigen zu, die bei der schwierigen Alltagsorganisation nicht ohne weiteres auf Unterstützung aus ihrem sozialen Umfeld zurückgreifen können.

Dem größeren Teil der Mädchen hingegen gelingt es nicht oder nur unzulänglich, ihre beruflichen Orientierungen, die sie sich während der Schwangerschaft erarbeitet haben, dann auch mit Kind umzusetzen (Typus *Veränderung*). Ihre Lebensbedingungen, die die Planungsgrundlage gebildet hatten, veränderten sich derart, dass sie ihre Berufs- bzw. Bildungspläne revidieren müssen. Sie reagieren meist resignativ und streben ihre Ziele nicht mehr im geplanten Qualifizierungsgrad an bzw. geben sie ganz auf. Hier spielen z.B. zerbrechende Partnerschaften mit dem Kindsvater oder unerwartete Schwierigkeiten mit der Kinderbetreuung, aber auch die Schwierigkeit, eine Lehrstelle im angestrebten Beruf zu finden, eine Rolle. Veränderungen zeichnen sich aber auch in Richtung von Konsolidierungen ab. Gerade bei ganz Jungen, die in einer Phase ihrer eigenen Entwicklung schwanger wurden, in der sie noch wenig konkrete Vorstellungen von schulischen bzw. beruflichen Zielen hatten, wurde erst einmal Resignation bzw. Verunsicherung deutlich (Orientierungstypus die *resignativ Realistischen*). Sie können sich aber nach der Geburt des Kindes z.T. aus Verantwortung für das Kind und unter günstigen Lebensumständen stabilisieren.

FAZIT Die Tatsache, dass sich sowohl resignative als auch stabilisierende Veränderungen abzeichnen, zeigt auf, wie wichtig eine längerfristige Begleitung und Beratung der jungen Mütter ist. Gerade diejenigen jungen Mütter, deren Lebensbedingungen sich grundlegend ändern, die – trotz für sie realistischer Planungen ihres beruflichen Werdegangs – „aus der Bahn" geworfen werden, brauchen Unterstützung, um diese Entwicklungsaufgabe zu bewältigen. Aber auch bei Jugendlichen, denen über das Kind eine Entwicklung beruflicher Pläne gelingt, bedürfen der Unterstützung bei deren Umsetzung.

3.2 PARTNERSCHAFT/FAMILIE

Alle in dieser Gruppe befragten jungen Mütter sind ohne festen Partner. Einige der Frauen beendeten die Beziehungen zu den Kindsvätern von sich aus, in anderen Fällen führten die Männer die Trennung herbei.

Die Erfahrungen mit den Kindsvätern und der Entwicklung der Beziehungen zu ihnen führen bei einem Teil der jungen Mütter zu einer Revision ihrer Erwartungshaltungen an Männer und Beziehungen zu ihnen. Enttäuschte Erwartungen durch die Kindsväter führen dazu, dass sich ihre grundsätzliche Einstellung in Bezug auf ihre Männerbekanntschaften wandelt. Aus dem anfänglichen Wunsch nach einer festen, ernsthaften Partnerschaft entwickelt sich die Ablehnung einer solchen Beziehung bei gleichzeitiger Aufnahme kürzerer, nicht auf Dauer angelegter und jeweils nur bestimmte Bedürfnisse befriedigende Kontakte. Oder aber die Partnersuche und -wahl nimmt an Ernsthaftigkeit zu und die Kriterien bei der Entscheidung für einen Partner ändern sich. Es kommt z.B. häufig vor, dass die jungen Frauen das Kriterium, ob ein Mann ihr Kind akzeptieren und Verantwortung übernehmen kann, bei der Partnersuche vor die eigenen Bedürfnisse stellen.

FAZIT Diese z.T. drastischen Revisionen ihrer Erwartungen an zukünftige Partner und an die Ausgestaltung von Partnerschaften verdeutlichen die Notwendigkeit einer begleitenden Unterstützung bei der Verarbeitung von Partnerschaftserfahrungen und bei den Schlussfolgerungen, die die jungen Mütter daraus ziehen.

Bei einem anderen Teil der jungen Mütter wird erkennbar, dass sie an ihren Vorstellungen von Partnerschaft festhalten. Sie stellen die meist diffus bleibenden Wünsche nach Liebe, Treue, Zuverlässigkeit im Alltag in den Vordergrund und hoffen, „den Richtigen" zu finden, der ihnen dann auch diese Wünsche erfüllen kann.

Fazit Sie gehen solche neuen Beziehungen in etwa mit der Intention ein, den Partner auf den „Prüfstand" zu heben, was in aller Regel aber eine Überforderung der jungen Männer bedeutet. Auch hier zeigt sich die Notwendigkeit von Unterstützung bei der Präzisierung der Vorstellungen von Partnerschaft als auch bei der Reflexion der Anforderungen an den Partner. Wenn die jungen Mütter (nicht feste) Partner haben, wäre es wichtig, die jungen Männer einzubeziehen.

Über die Zeit wächst bei fast allen dieser jungen Mütter die Hoffnung, noch lose bestehende Kontakte zum Kindsvater zu intensivieren oder ganz abgebrochene wiederherzustellen. Motivation ist hierbei der Wunsch, dem Kind zu ermöglichen, seinen Vater als Vater zu erleben, aber auch die Erwartung, durch ihn Entlastung bei der alleinigen Verantwortung für das Kind zu finden. Motiv kann auch sein, allerdings seltener, ihn erneut auch als Partner für sich zu gewinnen.

Fazit In diesen Fällen brauchen die jungen Mütter Beratung bei der Klärung ihrer Motive und der Einschätzung der Realisierungschancen sowie der Bedeutung für sich und das Kind. Auch hier sollten die Väter einbezogen werden.

3.3 Mutterrolle

Waren die Vorstellungen von einem Leben mit Kind während der Schwangerschaft bei vielen der Jugendlichen noch diffus, müssen sie sich jetzt der Aneignung von Verhaltensmustern, die in unserer Gesellschaft von einer Mutter erwartet werden, als wichtiger Entwicklungsaufgabe stellen. Über die Berichte zu ihren Erfahrungen als Mutter bzw. mit ihrem Leben mit Kind zeigen sie auf, wie sie ihre Mutterrolle ausgestalten und damit, ob und wie sie sie bewältigen.

Prekäre Mutterschaften

Die überwiegende Mehrzahl der jungen Mütter ohne festen Partner berichtet von erheblichen Schwierigkeiten in der Ausgestaltung ihrer Mutterrolle (Typus *prekäre Mutterschaften*). Solche Schwierigkeiten sind z.B. die Vernachlässigung des Kindes, Probleme mit der regelmäßigen Versorgung des Kindes. Wenn dann die Akzeptanz erforderlicher Hilfe aus dem sozialen Umfeld zu Selbstwertproblemen der Jugendlichen führt, Verwerfungen in der gesamten Lebensgestaltung mit umfassender Unsicherheit und Ängsten der eigenen Zukunft gegenüber entstehen, kann es zu unterschwelligen Aggressionen kommen bei gleichzeitigen Schwierigkeiten, das Kind zeitweise abzugeben. Die Probleme werden z.T. kompensiert in der ausschließlichen und bedingungslosen Konzentration auf die Bedürfnisse des Kindes.

Fazit Hier wird erkennbar, wie wichtig – besonders auch für eine positive Entwicklung des Kindes – eine längerfristige Beratung und Betreuung der jungen Mütter ist. Solche Unterstützungsleistungen sollten schon während der Schwangerschaft ansetzen und jeweils individuell erforderliche Klärungen der Erwartungen an die Mutterrolle beinhalten. Es ist notwendig, die Vorstellungen der jungen Frauen von Muttersein an die Voraussetzungen für ein gesichertes Aufwachsen des Kindes anzugleichen und Handlungsstrategien zur Bewältigung dieser Rolle zu entwickeln. Nach der Geburt des Kindes ist es dann notwendig, auch die praktische Einübung adäquater Umgangsweisen mit dem Kind in die Beratung und Betreuung einzubeziehen.

Bewältigte Mutterschaften

Jungen Frauen ohne festen Partner, denen die Ausgestaltung der Mutterrolle zum Wohle des Kindes gelingt (Typus *bewältigte Mutterschaften*), und die die Verantwortung für ihr Kind als positive Herausforderung empfinden und bewältigen, fällt auf, dass sich auf anderen Ebenen ihrer Lebenssituation Schwierigkeiten und Probleme ergeben können. Besonders hervorzuheben sind hier z.B. Beziehungsprobleme mit Peers, aber vor allem mit jungen Männern und möglichen Partnern.

Fazit Auch diese jungen Mütter benötigen zumindest zeitweise Unterstützung, z.B. in regelmäßigen und auf der Basis einer „Geh-Struktur“ angebotenen Gesprächen. Sie sollten jeweils individuell ggf. Schwierigkeiten, wie solche in Peer-Beziehungen und in Beziehungen zu Männern, thematisieren und bearbeiten.

Akzeptanz von Vorsorgeuntersuchungen beim Kind

Bei der Entwicklung der Mutterrolle steht bei den meisten Jugendlichen ohne festen Partner – auch denen, deren Mutterschaft analytisch als prekär eingeordnet wurde – der Aspekt der Verantwortung für das Kind im Vordergrund ihrer Vorstellungen von der

Mutterrolle. Dieses Verantwortungsbewusstsein konkretisiert sich u.a. in der ohne Ausnahme gewissenhaften und regelmäßigen Wahrnehmung der empfohlenen Vorsorgeuntersuchungen ihres Kindes.

Ihre Erfahrungen mit Kinderarztbesuchen sind fast ausschließlich positiv. Den jungen Müttern ist die Relevanz dieser Untersuchungen einsichtig und sie wissen in der Regel über die Inhalte der Prophylaxeuntersuchungen Bescheid. Dies legt den Schluss nahe, dass es den KinderärztInnen gelingt, ihnen die Ziele und Methoden dieser Untersuchungen verständlich zu machen und deren Bedeutung zu vermitteln. Die jungen Mütter fassen Vertrauen durch einfühlsamen Umgang der KinderärztInnen mit ihren Kindern. Dieses Vertrauen entsteht auch durch die Bereitschaft der MedizinerInnen, auf die jungen Mütter und ihre Fragen einzugehen.

Schwieriger wird es für einige junge Mütter, wenn sie mit akuten Erkrankungen ihres Kindes konfrontiert werden. Dabei ist für sie besonders belastend, wenn die Erkrankung ihres Kindes mit hohem Fieber verbunden ist. Solche Situationen versetzen sie häufig in große Angst. Besonders wenn das Fieber ansteigt, geraten sie in Aufregung und fühlen sich z.T. sehr hilf- und ratlos. Das hängt mit ihrer Unerfahrenheit sowie der Tatsache zusammen, dass sie mit ihrem Kind allein leben und keine sie unterstützende Person in unmittelbarer Nähe haben.

Fazit

Da von diesen meist unsicheren jungen Müttern nicht zu erwarten ist, dass sie bei ihren Kinderarztbesuchen von selbst prophylaktisch nach angemessenen Verhaltensweisen fragen, wäre ein von den KinderärztInnen initiiertes Gespräch darüber wünschenswert, gerade vor dem Hintergrund des Vertrauens, das die jungen Frauen in die MedizinerInnen haben.

3.4 Zukunftsperspektiven

Wie schon für die jugendlichen Schwangeren herausgearbeitet, müssen sich auch junge Mütter ohne festen Partner immer wieder Gedanken machen, wie sie ihre und ihres Kindes materielle Absicherung gestalten können, um Zukunftsperspektiven offen zu halten.

Da sie fast alle auf staatliche Transferleistungen angewiesen sind, haben sie weiterhin diverse Kontakte zu Beratungseinrichtungen und Behörden. Sie machen bestimmte Erfahrungen und sind weiterhin gefordert, Strategien für den Umgang mit BeraterInnen und Amtspersonen zu entwickeln, um eine Basis für Zukunftsperspektiven zu schaffen.

Wirtschaftliche Situation

Bei einigen der jungen Mütter ist die materielle Lage prekär: Beginnende Verschuldung und Schwierigkeiten, Ausgaben so zu planen, dass auch noch am Monatsende Geld für Lebensmittel vorhanden ist, kennzeichnen diese prekären finanziellen Situationen. Diese jungen Frauen suchen Gründe für ihre schwierige finanzielle Lage außerhalb des eigenen Verantwortungsbereichs, indem sie die aus ihrer Sicht zu knapp bemessenen Transferleistungen kritisieren. Da das auf zwei Jahre gewährte Erziehungsgeld (Stand: 2001) entweder schon weggefallen ist oder in Kürze wegfallen wird, verschärft sich die finanzielle Lage noch weiter. Selbstreflexion hinsichtlich ihres Umgangs mit Geld, ihres eigenen (Konsum-) Verhaltens und ihrer eigenen Verantwortung in der angespannten finanziellen Lage werden bei ihnen nicht erkennbar.

Fazit

Da der Umgang mit Geld eine wichtige Grundlage für die Entwicklung von Zukunftsperspektiven für Mütter und ihre Kinder ist, gewinnt eine Unterstützung sowohl beim konkreten, alltagspraktischen Umgang mit Geld als auch auf der Ebene der Reflexion des jeweils individuellen Konsumverhaltens eine große Bedeutung. Besonders die jungen Mütter, die in keinem anderen Betreuungszusammenhang in diesen Dingen beraten werden, brauchen längerfristige Betreuung und Unterstützung.

Kontakte zu Beratungsstellen

Auch die Erfahrungen im Umgang mit Beratungsstellen spielen eine wichtige Rolle bei der Entwicklung von Zukunftsperspektiven für Mutter und Kind. Unsere Ergebnisse zeigen, dass junge Mütter selten und nur in bestimmten Fällen auch nach der Geburt des Kindes Beratungsstellen aufsuchen. Sie machen von der Möglichkeit, sich auch später noch Unterstützung durch Beratung zu eröffnen, nur dann Gebrauch, wenn sie entweder erneut schwanger sind oder die Lebensumstände sich so gravierend verändert haben, dass sie ihre gesamten Lebensgrundlagen neu organisieren müssen. Da die Hauptmotivation für das Aufsuchen einer (Schwangeren-)Beratungsstelle während der Schwangerschaft in der Gewährleistung finanzieller Sicherheit und der Inanspruchnahme materieller Unterstützung lag und diese Leistungen in der Regel mit Beendigung der Schwangerschaft erfolgt sind, sehen die jungen Frauen keine Veranlassung, die Einrichtung erneut aufzusuchen. In ihrer Vorstellung sind die Schwangerenberatungsstellen eine Institution zur Beratung und aktiven Hilfe bei der Sicherstellung der ökonomischen Existenz, die sie mit der Geburt des Kindes als beendet ansehen.

Den meisten jugendlichen Müttern ist ein Teil der Beratungsangebote der Schwangerenberatungsstellen, wie postnatale Beratung, nicht bekannt. Sie können daher solche Möglichkeiten, z. B. bei Fragen zum Umgang mit dem Kind, gar nicht in Erwägung ziehen. Auch andere postnatale Angebote finden selten Interesse bei den jugendlichen Müttern.

Fazit

Schon bei der Schwangerenerstberatung wäre es daher wichtig, die Jugendlichen nachdrücklich auf diese Angebote und auf deren Inhalte hinzuweisen. Gerade den jungen Müttern, die ohne jede andere Beratung ihr Kind aufziehen, sollten Beratungsangebote bewusst und motivierend bekannt gemacht werden, damit sich ihre Zukunftsperspektiven für ein Leben mit Kind erweitern. Besonders wünschenswert wäre eine postnatale Beratung auf der Basis einer „Geh-Struktur".

Kontakte zu Ämtern

Da alle jungen Mütter ohne festen Partner weiterhin ganz oder teilweise auf staatliche Transferleistungen angewiesen sind, haben sie nach wie vor Kontakte zu diversen Behörden. Waren die Erfahrungen der jungen Schwangeren mit Ämtern, besonders mit dem Sozialamt, das schon während der Schwangerschaft für die Grundsicherung eines Teils der werdenden Mütter zuständig war, überwiegend negativ, so bleiben sie es im Wesentlichen auch nach der Geburt des Kindes. Ein Teil der jungen Mütter hat aber über die weiteren Erfahrungen, nun z.T. mit einer Vielzahl von Ämtern, neue Interpretations- bzw. Umgangsweisen entwickelt. Dadurch können sie ihre Kontakte anders (die *Vertrauensvollen*) und z.T. ausgewogener (die *Reflektierten*) einschätzen.

Einige junge Mütter ohne Partner hingegen sind dazu nicht in der Lage (die *Unzufriedenen*). Sie berichten von anhaltend negativen Erfahrungen auf der prozessualen, der sachbezogenen und der emotionalen Ebene, also z.B. von Erfahrungen mit mangelnder Transparenz im Verfahrensablauf, mit – aus ihrer Sicht – unsinnigen behördlichen Bestimmungen und mit sich wiederholenden Zwängen, gewünschte Anschaffungen rechtfertigen zu müssen. Darüber hinaus beklagen sie mangelnde Empathie und fehlende Rücksichtnahme der BehördenmitarbeiterInnen ihnen und ihrer Situation gegenüber.

Fazit

Diese jungen Mütter ohne festen Partner brauchen längerfristige Unterstützung durch Beratung auf allen drei Ebenen ihrer Erfahrungen, um realistische Zukunftsperspektiven entwickeln zu können. Solche Unterstützung sollte ihnen sowohl Einblicke in das sie betreffende und konkret anstehende Prozedere behördlicher Arbeit als auch in die Notwendigkeit selektiver Gewährung von Mitteln geben. Ihre Erfahrungen mit behördlicher Machtdemonstration bzw. fehlender Empathie seitens der Ämter sollten mit ihnen reflektiert werden. Um aber solche Erfahrungen zukünftig wirkungsvoll auszuschließen, sollten junge Mütter, z.B. durch interessenvertretende Begleitung bei Behördengängen, unterstützt werden.

3.5 Sexualität

Sexuelles Erleben

Alle der jungen Mütter sind nach ihrer Beziehung zum Kindsvater sexuell aktiv gewesen. Einige verbinden den Wunsch nach befriedigender Sexualität mit der Suche nach dem „richtigen" Partner (Typus die *Suchenden*). Einige von ihnen berichten allerdings von einer z.T. langen Phase sexueller Abstinenz nach der Trennung von ihren Kindsvätern (Typus die *zeitweise sexuell Abstinenten*). Sie begründen ihre Abstinenz mit mangelnder sexueller Lust und fehlenden sexuellen Gefühlen. Aus der Analyse wird jedoch deutlich, dass es sich nicht um Libidostörungen handelt, sondern um Folgen der Beziehungsschwierigkeiten mit den Kindsvätern und daraus resultierenden negativen Einstellungen ihrer Sexualität gegenüber.

Fazit

Heute ist es möglich, weit gehend gelöst von Tabus und Restriktionen sexueller Aktivität gegenüber, Erfahrungen in diesem Bereich zu machen. Sexuelle Erfahrungen sind ein wichtiger Teil der Entwicklungsaufgabe hin zu einer gesicherten sexuellen Identität. Wird dieser Aspekt der Entwicklungsaufgabe durch Partnerschaftsprobleme eingeschränkt, brauchen gerade junge Mütter mit Beziehungsschwierigkeiten, die sie oft mit einer negativen Einstellung sexueller Aktivität gegenüber und daraus resultierenden scheinbaren Libidoschwierigkeiten verarbeiten, u.a. auch Beratung und Unterstützung bei der Bewältigung ihrer Beziehungsschwierigkeiten.

Kommunikation über Verhütung

Alle jungen Mütter ohne festen Partner geben an, nach der Geburt des Kindes mit ihren neuen Sexualpartnern über Verhütung gesprochen und sie auch praktiziert zu haben. Ihr Verhütungsverhalten bleibt aber inkonsequent und riskant, was bei zwei dieser jungen Frauen zu einer erneuten Schwangerschaft führte. Hier wurde die Weigerung des Partners zu verhüten unwidersprochen akzeptiert oder eine riskante Verhütungsmethode gewählt.

Fazit

Selbst eine ungeplante erste Schwangerschaft und die Erfahrungen im Alltag mit Kind ebenso wie die Bemühungen, mit neuen Partnern Verhütungsthemen anzusprechen, beeinflussen konkretes Verhütungsverhalten nur bedingt. So wird erkennbar, wie wichtig weitere Beratung und Betreuung der jungen Mütter – unter Einschluss ihres jeweiligen Sexualpartners – ist. Rationale Aufklärung ist zwar Voraussetzung für erfolgreiches Präventionshandeln, aber nicht hinreichend für die Umsetzung in konsistentes Verhalten. Hier wird die Notwendigkeit konsequenter und kontinuierlicher Identitätsarbeit deutlich, z.B. Stärkung des Selbstbewusstseins der jungen Frauen, besonders aber auch der Arbeit am präventiv verantwortungsvollen Handeln der jungen Männer.

Gynäkologische Untersuchungen

Der verantwortungsvolle Umgang mit dem eigenen Körper ebenso wie die Entwicklung des Bewusstseins, für Gesundheitsprävention im gynäkologischen Bereich selbst verantwortlich zu sein, sind wichtige Aspekte der Entwicklungsaufgabe Sexualität.

Wir haben daher untersucht, ob sich die jungen Mütter auch nach der Geburt weiterhin regelmäßig gynäkologisch untersuchen lassen, welche Erfahrungen sie mit den Konsultationen von GynäkologInnen gemacht haben und wie sie mit diesen Erfahrungen umgehen bzw. welche Konsequenzen sie daraus ziehen. Alle jungen Mütter hatten zum Zeitpunkt der Schwangerschaft ihre Erfahrungen mit ihrer ersten gynäkologischen Untersuchung als negativ in Erinnerung, haben aber dennoch die empfohlenen Vorsorgeuntersuchungen während der Schwangerschaft meist regelmäßig wahrgenommen – aus Verantwortung für ihr Kind.

Mit Blick auf die Fähigkeit, auch Verantwortung für die eigene Gesundheit zu übernehmen, ist anzumerken, dass die meisten dieser Mütter regelmäßig gynäkologische Praxen aufsuchen. Diese Besuche sind nur in wenigen Fällen durch Krankheitsprävention motiviert, sondern durch die Verschreibungspflicht der Kontrazeptiva, für die sie sich nach der Geburt des Kindes entschieden haben. Der Aspekt der gesundheitlichen Vorsorge findet in den Motivationen der jungen Frauen seltener Berücksichtigung, obwohl gerade sie in Anbetracht wechselnder Sexualpartner einem erhöhten Risiko unterliegen, sich mit sexuell übertragbaren Krankheiten zu infizieren.

Fazit

Hier wird deutlich, dass selbst bei denjenigen jungen Müttern, die regelmäßig gynäkologische Praxen aufsuchen, der Gesundheitsaspekt meist eine untergeordnete Rolle spielt. Es erscheint uns daher wichtig, dass die jungen Mütter von den MedizinerInnen, die sie ja konsultieren, informiert und beraten werden, um sie bei der Entwicklung von Selbstverantwortung für ihre Gesundheit zu unterstützen.

Eine Minderheit der jungen Mütter lehnt gynäkologische Untersuchungen ab. Sie hatten schon vor der Schwangerschaft Erfahrungen mit Besuchen bei GynäkologInnen, diese aber als negativ erlebt, u.a. nach einer Vergewaltigung, und konnten bislang ihre unangenehmen Empfindungen nicht überwinden. Sie meiden Besuche bei GynäkologInnen. Regelmäßige Untersuchungen während der Schwangerschaft und eine Kontrolluntersuchung nach der Entbindung werden von diesen jungen Frauen akzeptiert, wohingegen Untersuchungen als Krankheitsprävention vor dem Hintergrund ihrer für sie negativen Erfahrungen von ihnen gar nicht reflektiert werden.

FAZIT Die negativen Erfahrungen und die daraus resultierenden Vermeidungsstrategien zeigen auf, dass die Erfahrungen, die Jugendliche mit dem ersten Besuch einer Frauenarztpraxis machen bzw. die Anlässe zu einer solchen gynäkologischen Untersuchung langfristige Nachwirkungen haben. Diese Jugendlichen bedürfen einer Beratung, die im Grunde bereits beim ersten Untersuchungstermin in einer gynäkologischen Praxis (besonders nach einer sexuellen Gewalterfahrung) ansetzen sollte und sie darüber aufklärt, was auf sie zukommt, um ihnen Ängste zu nehmen und die Entwicklung eines unverkrampften Verhältnisses gegenüber gynäkologischen Untersuchungen aufzubauen. Wenn sie sie als etwas „Normales" empfinden können, werden sie sie auch zur Prophylaxe nutzen.

3.6 Loslösung vom Elternhaus, Entwickeln von Unabhängigkeit

Die Beziehungen zum sozialen Nahfeld, insbesondere die zu ihren Herkunftsfamilien, spielen auch bei den inzwischen jungen Müttern eine große Rolle für ihre sozialen Kontakte ebenso wie für ihre Verselbstständigung.

Verselbstständigung bei guten Kontakten

Nur einigen jungen Frauen, die ihre Kontakte zur Herkunftsfamilie als gut beschreiben, gelingt es auch, sich aus der kindlichen Abhängigkeit zu lösen und die Beziehungen eigeninitiiert und unabhängig, also auf einer neuen Basis, zu gestalten (Typus die *Selbstständigen*).

FAZIT Für diesen Typus ist keine weitere Beratung notwendig.

Andere, die ihre Kontakte ebenfalls als gut beschreiben, begeben sich in neue Abhängigkeiten (Typus die *Abhängigen*). Sie delegieren einen oft großen Teil ihrer Verantwortung für ihr Kind und für sich selbst an die Eltern, besonders an die Mutter. Sie verharren im „Schoß der Familie" in einer quasi kindlichen Rolle. Ihnen gelingt die Loslösung vom Elternhaus nicht oder nur in einigen Teilbereichen.

FAZIT Sie können die Entwicklungsaufgabe, autonome junge Erwachsene zu werden, nicht lösen. Gerade die jungen Mütter, die sich nicht noch in anderen Betreuungszusammenhängen befinden, benötigen kontinuierliche Unterstützung bei der Lösung dieser Entwicklungsaufgabe.

Verselbstständigung bei überschatteten Kontakten

Einige der jungen Mütter beschreiben ihre Beziehungen zur Herkunftsfamilie als überschattet. Ihre Kontakte zur eigenen Familie sind eng und häufig von spätpubertären Auseinandersetzungen geprägt. Diese jugendlichen Mütter haben geringe Möglichkeiten, sich sowohl von den materiellen als auch von den emotionalen Bindungen zu lösen. Sie versuchen zwar, eine gewisse Unabhängigkeit über Elemente der Distanzierung von Lebensweise und -stil der Eltern zu erlangen, die als Loslösungstendenzen aber dem spätpubertären Verhaltensbereich zuzuordnen sind. Sie führen wegen der faktisch bestehenden und z.T. selbst erkannten Abhängigkeit aber nicht zu einer vollgültigen Erwachsenen-Identität (Typus die *Abhängigen mit Verselbstständigungstendenzen*).

Fazit Auch diese jungen Mütter benötigen längerfristige Betreuung und Unterstützung bei ihren Versuchen, autonom zu werden. In diesen Fällen ist wichtig, Hilfen zu erschließen, die auch die meist nicht gegebene räumliche Trennung vom Elternhaus und materielle Verselbstständigung ermöglichen. Besonders wichtig ist, ihnen beratend zur Seite zu stehen, damit sie die emotionale Abhängigkeit und den oft einhergehenden jugendlichen Egozentrismus überwinden lernen.

Umgang mit Unterstützung

Mit Blick auf die Entwicklungsaufgabe der Verselbstständigung haben wir uns analytisch auch damit befasst, ob und inwieweit es den jungen Müttern gelingt, autonom mit Unterstützungen aus dem sozialen Umfeld umzugehen. Als soziales Umfeld gelten hier sowohl die eigenen Eltern – und hier besonders die eigene Mutter – als auch Freundinnen und deren Eltern, Arbeitskolleginnen, ein neuer Partner, aber auch (seltener) Betreuerinnen, die verschiedene Unterstützungsleistungen nach dem KJHG für die jungen Mütter erbringen. Bei dieser Analyse konnten wir drei Verhaltenstypen fortführen, die schon bei den jugendlichen Schwangeren zu diesem Thema erarbeitet wurden.

Die dem Typus der *Selbstständigen* zugeordneten jungen Mütter sind in der Lage, im Alltag weit gehend unabhängig von ihrem Umfeld zu agieren, wobei sie selbstbewusst auf ihre alltagspraktischen Fähigkeiten zurückgreifen.[1]

Fazit Diese jungen Mütter benötigen bei dieser Entwicklungsaufgabe keine Beratung oder Betreuung.

1 Nähere Informationen zu diesem Typus: Teil 2, Interview 2 und 3, Junge Mütter ohne Partner, S. 156

Charakteristisch für den Typus der *Zielstrebigen* ist, dass die jungen Mütter ihren Tagesablauf weniger bewusst und eigeninitiativ strukturieren. Doch sie konnten sich im Hinblick auf Unterstützung durch ihr Umfeld gegenüber der Zeit ihrer Schwangerschaft unabhängiger machen.

FAZIT Jugendliche Mütter, die diesem Typus zugeordnet werden können, benötigen gelegentlich Beratung und Unterstützung bei der Bewältigung dieser Entwicklungsaufgabe. Gerade da sie andere Entwicklungsbereiche tendenziell brachliegen lassen, ist solche partielle Unterstützung für sie wichtig.

Jugendliche Mütter, die dem Typus der *Kindlichen* zugeordnet wurden, zeigen, dass sie auch in ihren privaten Beziehungen abhängig bleiben. Sie halten diese Abhängigkeit von der Unterstützung ihnen nahe stehender Personen aufrecht, geben einen Teil ihrer Verantwortung an sie ab und unternehmen kaum Anstrengungen, diese Situation zu ändern.

FAZIT Da sie nicht in der Lage sind, sich allein aus dieser Abhängigkeit zu lösen, um der Entwicklungsaufgabe, sich zu verselbstständigen, gerecht zu werden, bedürfen sie kontinuierlicher Hilfe und Unterstützung, besonders, wenn sie sich in Lebenszusammenhängen ohne jegliche Betreuung bewegen. (Dieser scheinbare Widerspruch ist als „Hilfe zur Selbsthilfe" zu verstehen.) Aber auch bei Jugendlichen, die sich in betreuten Lebensformen dieser Entwicklungsaufgabe stellen, kann es erforderlich werden, diese Unterstützung und Hilfestellungen bei ihrer Verselbstständigung über einen längeren Zeitraum (auch über das 18. Lebensjahr hinaus) zu gewähren.

3.7 Aufbau eines Freundeskreises sowie neuer, vertiefter Beziehungen zu Gleichaltrigen

Die Verantwortung für ein Kind führt zu Veränderungen der Interessen und der zeitlichen Gestaltungsspielräume für jugendspezifische Aktivitäten. Die jungen Mütter ohne festen Partner machen daher die Erfahrung, dass die Kontakte zu ihrem alten Bekanntenkreis weniger werden und dann oft ganz abbrechen. Den meisten gelingt es aber, sich einen neuen Bekanntenkreis mit Gleichgesinnten aufzubauen und neue Freundschaften zu schließen.

Isolation kennzeichnet demgegenüber die Lebenssituation der jungen Mütter, die keinen Bekanntenkreis unter Gleichaltrigen mehr haben. Ihnen gelingt der Aufbau eines neuen Bekanntenkreises nicht. Sie bleiben weit gehend ohne Peerkontakte und nehmen nicht an altersspezifischen Aktivitäten teil. Diese isolierten jungen Mütter kompensieren ihre Isolation mit der gleichsam trotzigen Reaktion, solche Kontakte nicht zu brauchen oder gar nicht erst anzustreben. Sie vertreten die Auffassung, sie kämen allein besser zurecht. Sowohl diese emotionalen Reaktionen als auch strukturelle Momente wie Zeitmangel durch die Versorgung des Kindes spielen hier eine große Rolle. Aber auch die veränderten Relevanzsysteme und Interessen der jungen Mütter im Vergleich mit Gleichaltrigen ohne Kinder oder deren Desinteresse an der neuen Lebenssituation der jungen Mütter, sind verantwortlich für ihre Vereinsamung.

Fazit

Vor dem Hintergrund solcher Isolation wird deutlich, diese jungen Mütter ohne festen Partner benötigen Hilfe und längerfristige Unterstützung, um der Isolation zu entkommen und ihrer Entwicklungsaufgabe, neue, vertiefte Beziehungen zu Gleichaltrigen aufzubauen, gerecht werden zu können. Hier scheint uns besonders wichtig, ihnen ein Bewusstsein für die Bedeutung von Gleichaltrigenkontakten zu vermitteln und strukturelle Hemmnisse abzubauen.

4 Unterstützungsbedarf junger Paare mit Kind

Da wir die Möglichkeit hatten, auch junge Väter zu entsprechenden Aspekten ihrer Lebenssituation als junge Väter und Partner jugendlicher Mütter zu befragen und diese Daten in die Untersuchung einzubeziehen, sind die folgenden beratungsrelevanten Ausführungen auf die Paare gerichtet. Die Analysen der Daten aus den Befragungen jugendlicher Paare sind komplexer als die für die jugendlichen Schwangeren oder jugendlichen Mütter ohne festen Partner, da die beiden Partner nicht nur je individuell ihre Entwicklungsaufgaben zu lösen haben, sondern immer auch die des anderen Elternteils berücksichtigen müssen.

4.1 Ausbildung und Beruf

Aus den Daten der drei Interviews mit den jungen Frauen und dem Interview mit den jungen Vätern konnten vier Paartypen herausgearbeitet werden, die die Umgangsweise der Paare mit ihren jeweiligen Schul-, Studien- oder Ausbildungssituationen analytisch beschreiben.

Entlastete/sich gegenseitig entlastende Paare

Der erste Typus ist der der *entlasteten bzw. sich gegenseitig entlastenden Paare*. Charakteristisch für diesen Typus ist, die jungen Eltern können ihren beruflichen Werdegang nur verfolgen, wenn sie regelmäßige Entlastung von außen erfahren, um Schule, Studium oder berufliche Ausbildung fortsetzen bzw. wieder aufnehmen zu können. Oder sie sind in der Lage sich gegenseitig zu entlasten, insbesondere bei der Kinderbetreuung, aber auch durch Akzeptanz bzw. moralische Förderung der Ausbildungs- bzw. Bildungspläne und ggf. materielle Sicherung des Partners bzw. der Partnerin.

Fazit

Da die jungen Paare ihre beruflichen Pläne z.T. nur unter hohem organisatorischen Aufwand und einem intakten Unterstützungsnetz realisieren können, wird dann Beratung und Unterstützung erforderlich, wenn die gegenseitige Entlastung zu Überforderungen führt oder die Unterstützungsnetze ganz oder teilweise wegbrechen. Hier wären präventiv orientierte begleitende Beratungsangebote entlastender Art oder alternativer Formen von Hilfen zur Bewältigung der Alltagsorganisation wünschenswert. D.h. schon während der Schwangerschaft sollten den jugendlichen Paaren – bzw. den jungen Frauen, auch wenn sie dann noch nicht in festen Beziehungen leben – Beratungsangebote motivierend bekannt gemacht werden.

Diesen Paaren gelingt es mit Hilfe des sozialen Umfelds (Familien, Einrichtungen) oder durch gegenseitige Unterstützung, ihre beruflichen Ziele weiterzuverfolgen. Bei ihnen zeichnete sich die hohe Motivation bereits während der Schwangerschaft ab; die meisten von ihnen wurden schon damals dem Orientierungstypus die *Konstanten* zugeordnet.

Paare mit traditioneller Rollenteilung

Der Typus *Paare mit traditioneller Rollenteilung* ist charakterisiert durch die Aufgabe eigenständiger beruflicher Ziele der jungen Mütter. Sie fühlen sich mit dem „Beruf" der Mutter (z.T. zweier Kinder) wohl und ausgelastet und werden von ihren Ehemännern bzw. ihren Partnern in dieser Rolle bestärkt, indem diese die klassische „Vater- und Ernährerrolle" übernehmen.

Fazit

Diese jungen Paare sind in ihren beruflichen Vorstellungen scheinbar stabil. Da aber feste Partnerschaften im Jugendalter erfahrungsgemäß häufig nicht von Dauer sind, wären auch hier präventiv orientierte begleitende Beratungsangebote im Bereich Ausbildungsmöglichkeiten wünschenswert. Dieses „Partnerschaftsmodell" bietet nur eine bedingte materielle Absicherung für die Frauen. Im Fall einer Trennung sollten Frauen auf eine eigene qualifizierte Ausbildung zurückgreifen können, um – zumindest teilweise – für ihre finanzielle Unabhängigkeit zu sorgen. Eine eingehende Beratung über realisierbare Ausbildungsgänge könnte die jungen Frauen motivieren, doch noch eigene Berufsziele zu entwickeln. Diese Motivationsarbeit ist auch insofern wichtig, als das gewählte Partnerschaftsmodell und der damit einhergehende Verzicht der jungen Mütter auf eine eigenständige berufliche Perspektive zunehmend auf gesellschaftliches Unverständnis stößt.

Paare in prekären beruflichen Situationen

Der dritte Typus ist der der *Paare in prekären beruflichen Situationen*. Den jungen Müttern in dieser Paarkonstellation gelingt es nicht oder nur unter großen Schwierigkeiten, ihre noch vorhandenen beruflichen Ziele zu realisieren. Teilweise ist ihr beruflicher Werdegang aber auch durch diverse Abbrüche und Misserfolgserlebnisse gekennzeichnet bzw. sie leben unter Bedingungen, die es ihnen schwer machen, ihre z.T. hohen beruflichen Motivationen auch umzusetzen. Die jungen Väter sind entweder ohne Arbeit, haben Angst vor Arbeitslosigkeit, sind durch diverse Abbrüche verschiedener Ausbildungsgänge ohne Ausbildung oder können auf Grund ihres Status als Ausländer keine schulische und berufliche Ausbildung absolvieren.

Fazit Bei diesen jungen Paaren ist ein hoher kontinuierlicher Beratungs- und Betreuungsbedarf gegeben. Die jungen Mütter benötigen Unterstützung bei der Umsetzung ihrer beruflichen Ziele, die jungen Väter Motivationshilfen und ebenfalls Unterstützung, damit sie längerfristig eine Basis für eine eigenständige Existenzsicherung aufbauen können. Da sich bei den meisten der jungen Mütter keine Veränderung des beruflichen Orientierungstypus zeigt, dem sie während der Schwangerschaft zugeordnet wurden (Typus: Die durch die Schwangerschaft Stabilisierten und Typus: Die resignativ Realistischen), ist schon zu diesem Zeitpunkt Beratung und Unterstützung bei der Realisierung ihrer beruflichen Pläne erforderlich.

Paare mit beruflich (noch) getrennten Wegen

Junge Eltern, die dem vierten Typus *Paare mit beruflich (noch) getrennten Wegen* zugeordnet wurden, verfolgen ihre beruflichen Ziele weit gehend unabhängig voneinander. Die Partner der jungen Mütter sind soziale Väter und die Beziehungen zu unseren Interviewpartnerinnen bestehen z.T. erst seit sehr kurzer Zeit. Die Paare leben (noch) nicht zusammen. Bei diesen Paarkonstellationen kann noch nicht beurteilt werden, wie sich die je individuellen beruflichen Ziele, die in der Regel noch nicht aufeinander abgestimmt sind, weiterhin realisieren lassen.

Fazit Hilfreich wäre in diesen Fällen auch die Kenntnis möglicher Beratungsangebote. Sie sollten den jungen Frauen schon während der Schwangerschaft bekannt gemacht werden, damit sie bei der oft schwierigen Koordination der Umsetzung beruflicher Ziele, z.B. bei einem geplanten Zusammenleben, im Bedarfsfall Beratung und Unterstützung in Anspruch nehmen können.

4.2 Partnerschaft/Familie

Die jungen Mütter ohne festen Partner entwickeln noch ihre Vorstellungen davon, wie feste Beziehungs- bzw. Ehepartner und die zukünftige Familie sein sollen, über bestimmte Erfahrungen mit Beziehungen, die sie knüpften und auch wieder lösten. Die Situation bei den jungen Paaren stellt sich anders dar. Sie leben bereits in einer Beziehung und machen ihre Erfahrungen im Binnenverhältnis, entwickeln also ihre Vorstellungen im konkreten Alltag einer Beziehung weiter. Bei der Analyse unserer Daten konnten wir zwei Typen von Beziehungen herausarbeiten: Paarkonstellationen, die als prekär oder instabil gelten müssen und solche, die weit gehend unproblematisch und stabil erscheinen.

Instabile Partnerschaften

Charakteristisch für *prekäre* Beziehungssituationen oder *instabile* Partnerschaften ist, dass sie auf Grund vielfältiger Problemlagen und nicht verhandelbarer Konflikte zu scheitern drohen. Solche Konflikte entstehen zumeist aus einer Kombination von endogenen und exogenen Faktoren, die die Paarbeziehungen (aus der Sicht meist eines der Beteiligten) gefährdet erscheinen lassen. Exogene Faktoren sind z.B. Arbeitslosigkeit und damit verbundene finanzielle Probleme, bei ausländischen PartnerInnen ein unsicherer Aufenthaltsstatus oder Überforderungssituationen, die durch Prüfungen (Schule, Ausbildung, Studium) oder andere außergewöhnliche Arbeitsbelastungen zu Stande kommen. Als endogene Faktoren wurden zum einen solche definiert, die aus persönlichen Problemen eines oder beider PartnerInnen resultieren, wie extreme Eifersucht, Drogenabhängigkeit, starke Stimmungsschwankungen, Rollenkonflikte. Zum anderen wurden solche dazugerechnet, die auf der Unvereinbarkeit von Meinungen oder Einstellungen beruhen (z.B. Erziehungsauffassungen) oder auf ein von einem der Elternteile als „Fehlverhalten" des/der anderen beurteilten Verhalten (z.B. sexuelle Untreue, eine ständige Vorwurfshaltung, zu wenig Unterstützung, Rücksichtslosigkeit). Das Zusammenkommen verschiedener Faktoren hat ernsthafte Beziehungsprobleme zur Folge, die sich z.B. in Verlust an Respekt und Vertrauen oder in sexuellen Problemen äußern und über die – das ist kennzeichnend für prekäre Partnerschaften – entweder keine konstruktive Auseinandersetzung stattfindet oder für die sich keine Lösung findet.

Fazit

Durch die Kumulation solcher exogenen und endogenen Faktoren wird eindrucksvoll deutlich, wie dringend Beratung und Betreuung in diesen Fällen sind. Implizit wird auch erkennbar, wie fragil jugendliche Partnerschaften besonders unter den Bedingungen eines Alltags mit Kind sind und dass ein schon vor der Geburt einsetzender Beratungs- und Betreuungsbedarf besteht. Angebote sollten alle Aspekte der klassischen Paar-, Familien- und Konfliktberatung umfassen – ggf. bis hin zu einer Trennung – und längerfristig angelegt sein, damit auch die Kinder dieser jungen Eltern davon profitieren können.

Stabile Partnerschaften

Der größere Teil der Paarbeziehungen konnte als weit gehend unproblematisch oder als stabil eingeordnet werden. Bei der Hälfte dieser Paare handelt es sich um leibliche Eltern. Charakteristisch für diese Paare ist, dass beide PartnerInnen ihrer Partnerschaft einen hohen, von der Elternschaft weit gehend unabhängigen Stellenwert zuerkennen. An der Paarbeziehung wird bewusst gearbeitet, d.h. Konflikte werden verhandelt, Probleme (vergleichsweise sehr) offen miteinander ausgetragen und z.T. auch mit Dritten diskutiert.[2]

2 Nähere Informationen zu diesem Typus: Teil 2, Interview 2 und 3, Junge Eltern in einer Paarbeziehung, S. 198

Bei der anderen Hälfte der weit gehend unproblematischen Beziehungssituationen oder stabilen Partnerschaften lebt die junge Mutter mit einem neuen Partner zusammen. Diesen jungen Müttern ist gemeinsam, dass sie ein sehr positives Bild von ihrer Paarbeziehung zeichnen und beide PartnerInnen zum größten Teil explizit von dem Gefühl des Aufgehobenseins in der Partnerschaft oder der Zufriedenheit mit dem Partner bzw. der Partnerin sprechen. Vergleichbar mit den stabilen Partnerschaften der leiblichen Elternpaare sind auch diese Paarbeziehungen dadurch charakterisiert, dass partnerschaftliche Kommunikation und die Fähigkeit zur konstruktiven Auseinandersetzung besonders betont werden.[3]

Fazit

Bei diesen jungen Paaren besteht vorläufig kein Beratungsbedarf. Hilfreich wäre aber auch in diesen Fällen die Kenntnis möglicher Beratungsangebote, die den jungen Frauen schon während der Schwangerschaft bekannt gemacht werden sollten, damit sie in Zukunft ggf. darauf zurückgreifen können.

4.3 Elternrolle

Ähnlich wie bei den jungen Müttern ohne feste Partner konnten die jungen Paare, die in festen Beziehungen leben, drei Typen zugeordnet werden. Basis der Daten sind auch hier drei Interviews mit den jungen Müttern und das eine Interview mit den jungen leiblichen bzw. sozialen Vätern. Die Typologie beschreibt analytisch die jeweils charakteristischen Elemente der Elternschaft bzw. die Ausgestaltung der Vater- und Mutterrolle und die entsprechenden Umgangsweisen mit der Elternschaft bzw. dem Leben mit Kind.

Bewältigte Elternschaften

Der erste Typus *bewältigte Elternschaften* ist charakterisiert durch die Fähigkeit und Bereitschaft der jungen Eltern, für sie positive und negative Alltagserfahrungen mit dem Kind miteinander auszubalancieren, sich in der Kinderbetreuung gegenseitig zu entlasten und sich den komplexen Anforderungen des Alltags mit Kind zu stellen.[4]

Fazit

Bei den Paaren, die diesem Typus zugeordnet werden konnten, besteht zum Zeitpunkt des Abschlusses der Untersuchung kein Beratungsbedarf.

3 Nähere Informationen zu diesem Typus: Teil 2, Interview 2 und 3, Junge Eltern in einer Paarbeziehung, S. 199
4 Nähere Informationen zu diesem Typus: Teil 2, Interview 2 und 3, Junge Eltern in einer Paarbeziehung, S. 206

Prekäre Elternschaften

Bei dem Typus *prekäre Elternschaften* machen die jungen Eltern explizit oder implizit deutlich, dass die Elternschaft für sie und ihre Kinder problematisch verläuft. Sie berichten selbst von akuter oder potenzieller Vernachlässigung, unterschwelligen Aggressionen dem Kind gegenüber bis hin zu Misshandlungen und – gleichsam als anderes Extrem – von „Klammern" an das Kind. Dem Kind bleibt ebenso wie ihnen kein Entwicklungsfreiraum und das Kind wird zum einzigen Halt insbesondere der Mütter. Sie schildern Selbstwertprobleme bezogen auf ihre Kompetenz als Eltern bzw. Schuldgefühle wegen ihres Umgangs mit dem Kind. Einer oder beide Eltern berichten von Verwerfungen ihrer Lebensgestaltung bzw. von Reduktion oder Aufgabe ihrer Lebenspläne und -ziele. Oft überzogene, diffuse, inkonsequente, wenige oder keine Vorstellungen von der Erziehung des Kindes, häufig bei beiden Eltern, sind charakteristisch für diesen Elterntypus. Bei zwei Dritteln dieser Paare ist der Mann der leibliche Vater des Kindes bzw. der Kinder.

Fazit Hier wird deutlich, dass ein oder beide Elternteile ihrer Rolle nicht oder nur unzureichend gerecht werden können. Um diese Entwicklungsaufgabe besser bewältigen zu können, bedürfen die Paare intensiver und längerfristiger Beratung und Unterstützung, z. B. durch intensive Erziehungsberatung, um das Wohl des Kindes zu sichern, aber auch um die Entwicklung als kompetente Eltern zu fördern.

Ambivalente Elternschaften

Charakteristisch für den Elternschaftstypus *ambivalente Elternschaften* ist, dass die jungen Eltern ihre Elternschaft als widersprüchlich erleben. Einerseits berichten sie von emotional befriedigenden Aspekten ihrer Vater- bzw. Mutterschaft, andererseits auch von Einschränkungen, Behinderung oder Vereitelung ihrer früheren Lebenspläne und -ziele. Sie sind sich in den meisten Fällen dieser Ambivalenz bewusst und entwickeln Schuldgefühle ihren Kindern gegenüber.

Die Widersprüchlichkeit ihrer Erfahrungen mit ihrer Rolle als Eltern ist bei der Hälfte der Paare – alle der jungen Väter sind leibliche Väter – weder zeitlich durchgängig, noch betrifft sie die meisten Aspekte ihrer Erfahrungen als Mütter oder Väter. Diese Eltern haben zu bestimmten Zeiten und in bestimmten Situationen das Gefühl, durch das Kind eingeengt zu sein, auf vieles verzichten und Kompromisse machen zu müssen. Sie fühlen sich gelegentlich überfordert, z.B. durch Haus- und/oder Erwerbsarbeit bzw. Studium und durch gelegentlich auftretende Differenzen in Erziehungsfragen. Charakteristisch für diese jungen Eltern ist das z.T. häufiger auftretende Gefühl, in der Beziehung ausschließlich auf die Elternrolle reduziert zu sein, d.h. nicht mehr als begehrenswerte Partnerin oder attraktiver Partner, sondern nur noch als Mutter oder Vater wahrgenommen zu werden. Sie haben zeitweise Schwierigkeiten zu akzeptieren, dass der Alltag sehr stark vom Lebensrhythmus des Kindes bestimmt und von Zeitmangel geprägt ist. So bleiben ihnen zu wenig Freiräume für Privatheit. Gleichzeitig reflektieren diese Eltern auch die positiven Momente ihrer Erfahrungen als Vater oder Mutter. Sie haben Freude an der Entwicklung ihres Kindes, sind stolz, bestimmte Ziele auch mit Kind erreicht zu haben und versuchen, Vor- und Nachteile ihrer Lebenssituation abzuwägen und auszubalancieren.

Bei der anderen Hälfte dieser Paare wird aus den Daten erkennbar, dass sie ihre Elternschaft dauerhaft und die Elternrolle als Ganzes als widersprüchlich erfahren. Hierbei handelt es sich ausschließlich um Beziehungen mit neuen Partnern, also mit sozialen Vätern. Diese Teilgruppe weist im Wesentlichen die o.g. Charakteristika auf, aber die Ambivalenz der Elternrollen ist eine durchgängige Erfahrung und oft dauerhaft mit Schuldgefühlen verbunden. Um die widersprüchlichen Empfindungen den Kindern gegenüber und die fast immer damit verbundenen Schuldgefühle zumindest z.T. aufzulösen, kompensieren die jungen Eltern ihre Probleme häufig mit Überbetonung und Überbewertung ihrer Elternschaft und sehr hohen Ansprüchen an ihre Elternrolle.

Fazit

Aus den Schilderungen der Ambivalenzen wird deutlich, dass auch diese Eltern ihrer Entwicklungsaufgabe einer stabilen Rolle als Väter und Mütter noch nicht voll gerecht werden können. Sie brauchen zumindest zeitweise Unterstützung durch Beratung und Betreuung. Besonders die Schuldgefühle, die sie dem Kind – in manchen Fällen auch dem/der PartnerIn – gegenüber entwickeln, stellen starke Belastungen für die Bewältigung der alltäglichen Rollenanforderungen dar und sollten aufgearbeitet werden.

Akzeptanz von Vorsorgeuntersuchungen

Eine kompetente Ausgestaltung der Elternrolle beinhaltet – wie auch bei den Müttern ohne feste Partner herausgearbeitet – einen verantwortungsvollen Umgang mit dem gesundheitlichen Wohl des Kindes. Der konkretisiert sich u.a. in der gewissenhaften und regelmäßigen Wahrnehmung der empfohlenen Vorsorgeuntersuchungen für Kinder und in sicherem Umgang mit Erkrankungen des Kindes. Wie sich zeigte, übernehmen bei den Paaren meist die jungen Mütter diese Verantwortung.

Die überwiegende Mehrheit der jungen Mütter nimmt die Termine der Vorsorgeuntersuchungen regelmäßig wahr und äußert großes Vertrauen in deren prophylaktische Bedeutung. Das schließt aber nicht immer ein, dass sie auch den Sinn der einzelnen Untersuchungen erkennen können.

Das hohe Verantwortungsgefühl gegenüber ihren Kindern manifestiert sich auch bei negativen Erfahrungen mit KinderärztInnen in der Bereitschaft, einen oder mehrere Arztwechsel vorzunehmen, wenn die jungen Frauen, z.B. bei akuten Erkrankungen der Kinder, den Eindruck gewinnen, sie würden nicht adäquat medizinisch behandelt oder medikamentös versorgt. Auch wenn die jungen Frauen das Gefühl haben, den ÄrztInnen fehle die nötige Zeit für aufklärende Gespräche oder eine sorgfältige Anamnese (fachliche Ebene), der Umgang wäre nicht einfühlsam und kindgerecht bzw. die MedizinerInnen nähmen ihre mütterliche Sorge um die Gesundheit ihrer Kinder – und damit sie selbst – nicht ernst genug (persönliche Ebene), ordnen sie diese Erfahrungen als negativ ein.

Fazit Da die Hälfte der jungen Mütter von solchen negativen Erfahrungen auf der einen oder der anderen Ebene berichtet, wird deutlich, dass gerade jugendliche Mütter eine besondere fachliche und persönliche Beratung (hier durch die jeweils angesprochenen MedizinerInnen) benötigen. Sie brauchen diese Beratung nicht nur zum Wohle der Kinder, sondern auch, um sie in ihren Bemühungen, die Rolle der Mutter kompetent auszufüllen, zu unterstützen.

4.4 Zukunftsperspektiven

Auch die jungen Paare müssen sich immer wieder Gedanken machen, wie sie ihre und ihres Kindes materielle Absicherung gestalten können, um die Basis für Zukunftsperspektiven zu haben. Da sie z.T. auf staatliche Transferleistungen angewiesen sind, haben sie zudem weiterhin diverse Kontakte zu Beratungseinrichtungen und Behörden, machen bestimmte Erfahrungen und sind immer wieder gefordert, Strategien für den Umgang mit BeraterInnen und Amtspersonen zu entwickeln, um ihre Zukunftsperspektiven materiell abzusichern.

Wirtschaftliche Situation

Bis auf wenige Ausnahmen beziehen zum Zeitpunkt des dritten Interviews fast alle Paare noch Erziehungsgeld. Einige InterviewpartnerInnen weisen explizit darauf hin, dass sie finanzielle Engpässe nach dessen Wegfall befürchten. Ein Teil von ihnen (besonders die nicht erwerbstätigen Frauen, aber auch junge Väter) plant, diesen finanziellen Verlust durch Ausweitung ihrer Erwerbsarbeit oder durch Aufnahme eines Nebenjobs auszugleichen.

In der Analyse der Daten zur Beurteilung der finanziellen/materiellen Situation der Paare, noch unter Berücksichtigung des Bezugs von Erziehungsgeld, wurden zwei Einschätzungs-Typen entwickelt. Der erste Typus *positive Einschätzung* umfasst eine Minderheit, der zweite Typus *ambivalente Einschätzung*, dessen Inhalte sich auch auf prekäre Lagen oder andere problematische Aspekte im Zusammenhang mit der finanziellen Situation beziehen, dagegen die Mehrheit der Paare.

Charakteristisch für *positive Einschätzungen der finanziellen Lage* ist (bei gemeinsam wirtschaftenden Paaren), dass mindestens einer der beiden PartnerInnen über ein regelmäßiges Einkommen aus einer Erwerbsarbeit verfügt. Fast alle Paare dieses Typus finanzieren ihren Lebensunterhalt aus der (vollen) Berufstätigkeit eines oder beider Elternteile – wobei einer von ihnen (mehrheitlich die Frauen) nur ein Ausbildungsgehalt bzw. geringfügige Einkünfte aus Nebentätigkeiten erhält – in Kombination mit privater und/oder zusätzlicher staatlicher Unterstützung.

Bei den (noch) getrennt lebenden und nicht gemeinsam wirtschaftenden Paaren ergibt sich ein ähnliches Bild, wobei hier die jungen Mütter hauptsächlich von staatlichen Transferleistungen leben und die jungen Väter mit ihrem Einkommen mehr finanzielle Spielräume für persönliche Bedürfnisse haben, da sie wenig oder gar nicht zum gemeinsamen Auskommen beitragen müssen.[5]

Fazit

Diese jungen Paare brauchen zu diesem Zeitpunkt keine Unterstützung, sollten aber Kenntnis von relevanten Beratungsangeboten haben, damit sie bei Wegfall des Erziehungsgeldes nicht in Schwierigkeiten, z. B. Überforderung durch Nebenjobs, geraten.

Bei allen anderen Paaren fanden wir *ambivalente Einschätzungen* mit z.T. prekären oder problematischen Inhalten. Explizit negative Situationseinschätzungen kommen relativ selten vor und dann nur bei einem Elternteil; daher wurden sie ebenfalls diesem Typus zugeordnet.

Charakteristisch für ambivalente Einschätzungen sind Schilderungen, die darauf verweisen, dass die Paare zwar (noch) mit ihren finanziellen Mitteln auskommen. Das ist aber nur durch z.T. erhebliche materielle Selbstbeschränkung möglich (Konsumverzicht, Verzicht auf Freizeitaktivitäten o.Ä.). Eine Reihe von jungen Paaren kann nur selten etwas kaufen, das über die Befriedigung von Grundbedürfnissen hinausgeht. Fällt bei ihnen demnächst das Erziehungsgeld weg, wird ihre Lage prekär, zumal sie teilweise bereits Schulden haben. Einige berichten, dass sie nicht gut mit Geld umgehen können und keine finanzielle Unterstützung aus dem sozialen Nahfeld erhalten. Viele dieser Paare leben auch mit Erziehungsgeld am Rande des Existenzminimums. Einige von ihnen versuchen zwar, Bewältigungsstrategien zu entwickeln, die aber gleichzeitig Konfliktpotenzial in anderen Bereichen beinhalten können. So kann extreme Konsumeinschränkung beider Eltern zu Gunsten des Kindes/der Kinder und mit Blick auf die Konsolidierung ihrer finanziellen Lage über einen langen Zeitraum das partnerschaftliche und familiäre Klima stören. Ebenso birgt die besondere Selbstbeschränkung eines Elternteils zu Gunsten des anderen oder des Kindes wie auch die Mitversorgung des mittelloseren Partners die Gefahr gravierender Probleme. Selbst in den Äußerungen von Paaren mit geringen materiellen Ansprüchen oder mit einer konsumkritischen Einstellung kommen Hinweise

5 Nähere Informationen zu diesem Typus: Teil 2, Interview 2 und 3, Junge Eltern in einer Paarbeziehung, S. 213 f.

auf Beziehungsspannungen vor. Sie können zwar nicht unmittelbar und ausschließlich auf die schwierige finanzielle Situation zurückgeführt werden, lassen aber deutlich werden, dass finanzielle (Zukunfts-)Sorgen als eine der besonderen Belastungen des Alltags mit Kind/Kindern betrachtet werden. Solche Zukunftssorgen verringern nicht nur ihre eigenen Zukunftschancen, sondern auch die der Kinder.

Fazit Bei solchen Konstellationen sind längerfristige Beratung und Betreuung dringlich, zumal die jungen Eltern z.T. auf konfliktträchtige Bewältigungsstrategien zurückgreifen. Es kann sich dabei nicht nur um punktuelle Hilfen handeln, wie z. B. Schuldnerberatung, die in einigen Fällen unabdingbar ist. Das Betreuungs- und Beratungsangebot muss die problematischen Bewältigungsstrategien ebenso begleitend bearbeiten wie Konsumeinstellungen und Partnerschaftskonflikte.

Inanspruchnahme von Beratung

Die Bereitschaft der jungen Paare, für die Bewältigung ihrer Aufgaben als junge Eltern verschiedene Beratungsangebote in Anspruch zu nehmen, verweist auch auf ihre Fähigkeit, für sich als Paar und als Familie tragfähige Zukunftsperspektiven zu entwickeln. Einige der jungen Mütter haben noch Kontakte zu Beratungsstellen, von denen sie als Schwangere beraten und betreut wurden. Sie pflegen diese Kontakte eher auf der persönlichen Ebene. Zwar wenden sie sich auch ggf. mit Auskunftswünschen an die Mitarbeiterinnen, interpretieren solche Auskünfte jedoch nicht als Beratung.

Die Mehrheit jedoch hat keine solchen Kontakte mehr, da sie die Schwangerenberatungsstellen als nur für die Konfliktberatung und materielle Absicherung zuständig betrachten. Sie gehen davon aus, nach der Geburt des Kindes dort keine für sie relevante Beratung mehr zu bekommen.

Fazit Hier wäre wichtig, schon zum Zeitpunkt der Schwangerenberatung über die meist umfassenderen Beratungs- und Unterstützungsangebote zu informieren und gerade sehr junge Mütter zu ermutigen, diese auch nach der Geburt wahrzunehmen.

Besonders postnatale Angebote für Mutter und Kind finden durchaus das Interesse bei einer Reihe der jungen Mütter, werden aber nicht oft in Anspruch genommen. Die Jugendlichen befürchten, eher Bevormundung und Kontrolle als Beratung zu erfahren, also wegen ihrer Jugend nicht als kompetente Mütter akzeptiert zu werden. Ablehnung postnataler Angebote basiert auch auf der Erwartung, sie beinhalteten zu enge und nur mutter- bzw. kindzentrierte Themen. Einige Mütter sehen eine Gefahr darin, die unterschiedliche Entwicklung der Kinder zu vergleichen und möchten nicht verunsichert werden.

Mangelnde Inanspruchnahme resultiert auch aus strukturellen Gegebenheiten des Lebensalltags der jungen Mütter. Sie können solche Angebote z.T. nicht wahrnehmen, da ihre zeitlichen Möglichkeiten z. B. durch Schule oder Ausbildung eingeschränkt sind und mit den Terminen solcher Angebote kollidieren.

Fazit

Gerade bei potenziellem Interesse können adäquate Information und auf die spezifischen Bedürfnisse und Ängste dieser Zielgruppe ausgerichtete postnatale Angebote eine bedeutsame Unterstützung bei der Entwicklung von Zukunftsperspektiven für jugendliche Mütter und Eltern sein. Angebote sollten so ausgerichtet sein, dass auch die jungen Väter Interesse entwickeln und in solche Angebote einbezogen werden können.

Die Akzeptanz von Beratungsangeboten im engeren Sinne ist bei den jungen Elternpaaren relativ hoch. Etwa die Hälfte der jungen Mütter und Väter hat bereits Erfahrungen mit diversen professionellen Beratungsangeboten. Einige der anderen können sich vorstellen, solche Angebote wahrzunehmen, wenn ihre Lebenssituation es erfordere.

Väterspezifische Beratung

Ein Teil der jungen leiblichen und sozialen Väter äußert Interesse an Beratungsangeboten speziell für junge Väter. Ihnen sind jedoch weder solche Angebote bekannt noch wissen sie, dass auch sie Anspruch auf Beratung haben. Sie vertreten die Meinung, vorhandene Beratungsangebote seien nur auf die Belange und Bedürfnisse der (werdenden) Mütter ausgerichtet und könnten daher andersartigen Unterstützungs- und Beratungsbedürfnissen von Vätern nicht gerecht werden. Wir konnten aus den Daten der Interviews mit den jungen Vätern vier Einstellungsmuster in Bezug auf väterspezifische Beratung erarbeiten.

Das erste Einstellungsmuster ist durch *Ablehnung vaterschaftsbezogener Beratung* und Unterstützung gekennzeichnet. Junge Väter mit dieser Einstellung halten Beratungs- bzw. Unterstützungsangebote für Väter für überflüssig oder bezweifeln, dass diese sinnvoll sind, da Männer auf Grund ihres Stolzes keine professionelle Hilfe annähmen. Sie selbst schließen eine Inanspruchnahme solcher Angebote für sich aus, da sie meinen, keine Hilfe zu benötigen. Falls Probleme aufträten, sollten sie innerhalb der Familie ausgetragen werden. Einer von ihnen stellt jedoch die Überlegung an, dass professionelle Unterstützung nach der Geburt seines Kindes für ihn sinnvoll gewesen wäre, um das Verhalten des Säuglings besser einschätzen zu können. Er schließt aber eine künftige „kindbezogene“ Beratung aus.

Die Einstellung, dass prinzipiell Unterstützung oder eine Anlaufstelle *für andere junge Väter sinnvoll sei*, sie selbst jedoch solche Beratungsangebote nicht annehmen würden, charakterisiert ein zweites Einstellungsmuster. Diese jungen Väter begründen ihre Ablehnung damit, dass sie bisher immer auf sich gestellt waren und sie, außer von ihren Eltern, keine Unterstützung hatten. Sie verweisen weiter darauf, keine Hilfe annehmen zu können bzw. mit persönlichen Problemen allein zurechtkommen zu wollen. Sie betonen ihre Selbstständigkeit und ihr Verantwortungsbewusstsein.

Fazit

Gerade bei jungen Vätern, die diesen Einstellungsmustern zugeordnet wurden, erscheint eine schon während der Schwangerschaft ihrer Partnerin beginnende kontinuierliche und längerfristige Beratung erforderlich. Um Zukunftsperspektiven für sich, ihre Partnerinnen und Kinder zu entwickeln, brauchen sie Gelegenheit, ihr Verständnis von Mannsein, Vater-, Partnerschaft und ihre Einstellungen zu Beratung zu reflektieren bzw. zu revidieren. Solche Beratung kann vor dem Hintergrund ihrer Einstellungen dazu nicht auf einer „Komm-Struktur" basieren. Voraussetzung ist aber, dass solche auf die Zielgruppe der jugendlichen und jungen Väter gerichteten Beratungen auch angeboten werden.

Das dritte Einstellungsmuster ist durch eine gewisse *Offenheit* in Bezug auf *eigene Inanspruchnahme fachlicher Beratung* charakterisiert. Diese Väter können sich im Augenblick nicht vorstellen, bei persönlichen Problemen professionelle Beratung in Anspruch zu nehmen, schließen diese Möglichkeit jedoch nicht aus. Auf Grund ihres Problembewusstseins können sie sich durchaus Situationen der Ratlosigkeit vorstellen, z. B. bei späteren Drogenproblemen des Kindes. Retrospektiv betrachtet weisen diese jungen Väter z.T. darauf hin, dass eine professionelle, väterspezifische Beratung schon in der Zeit als werdender Vater hilfreich für eine Auseinandersetzung mit den verschiedenen Aspekten von Vaterschaft für sie sinnvoll gewesen wäre.

Väterspezifische Unterstützungsmöglichkeiten seien *notwendig* oder *sinnvoll* und die jungen Väter würden diese auch *für sich nutzen*, charakterisiert das vierte Einstellungsmuster. Väter mit dieser Einstellung haben z.T. Erfahrungen mit Beratung in Schwangerschaftsberatungsstellen oder mit Geburtsvorbereitungskursen. Sie bedauern das Fehlen väterspezifischer Angebote und fordern auch längerfristige beratende Unterstützung mit der Möglichkeit, ein Vertrauensverhältnis aufbauen zu können. In Bezug auf künftigen Beratungsbedarf können sie sich vorstellen, bei emotionalen Problemlagen Beratung in Anspruch zu nehmen, wobei sie Unglücksfälle in der eigenen, kleinen Familie und partnerschaftliche Probleme nennen. Diese Väter vertreten z.T. dezidiert die Auffassung, junge Väter müssten die gleichen Unterstützungsmöglichkeiten haben, wie sie jungen Müttern zur Verfügung stehen.

Die überwiegende Mehrheit der von uns befragten jungen Väter spricht sich für väterspezifische Beratungs- bzw. Unterstützungsangebote aus, auch wenn sie diese nicht für sich selbst wahrnehmen würden.

Fazit Da bei ihnen in unterschiedlicher Ausprägung eine prinzipielle oder faktische Akzeptanz von väterspezifischen Beratungsangeboten vorhanden ist und sie z.T. solche Angebote selbst einfordern, wird deutlich, wie wichtig solche Angebote für diese Zielgruppe und entsprechende frühzeitige Informationen darüber sind.

Kontakte zu Ämtern

Wie schon für die jugendlichen Schwangeren und jungen Mütter ohne feste Partner herausgearbeitet, müssen sich auch die jungen Paare immer wieder Gedanken machen, wie sie ihre und ihres Kindes materielle Absicherung gestalten können. Sie müssen daran arbeiten, auf der Basis einer finanziell gesicherten Existenz die Entwicklung von Zukunftsperspektiven für sich offen zu halten. Da die meisten der befragten jungen Eltern zum Zeitpunkt des dritten Interviews nicht ohne zusätzliche staatliche Transferleistungen leben können, hat mindestens ein Elternteil Kontakt zu Ämtern.

Positive Einstellungen zu Ämtern können die jungen Eltern sehr selten entwickeln, nur dann nämlich, wenn die Befragten die Atmosphäre im Amt durch freundliche Kommunikation mit den Behördenangestellten als angenehm erleben oder sie einen komplikationslosen und umfassenden Unterstützungsprozess erfahren.

Fazit Bei diesen jungen Eltern besteht kein Beratungsbedarf.

Die große Mehrheit berichtet von *negativen Erfahrungen* im Zusammenhang mit ihren behördlichen Angelegenheiten und hat deshalb eine grundsätzlich negative Einstellung zu Ämtern. Viele der jungen Eltern, die für die gemeinsame Zukunftsperspektive hinsichtlich ihres Lebens mit Kind einen eigenen Hausstand gründen und hierzu, z.T. erstmalig, mit entsprechenden Ämtern in Kontakt treten müssen, sind zunächst mit der Komplexität der Formalitäten überfordert. Die negativen Erfahrungen der jungen Eltern bei Kontakten mit Ämtern berühren eine emotionale, eine prozessuale und eine sachbezogene Ebene. Die emotionalen Aspekte werden vor allem von den weiblichen Befragten hervorgehoben, aber auch von männlichen, wenn sie sich wegen ihrer Geschlechtszugehörigkeit diskriminiert oder zurückgesetzt fühlen. Die jungen Frauen formulieren emotionale Aspekte, die zumeist das Verhalten der Behördenangestellten ihnen gegenüber betreffen. Sie fühlen sich unfreundlich, abweisend bzw. unhöflich behandelt oder vermissen menschliches Interesse an ihrer Situation.

Sie haben den Eindruck gewonnen, sie würden mit ihren Problemen vom „Staat" allein gelassen, da die bürokratischen Zusammenhänge eine Berücksichtigung ihrer spezifischen Notlage unmöglich machen. Damit machen sie auf sachbezogene Aspekte aufmerksam: Die behördlichen Richtlinien erscheinen ihnen starr, da sie die besondere Lebenslage junger Eltern, die am Anfang eines eigenständigen Lebens mit eigener Haushaltsgründung stehen, nicht genügend einbeziehen. Zudem empfinden sie die behördlichen Regelungen bzw. die Verfahrensweisen bei der Prüfung ihrer Leistungsansprüche als entwürdigend, wenn sie vor „Vertretern des Staates" ihre finanziellen und materiellen Verhältnisse offen legen sollen. Wenn sie, aus ihrer Sicht, sozusagen Nachweise ihrer Bedürftigkeit erbringen müssen, sehen sie ihre Glaubwürdigkeit in Frage gestellt.

Die jungen Eltern kommen sehr häufig zu der Überzeugung, die Ämter hätten strukturelle Probleme, die beispielsweise lange Bearbeitungszeiten und wiederholte Nachforderungen von Unterlagen zur Folge hätten. Oder sie interpretieren behördliche Verfahrensabläufe als Behördenwillkür bzw. Herrschaftsverhalten der SachbearbeiterInnen. Andere, die prozessuale Ebene betreffende Aspekte sind z. B. die langen Wartezeiten in Ämtern und die Langwierigkeit in Verfahrensabläufen, selbst dann, wenn sie der Meinung sind, ihre Unterlagen frühzeitig eingereicht zu haben.

Fazit Vor dem Hintergrund dieser Erfahrungen und ihrer Überforderung mit Amtsangelegenheiten wird deutlich, dass längerfristige Beratung und Unterstützung bei der Regelung behördlicher Angelegenheiten dringend geboten ist, um die jugendlichen Eltern vor resignativen Reaktionen zu bewahren. Sie zeigen z.T. schon derartige Reaktionen und das kann ihre Zukunftsperspektiven beeinträchtigen. In diesem Zusammenhang ist aber auch geboten, Amtspersonal für den Umgang mit jugendlichen Müttern und Vätern besonders zu schulen, da Behörden – so ist vor dem Hintergrund unserer Ergebnisse zu vermuten – die besonderen Lebenssituationen jugendlicher Paare bisher nicht ausreichend berücksichtigen bzw. berücksichtigen können.

4.5 Sexualität

Die Mehrheit unserer InterviewpartnerInnen erleben ihre Sexualität in ihrer Paarbeziehung positiv, eine Minderheit zeigt sich unzufrieden mit ihren Erfahrungen und ihrem Erleben in der Partnerschaft. Eine kleine Minderheit lebt in der festen Partnerschaft (z.T. seit mehr als einem Jahr) abstinent bzw. hat noch keinen Sexualverkehr mit dem neuen Partner.

Ausgehend von der Einschätzung ihrer sexuellen Erfahrung konnte eine Typologie aus vier Erfahrungstypen gebildet werden, die wesentliche Erlebensmomente gemeinsam haben, aber auch recht unterschiedliche Einzelmerkmale aufweisen. Datenbasis dieser Typenbildung sind – wie bei den jungen Müttern ohne festen Partner – die Aussagen unserer Interviewpartnerinnen. Im Gegensatz zu den Daten dort können hier gleichberechtigt die Aussagen und Einschätzungen ihrer Partner einbezogen werden, die Einblicke in Aspekte der sexuellen Paardynamik ermöglichen.

Erleben von Sexualität

Charakteristisch für den ersten Typus, die *Zufriedenen*, ist, dass die positiven Erfahrungen inhaltlich mit Geborgenheit, Warten auf die Möglichkeit, nach der Schwangerschaft wieder Verkehr haben zu können, gegenseitige Sensibilität und das Erleben von Intimität beschrieben werden. Bei den meisten jungen Frauen besteht *Kontinuität* dieser positiven Einschätzung über alle drei Interviewphasen und Übereinstimmung mit ihren Partnern. Bei einem Ehepaar gibt es diese Übereinstimmung nicht, der junge Ehemann bedauert sein „Erfahrungsdefizit" im sexuellen Bereich, während seine Frau die gemeinsame Sexualität als gut bezeichnet. Der neue Freund einer weiteren dieser Interviewpartnerinnen hat auf alle Fragen zu seiner Sexualität nicht geantwortet.

Fazit

Bei den meisten dieser Paare besteht zu diesem Zeitpunkt kein unmittelbarer Beratungsbedarf. Treten aber Differenzen in der Einschätzung auf, können Formen der Paarberatung erforderlich werden, die den Gründen für die Diskrepanzen im sexuellen Erleben nachgehen. Auch hier wäre wichtig, die jungen Frauen und ggf. ihre Partner schon während der Schwangerschaft über entsprechende Beratungsangebote und Zugänge zu Beratungseinrichtungen zu informieren.

Der zweite Typus, die *wieder Zufriedenen*, umfasst Beziehungen der jungen Mütter mit neuen Partnern. Charakteristisch für diesen Erfahrungstypus ist, dass die jungen Mütter vorher auf der Suche nach einem Mann waren, dem „Richtigen" für sie, mit dem sie eine dauerhafte Partnerschaft anstreben konnten. Alle sind zum Zeitpunkt des dritten Interviews überzeugt, jetzt den richtigen Partner gefunden zu haben und schildern ihre Sexualität wieder als positiv.[6]

Fazit

Bei diesen Paaren besteht vorerst kein Beratungsbedarf.

Charakteristisch für einen weiteren Typus, die *Unzufriedenen*, sind Äußerungen der jungen Eltern, die verdeutlichen, dass sie sich in ihrem sexuellen Erleben eingeschränkt bzw. beeinträchtigt fühlen. Sie geben z.T. auch sehr negative Einschätzungen ihrer sexuellen Erfahrungen nach der Geburt des Kindes. Als negativ werden dabei einmal situative Faktoren wie die Einschränkungen der „Gelegenheiten" durch die Gegenwart des Kindes genannt, aber auch der Mangel an Möglichkeit zur Spontaneität. Im Gefühlsbereich z.B. deuten einige junge Mütter an, dass ihnen Sexualität seit der Geburt nicht mehr viel bedeutet, ihre Empfindungsmöglichkeiten eingeschränkt sind bzw. die erotische Attraktivität des Partners deutlich nachgelassen hat.

6 Nähere Informationen zu diesem Typus: Teil 2, Interview 2 und 3, Junge Eltern in einer Paarbeziehung, S. 225

Fazit

Bei diesen Paaren scheinen uns Angebote einer Sexualberatung erforderlich. Sie sollten z. B. Empfindungsstörungen im sexuellen Bereich und deren Ursachen bearbeiten helfen, sowie Gesprächsangebote zu Erwartungshaltungen der jungen Paare an Sexualität machen.

Ähnlich wie bei den jungen Müttern ohne Partner fanden wir bei den Paaren ebenfalls die Ablehnung jeglicher sexueller Aktivität, wenn auch aus sehr unterschiedlichen Gründen. Diese Paare wurden dem Typus der *Abstinenten* zugeordnet. Er ist charakterisiert durch fehlende sexuelle Aktivität, in einigen Fällen über lange Zeiträume, z.T. durch Verweigerung der jugendlichen Mütter. Die Abstinenz wird zum einen begründet mit mangelnder Libido, zum anderen mit einer Abwartestrategie beider PartnerInnen. Alle jungen Mütter beziehen sich in diesem Zusammenhang aber auf für sie schwerwiegende Partnerschaftsprobleme mit dem Kindsvater. Sie nennen Vertrauensbrüche, mehr oder weniger deutlichen Druck in Richtung des Abbruchs einer erneuten Schwangerschaft oder sexuelle Gewalt, unabhängig davon, ob sie noch mit dem Mann zusammenleben oder einen neuen Partner gefunden haben. Sie stellen damit indirekt eine Verbindung her zu ihrem mangelnden Interesse an bzw. gänzlichem Verzicht auf Sexualität.

Fazit

Diese jungen Frauen können durch die belastenden Beziehungserfahrungen die Entwicklungsaufgabe Sexualität, d. h. den Aufbau einer sexuellen Identität, nicht mehr adäquat oder nur verzögert bewältigen. In solchen Zusammenhängen wird erkennbar, dass eine Unterstützung durch Beratung und Betreuung der jungen Mütter bzw. Paare präventiv erforderlich ist – schon während der Schwangerschaft –, um gravierend negative Entwicklungen im Beziehungsgefüge zu konterkarieren und damit eine adäquate sexuelle Entwicklung zu ermöglichen.

Kommunikation über Verhütung

Auch bei in festen Partnerschaften lebenden jungen Paaren entsteht nach der Geburt des Kindes bzw. in neuen Beziehungen immer wieder Gesprächsbedarf zum Thema Verhütung, denn die meisten von ihnen experimentieren mit unterschiedlichen Kontrazeptiva. Aus den Daten konnten zwei verschiedene Typen von Verhütungsbiografien herausgearbeitet werden.

Konstante und *sichere* Verhütungsbiografien sind charakterisiert durch eine regelmäßige und problemlose Einnahme der Pille. Bei Paaren, die diesem Typus zugeordnet werden konnten, ist die Einsicht in die Notwendigkeit von Kontrazeption – auch vor dem Hintergrund ihrer Erfahrung als sehr junge Eltern – ausgeprägt.

Fazit Bei ihnen besteht kein Beratungsbedarf.

Die überwiegende Mehrheit der Paare jedoch *experimentiert* z.T. mit mehreren Kontrazeptionsmethoden oder musste aus bestimmten medizinischen Gründen ein Kontrazeptivum durch ein anderes ersetzen. Das sind Situationen, durch die Gesprächs- und Abstimmungsbedarf entsteht.

Solche Situationen sind ein geplanter Wechsel der Verhütungsmethode, z.B. inkonsequente Anwendung eines Verhütungsmittels bzw. dessen Unverträglichkeit, z.B. bei der Pille oder auch eine erneute Entscheidung für ein Kontrazeptivum nach temporärer Verhütung mit der gestagenhaltigen Pille, die während der Stillzeit eingenommen werden kann. Gesprächs- und Abstimmungsbedarf entsteht auch durch Beendigung der Verhütung bei weiterem Kinderwunsch, der erneuten Wahl einer Verhütungsmethode nach der Geburt, sexuellen Erfahrungen außerhalb der bestehenden Partnerschaften usw. Diese Paare haben experimentelle Verhütungsbiografien, die von Unregelmäßigkeiten und Brüchen in der Verwendung z.T. mehrerer Kontrazeptiva nacheinander geprägt sind. Es kann nicht davon ausgegangen werden, dass die Paare immer bei solchen Änderungen miteinander kommunizieren, um gemeinsam sichere und für beide akzeptable Übergangs- bzw. Zwischenlösungen zu finden. Ein nicht geringer Teil der jungen Mütter ist innerhalb eines Zeitraums von zwei Jahren wieder schwanger geworden, mit wenigen Ausnahmen ungeplant.

Fazit Auch hier zeigt sich eindeutig, wie wichtig weitere Beratung und Betreuung der Paare ist, denn rationale Aufklärung ist zwar Voraussetzung für erfolgreiches Präventionshandeln, aber nicht ausreichend für die Umsetzung in konsistentes Verhalten. Hier wird die Notwendigkeit konsequenter und kontinuierlicher Identitätsarbeit deutlich, z.B. Stärkung des Selbstbewusstseins der jungen Mütter und jungen Väter, Entwicklung ihrer kommunikativen Kompetenz, und Arbeit an ihrem präventiv verantwortungsvollen Handeln.

Gynäkologische Untersuchungen

Der verantwortungsvolle Umgang mit dem eigenen Körper ebenso wie die Entwicklung des Bewusstseins, für Gesundheitsvorsorge im gynäkologischen Bereich selbst verantwortlich zu sein, sind wichtige Aspekte der Entwicklungsaufgabe Sexualität.

Wir haben daher auch für die jungen Mütter, die in festen Partnerschaften leben, untersucht, ob sie sich nach der Geburt weiterhin regelmäßig gynäkologisch untersuchen lassen. Wir wollten wissen, welche Erfahrungen sie mit den Konsultationen gemacht haben und wie sie mit diesen Erfahrungen umgehen bzw. welche Konsequenzen sie daraus ziehen.

Die Erfahrungen dieser jungen Mütter mit ihrer ersten gynäkologischen Untersuchung waren zum Zeitpunkt der Schwangerschaft heterogen. Aber sie haben die empfohlenen Vorsorgeuntersuchungen während der Schwangerschaft aus Verantwortung für das werdende Leben regelmäßig wahrgenommen. Bei den meisten von ihnen lässt sich begründet vermuten, dass sie sich an diese Untersuchungen gewöhnt haben, denn – bis auf wenige Ausnahmen – zeigen sie jetzt eine ***positive, zumindest neutrale Einstellung*** diesen Untersuchungen gegenüber und berichten von regelmäßigen Konsultationen ihrer ÄrztInnen.

Mit Blick auf die Fähigkeit, Verantwortung für die eigene Gesundheit zu übernehmen, wird deutlich, dass bei der Hälfte der jungen Mütter die Praxisbesuche, wie bei den Mädchen ohne Partner, durch die Verschreibungspflicht der Kontrazeptiva motiviert sind. Der Aspekt der gesundheitlichen Vorsorge findet bei ihnen seltener Berücksichtigung. Die von einigen MedizinerInnen vor der Verschreibung vorgenommenen Prophylaxeuntersuchungen werden nur „geduldet". Aber Pille oder Spirale bieten keinen Schutz vor sexuell übertragbaren Krankheiten, deren Symptome für Frauen nicht unbedingt wahrnehmbar sind. Nur regelmäßige Untersuchungen bei sexuell Aktiven gewährleisten, dass eine solche Infektion erkannt und behandelt wird. Bei diesem Teil jugendlicher Mütter ist jedoch kaum ein Bewusstsein für die gynäkologische Untersuchung als Prophylaxemaßnahme erkennbar.

Fazit

Hier zeigt sich, dass der Gesundheitsaspekt eine untergeordnete Rolle spielt. Es erscheint uns daher wichtig, dass die jungen Mütter von den MedizinerInnen beraten und informiert werden, um sie bei der Entwicklung von Selbstverantwortung für ihre Gesundheit zu unterstützen.

Bei etwa ebenso vielen Befragten sind die Besuche durch den Wunsch nach einem Verhütungsmittel und gleichzeitig durch den nach Routineuntersuchungen motiviert. Sie nennen neben der Verschreibungspflicht ihres Kontrazeptivums als Grund für die regelmäßige Konsultation z.B. auch die Inanspruchnahme der Krebsvorsorgeuntersuchung.

Eine Minderheit der Befragten betont hingegen, dass für sie bei den gynäkologischen Untersuchungen der Gesundheitsaspekt im Vordergrund steht und sie aus Prophylaxegründen Wert auf regelmäßige Untersuchungen legen.[7]

Fazit

Bei beiden zuletzt genannten Gruppen ist keine weitere Beratung bzw. Betreuung erforderlich, da sie die Entwicklungsaufgabe Sexualität und damit verbunden, den verantwortungsvollen Umgang mit dem eigenen Körper, weit gehend gemeistert zu haben scheinen.

7 Nähere Informationen zu diesen beiden Gruppen: Teil 2, Interview 2 und 3, Junge Eltern in einer Paarbeziehung, S. 290

Nur eine kleine Minderheit der jungen Mütter in festen Partnerschaften berichtet von einer *negativen Einstellung* gegenüber gynäkologischen Untersuchungen bzw. von deren Ablehnung und Vermeidung. Bei diesen jungen Frauen hat sich seit ihrer ersten ungeplanten Schwangerschaft und im Zusammenhang mit einer zweiten, ungewollten Schwangerschaft, die sie abbrechen ließen, der Eindruck verfestigt, die Konsultation eines Frauenarztes/einer Frauenärztin ist mit schockierenden Nachrichten (Schwangerschaften) und Überforderungssituationen verbunden. Die jungen Mütter entwickelten nicht nur Ängste in Bezug auf ihr Sexualleben – bis hin zu sexueller Verweigerung –, sondern auch hinsichtlich gynäkologischer Untersuchungen. Sie haben die Termine für die Nachsorgeuntersuchung nach den Schwangerschaftsabbrüchen nicht wahrgenommen. Die extreme Angst vor der Untersuchung stellt auch ein Problem für die Gewährleistung kontinuierlicher und sicherer Empfängnisverhütung bei ihnen dar.

Fazit

Gerade bei Jugendlichen, die nach einer ungeplanten ersten Schwangerschaft erneut schwanger werden und einen Abbruch vornehmen lassen, halten wir es für besonders wichtig, sie nach solchen Erfahrungen langfristig und verbindlich beratend und betreuend zu begleiten. Diese Betreuung sollte ihnen nicht nur die Möglichkeit geben, ihre Ängste vor Frauenarztbesuchen zu überwinden und gynäkologische Untersuchungen als Krankheitsprophylaxe zu akzeptieren, sondern auch z.T. auftretende gravierende Störungen ihrer Sexualität zu bearbeiten.

4.6 Loslösung vom Elternhaus, Entwicklung von Unabhängigkeit

Mehr als die Hälfte der jungen Mütter und knapp die Hälfte der jungen Väter berichten von guten Kontakten zu ihren jeweiligen Familien und „Schwiegerfamilien“, die anderen beschreiben die Beziehungen zu den Herkunftsfamilien als überschattet.

Verselbstständigung bei guten und überschatteten Kontakten

Von *guten Beziehungen* sprechen die jungen Eltern dann, wenn regelmäßige gegenseitige Besuche stattfinden, wenn sie erleben, dass Zuwendung und Liebe der Großeltern und, in einigen Fällen auch der Urgroßeltern, den Enkel- bzw. Urenkelkindern entgegengebracht wird, oder wenn sie familiären Zusammenhalt z.B. bei Familienfesten erleben. Die Kontakte gelten ihnen auch dann als gut, wenn für sie ihre Mütter und auch Väter „beste FreundInnen“ sind, mit denen sie „über alles reden“ können. Weitere Argumente für gute Kontakte sind, wenn sie sich Rat in wichtigen Fragen holen können oder wenn sie die Erfahrung machen, ihre Eltern „halten“ zu ihnen, wenn es z. B. Schwierigkeiten in der Partnerschaft der jungen Leute gibt.

Charakteristisch für *überschattete Beziehungen* sind eine vehement kritische Distanzierung von den Lebensweisen und -gewohnheiten der Eltern, Auflehnung gegen (vermeintliche) Bevormundungen und Einmischungen der Eltern und Neuorientierung an anderen Lebensmodellen, die sie z.T. im sozialen Nahbereich des Partners bzw. der Partnerin finden.

Analytisch betrachtet können gute ebenso wie überschattete Kontakte die Verselbstständigung der jungen Paare fördern oder hemmen. Aus den Daten konnten vier Entwicklungstypen entwickelt werden.

Der erste Typus, die *Selbstständigen*, ist charakterisiert durch gute Kontakte und die Fähigkeit der jungen Paare, auf einer gleichrangigen Basis die Beziehungen zu ihren Herkunftsfamilien selbstinitiiert zu gestalten.

Aber auch überschattete Kontakte zu den Herkunftsfamilien bieten die Möglichkeit zur Verselbstständigung (Entwicklungstypus die *Selbstständigen*). Dieser Typus ist charakterisiert durch Beziehungen zumindest eines oder beider PartnerInnen zu den Herkunftsfamilien, die aus verschiedenen Gründen angespannt sind. Selbstständigkeit bei überschatteten Beziehungen manifestiert sich in der Loslösung aus engen Beziehungszusammenhängen, mit einer gewissen strategischen Vorsicht den wieder aufgenommenen Kontakten gegenüber.[8]

Fazit

Diese jungen Paare haben vor dem Hintergrund als gut und als überschattet beschriebener Kontakte weit gehende Autonomie erreicht und benötigen keine Unterstützung durch Beratung und Betreuung.

Als gut beschreiben aber auch junge Paare ihre Beziehungen zu ihren Herkunftsfamilien, die dem Typus *Abhängigkeit mit Tendenzen zur Verselbstständigung* zugeordnet wurden. Charakteristisch für diese Beziehungen sind eine weit gehende Abhängigkeit der jungen Eltern von den Kontakten zu wichtigen Bezugspersonen der Herkunftsfamilie, sie sind aber um Selbstständigkeit bemüht. Beide (bzw. ein Elternteil) lassen sich immer wieder in den „Schoß“ der Familie „zurückfallen“ und empfinden diese Geborgenheit als Entlastung. Die Kontakte werden nach wie vor weit gehend von den Bezugspersonen der Herkunftsfamilie initiiert, z.T. mit erzieherischen Intentionen, während sich die jungen Eltern davon zu lösen suchen. Die Loslösung ist jedoch noch nicht vollständig erreicht, die Beziehungen sind noch unentschieden.

8 Nähere Informationen zu diesen beiden Gruppierungen: Teil 2, Interview 2 und 3, Junge Eltern in einer Paarbeziehung, S. 236

Probleme bei überschatteten Kontakten

Als überschattet beschriebene Beziehungen zu den Herkunftsfamilien führen zu unterschiedlichen Graden von Abhängigkeit der jungen Eltern von ihren Familien (Entwicklungstypen *Abhängigkeit mit Tendenzen zur Verselbstständigung* und *Abhängigkeit*).

Bei den jungen Paaren, die dem Typus *Abhängigkeit* zugeordnet wurden, wird aus den Schilderungen ihrer Kontakte zu ihren Familien erkennbar, dass sie weiterhin auf deren Angebote sozialer Kontakte und die damit verbundene emotionale Sicherheit angewiesen sind. Geht eine solche Abhängigkeit mit überschatteten Beziehungen einher, sind eigeninitiativ und selbstständig gestaltete Kontakte für die jungen Paare sehr schwer zu erreichen, denn sie müssen sich immer wieder mit den Spannungen und Verletzungen auseinander setzen, die sie emotional binden.

Inhaltlich berichten sie über Enttäuschungen, die ihnen ihre Familien bereiten. Sie geben auch sich widersprechende Einschätzungen des Verhältnisses zu ihnen, erwähnen Auseinandersetzungen mit den Eltern über Fragen der Kindererziehung. Sie fühlen sich von den Eltern übergangen oder berichten von Schwierigkeiten mit neuen PartnerInnen eines ihrer Elternteile.

Charakteristisch für den Typus *Abhängigkeit mit Tendenzen zur Verselbstständigung* ist, dass die jungen Eltern immer wieder versuchen, sich von den engen emotionalen Abhängigkeiten zu lösen. Ihre Kontakte zu den Herkunftsfamilien sind nur zum Teil eigeninitiiert. Sie werden entweder in Häufigkeit und Regelmäßigkeit als ungewünschte Einmischung empfunden oder unterliegen Schwankungen zwischen eigenmotivierter Kontaktpflege und „gekränktem" Rückzug, wenn Spannungen auftreten.

Fazit

Diese jungen Paare benötigen in unterschiedlicher Intensität beratende und unterstützende Hilfen, möglichst unter Einbezug der wichtigen Bezugspersonen aus den Herkunftsfamilien, da auch sie die Verselbstständigung erschweren oder unmöglich machen. In einer Phase Eltern geworden, in der sie sich noch in spätpubertärer Auseinandersetzung mit ihren eigenen Eltern befanden, ist es ihnen häufig kaum oder nur zeitweise möglich, ihre Loslösungsbemühungen zu realisieren, besonders da sie sich oft noch in emotionaler und materieller Abhängigkeit von ihren Eltern befinden.

Probleme bei sporadischen Kontakten

Einige der jungen Elternpaare haben keine oder nur sporadische Kontakte zu ihren jeweiligen Herkunftsfamilien. Bei ihnen ist nur in Ausnahmefällen eine Loslösung gelungen. Die Tatsache, dass die Kontakte auf Grund unterschiedlicher biografischer Zusammenhänge abgebrochen oder stark eingeschränkt sind, belässt die jungen Eltern in emotionaler Abhängigkeit.

Solche emotionale Abhängigkeit manifestiert sich in heftigem Bemühen, sich von ihnen abzugrenzen. Indem die jungen Paare sich z.T. stark gegen Werte, Lebens- und Verhaltensweisen der Eltern wehren, sind sie ihnen gerade durch diese heftige Abgrenzung emotional nahe. Inhaltlich wird diese Abhängigkeit in negativen Charakterzuschreibungen erkennbar. Genannt werden Lügen und Stehlen bei seltenen Besuchen in den Wohnungen der jungen Leute oder Vorwürfe, entgegengebrachtes Vertrauen missbraucht zu haben u.a.m.

Fazit

Da diesen jungen Paaren auf Grund der weit gehend fehlenden Kontakte die Möglichkeiten für eine Auseinandersetzung fehlen, benötigen sie eine längerfristige Betreuung und Unterstützung durch Beratung, um ihre emotionale Abhängigkeit zu überwinden.

Umgang mit Unterstützung

Mit Blick auf die Entwicklungsaufgabe der Verselbstständigung haben wir uns – ähnlich wie für die jungen Mütter ohne festen Partner – analytisch auch damit befasst, ob und inwieweit es den jungen Paaren gelingt, autonom mit Unterstützungen aus dem sozialen Umfeld umzugehen. Als soziales Umfeld gelten hier sowohl die jeweiligen eigenen Eltern – und hier besonders die Mütter – als auch FreundInnen und deren Eltern, ArbeitskollegInnen, aber auch professionelle BeraterInnen oder BetreuerInnen, die verschiedene Unterstützungsleistungen für die jungen Paare erbringen. Wir haben für die Paare drei Typen zum Umgang mit Unterstützungsleistungen aus dem sozialen Umfeld erarbeiten können.

Der erste Typus der *Selbstständigen* ist charakterisiert durch die Fähigkeit der jungen Eltern, aus ihrer Sicht erforderliche Hilfe einzufordern und annehmen zu können. Die Mehrheit der jungen Eltern konnte diesem Typus zugeordnet werden.[9]

Fazit

Da diese jungen Paare einen recht hohen Grad an Autonomie erreicht haben, ist hier kein Beratungsbedarf gegeben, zumal sich bei den meisten der jungen Mütter diese Selbstständigkeit schon während der Schwangerschaft andeutete und ihre Partner ebenfalls solche Autonomie zeigen.

Dem Typus der *Zielstrebigen* wurden die jungen Paare zugeordnet, bei denen besonders die jungen Mütter Unsicherheiten bzgl. ihrer eigenen Fähigkeiten zeigen. Sie stellen z.T. in Frage, ob sie ihren Alltag mit Kind oder bestimmte Angelegenheiten schon allein be-

9 Nähere Informationen zu diesem Typus: Teil 2, Interview 2 und 3, Junge Eltern in einer Paarbeziehung, S. 250f.

wältigen können. Zwar sind sie eigenständiger geworden und haben mehr Selbstvertrauen, aber sie sind noch stärker als die Selbstständigen auf emotionale und alltagspraktische Hilfen aus ihrem sozialen Umfeld angewiesen.

Ein Merkmal der Zielstrebigen ist ebenfalls, Hilfsangebote abzulehnen. Jedoch geschieht dies nicht, wie bei den Selbstständigen, als selbstbewusste Auswahl unter vorhandenen Unterstützungsmöglichkeiten. Es kann auch Ausdruck eines hohen Anspruchs an sich selbst sein, den Alltag eigenständig zu bewältigen und sich dem Kind gegenüber verantwortlich zu fühlen. Die Ablehnung von Hilfen ist bei den Zielstrebigen mehr als Versuch der Abgrenzung und Loslösung von den Eltern, insbesondere der Mutter, einzuschätzen. Sie setzen sich gegen das als Kontrolle und Einmischung empfundene Verhalten ihrer Bezugspersonen zur Wehr. Sie wollen sich selbst oder anderen beweisen, dass sie ihren alltäglichen Verpflichtungen aus eigener Kraft nachkommen können.

Fazit

Die jungen Paare, besonders die jungen Mütter, aber auch die jungen Väter, brauchen situativ begrenzte Unterstützung durch Beratung auf ihrem Weg in die Unabhängigkeit. In diesen Fällen ist der Einbezug der jungen Väter von besonderer Bedeutung, da sie meist Hilfe bei der Entwicklung der Bereitschaft, ihre Partnerinnen zu unterstützen, brauchen, um deren Bemühungen um Autonomie nicht zu gefährden.

Eine geringe Zahl junger Paare wurde dem Typus der *Kindlichen* zugeordnet. In den Paarsituationen fällt es den jungen Müttern noch schwer, die verschiedenen Lebensbereiche zukunftsorientiert zu strukturieren, zu planen und zu koordinieren. Vor dem Hintergrund schwieriger Biografien und den daraus z.T. erklärbaren fehlenden oder schwierigen Kontakten zu den jeweiligen Herkunftsfamilien berichten sie ausschließlich von ihren Erfahrungen mit staatlichen bzw. professionellen Unterstützungen.

Für den Typus der Kindlichen ist kennzeichnend, dass die jungen Eltern wenig Reflexions- und Handlungsspielräume haben, Veränderungen zu akzeptieren und sich auf neue (Lebens-)Bedingungen einzustellen. Zudem neigen sie dazu, Verantwortung für sich selbst an das Umfeld abzugeben.

Ein weiteres Kennzeichen des Typus der Kindlichen ist, dass die jungen Frauen verschiedenartige Konflikte mit ihrer Rolle als Mutter und Unsicherheiten und Schwierigkeiten in der Begegnung mit Menschen ihrer Umgebung haben. Ihr Selbstvertrauen, z.B. in Bezug auf ihre Fähigkeiten bei der Alltagsbewältigung, ist erheblich gestört. Im Unterschied zu den Unsicherheiten und Ängsten der Zielstrebigen stellen sie sich ihren Problemen nicht, sondern verdrängen ihre Schwierigkeiten oder beschönigen ihre Situation.

Fazit Bei diesen Paaren wird die Notwendigkeit umfassender professioneller beratender Hilfe besonders deutlich, u.a. auch deshalb, weil ihnen ein privates Unterstützungsnetz fehlt. Mit beiden PartnerInnen muss erst der Weg in die Unabhängigkeit entwickelt und schrittweise begangen werden.

Einige der jungen Mütter leben in Einrichtungen mit umfassender Betreuung und die Partner sind auf unterschiedliche Weise in die Betreuung einbezogen. Für diese jungen Paare sind die Schritte in die Selbstständigkeit zwar in den Konzeptionen der Einrichtungen verankert, bedürfen aber einer eindeutigen und positiven Entscheidung, vor allen Dingen der jungen Mütter, den Weg in die Unabhängigkeit auch zu beschreiten.

Fazit Diese jungen Eltern benötigen keine zusätzliche beratende Betreuung, da sich besonders die jungen Mütter bewusst und zielorientiert auf ihre Unabhängigkeit vorbereiten und sie auch schrittweise realisieren. Sie haben ihre Ziele mit ihren Partnern abgestimmt und diese tragen sie mit.

Bei anderen Paaren ist zwar das Ziel, sich von der institutionellen Unterstützung zu lösen, ebenfalls ausgeprägt, jedoch ist bei ihnen diese Entscheidung ambivalent. Sie verbinden mit Verselbstständigung eher Wünsche, sich der „Kontrolle“ und „Bevormundungen“ in ihrer Alltagssituation zu entziehen. Sie lehnen die Unterstützung durch die Einrichtung z.T. ab und hoffen, z.B. nach Auszug aus der Einrichtung, alle ihre Probleme allein lösen zu können. Sie haben aber auch Ängste und Zweifel angesichts ihrer Entscheidung.

Fazit Gerade bei diesen Paaren sind die Entscheidungsgrundlagen für den Schritt in die Selbstständigkeit oft brüchig. Sie benötigen weiterhin intensive Beratung, Überzeugungsarbeit und kontinuierliche Weiterbetreuung.

4.7 Aufbau eines Freundeskreises sowie neuer, vertiefter Beziehungen zu Gleichaltrigen

Da im Jugendalter der Aufbau eines eigenen Freundeskreises und die Vertiefung von Beziehungen zu Gleichaltrigen als wichtige Entwicklungsaufgabe angesehen wird, haben wir untersucht, wie die jungen Eltern ihre Kontakte zu Gleichaltrigen gestalten. Analytisch konnten drei Gruppen von Paaren mit jeweils spezifischen Peerkontakten ermittelt werden.

Bei der ersten Gruppe handelt es sich um junge Mütter und Väter, die sich neue Freundeskreise erschließen konnten, allerdings mit geschlechtsspezifisch unterschiedlicher

Ausprägung. Sie haben nur wenige oder keine Kontakte zu früheren Freunden (Typus *Paare mit neuem Bekanntenkreis*). Bei der zweiten Gruppe stellte sich heraus, sie pflegen noch Kontakte zu ihren alten Freundeskreisen, wiederum mit geschlechtsspezifischen Unterschieden (Typus *Paare mit Kontakten zum alten Bekanntenkreis*). Bei der dritten Gruppe ist mindestens ein Elternteil weit gehend isoliert bzw. beide haben keine Peerkontakte (Typus *Paare ohne Peerkontakte*).

Zu den geschlechtsspezifischen Unterschieden ist zu erwähnen: Es sind überwiegend die jungen Mütter, die sich neue Bekanntenkreise mit Gleichgesinnten aufbauen, während mehr junge Väter noch in ihre alten Bekanntenkreise eingebunden bleiben und diese Kontakte pflegen. Nur wenigen Paaren gelingt es, sich gemeinsam in alten und neuen oder ausschließlich neuen Bekanntenkreisen zu bewegen.

Charakteristisch für *Paare mit neuem Bekanntenkreis* ist, dass sich die jungen Eltern entweder zum Freundeskreis eines Elternteils hinorientieren, (selten) gemeinsam einen neuen Bekanntenkreis aufbauen oder im Rahmen ihrer Ausbildung neue Freundschaften mit Gleichgesinnten schließen. Sie suchen aktiv nach neuen Peerkontakten.

Bei *Paaren mit Kontakten zum alten Bekanntenkreis* sind es überwiegend die Väter, die sich noch mit alten Freunden treffen. Nur bei wenigen Paaren berichten beide PartnerInnen übereinstimmend, dass sie noch immer in ihre alten Freundeskreise integriert sind. Bei den Paaren dieser Gruppe fällt weiterhin auf, dass die Häufigkeit der Kontakte abnimmt. Darüber hinaus reduziert sich auch die Anzahl der Gleichaltrigen, mit denen sie noch Kontakte pflegen. Bezeichnend ist hier, dass diese Reduktion vorwiegend mit Veränderungen sowohl ihrer Relevanzsysteme und Interessenschwerpunkte als auch denen der Peers begründet wird.[10]

Fazit

Diese jungen Eltern benötigen keine Unterstützung durch Beratung und Betreuung im engeren Sinne, denn ihnen gelingt es, neue Kontakte zu knüpfen oder alte aufrechtzuerhalten. Sie haben aber auf Grund ihrer eingeschränkten zeitlichen Ressourcen oft Schwierigkeiten, Zugang zu Gleichgesinnten zu finden oder ihre alten Freunde zu treffen. Für beide Gruppen wären Angebote wie Kontaktbörsen für junge Eltern mit Kinderbetreuung o.Ä. sinnvoll, wo sie andere Jugendliche in ähnlichen Lebenssituationen treffen können oder von Kinderbetreuungspflichten entlastet werden, um Freiräume für ihre Freunde zu gewinnen.

Der Typus *Paare ohne Peerkontakte* ist charakterisiert durch das Fehlen zeitlicher Spielräume für Peerkontakte. Die jungen Mütter und Väter z. B. sind durch Studium oder Ausbildung bzw. Berufstätigkeit beider zu sehr eingespannt und sie bedauern das sehr. Das betrifft mehrheitlich die jungen Mütter, die zwar z.T. „Arbeitskontakte“ nennen, die

---

10 Nähere Informationen zu diesen beiden Typen: Teil 2, Interview 2 und 3, Junge Eltern in einer Paarbeziehung, S. 240f.

aber nicht in den Privatbereich reichen. Bezeichnend ist auch bei ihnen die Erfahrung des Rückzugs der Peers, die kein Verständnis für ihre neue Lebenssituation als Eltern aufbringen. Sie sind z.T. umgezogen und haben bisher keinen Anschluss am neuen Wohnort gefunden. Andere sehen sich vor dem Hintergrund eines übertriebenen Verantwortungsbewusstseins ihrem Kind gegenüber nicht in der Lage, es zur kurzfristigen Betreuung abzugeben, um Zeit für Gleichaltrigenkontakte oder altersspezifische Aktivitäten zu gewinnen. Aber auch Rückzug nach Auseinandersetzungen mit Peers ist ein Grund für Isolation.

FAZIT

Da allen dieser jungen Eltern ihre Isolation bewusst ist und sie expressis verbis darunter leiden, ist Beratungs- und Betreuungsbedarf gegeben. Vor dem Hintergrund der jeweils spezifischen Lebensumstände müssten den jungen Müttern und Vätern Möglichkeiten eröffnet werden, Beratung in Anspruch zu nehmen, z. B. bzgl. ihrer Alltagsorganisation oder ihrer Schwierigkeiten, das Kind zumindest zeitweise in fremde Betreuung zu geben o. Ä.

5 Resümee

Mit Blick auf allgemeine Erkenntnisse aus der Datenanalyse der Längsschnittstudie wird deutlich, dass es einem überraschend großen Teil der jugendlichen Mütter und Paare gelingt, einzelne Aspekte ihres Lebens für sich und für ihre Kinder positiv und zukunftsorientiert zu gestalten. Viele der jungen Frauen wachsen in ihre Aufgaben als Mutter hinein und reifen an ihnen.

Und auch eine unerwartet große Zahl der jungen leiblichen Väter verlassen ihre schwangeren Partnerinnen nicht und sind bereit, ihren Teil der Verantwortung für die kleine Familie zu übernehmen und ihre Vaterrolle angemessen auszugestalten. Andere junge Männer sind bereit, die Verantwortung für das Kind ihrer Partnerin und damit die Rolle eines sozialen Vaters zu übernehmen. Die Gründe für diese „neue“ Verantwortlichkeit mögen vielfältig sein. Sie sind aber sicherlich auch in gesellschaftlichen Entwicklungen zu suchen.

Aus der zunehmenden Individualisierung und Pluralisierung von Lebensbezügen erwächst die Notwendigkeit zu einer individuellen und eigenverantwortlichen Biografieplanung und -organisation. Diese gesellschaftlichen Entwicklungen bewirken eine Herauslösung des Menschen aus historisch vorgegebenen Sozialformen und -bindungen sowie eine abnehmende Verbindlichkeit von Normen und Werten. Vor diesem Hintergrund kann vermutet werden, dass sich die massiv verändernden gesellschaftlichen Zusammenhänge auch auf die Relevanzsysteme Jugendlicher, und hier besonders junger Männer, in Bezug auf Partnerschaft/Ehe und Elternschaft auswirken. Unsere Studie legt nahe, dass einige von ihnen vermehrt und in jüngerem Alter Sicherheit und Geborgenheit in der eigenen Familie suchen.

Nach der Geburt der Kinder entwickeln die jugendlichen Mütter und Väter ein stark ausgeprägtes Verantwortungsgefühl ihren Kindern gegenüber. Sie versuchen, mit den ihnen zur Verfügung stehenden materiellen und emotionalen Ressourcen dieser Verantwortung gerecht zu werden.

Sie zeigen mehrheitlich ein erstaunliches Organisationsgeschick bei ihren Bemühungen, ihren Alltag mit Kind mit Bildungs- und Ausbildungsanforderungen in Übereinstimmung zu bringen. Sie bemühen sich um die Gestaltung ihrer Partnerschaften und die ihrer Beziehungen zu Gleichaltrigen. Sie investieren viel Energie in die Entwicklung von Zukunftsperspektiven für sich und ihre Kinder und zeigen dabei z.T. eine erstaunliche Kreativität. Sie versuchen auch, ihre sexuellen Erfahrungen ebenso wie ihre Beziehungen zu ihren eigenen Eltern und Verwandten positiv und selbstbestimmt zu gestalten.

Unsere Analysen zeigen aber auch, dass es nur wenigen der Mütter ohne festen Partner wie auch der Paare gelingt, *alle* diese Entwicklungsaufgaben hin zu einer vollgültigen

Ausbildung der Erwachsenenidentität zu ihrem Wohle und dem ihrer Kinder gleich gut zu meistern. Etwa zwei Jahre nach der Geburt der Kinder wird deutlich, dass die Mehrheit der jugendlichen Mütter und Paare, trotz großer individueller Motivation und Anstrengungen, die eine oder andere Entwicklungsaufgabe, meist mehrere, ohne fachliche Unterstützung oder die eines sozialen Netzes nicht oder nicht adäquat bewältigen kann.

Dafür sind – wie die Analysen zeigen – endogene und besonders exogene Faktoren verantwortlich. Als endogene Faktoren sind individuell u. a. das Fehlen von Fähigkeiten und Fertigkeiten für eine adäquate Alltagsbewältigung, altersbedingte Entwicklungs- und Ausbildungsrückstände oder auch psychische Instabilität zu verstehen. Exogene Faktoren sind gesellschafts- und familienpolitischer Natur, wie z. B. Mangel an Ausbildungs- und Betreuungsmöglichkeiten, Leben an oder unter der Armutsgrenze, Schwierigkeiten bei der Beantragung und Gewährung von staatlichen Transferleistungen. Darunter fallen aber auch unzureichende Informationen über vorhandene oder mögliche weiterführende Beratung und Betreuung der jungen Eltern.

Wie aus den vorangehenden Überlegungen deutlich geworden ist, besteht bei vielen jugendlichen Schwangeren, jungen Müttern ohne festen Partner und jugendlichen Eltern in allen Bereichen der im Jugendalter zu leistenden Entwicklungsaufgaben Beratungs- und Betreuungsbedarf. Solche Unterstützungsleistungen bei der Entwicklung einer Erwachsenenidentität sind in höchst unterschiedlichen Beratungs- und Betreuungszusammenhängen denkbar. Sie werden auch, besonders in institutionellen Zusammenhängen, von Einrichtungen der Jugendhilfe z.T. geleistet.

Erforderlich ist aber, auch jugendlichen Schwangeren, Müttern und Paaren, die sich außerhalb der Aufmerksamkeit von Jugendhilfeeinrichtungen bewegen und z.T. ohne Unterstützung eine Erwachsenenidentität aufzubauen suchen, Beratung, Betreuung und Unterstützung bei der Bewältigung ihrer Entwicklungsaufgaben zu gewähren, nicht zuletzt auch zum Wohle der Kinder.

Die von uns befragten Jugendlichen sind – auch aus ihrer eigenen Sicht – sehr oder zu früh schwanger geworden, aber dennoch fest entschlossen, ihren Kindern eine gesicherte Zukunft zu ermöglichen. In einer Zeit, in der in der Bundesrepublik eine zu häufig fehlende Bereitschaft, Kinder zu bekommen und großzuziehen, beklagt wird, erscheinen uns daher nachhaltige Förderung und Beratung jugendlicher Mütter bzw. Paare ein Gebot familienpolitischer Weitsicht.

Teil 4

Anhang

Demografische und statistische Informationen

Ausgewählte Literatur

Demografische und statistische Informationen

Anhand ausgesuchter Variablen gibt dieser Teil einen Überblick über die Zusammensetzung unserer Stichprobe und zeichnet ansatzweise Entwicklungen nach, die über den Zeitraum der drei Interviewserien stattfanden. Die Informationen über die jungen Frauen und Männer, die wir befragen konnten, wurden dabei zum überwiegenden Teil in einem Datenbogen erhoben, der dem jeweiligen Fragenkatalog des Interviews vorgeschaltet war. Ergänzend wurden einige Berechnungen auf der Basis der erfragten Daten vorgenommen.

Die Befragungen fanden in den Jahren 1998 bis 2001 statt. Die jungen Schwangeren und Mütter wurden im Abstand von jeweils einem Jahr zu drei Interviews eingeladen, die jungen Väter wurden einmalig gegen Ende des Untersuchungszeitraumes befragt.

1 Jugendliche Schwangere und Mütter

Die unterschiedliche Stichprobengröße, die den demografischen Darstellungen zu Grunde liegt, resultiert aus dem Schwund der teilnehmenden Interviewpartnerinnen. Bei anfangs 47 Befragten waren in der zweiten Interviewserie noch die Daten von 37 jungen Frauen verfügbar, im dritten Interview konnten wir noch 36 junge Mütter interviewen.

Abb. 1

Zusammensetzung der Stichproben

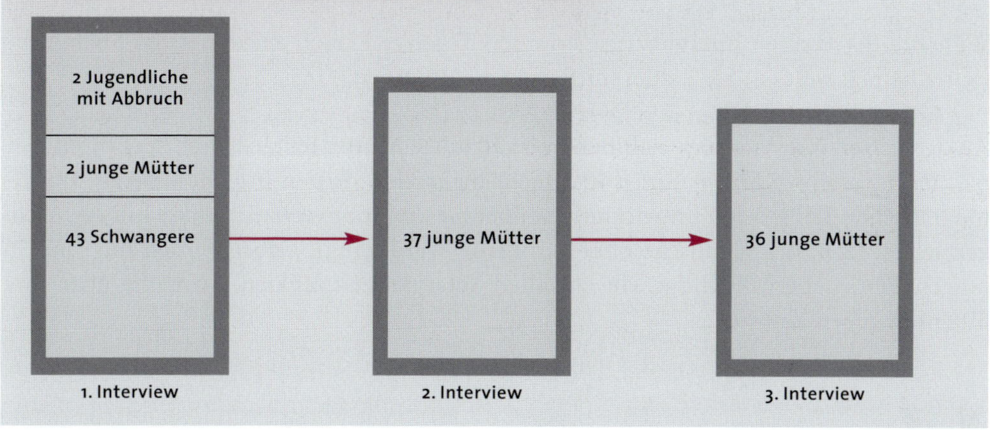

Während der *ersten Interviewserie* wurden 47 Mädchen im Alter von 14 bis 20 Jahren befragt. Davon waren zwei bereits Mutter, zwei andere hatten sich entschieden, das Kind nicht auszutragen: Zum Zeitpunkt des ersten Interviews hatte ein Mädchen den Schwangerschaftsabbruch bereits hinter sich, das andere hatte den Arzttermin ein paar Tage nach dem Interview.

Kontakt zu Jugendlichen herzustellen, die entweder beabsichtigten, einen Abbruch vornehmen zu lassen oder kürzlich vornehmen ließen, stellte sich für uns als sehr schwierig heraus. Problematisch war es u.a. auch deshalb, weil es den Beraterinnen z.T. schon in Konfliktgesprächen unmöglich war, die jungen Frauen auf ihre Bereitschaft zur Teilnahme überhaupt anzusprechen. Die Konfliktberatungsgespräche selbst wurden für die jungen Mädchen als zu belastend eingeschätzt, um ein solches Ansinnen auch nur anzusprechen. Zudem haben die Beraterinnen nach dem Konfliktgespräch und der Ausstellung des Beratungsscheins in den seltensten Fällen weiteren Kontakt zu diesen jungen Frauen, bei dem eine Teilnahme an der Interviewserie hätte angesprochen werden können. Von ähnlichen Schwierigkeiten berichtete einer der GynäkologInnen, die mit uns kooperierten.

Aus diesen und wohl auch anderen Gründen konnten nur zwei jugendliche Schwangere mit Abbruchabsichten bzw. Abbrucherfahrung für eine Teilnahme an unserer ersten Interviewserie gewonnen werden. Da wir nur diese jungen Frauen mit dem gesondert für Schwangerschaftsabbrüche entwickelten Leitfaden befragen konnten, wurden ihre Antworten in der Analyse nur in relevanten Zusammenhängen berücksichtigt. Ihre Daten werden aber dennoch für den demografischen Teil relevant sein.

Zwei unserer Interviewpartnerinnen waren zum Zeitpunkt des Erstinterviews bereits Mutter.[1] Sie konnten in die Analyse einbezogen werden, weil wir die entsprechenden Leitfaden-Fragen ad hoc so umformulierten, dass die jungen Mütter ihre Erfahrungen und Erlebnisse während der Schwangerschaft schildern konnten.

Während der zweiten Interviewserie konnten 37 junge Frauen aus der ersten Stichprobe weiter befragt werden. Sie hatten mittlerweile entbunden.

An der dritten Interviewserie nahmen noch 36 junge Mütter teil, lediglich eine Interviewpartnerin war aus eigenem Entschluss nicht mehr zum dritten Interview bereit. Im demografischen Teil werden Entwicklungen über die drei Interviewzeitpunkte hinweg nachgezeichnet (z.B. der schulische oder berufliche Werdegang). Dabei werden nur jene 36 jungen Frauen berücksichtigt, die zu allen Interviewzeitpunkten Auskunft über ihre Situation geben konnten.

1.1 Alter

Die Altersgrenze der jugendlichen Schwangeren, die wir zum ersten Interview baten, legten wir auf 20 Jahre fest. Keine Interviewpartnerin war jünger als 14 Jahre. Die Altersverteilung der 47 Befragten war zum *ersten Interview* wie in Abb. 2 gestaffelt.

28 Interviewpartnerinnen waren zum Zeitpunkt des Interviews minderjährig und 19 von ihnen volljährig. Das Durchschnittsalter während der Befragung betrug 17 Jahre und einen Monat.

Bei dieser Altersverteilung ist zu berücksichtigen, dass die Schwangerschaften der jungen Frauen zum Zeitpunkt des Interviews unterschiedlich weit fortgeschritten waren. Vor dem Hintergrund der erfragten voraussichtlichen Entbindungstermine bzw. der Schwangerschaftswoche wurde deshalb zusätzlich der *ungefähre* Zeitpunkt der Empfängnis für die 47 Mädchen errechnet, wie Abb. 3 zeigt.[2]

1 Hier handelte es sich um ein Missverständnis zwischen den Mitarbeiterinnen der vermittelnden Einrichtung und uns. Die jugendlichen Mütter waren an der Teilnahme an unserer Befragung sehr interessiert, so dass wir sie nicht ausschließen konnten.

2 Für die beiden Mütter, die bereits entbunden hatte, wurde der tatsächliche Geburtstermin als Bezugspunkt gewählt.

Abb. 2

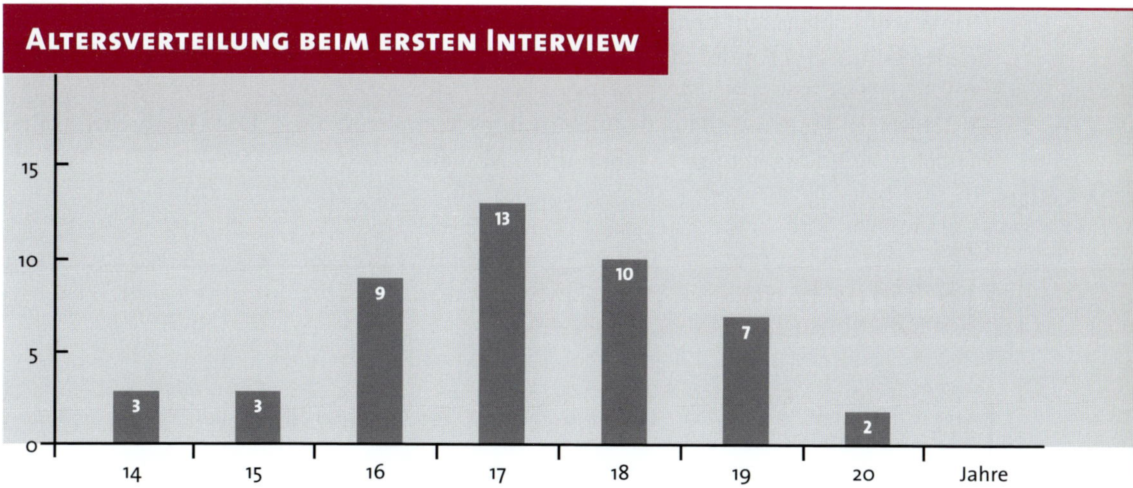

Die überwiegende Mehrheit unserer Interviewpartnerinnen (32 Jugendliche) wurde schwanger, als sie noch minderjährig war. 15 junge Frauen waren bei Eintreten der Schwangerschaft volljährig.

Zum Zeitpunkt des zweiten Interviews (37 Interviewpartnerinnen) konnte der tatsächliche Geburtstermin des Kindes erfragt und somit das Alter der Mütter am Tag der *Entbindung* notiert werden. In der folgenden Darstellung sind auch jene sieben Mütter berücksichtigt, die nicht zum zweiten Interviewtermin erschienen sind. Hier diente entweder, bei insgesamt fünf Frauen, der errechnete Geburtstermin (erfragt im ersten Interview) als Bezugspunkt oder er wurde uns, in zwei Fällen, von den Interviewpartnerinnen mitgeteilt, die zwar später ausschieden, uns aber am Telefon von der Geburt berichteten. Eine

Abb. 3

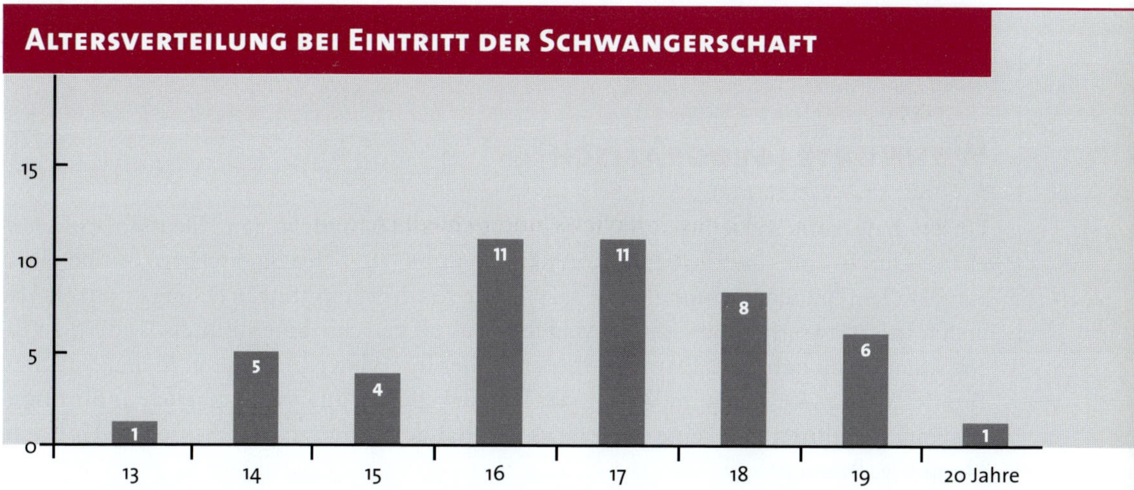

junge Frau verlor ihr Kind durch einen natürlichen Abort. Ihr errechneter Entbindungstermin wurde hier nicht berücksichtigt. Für die 44 jungen Frauen ergibt sich für ihr Alter bei der Geburt des Kindes die folgende Verteilung.

23 der jungen Frauen sind bei der Geburt ihres Kindes volljährig. Das Durchschnittsalter bei der Entbindung beträgt 17 Jahre und 5 Monate.

Abb. 4

ALTERSVERTEILUNG BEI DER GEBURT

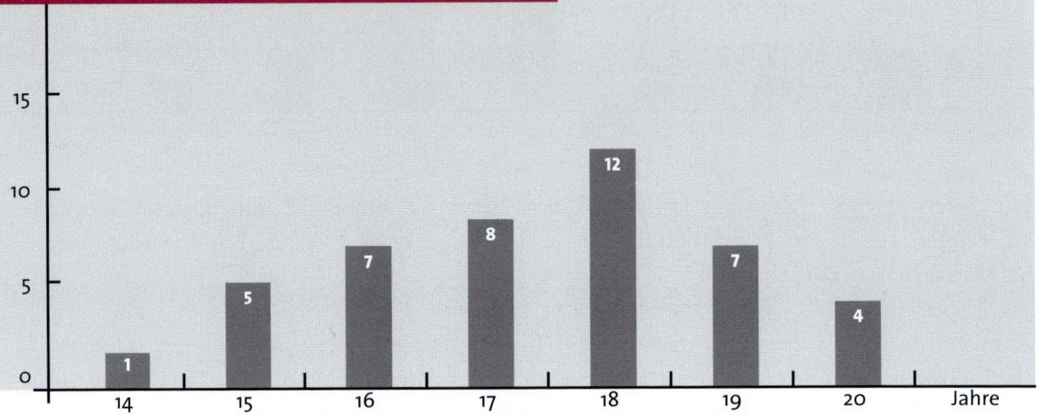

1.2 WOHNORTE UND WOHNSITUATION

Im folgenden Abschnitt wird die geografische Herkunft der jungen Frauen unserer Stichprobe bzw. ihre Wohnsituation beleuchtet.

WOHNORTE (GEOGRAFISCH)

Unsere Befragung sollte jugendliche Schwangere und Mütter in ganz Deutschland erreichen. Durch eine bundesweite Kontaktaufnahme zu Schwangerschaftskonflikt-Beratungsstellen, FrauenärztInnen sowie zu Mutter-Kind-Einrichtungen gelang es uns, in der ersten Interviewserie insgesamt 47 Mädchen aus elf verschiedenen Bundesländern zu ihrer Situation zu befragen. Davon wohnten 21 der Interviewpartnerinnen in den östlichen Bundesländern, 26 waren im Westen der Bundesrepublik ansässig. Lediglich in fünf Bundesländern führten wir keine Interviews (Saarland, Niedersachsen, Schleswig-Holstein, Hamburg, Bremen).

Die folgende Grafik veranschaulicht die Verteilung der geografischen Herkunft unserer Interviewpartnerinnen. Die erste Zahl zeigt das Bundesland, in dem die 47 Interviewpartnerinnen beim ersten Interview leben. Die zweite Zahl zeigt, in welchem Bundesland die 36 jungen Frauen wohnen, die während der gesamten zwei Jahre an der Studie teilnahmen. Die grafische Darstellung soll die zeitliche Dimension (etwaige Umzüge zwischen 1998 und 2001) unberücksichtigt lassen, denn nur zwei Interviewpartnerinnen verließen ihr Bundesland (die eine nur kurzzeitig) und blieben im Umkreis von 80 km ihres bisherigen Wohnortes wohnen (siehe auch Abb. 6). Die anderen 34 Interviewpartnerinnen blieben in ihrem Bundesland wohnhaft.

Abb. 5

Wohnorte nach Bundesländern

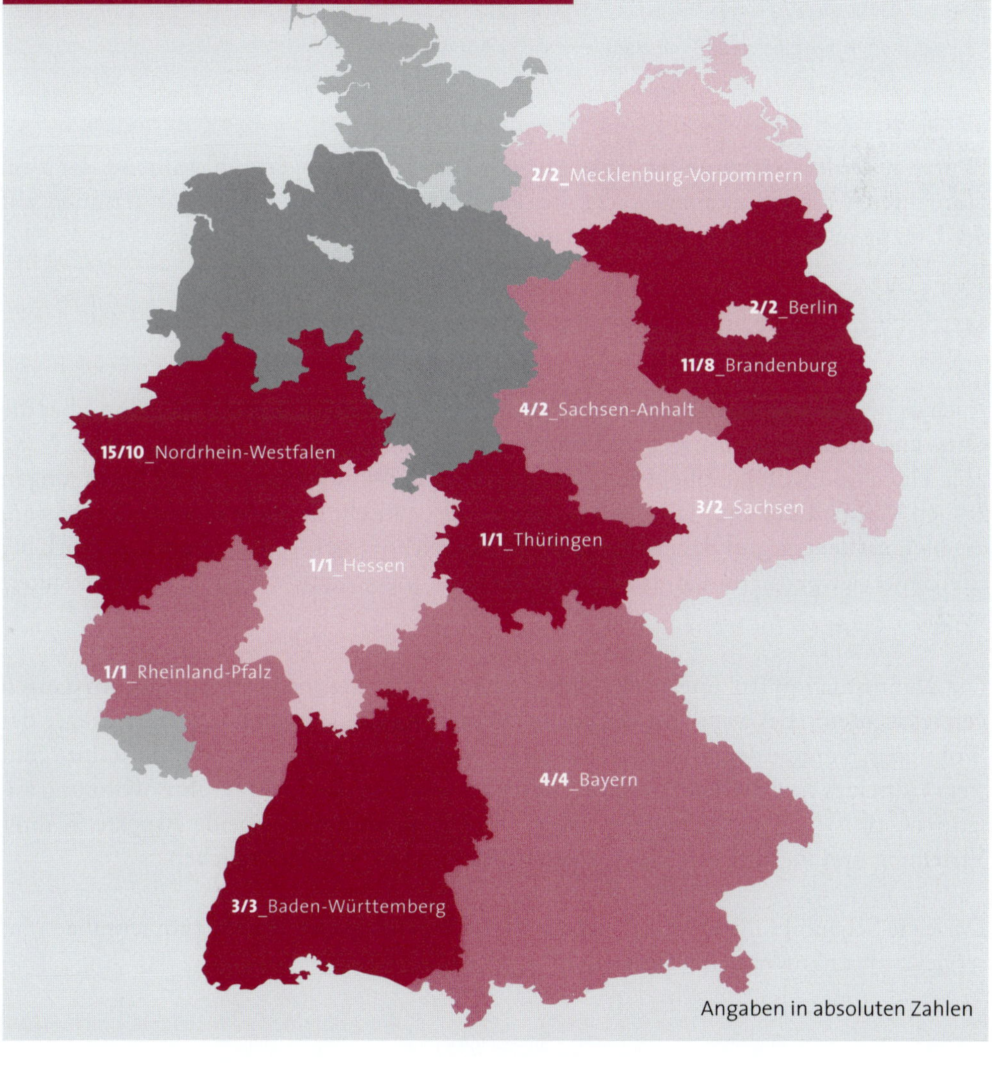

Auch aus einem Blickwinkel mittlerer geografischer Reichweite betrachtet, zogen die jungen Frauen während der zwei Jahre kaum um. Für elf der 36 jungen Frauen, die ihren Wohnort wechselten, soll die folgende Abbildung verdeutlichen, dass diese Umzüge meist innerhalb der Heimatregion stattfanden.

Abb. 6

Wohnortwechsel innerhalb des Befragungszeitraumes

Entfernung zum bisherigen Wohnort	1–20 km	21–40 km	41–60 km	61–80 km	81–100 km	
Zahl der Mädchen	2	3	3*	2*	1	= 11

*jeweils ein Mädchen verließ mit dem Umzug ihr Bundesland

Es war außerdem festzustellen, dass nur eine der elf jungen Frauen während der zwei Jahre ihren Wohnort zweimal wechselte. Für unsere anderen Interviewpartnerinnen war der Umzug in eine andere Stadt einmalig.

Wohnsituation (soziale Umgebung)

Auch wenn nur knapp ein Drittel unserer Interviewpartnerinnen ihren Wohnort über die Orts- und Stadtgrenze hinweg wechselten und dabei immer noch in geografischer Nähe zum Heimatort wohnen blieben, so war ihre und die Wohnsituation der anderen jungen Frauen während der zwei Jahre jedoch keinesfalls statisch. In einer anderen Dimension, die hier mit dem Begriff der „Wohnsituation" bezeichnet werden soll, fanden nämlich bei allen Interviewpartnerinnen umso mehr Veränderungen statt, wie nachfolgend erläutert wird.

Die Wohnsituation soll unter zwei Aspekten betrachtet werden: Zum einen kann danach gefragt werden, „bei wem" die 36 jungen Frauen wohnen (Eigentümer oder Träger der Wohnung), zum anderen ist ihre Situation auch maßgeblich dadurch bestimmt, „mit wem" (direktes soziales Umfeld) die jungen Schwangeren und Mütter ihre Wohnung teilen bzw. ob sie alleine leben. Die folgenden Diagramme sollen beide Aspekte in ihrer Verteilung und im Hinblick der zeitlichen Veränderung veranschaulichen.

Das erste Schaubild illustriert, in wessen Wohnung die jungen Frauen zum jeweiligen Interviewzeitpunkt wohnen („bei wem").

Abb. 7

Wohnsituation während des Befragungszeitraums – bei wem?

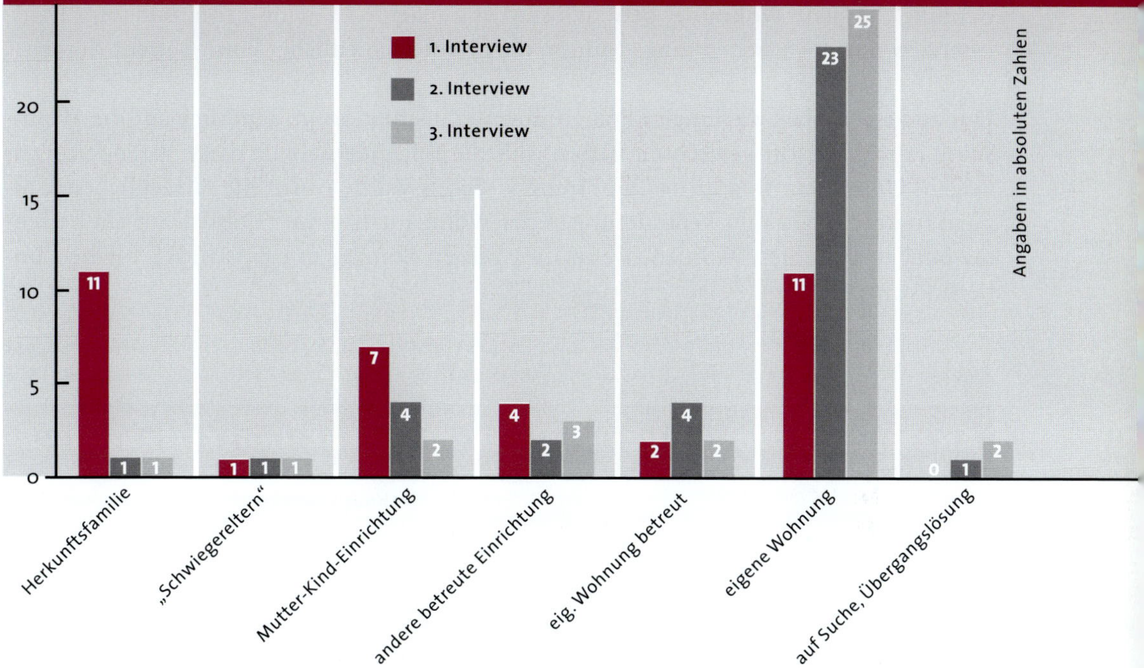

Der jeweils linke Balken im Diagramm beschreibt die Wohnsituation der Mädchen in der Zeit ihrer Schwangerschaft. Hier leben elf Mädchen (noch) bei den Eltern zu Hause, genauso viel haben sich bereits in einer eigenen Wohnung eingerichtet. Weitere elf Mädchen leben in einer Mutter-Kind-Einrichtung oder in einer anderen betreuten Institution, wie zum Beispiel in einem Kinder- oder Flüchtlingsheim. Zwei junge Schwangere leben in einer eigenen Wohnung, erhalten aber je unterschiedliche Formen von Betreuung. Ein Mädchen lebt mit ihrem Freud bei dessen Eltern.

Aufschlussreich ist ein Vergleich der Wohnsituation in zeitlicher Dimension. Eine wesentliche Veränderung ist hier der Wegzug von zu Hause in eine eigene Wohnung. Zum Zeitpunkt des zweiten Interviews, also nach der Geburt ihres Kindes, lebt nur noch eine junge Mutter bei ihren Eltern, hingegen ist die Zahl der jungen Frauen, die jetzt in einer eigenen Wohnung leben, von elf auf 24 gestiegen, zum dritten Interview sind es 25.[3]

---

3 Die Formulierung scheint vielleicht etwas grob und vereinfacht, da sie impliziert, dass genau die Mädchen, die im ersten Interview zu Hause wohnen, im Zweit- und Dritt-Interview in einer eigenen Wohnung wohnen. Ein genauerer Blick in die Daten bestätigt jedoch weitgehend diese scheinbar vorschnelle Schlussfolgerung.

In dem Diagramm (Abb. 7) wird ebenfalls erkennbar, dass sich die jungen Frauen im Verlauf der zwei Jahre mehr und mehr aus institutionell betreuten Wohnsituationen lösen. Bei einer Bündelung der Wohnstätten „Mutter-Kind-Einrichtung", „andere betreute Einrichtung", „eigene Wohnung, betreut", sind es zunächst 13, dann zehn, und zum Dritt-Interview nur noch sieben junge Mütter, die in unterschiedlicher Form betreut werden.

Um zu zeigen, dass die jungen Frauen ihre Wohnsituation im Hinblick auf die Wohnstätte tatsächlich oft gewechselt haben, soll die folgende Tabelle diese Veränderungen zeigen. Unter dem Begriff des Wohnungswechsels wurden hier alle tatsächlichen Umzüge zusammengezählt, Veränderungen der Wohnsituation im Hinblick auf ein betreutes oder unbetreutes Wohnen, wenn dies keinen Umzug mit einschloss, blieben unberücksichtigt.

Abb. 8

Anzahl der Wohnungswechsel im Befragungszeitraum

	Wohnungswechsel			
Anzahl	0	1	2	3
zwischen 1. und 2. Interview	8	22	5	1
zwischen 2. und 3. Interview	17	16	3	0

Das zweite Diagramm (Abb. 9) zeigt, mit wem die jungen Schwangeren und Mütter ihre Wohnung teilen.

Für einige Möglichkeiten des Zusammenlebens (Kategorien der ersten Achse) kann man aus zeitlicher Perspektive gleichförmige Veränderungen beobachten, die scheinbar parallel zur oben erläuterten Wohnsituation („bei wem") verlaufen. So wohnen zwischen dem ersten und dem dritten Interview immer mehr junge Mütter alleine (beim Erstinterview 7, dann 10, dann 13) und haben das Elternhaus verlassen bzw. lösen sich aus der Situation, in der sie mit ihrem Partner bei den eigenen oder dessen Eltern zusammenwohnen (10;2;1 und 3;1;1). Der Wegzug vom Elternhaus mündet also vielfach in den Bezug einer eigenen Wohnung, wobei zum dritten Interview von den 25 jungen Frauen, die in einer eigenen (unbetreuten) Wohnung leben (s. Abb. 7), 13 alleine dort wohnen.

Nur in geringem Maße gleichförmig verändert sich die Wohnsituation im Hinblick auf ein gemeinsames Wohnen mit dem Partner. Hier lässt sich zwar erkennen, dass immer mehr junge Frauen nach der Trennung vom Kindsvater einen neuen Partner finden, mit dem sie auch zusammenwohnen (0;4;6). Das Zusammenleben mit dem Kindsvater zeigt in der zeitlichen Entwicklung allerdings keine Gleichförmigkeit, sondern eher einen

Abb. 9

Wohnsituation während des Befragungszeitraums – mit wem?

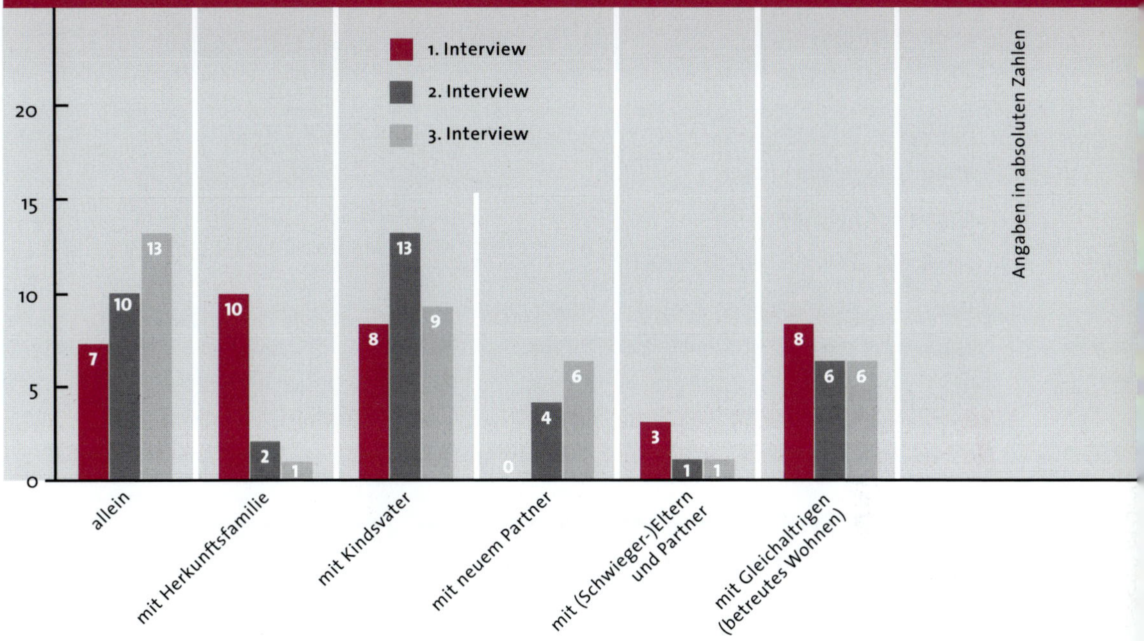

„Sprung" in der Zahlen-Linie. Zunächst leben acht junge Schwangere mit dem Kindsvater zusammen, zum Zeitpunkt des zweiten Interviews 13, später sind es nur noch neun junge Frauen, die mit dem Vater des Kindes zusammenwohnen. Es ziehen also einige junge Frauen nach der Geburt des Kindes mit dem Kindsvater zusammen, danach kommt es aber in einigen Fällen zumindest zu einer räumlichen Trennung vom Partner, die manchmal Ergebnis einer Auflösung der Liebesbeziehung ist.[4]

Bisher blieb noch unbeachtet, dass auch das Kind meistens zum neuen Mitbewohner der Mutter, des Vaters und möglichen anderen Personen wird. In Abbildung 10 wird aus der Perspektive des Kindes veranschaulicht, ob es mit seiner Mutter, mit beiden Elternteilen oder in einer anderen Konstellation aufwächst. Für die Zuordnung war entscheidend, welche Personen permanent in der Wohnung anwesend sind, in der auch das Kind den größten Teil seines Tages und die Nacht verbringt. Konstellationen, in denen das Kind tagsüber von einer Tagesmutter betreut wird, blieben deshalb unbeachtet.

4 Ein Blick in die Interviews zeigt, dass die Gründe, nicht mit dem Kindsvater zusammen zu wohnen nicht ausschließlich durch Trennungen zu erklären sind. Zum Beispiel wohnen einige Mütter noch im Mutter-Kind-Heim und können ihren Alltag nur stundenweise gemeinsam mit dem Partner verbringen. Das getrennte/gemeinsame Wohnen wird auch manchmal durch finanzielle Überlegungen und gesetzliche Bestimmungen beeinflusst.

Abb. 10

Aufenthaltsort des Kindes		
bei ...	2. Interview	3. Interview
beiden Elternteilen	13	8
Eltern und Großeltern	1	-
Mutter	12	17
Mutter und neuem Partner	5	5
Mutter und Großeltern	2	1
abwechselnd Mutter oder Großeltern	2	2
Vater	-	1
Vater und Großeltern	1	1
Pflegefamilie	1	1

Gründe für einen Wohnortwechsel oder Änderung der Wohnsituation

Auf eine vollständige, vor allem mit Zahlenangaben versehene Darstellung der Gründe für einen Wechsel des Wohnortes oder der Wohnsituation muss hier verzichtet werden. Diese Informationen wurden von uns nicht systematisch im Kopfbogen erhoben und waren auch nur dann Thema im Interview, wenn sie von der Interviewpartnerin in anderem Zusammenhang erwähnt wurden.

Ohne Zweifel war es die neue Situation mit Kind, die in erster Linie ausschlaggebend für einen Wohnungswechsel war, was auch die größere Zahl der Umzüge nach dem ersten Interview verglichen mit dem zweiten Interviewzeitpunkt (kurz nach der Geburt des Kindes) verdeutlicht (s. Abb. 8). Damit verbunden war beispielsweise das Streben nach räumlicher Unabhängigkeit vom Elternhaus oder die praktische Überlegung, sich nun nach einem neuen Zuhause mit größerer Wohnfläche umsehen zu müssen.

Weitere Gründe können in der Änderung der partnerschaftlichen Konstellation oder in dem Wunsch bzw. der Notwendigkeit liegen, das Mutter-Kind-Heim mit Beginn des 18. Lebensjahres zu verlassen. Nur sehr wenige junge Mütter und Paare wechselten den Wohnort auf Grund schulischer oder beruflicher Veränderungen, um in geografischer Nähe zum Arbeits- oder Ausbildungsplatz zu wohnen.

1.3 SCHULAUSBILDUNG

Die schulische Ausbildung unserer Interviewpartnerinnen ist höchst heterogen. Diese Heterogenität ist sowohl altersmäßig als auch biografisch bedingt.

Eine sinnvolle Systematisierung wird durch die differierenden Schulformen und Schulbildungsergänzungsformen in den einzelnen Bundesländern sowie deren häufig unterschiedliche Bezeichnung erschwert. Hinzu kommt, dass drei unserer Interviewpartnerinnen Schulen im Ausland besuchten und eine äquivalente Einordnung in das deutsche System schwierig ist. Der Versuch einer Systematisierung wird trotzdem unternommen, da die Schulbildung gleich unter zwei (demografischen) Gesichtspunkten bedeutsam ist:

- Zum einen soll eine Übersicht über das erreichte *Bildungsniveau* der Mädchen zum ersten Interviewzeitpunkt aufzeigen, dass Schwangerschaften im Jugendalter in allen „Bildungsschichten“ auftreten.
- Weiterhin soll der *schulische Werdegang* über die drei Interviewzeitpunkte hinweg veranschaulichen, wie die Mädchen Bildungsziele und Schwangerschaft/Mutterschaft verbinden, d.h. ob sie z.B. ihre Schulausbildung nach der Entbindung fortsetzen.

BILDUNGSNIVEAU

Wird die Frage nach dem Bildungsniveau mit dem Grad der schulischen Ausbildung beantwortet, so muss sie zu einem Zeitpunkt gestellt werden, an dem der Ausbildungsweg noch nicht durch die Schwangerschaft beeinflusst war. Entscheidend soll deshalb der erreichte oder angestrebte Schulabschluss vor der Schwangerschaft sein, den wir im ersten Interview erfragten. Die Kategorie „Schule abgebrochen“ gilt somit nur für Mädchen, die die Schule nicht wegen der Schwangerschaft (oder der sich ankündigenden Mutterschaft), sondern schon vorher, aus anderen Gründen, nicht mehr besuchten. Der angestrebte Abschluss wurde in den meisten Fällen über den zuletzt besuchten Schultyp bestimmt.[5]

Abbildung 11 veranschaulicht zweierlei: Es ist nicht nur das Bildungsniveau erkennbar, sondern es ist auch erfasst, wie viele Mädchen bereits einen Schulabschluss hatten, als sie schwanger wurden. Dies waren nach unserer Stichprobe 19 der 47 Mädchen. 22 besuchten eine Schule und fünf unserer Interviewpartnerinnen hatten die Schule vor der Schwangerschaft unterbrochen oder endgültig abgebrochen.

5 Anders zugeordnet wurde eine ausländische Hauptschülerin. Sie hatte in ihrem Heimatland Äthiopien eine internationale Eliteschule besucht und war dort nach eigenen Angaben „Schulbeste“. Wegen noch ungenügender Deutschkenntnisse besucht sie jetzt die Hauptschule in der 8. Klasse, der Grad ihrer Allgemeinbildung dürfte aber deutlich höher sein. Sie wurde dem Schultyp Gymnasium zugeordnet.

Abb. 11

Angestrebter Bildungsabschluss	Gymnasium (Abitur)	Gymnasium (Fachhochschulreife)	Realschule	Hauptschule[6]	BVJ[7] (= Berufsvorbereitungsjahr)	Summe
Abschluss	1	1	4	13	-[8]	19
Abschluss angestrebt (= Schulbesuch)	4	-	8	8	2	22
Schule abgebrochen	1	-	-	4	1	6
Summe	6	1	12	25	3	47

Schulischer Werdegang

Für die 36 jungen Frauen, die zu allen drei Interviews präsent waren und Aussagen über ihre schulische Situation geben konnten, soll jetzt in einer (tabellarischen) Zusammenschau versucht werden, ihren schulischen Bildungsweg nachzuzeichnen. Die tabellarische Darstellung orientiert sich am obigen Schema und ist um die zeitliche Dimension erweitert. Mit Hilfe einer namentlichen Kennzeichnung (bzw. Pseudonym) und der Interviewnummer soll nachvollziehbar werden, wie sich die schulische Situation für jede der jungen Frauen kurz vor und ca. zwei Jahre nach der Geburt ihres Kindes verändert hat.

---

6 Auf eine weitere Differenzierung zwischen Abschlüssen („Abgangszeugnis 9. Klasse“, „Hauptschulabschluss 10A oder 10B“ und „qualifizierter oder qualifizierender Hauptschulabschluss“ muss hier verzichtet werden, da nicht alle Interviewpartnerinnen Angaben darüber machten, welchen Abschluss sie angestrebt oder erreicht hatten. Außerdem existieren in den verschiedenen Bundesländern zum Teil weitere Differenzierungen.

7 Das Berufsvorbereitungsjahr (BVJ, auch „Berufliches Förderjahr") ist zunächst eine berufliche Schulart, die als 1-jährige Vollzeitschule den Berufsfachschulen zugeordnet wird (kleinere regionale Unterscheide sollen hier unberücksichtigt bleiben). Sie ist keine allgemeinbildende Schule, sondern richtet sich in erster Linie an Schulabbrecher, die ihre Chancen auf einen Lehrstellenplatz verbessern und einen ersten Einblick in verschiedene Fächer und Berufsfelder erhalten wollen. Es wird jedoch der Hauptschulabschluss als Zusatzqualifikation angeboten, so dass der Besuch des BVJ bedeuten kann, dass der Hauptschulabschluss angestrebt wird. Somit nimmt dieser Schulzweig eine Zwitterstellung zwischen Schulausbildung und Berufsausbildung ein.
Da generell die Möglichkeit zum Erwerb des Hauptschulabschlusses gegeben ist und neben fachlich relevanten Fächern auch allgemeinbildende Fächer (z.B. Deutsch und Wirtschaftskunde) unterrichtet werden, haben wir uns entschieden, diese Ausbildungsart in die Tabelle aufzunehmen, obwohl bei den drei Mädchen unserer Stichprobe, die das BVJ besuchen, unklar war, ob sie den Hauptschulabschluss anstrebten. Die Alternative, die Mädchen der Kategorie „Schule abgebrochen" zuzuordnen, erschien uns nicht gerechtfertigt.

8 Ein Mädchen hat das BVJ bereits mit der Zusatzqualifikation „Hauptschulabschluss“ beendet. Sie wurde der Kategorie „Hauptschule abgeschlossen“ zugeordnet.

9 Im Unterschied zur ersten Grafik sollen hier Bildungsverläufe und nicht das Bildungsniveau die Grundlage der Darstellung sein. Demnach wurde die junge Äthiopierin (s. Fußnote 5) jetzt ihrem tatsächlich besuchten Schultyp zugewiesen.

10 Für mehrfache Um- und Neuorientierungen innerhalb eines zeitlichen Abschnitts wurde die Darstellung mit eckiger Klammer gewählt: Die eckige Klammer kennzeichnet eine Situation, die zeitlich länger zurückliegt als die aktuelle schulische Lage. (Im konkreten Fall hat Sabine also zunächst den Hauptschulabschluss gemacht und befindet sich jetzt im BVJ.)

Abb. 12

Besuchter Schultyp während des Befragungszeitraums

	Universität	Gymnasium (Abitur)	Gymnasium (Fachhochschulreife)	Realschule	Hauptschule	BVJ (= Berufsvorbereitungsjahr)
vor der Schwangerschaft						
Abschluss		(07) Lydia	(06) Inga	(22) Nadja (23) Diana 1 (29) Susanne (34) Sabine 2	(02) Antonia (03) Yasmin (09) Silke (10) Janette (11) Nicole 1 (13) Konstanze (21) Sabine 1 (25) Aylien (27) Sandy (35) Manuela (36) Alex	
besucht		(04) Sibel (05) Claudia (14) Ophelia		(01) Donika (32) Olga (08) Nancy 1 (20) Gaby	(15) Sandra 1 (24) Seppi (30) Alya (30) Alya (38) Sarah (39) Ruth[9] (45) Selam (47) Daniela 2	(18) Diana 1
abgebrochen		(37) Veronika			(16) Simone (40) Sandra 3	(12) Nancy 2
2. Interview						
Abschluss				(20) Gaby (32) Olga	(18) Diana 1 [(21) Sabine 1][10] [(30) Alya] [(45) Selam] (47) Daniela 2	
besucht	(07) Lydia	(14) Ophelia		(08) Nancy 1 (30) Alya (45) Selam	(15) Sandra 1 (38) Sarah (40) Sandra 3	(21) Sabine 1 (37) Veronika
abgebrochen		(04) Sibel (05) Claudia		(01) Donika	(24) Seppi (39) Ruth	
3. Interview						
Abschluss		(14) Ophelia			(15) Sandra 1 (38) Sarah	
besucht	(07) Lydia		(04) Sibel (05) Claudia	[(47) Daniela 2]	(40) Sandra 3	(08) Nancy 1 (24) Seppi (30) Alya (39) Ruth
abgebrochen				[(08) Nancy 1] [(30) Alya] (47) Daniela 2		(37) Veronika

Dabei kann vor allem veranschaulicht werden, wie sich die schulische Situation für jene Mädchen weiterentwickelt, die noch keinen Schulabschuss hatten als sie schwanger wurden („Schulbesuch“ bzw. „Schule abgebrochen“), um zu erkunden, ob und auf welcher Stufe sie sich wieder in die schulische Laufbahn eingefunden haben. Junge Frauen, die nach Eintreten der Schwangerschaft nicht mehr schulisch involviert sind und sich in anderen Lebensbereichen wiederfinden (z.B. Nur-Hausfrau und Mutter oder Berufsausbildung), sind folglich für den zweiten und dritten Interviewzeitpunkt nicht mehr in der Grafik erfasst.

Weiterhin wird erkennbar, ob junge Frauen, die bereits vor der Schwangerschaft einen Abschluss erworben hatten, eventuell mit dem Wunsch nach einer höheren Qualifikation im Schulsystem verbleiben.

Zum Zeitpunkt des ersten Interviews waren zwar alle Mädchen schwanger, ihre Schwangerschaft war aber unterschiedlich weit fortgeschritten. Während einige Mädchen gerade erst von ihrer Schwangerschaft erfahren hatten, standen andere bereits kurz vor dem Entbindungstermin und hatten die Schule aus diesem Grund unterbrochen. Deshalb soll auch hier der zeitliche Bezugspunkt für die Zuordnung zu Schultypen die zuletzt besuchte Schule vor der Schwangerschaft sein. So können auch jene Mädchen einem Schultyp zugeordnet werden, die bereits hochschwanger waren oder wegen anderer durch die Schwangerschaft bedingter gesundheitlicher Komplikationen die Schule unterbrechen mussten.

Gymnasium

Bevor sie schwanger wurde, hatte eine junge Frau (Interview-Kennziffer 07) das Gymnasium mit dem Abitur abgeschlossen und studiert zum Zeitpunkt des zweiten und dritten Interviews an einer Universität. Eine weitere Interviewpartnerin (06) hatte die Schullaufbahn, noch bevor sie schwanger wurde, nach Erlangen der Fachhochschulreife (Abschluss nach der 12. Klasse) verlassen.

Drei weitere Mädchen hatten zunächst die gymnasiale Oberstufe besucht und strebten ebenfalls den Abitur-Abschluss an. Während eine der jungen Frauen kontinuierlich zur Schule geht und zum Zeitpunkt des dritten Interviews ihr Abitur bestanden hat (14), haben die beiden anderen (04;05) die Schule zum Zeitpunkt des zweiten Interviews abgebrochen. Beide entscheiden sich später für eine Rückkehr auf das Gymnasium (drittes Interview), streben nun aber statt des Abiturs die Fachhochschulreife an.

Eine Interviewpartnerin (37) hatte vor ihrer Schwangerschaft das Gymnasium abgebrochen, besucht dann das BVJ (Berufsvorbereitende Jahr), das sie zum Zeitpunkt des dritten Interviews abgebrochen hat.

Realschule

Vor Beginn der Schwangerschaft hatten vier der Interviewpartnerinnen einen Realschulabschluss. Alle vier (22;23;29;34) verlassen danach die Schule um sich in beruflicher Richtung zu orientieren oder sich ausschließlich dem neuen Haushalt und der Familie zu widmen.

Vier weitere junge Frauen (01;08;20;32) hatten die Realschule besucht oder versucht, den Abschluss auf der Abendrealschule zu erlangen. Zwei dieser Frauen (20;32) haben zum zweiten Interview den Abschluss erreicht, eine verlässt danach die Schullaufbahn (32), die andere (20) hat sich zum Besuch der gymnasialen Oberstufe angemeldet und wird zum Zeitpunkt des dritten Interviews wenige Tage später die neue Schule besuchen. Sie möchte dort ihr Abitur machen. Die anderen beiden Mädchen, die vor Beginn der Schwangerschaft die Realschule besucht hatten, verlassen die Schule ohne Abschluss. Eine der beiden Interviewpartnerinnen bricht die Schule zwischen dem zweiten und dritten Interview ab, um stattdessen das BVJ zu besuchen (08), die andere (01) verlässt zwischen dem ersten und dem zweiten Interview die Schullaufbahn ganz.

Hauptschule

Elf der jugendlichen Mütter hatten vor der Schwangerschaft bereits einen (z.T. qualifizierten) Hauptschulabschluss. Sie alle verlassen danach, mit einer Ausnahme, das schulische Ausbildungssystem und besuchen keine höhere Schule mehr. Lediglich eine junge Frau (21) kehrt nach erfolgloser Lehrstellensuche und auf Anraten des Arbeitsamtes in der Hoffnung auf die Hauptschule zurück, sie würde bei Erwerb eines besseren Notendurchschnitts dann größere Chancen auf dem Bewerbermarkt haben.

Sieben Mädchen hatten vor der Schwangerschaft eine Hauptschule besucht. Drei von ihnen (30;45;47) haben beim zweiten Interview den Hauptschulabschluss erreicht. Alle drei entscheiden sich dann zu einem fortführenden Besuch der Realschule, brechen diese aber (nach unterschiedlich langer Verweildauer) wieder ab.

Von den vier anderen Mädchen, die vor der Schwangerschaft die Hauptschule besucht hatten (15;24;38;39), haben zwei zum Zeitpunkt des dritten Interviews den Abschluss erreicht (15;38). Die beiden anderen (24;39) brechen die Schule vor dem zweiten Interview ab und beenden die Schullaufbahn (24) bzw. besuchen das BVJ (39). Im letzten Fall handelt es sich um die Schülerin einer Elite-Schule aus Äthiopien, die offenbar nur unter Schwierigkeiten ihre Schulausbildung in einem fremden Land fortführen kann.

Zwei junge Frauen (16;40) hatten die Hauptschule bereits vor der Schwangerschaft abgebrochen und kehren auch nicht mehr zur Schule zurück.

Berufsvorbereitendes Jahr (BVJ)

Eine junge Frau (18) hatte vor der Schwangerschaft das BVJ besucht und hat innerhalb dieser Ausbildung den Hauptschulabschluss erreicht (vor dem zweiten Interview). Sie verlässt danach endgültig die Schule.

Eine Interviewpartnerin (12) hatte ohne Schulabschluss das BVJ besucht, aber bereits vor der Schwangerschaft wieder abgebrochen. Auch bis zum Zeitpunkt des dritten Interviews nimmt sie den Schulbesuch nicht wieder auf.

Zusammengefasste Entwicklungen

Zusammenfassend lassen sich außerdem folgende Entwicklungen feststellen: Insgesamt 17 der 36 jungen Frauen hatten bereits vor der Schwangerschaft einen Schulabschluss. Lediglich zwei verbleiben danach im Bildungssystem: Eine Interviewpartnerin wiederholt ihren Hauptschulabschuss, eine andere hat sich nach dem Abitur an einer Hochschule immatrikuliert und strebt einen Universitätsabschluss an.

Insgesamt zehn junge Frauen erreichen noch während der Schwangerschaft bzw. nach der Geburt ihres Kindes einen Schulabschluss. Davon besteht eine das Abitur, zwei machen den Realschulabschluss, sechs schließen die Hauptschule erfolgreich ab. Eine Interviewpartnerin macht einen Abschluss innerhalb des BVJ.

Acht dieser zehn Frauen verlassen danach das Bildungssystem und orientieren sich anderweitig. Für die anderen beiden Frauen steht der Entschluss zum Besuch einer höheren Bildungsinstitution fest: Eine junge Frau mit Realschulabschluss steht zum Zeitpunkt des dritten Interviews kurz vor dem Eintritt in die gymnasiale Oberstufe. Die andere hat sich nach dem Abitur um einen Studienplatz beworben und hat bereits eine Zusage erhalten.

Neun unserer Interviewpartnerinnen brechen die Schule nach der Geburt ihres Kindes ab. Davon ist für drei Mädchen die Entscheidung endgültig. Vier Mädchen besuchen stattdessen das BVJ, was einen Wechsel in die berufliche Richtung markiert. Lediglich zwei unserer Interviewpartnerinnen kehren mit leicht geänderten Plänen zur Schule zurück: Sie besuchen, wie vorher, das Gymnasium, wollen aber mit der Fachhochschulreife statt mit dem Abitur abschließen.

Es wird außerdem erkennbar, dass sich unsere Interviewpartnerinnen über den Zeitraum vor der Schwangerschaft und die zwei Jahren danach, in denen die Befragungen stattfanden, mehr und mehr aus dem Schulbildungssystem lösen. Während vor der Schwangerschaft 14 unserer Interviewpartnerinnen eine allgemein bildende Schule und eine das BVJ besucht hatten, sind es zum Zeitpunkt des dritten Interviews noch vier junge Frauen, die eine Schule bzw. die Universität besuchen, ebenfalls vier besuchen das BVJ.

Zunächst können diese Veränderungen im Lebensalltag als altersbedingt interpretiert werden. Sie beschreiben den für dieses Alter typischen Wechsel von der schulischen zur beruflichen Orientierung. Inwieweit unsere Interviewpartnerinnen nach dem Verlassen der Institution Bildung aber tatsächlich berufliche Wege gehen und welche Wege das im einzelnen sind, soll im nächsten Abschnitt zusammenfassend erläutert werden.

1.4 Beschäftigung und Berufsausbildung

Wie alle jungen Frauen, stehen auch unsere Interviewpartnerinnen beim Verlassen der Schule (entweder durch Abbruch oder nach Abschluss) vor der Frage: „Was kommt nach der Schule?". Sie müssen sich entscheiden, ob sie einen Ausbildungsberuf erlernen wollen, ob sie ohne Ausbildung einer Beschäftigung nachgehen oder sich ausschließlich der neuen Familie widmen werden. Wie oben erläutert, nimmt die Zahl der Schulabgängerinnen während der zwei Jahre unserer Studie zu, so dass sich immer mehr Interviewpartnerinnen mit dieser Frage konfrontiert sehen. Sie erfordert vor allem wegen der besonderen Lebenssituation der jungen Schwangeren und Mütter ein hohes Maß an Einschätzung der persönlichen Bedürfnisse und Möglichkeiten als auch an Planung.

Beschäftigung

Nicht alle der 36 jungen Frauen, die uns während der zwei Jahre als Gesprächspartnerinnen zur Verfügung standen, gingen den Weg einer beruflichen Ausbildung oder waren erwerbstätig. Vorab soll deshalb generell dargestellt werden, welches die hauptsächliche *Beschäftigung* der jungen Frauen zu allen drei Interviewzeitpunkten war, d. h. in welchem Bereich sie tagsüber die meiste Zeit verbrachten. Eine grobe Ein- und Zuteilung in die drei Bereiche „Bildungssektor" (Schulausbildung und Hochschule), „Berufssektor" (Berufsausbildung, Beruf sowie Gelegenheitsjobs) und „zu Hause" (hauptsächlich Mutter und Hausfrau) soll dies zeigen.

Da Abbildung 13 keine Verläufe, sondern durch die Interviewzeitpunkte festgesetzte Momentaufnahmen zeigt und die Einteilung in diese Kategorien relativ undifferenziert ist, kann diese Darstellung nur grobe Vermutungen zulassen. Sie kann nicht den gerade in beruflicher und schulischer Hinsicht höchst heterogenen und nicht geradlinig verlaufenden Werdegängen gerecht werden.

Deshalb soll auf der Basis dieser Einteilung eine exaktere Beschreibung den (beruflichen) Alltag der jungen Frauen schildern. Weitere Erläuterungen orientieren sich an einem Schaubild, das der grafischen Darstellung des schulischen Werdegangs (Abb. 12) ähnelt. Für jede der jungen Frauen macht die Grafik den erreichten Abschluss im schulischen

Abb. 13

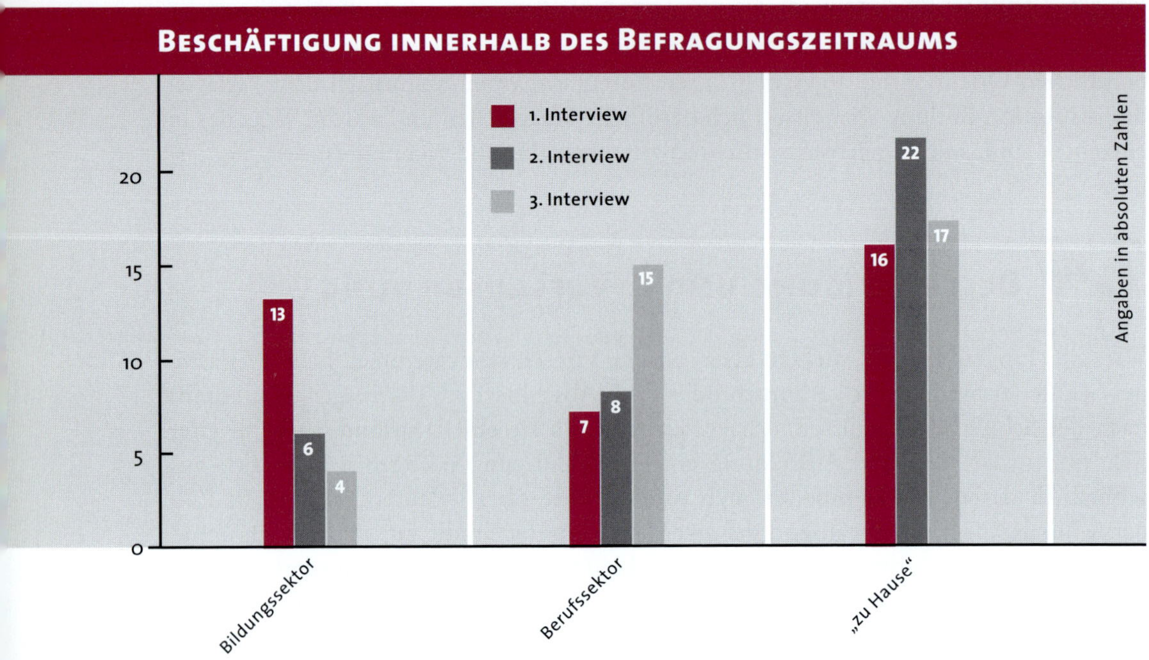

oder im beruflichen Bereich (horizontale Ebene) in Verbindung mit der jetzigen hauptsächlichen täglichen Beschäftigung (vertikale Ebene) erkennbar.

Außerdem soll die Grafik auch die Situation jener jungen Mütter wiedergeben, die zunächst offenbar nicht in berufliche oder schulische Zusammenhänge involviert sind. Einige junge Mütter verbringen ihren Tag überwiegend im privaten Bereich und sind damit hauptsächlich als Mutter und Hausfrau eingebunden. Allerdings bedeutet das nicht für alle, dass sie sich freiwillig und langfristig für diese Lebenssituation (oder *Beschäftigung*) entschieden haben. Die Ergänzung „Fokus ..." in der Grafik veranschaulicht, welche *Pläne* diese jungen Frauen für die nahe Zukunft verfolgen. D. h. ob sie tatsächlich und langfristig die Familie in den Mittelpunkt ihrer Tagesplanung stellen („Fokus Familie") oder ob sie außerdem weitere Ziele im schulischen oder beruflichen Bereich sehen und erreichen wollen („Fokus Lehre"/„Fokus Schule"/„Fokus Erwerbstätigkeit").

Entsprechend der Darstellung, die die persönlichen Wege unserer Interviewpartnerinnen in zeitlicher Dimension nachzeichnen möchte, setzt sich die Abbildung aus drei Teilen zusammen (1. bis 3. Interview). Einer weniger komplexen Darstellung zuliebe ist sie in Dritteln wiedergegeben, sie ist aber auch zusammengesetzt lesbar und ermöglicht dann den Überblick über die einzelnen (beruflichen) Biografien.[11]

Situation zum Zeitpunkt des Erstinterviews

Aus der Grafik lässt sich ablesen, dass zehn unserer Interviewpartnerinnen zum Zeitpunkt des ersten Interviews noch *keinen Schulabschluss* erreicht haben.

Sechs dieser Mädchen besuchen mit Wunsch auf einen Abschluss die Hauptschule (01;15;24;38;45;47).

Die anderen vier Mädchen ohne Schulabschluss verbringen den größten Teil ihres Tages aus unterschiedlichen Motiven hauptsächlich zu Hause. Sie haben entweder die Hauptschule abgebrochen und bemühen sich jetzt um einen Platz im BVJ (12;39), oder sie haben sich wegen anderer Gründe in die häusliche Sphäre zurückgezogen: So hat Sandra 3 (40) die Schule gerade abgebrochen und ist sich in ihrer weiteren Planung noch unsicher. Bewusst ist ihr allerdings der Wunsch, sich nicht ausschließlich der Fürsorge um ihr Kind widmen zu wollen. Anders hat sich eine junge Schwangere (16) entschieden, die wegen Drogenproblemen und damit verbundenen Schulschwierigkeiten die Hauptschule abbrach. Sie will sich jetzt ausschließlich ihrem Kind und ihrem Partner widmen.

Weitaus mehr Interviewpartnerinnen, insgesamt 26, haben zum ersten Interview *mindestens einen Hauptschulabschluss* erreicht.

Hierzu zählen natürlich auch jene jungen Frauen, die bereits eine Lehre begonnen oder abgeschlossen haben. Sechs junge Frauen sind in den beruflichen Bereich involviert: Diana 1 (18) besucht das BVJ, die fünf anderen (03;11;13;22;27) sind Auszubildende in verschiedenen Bereichen.

Neun junge Schwangere mit Schulabschluss verbringen ihren Tag zum Zeitpunkt des ersten Interviews hauptsächlich im privaten Bereich. Nur eine allein erziehende junge Mutter (34), die jetzt zum zweiten Mal schwanger ist, entscheidet sich bewusst dafür, ihren künftigen Alltag zunächst ausschließlich mit ihren beiden Kindern zu verbringen und stellt andere Ziele auf längere Zeit zurück. Die anderen acht Frauen sehen ihren Verbleib im häuslichen Bereich als zeitlich begrenzt und möchten nach der Geburt ihres Kindes die Schule weiterbesuchen (09;25) oder bemühen sich jetzt schon um einen Ausbildungsplatz (06;21;29;30;37). Olga (32) hat soeben ihren Realschulabschluss erreicht und überlegt nun, ob sie sich in beruflicher Richtung orientieren oder sich für das Abitur anmelden soll.

---

11 Im vorigen Kapitel wurde der schulische Werdegang für jede Interviewpartnerin lückenlos dargestellt, wobei auch mehrfache Wechsel (dargestellt in eckigen Klammern) markiert wurden. Da jetzt schulische sowie berufliche Werdegänge in der Grafik vereint werden, wäre diese Art der Darstellung zu komplex. Demnach orientiert sich der zeitliche Vergleich nur an der aktuellen Situation zum jeweiligen Interviewzeitpunkt. Entsprechend ist die horizontale Zeile (Schulabschluss/Berufsausbildung) so zu lesen, dass nur der letztlich erreichte Abschluss abzulesen ist. Das heißt, da die Aufnahme einer Berufsausbildung den Schulabschluss voraussetzt, wurden die Interviewpartnerinnen, die eine Berufsausbildung begonnen bzw. abgeschlossen haben, nicht mehr zusätzlich in die Kategorien „Schulabschluss" aufgenommen.

Abb. 14

Schulischer/beruflicher Abschluss beim ersten Interview

	ohne Schulabschluss	(mind. Haupt-) Schulabschluss[12]	begonnene Lehre	abgeschl. Lehre
1. Interview[13]				
Schule/Studium	(01) Donika (15) Sandra 1 (24) Seppi (38) Sarah (45) Selam (47) Daniela 2	(04) Sibel (05) Claudia (07) Lydia (08) Nancy 1 (10) Janette (14) Ophelia (20) Gaby		
BVJ		(18) Diana 1		
in Lehre		(03) Jasmin (11) Nicole 1 (13) Konstanze (22) Nadja (27) Sandy		
erwerbstätig/Jobs			(36) Alex	
Hausfrau u. Mutter[14], Fokus: Schule/Stud.		(09) Silke (25) Aylien		
Hausfrau u. Mutter, Fokus: Lehre	(12) Nancy 2 (39) Ruth	(06) Inga (21) Sabine 1 (29) Susanne (30) Alya (37) Veronika	(02) Antonia	
Hausfrau u. Mutter, Fokus: Erwerbstätigkeit				
Hausfrau u. Mutter, Fokus: Familie	(16) Simone	(34) Sabine 2	(35) Manuela	(23) Diana 2
Hausfrau u. Mutter, Perspektivensuche	(40) Sandra 3	(32) Olga		

12 Im vorigen Kapitel ist erkennbar, auf welchem Niveau der Schulabschluss jeweils erreicht wurde. Zugunsten einer Vereinfachung wurde diese Differenzierung jetzt außer Acht gelassen. Als Schulabschluss wurde einheitlich der Hauptschulabschluss, als mindestens erreichter Abschluss, zur Orientierungsgröße gewählt. Zu den Absolventinnen eines solchen Abschlusses wurden folglich auch jene jungen Frauen gezählt, die ihn formal nicht absolviert, sich aber auf Grund ihrer höheren Schullaufbahn sozusagen „en passant" qualifiziert haben (z.B. durch den Besuch der Realschule oder des Gymnasiums).

13 Da im Unterschied zum vorigen Kapitel hier als zeitlicher Bezugspunkt das erste Interview und nicht die Zeit vor der Schwangerschaft gewählt wurde, ergeben sich im Vergleich der beiden Abbildungen bei der Zuordnung leichte Abweichungen für die Mädchen, deren schulische Situation sich zwischen den beiden Zeitpunkten (also nach Eintreten der Schwangerschaft, aber vor dem ersten Interview) geändert haben, die z. B. in der Zwischenzeit ihren Schulabschluss gemacht haben.

14 Streng betrachtet sind unsere Interviewpartnerinnen zum ersten Interview (bis auf zwei Ausnahmen) noch keine Mütter, sondern werdende Mütter. Da ihre bevorstehende Mutterschaft aber schon jetzt ihre Entscheidungen und Planungen bezüglich der (beruflichen) Lebensführung maßgeblich beeinflusst und sie damit quasi schon real die Mutter-Rolle einnehmen, wird die Bezeichnung hier trotzdem verwendet.

Drei unserer Interviewpartnerinnen hatten bereits eine *Lehrausbildung begonnen*. Davon haben zwei (35;36) die Lehre wegen „Nichtgefallen“ (36) oder um sich ausschließlich auf die neue Lebenssituation mit Kind konzentrieren zu können (35), abgebrochen. Eine, Antonia (02), hat ihre Lehrstelle wegen schlechter Noten in der Berufsschule verloren und möchte sich nach einem Erziehungsjahr zu Hause erneut um eine Lehrstelle bemühen.

Eine junge Frau (23) hat zum Zeitpunkt des Erstinterviews ihre *Lehre bereits beendet*. Obwohl sie sich in dem gewählten Berufsfeld wohl fühlt, möchte sie momentan nicht arbeiten und sich während der nächsten Jahre auf die Familie konzentrieren.

Situation zum Zeitpunkt des zweiten Interviews

Zum Zeitpunkt des zweiten Interviews sind noch acht junge Frauen ohne *(Haupt-)Schulabschluss*, d.h. zwei (45;47) haben seit dem ersten Interview ihren Hauptschulabschluss absolviert.

Zwei der acht Frauen ohne Schulabschluss (15;38) gehen weiter zur Schule, und eine junge Frau (40) hat sich nach einer Orientierungsphase zur Rückkehr auf die Schule entschlossen.

Fünf Interviewpartnerinnen ohne Schulabschluss (01;12;16;24;39) sind momentan hauptsächlich zu Hause, haben aber unterschiedliche Pläne, was ihre Zukunft betrifft: Donika (01) hatte die Realschule unterbrochen, will sie jedoch immer noch beenden und bald mit der Prüfungsvorbereitung beginnen. Die beiden Frauen, die sich bereits im ersten Interview in beruflicher Richtung orientieren wollten (12;39), sind weiterhin zu Hause, haben aber weiterhin Pläne: Für Nancy 2 (12) hat sich der Wunsch auf den Besuch des BVJ zerschlagen, sie steht jetzt mit dem Arbeitsamt in Verbindung und wartet auf ein Lehrstellenangebot. Der Wunsch nach einer Ausbildung hat sich für Ruth (39) wegen ihres ungeklärten Status als Asylbewerberin noch nicht erfüllt.

Zwei junge Frauen ohne Schulabschluss verbringen den Großteil ihres Tages mit ihrem Kind und haben keine beruflichen oder schulischen Ziele: Für Simone (16) ist die Aufgabe als Mutter und Hausfrau zu einer besonderen, ihr Leben bestimmenden Aufgabe geworden. Sie lässt sich wegen der schweren körperlichen Behinderung ihres Kindes und der damit verbundenen vor allem medizinisch notwendigen Fürsorge nicht mit anderen Beschäftigungen koordinieren. Die andere junge Frau, Seppi (24), hat die Schule wegen einer akuten Erkrankung ihres Kindes unterbrochen und ist jetzt ein zweites Mal schwanger. Ihre schulische Ausbildung tritt für sie als Zielsetzung klar in den Hintergrund.

Von unseren Interviewpartnerinnen haben 28 zum zweiten Interview *mindestens den Hauptschulabschluss* erreicht.

Davon besuchen zwei weiterhin die Schule (08;14), Lydia (07) ist als Studentin immatrikuliert.

Abb. 15

Schulischer/beruflicher Abschluss beim zweiten Interview				
	ohne Schulabschluss	(mind. Haupt-) Schulabschluss	begonnene Lehre	abgeschl. Lehre
2. Interview				
Schule/Studium	(15) Sandra 1 (38) Sarah (40) Sandra 3	(07) Lydia (08) Nancy 1 (14) Ophelia		
BVJ		(21) Sabine 1 (37) Veronika (45) Selam		
in Lehre		(03) Jasmin (13) Konstanze (27) Sandy	(22) Nadja	
erwerbstätig/Jobs		(09) Silke		
Hausfrau u. Mutter, Fokus: Schule/Stud.	(01) Donika	(05) Claudia (47) Daniela 2		
Hausfrau u. Mutter, Fokus: Lehre	(12) Nancy 2 (39) Ruth	(04) Sibel (06) Inga (20) Gaby (29) Susanne (30) Alya	(02) Antonia (18) Diana 1	
Hausfrau u. Mutter, Fokus: Erwerbstätigkeit/Jobs			(36) Alex	(11) Nicole 1
Hausfrau u. Mutter, Fokus: Familie	(16) Simone (24) Seppi	(10) Janette (25) Aylien (34) Sabine 2	(35) Manuela	(23) Diana 2
Hausfrau u. Mutter, Perspektivensuche		(32) Olga		

Sieben junge Frauen, die mindestens einen Hauptschulabschluss erreicht haben, sind im beruflichen Sektor anzutreffen: Drei junge Frauen (21;37;45) haben ein BVJ begonnen, wobei Selam (45) eine medizinische Berufsschule besucht, die ihr gleichzeitig die Möglichkeit zum Realschulabschluss anbietet. Befanden sich zum ersten Interview fünf unserer Interviewpartnerinnen in einer beruflichen Lehrausbildung, so konnte Nicole 1 (11) ihre Ausbildung erfolgreich abschließen. Die vier anderen (03;13;22;27) sind weiter Auszubildende, wobei Nadja (22) ihre Ausbildungsrichtung und damit ihre Lehrstelle gewechselt hat. Silke (09) ist nicht voll erwerbstätig, ist aber insoweit in den beruflichen Bereich eingebunden, als sie regelmäßig als Reinigungskraft „jobbt" und nicht ganztägig als Mutter und Hausfrau zu Hause ist.

Insgesamt elf unserer Interviewpartnerinnen mit *Schulabschluss* verbringen den Großteil ihres Alltags in ihrem privaten, familialen Umfeld. Daniela 2 (47) möchte nach ihrem bereits erreichten Hauptschulabschluss und nach einer kurzen Übergangszeit zu Hause nun die Realschule besuchen. Fünf junge Frauen, die jetzt hauptsächlich zu Hause sind, bemühen sich aktuell um eine Lehrstelle bzw. stehen kurz vor Ausbildungsbeginn. Während Sabine 2 (34) schon zum ersten Interview eine längere Verbleibszeit zu Hause eingeplant hatte, entscheiden sich zwei weitere Frauen nach Realschulabschluss (25) bzw. Lehrabbruch und erneuter Schwangerschaft (10) für eine längere Zeit zu Hause zu bleiben. Olga (32) ist weiterhin auf der Suche nach einer Perspektive, sie ist fest entschlossen, sich schulisch oder beruflich zu orientieren, kann sich aber nicht konkret für eine Option entscheiden.

Nach einer bereits *begonnenen Lehre* hat Nadja (22), wie erwähnt, ihre Lehrstelle gewechselt. Nachdem zwei Frauen ihre Lehrstelle verloren (02) bzw. abgebrochen hatten (18), bemühen sich jetzt beide um einen neuen Ausbildungsplatz. Alex (36) hatte ihre Nebenjobs aufgegeben, fühlt sich aber als Mutter und Hausfrau nicht genügend ausgefüllt und möchte wieder eine Nebentätigkeit annehmen. Manuela (35) ist erneut schwanger und sieht ihre nahe Zukunft ausschließlich im familialen Bereich.

Zwei Frauen haben zum Zeitpunkt des zweiten Interviews eine *abgeschlossene Berufsausbildung*. Während Nicole 1 (11) ihre Ausbildung gerade beendet hat und auf der Suche nach einer Teilzeitbeschäftigung ist, arbeitet Diana 2 (23) jetzt nicht mehr in ihrem Beruf. Sie hat ein Erziehungsjahr beantragt und wünscht sich gemeinsam mit ihrem Partner ein zweites Kind.

Situation zum Zeitpunkt des dritten Interviews

Beim dritten Interview sind sechs junge Frauen *ohne Hauptschulabschluss*.

Dabei besucht Sandra 3 (40) weiterhin die Hauptschule. Zwei Frauen, die vorher als Mutter zu Hause waren (24;39), haben ein BVJ begonnen.

Hingegen sind es jetzt drei junge Mütter, die hauptsächlich mit der Versorgung ihrer Kinder und anderer Aufgaben im häuslichen Bereich beschäftigt sind: Nancy 2 (12) hat ihren Ausbildungswunsch verworfen und sieht sich nun nach einer Nebentätigkeit um. Simone (16) ist weiterhin mit der Pflege ihrer behinderten Tochter ganztägig beschäftigt. Donika (01) hat wegen zu schwacher Noten in ihrer Abschlussprüfung den Realschulabschluss wider Erwarten nicht erreicht. Sie wünscht sich nun ein zweites Kind und hat schulische sowie berufliche Ambitionen aufgegeben.

Insgesamt 30 unserer Interviewpartnerinnen haben *mindestens einen Hauptschulabschluss erreicht*.

Drei davon sind weiterhin im höheren Bildungsbereich anzutreffen: zwei dieser jungen Frauen (04;05) sind nach Unterbrechung auf das Gymnasium zurückgekehrt, Lydia (07) studiert weiterhin.

Abb. 16

Schulischer/beruflicher Abschluss beim dritten Interview				
	ohne Schulabschluss	**(mind. Haupt-) Schulabschluss**	**begonnene Lehre**	**abgeschl. Lehre**
3. Interview				
Schule/Studium	(40) Sandra 3	(04) Sibel (05) Claudia (07) Lydia		
BVJ	(24) Seppi (39) Ruth	(09) Nancy 1 (30) Alya (45) Selam		
in Lehre		(06) Inga (13) Konstanze (15) Sandra 1 (21) Sabine 1 (29) Susanne (38) Sarah	(02) Antonia	
erwerbstätig/Jobs		(09) Silke (20) Gaby		(22) Nadja
Hausfrau u. Mutter, Fokus: Schule/Stud.		(14) Ophelia		
Hausfrau u. Mutter, Fokus: Lehre				
Hausfrau u. Mutter, Fokus: Erwerbstätigkeit/Jobs	(12) Nancy 2	(37) Veronika	(18) Diana 1 (36) Alex	(11) Nicole 1
Hausfrau u. Mutter, Fokus: Familie	(01) Donika (16) Simone	(10) Janette (25) Aylien (34) Sabine 2	(35) Manuela	(23) Diana 1 (27) Sandy
Hausfrau u. Mutter, Perspektivensuche		(03) Jasmin (32) Olga	(47) Daniela 3	

Drei Frauen besuchen das BVJ, wobei Selam (45) ihre Ausbildung fortsetzt, die beiden anderen (08;30) sind nach Abbruch der Realschule bzw. fehlgeschlagener Lehrstellensuche neu hinzugekommen. In Ausbildung befinden sich beim dritten Interview insgesamt sieben junge Mütter. Eine von ihnen hatte bereits schon einmal eine Lehre begonnen, die Lehrstelle aber vor der Schwangerschaft verloren. Sechs dieser jungen Frauen in Ausbildung haben ihre Lehre gerade neu begonnen, lediglich Konstanze (13) befindet sich seit dem Erstinterview in Ausbildung. Zwei Frauen haben eine Nebentätigkeit angenommen (09;20). Dabei ist das Engagement einer jungen Frau (20) erwähnenswert: Sie arbeitet in verschiedenen Jobs und steht jetzt kurz vor der Aufnahme einer Lehre. Gleichzeitig ist sie für den Besuch eines Abendgymnasiums angemeldet, dessen Kurse in wenigen Tagen beginnen.

Insgesamt kümmern sich sieben Frauen, die mindestens einen Hauptschulabschluss haben, zum Zeitpunkt des dritten Interviews hauptsächlich um ihr Kind, die Familie und den Haushalt. Ophelia (14), die gerade ihr Abitur gemacht hat, bewirbt sich nun um einen Studienplatz. Veronika (37), die das BVJ abgebrochen hat, möchte sich eine Nebentätigkeit suchen. Drei unserer Interviewpartnerinnen (10;25;34) sind hauptsächlich zu Hause. Janette (10) und ihr Partner möchten ein zweites Kind bekommen, Aylien (25) hat ihren Realschulbesuch abgebrochen, weil es ihr schwer fällt, ihr Kind tagsüber in fremde Hände abzugeben. Sabine 2 (34) ist zwar hauptsächlich zu Hause bei ihren zwei Kindern, hat an den Wochenenden aber einen Kurs belegt, der sie zur Heilpraktikerin ausbilden soll. Zwei junge Frauen (03;32) sind weiter auf Perspektivensuche.

Für Jasmin (03) ist nur schwer eine passende Kategorie zu finden: Sie hat ihr Kind ihrem Noch-Ehemann überlassen, hat weder familiale noch berufliche Ambitionen. Sie ist nun aber wieder schwanger von einem anderen Partner, von dem sie sich mittlerweile getrennt hat. Für Olga (32) haben sich noch keine Alternativen zur ausschließlichen Lebensform als Mutter ergeben. Sie hat aber ein sehr starkes Interesse daran, neue Perspektiven zu entwickeln.

Fünf junge Mütter hatten bereits zu einem anderen Zeitpunkt eine *Lehre begonnen* und finden sich jetzt in höchst unterschiedlichen Lebenssituationen wieder. Während Antonia (02) nach Verlust ihrer Lehrstelle einen neuen Ausbildungsplatz gefunden hat, gestalten die anderen vier Frauen ihren Alltag hauptsächlich gemeinsam mit ihrem Kind. Dabei bemühen sich zwei junge Mütter (18;36) um eine Nebentätigkeit. Manuela (35) ist mittlerweile Mutter von nunmehr zwei Kindern, und fühlt sich mit den häuslichen Tätigkeiten voll beschäftigt. Daniela 3 (47) hat gerade die Realschule abgebrochen, ist übergangsweise ganztägig zu Hause und will sich nun neu orientieren, während ihr Kind (vorläufig) in einer Pflegefamilie untergebracht ist.

Es sind mittlerweile vier junge Frauen, die zum Zeitpunkt des dritten Interviews eine *abgeschlossene Lehre* vorweisen können. Davon arbeitet nur Nadja (22) in ihrem Beruf, die anderen drei (11;23;27) sind momentan zu Hause. Wie schon im zweiten Interview befindet sich Nicole (11) immer noch auf der Suche nach einer Teilzeitbeschäftigung in ihrem Beruf. Ebenfalls unverändert ist die Situation für Diana 1 (23), die momentan nicht arbeiten, sondern sich auf ihre Familie konzentrieren möchte. Sie erwartet mittlerweile das gewünschte zweite Kind. Sandy (27) hat ihre Ausbildung soeben abgeschlossen, befindet sich aber vorerst in einer zweijährigen Elternzeit.

Nach dieser ausführlichen und am Einzelfall orientierten Darstellung soll die folgende Abbildung abschließend die Ergebnisse zum besseren Überblick noch einmal in Zahlen wiedergeben. Vereinfacht wurde dabei die Zuordnung der Frauen, die zu Hause sind: Die Kategorie „Hausfrau und Mutter, Fokus Familie“ wurde in die Kategorie „langfristig familiale Orientierung“ umbenannt und der Kategorie „übergangsweise zu Hause“ gegenübergestellt, die die obigen Kategorien („Fokus Lehre/Schule/Erwerbstätigkeit/Perspektivensuche“) in sich zusammenfasst.

Abb. 17

Beschäftigung der jungen Frauen			
(N=36)	**1. Interview**	**2. Interview**	**3. Interview**
Schule/Studium	13	6	4
BVJ	1	3	5
in Lehre	5	4	7
erwerbstätig	1	1	3
übergangsweise zu Hause	11	16	9
langfristig familiale Orientierung	4	7	8

Berufliche Qualifikation

Nachdem bis jetzt nicht die berufliche Qualifikation allein, sondern auch allgemein die Beschäftigung der jungen Schwangeren und Mütter im Blickpunkt standen, werden im Folgenden noch einige Informationen gegeben, die ausschließlich jene jungen Frauen betreffen, die bereits in einem Ausbildungsverhältnis stehen oder zu einem beliebigen Zeitpunkt vor oder während der Untersuchung gestanden haben. Dies sind insgesamt 19 unserer Interviewpartnerinnen.

Zum Zeitpunkt des dritten Interviews lässt sich folgendes Bild zeichnen: Sechs Interviewpartnerinnen hatten eine Lehre aufgenommen, sie aber bereits vor oder nach der Schwangerschaft wieder abgebrochen und haben seither keinen neuen Lehrvertrag. Zwei Interviewpartnerinnen hatten ihre erste Lehre abgebrochen, befinden sich aber jetzt in einem neuen Ausbildungsverhältnis. Insgesamt sieben junge Frauen befinden sich zum dritten Interview in ihrer ersten Lehre und streben den Abschluss an. Bereits vier junge Mütter haben ihre Lehre erfolgreich beendet. Die folgende Abbildung illustriert dies.

Abb. 18

Stand der Berufsausbildung für Frauen mit begonnener Lehre	
(N=19)	**3. Interview**
Lehre abgebrochen, keine neue Lehre	6
Lehre abgebrochen, jetzt neue Lehre	2
in Lehre	7
Lehre abgeschlossen	4

An dieser Stelle ist vielleicht auch eine genauere Untersuchung interessant, auf welche beruflichen Bereiche sich das Interesse der jungen Frauen richtete, die zu einem beliebigen Zeitpunkt eine Ausbildung begonnen haben. Unabhängig davon, ob die begonnene Lehre tatsächlich zu Ende gebracht wurde, gibt die folgende Grafik darüber Auskunft, in welchen Bereichen diese 19 Interviewpartnerinnen eine Ausbildung begonnen haben. Jeder genannte Beruf (insgesamt sind es 18 verschiedene) entspricht dabei einer Nennung, haben mehrere Frauen diese Ausbildung begonnen, so steht dahinter die absolute Häufigkeit als Zahl.

Abb. 19

Berufsziele der jungen Frauen

Berufsfeld	Berufsbezeichnung
Handwerk	Friseurin, Konditorin
Landwirtschaft	Gärtnerin, Tierwirtin
Medizinisch-sozialer Bereich	Kinderpflegerin (2), Sozialpflegeassistentin, Krankenpflegehelferin, Heilpraktikerin, Arzthelferin
Einzelhandel	Verkäuferin (allgemein), Fleischerei-Fachverkäuferin
Gastgewerbe	Restaurantfachfrau (3), Hotelfachfrau
Wirtschaft und Verwaltung	Bürokauffrau (2), Fachangestellte für Bürokommunikation, Kauffrau zum Groß- und Außenhandel, Reiseverkehrskauffrau
Hauswirtschaft	Technische Helferin Hauswirtschaft

1.5 Familienstand und Partnerschaften

Weil die Erfahrungen der jungen Frauen mit Sexualität, Schwangerschaft und der neuen Lebenssituation mit Kind maßgeblich von ihrem Partner und der Partnerschaft mitbestimmt werden, soll es im folgenden Abschnitt darum gehen, diese Partnerschaften in einem kurzen Überblick zu beleuchten.

In unserem dem Interview vorgeschalteten Kopfbogen stellten wir den jungen Frauen die Frage nach ihrem Familienstand. Wir sammelten zu jedem Interviewzeitpunkt auch Informationen darüber, ob die Beziehung zum Kindsvater noch bestand, ob die jungen Frauen in einer neuen Beziehung oder ohne Partner lebten.

Allen 47 Mädchen stellten wir zum ersten Interview zunächst die Frage nach ihrem *Familienstand*. Dabei ergibt sich, dass 46 Mädchen ledig sind, nur eine Interviewpartnerin ist bereits verheiratet.

Abb. 20

FAMILIENSTAND DER JUNGEN FRAUEN	
(N=47)	1. Interview
ledig	46[15]
verheiratet	1

Weiterhin gibt die folgende Tabelle darüber Auskunft, wie sich der Familienstand der 36 jungen Frauen änderte, die während der gesamten zwei Jahre an der Studie teilnahmen. Wie nämlich die folgende Tabelle zeigt, heirateten nach dem ersten Interviewzeitpunkt fünf junge Frauen ihren Partner. In allen Fällen war dies der Kindsvater. Zum Zeitpunkt des dritten Interviews lebt ein Ehepaar aber bereits wieder in Scheidung.

Abb. 21

FAMILIENSTAND DER JUNGEN FRAUEN			
(N=36)	1. Interview	2. Interview	3. Interview
ledig	35	31	29
verheiratet	1	5	6
in Scheidung	–	–	1

Zwar kann mit dieser demografischen Information des Familienstandes gezeigt werden, inwieweit sich die jungen Frauen und Männer für ein eheliches Zusammenleben entschieden haben. Damit ist aber noch nicht erhoben, wie sich die Beziehungssituation für die ledigen jungen Frauen gestaltet. Die folgende Grafik soll deshalb illustrieren, ob die 36 jungen Frauen, die zu allen drei Interviewzeitpunkten befragt werden konnten, dann jeweils in einer Partnerschaft leben. Falls dies zutrifft, ist weiterhin zu klären, ob dieser junge Mann der Kindsvater oder ein neuer Partner bzw. sozialer Vater ist.

Die Grafik zeigt, dass die meisten unserer Interviewpartnerinnen zu jedem Zeitpunkt der Befragung in einer Partnerschaft lebten: Im ersten Interview waren es 28, dann 33 und im dritten Interview sind es 29 junge Frauen.

Mit Blick auf die Person des Partners wird erkennbar, dass relativ viele Partnerschaften zwischen Kindsmutter und Kindsvater über die zwei Jahre hinweg bestehen blieben, obgleich sich ihre Zahl von 27 auf 19 und zum dritten Interview auf 14 verringert. Insge-

15 Eine junge Frau verlor ihren Partner kurz vor der Geburt ihres gemeinsamen Kindes durch einen Verkehrsunfall. Der Begriff „verwitwet“ wurde hier nicht benutzt, weil das Paar nicht verheiratet war, sie wurde zu den Ledigen gezählt.

Abb. 22

Beziehungssituation der jungen Frauen

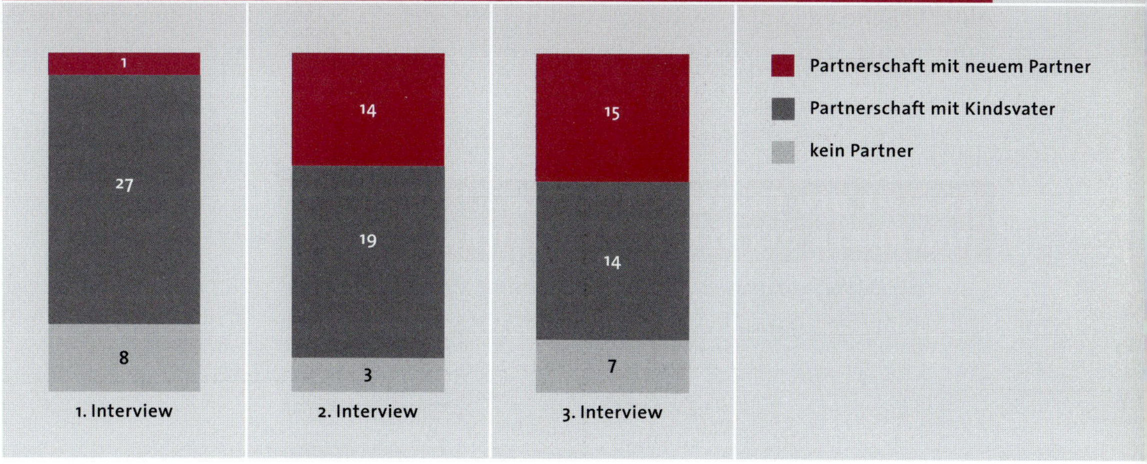

samt wächst also knapp die Hälfte der Kinder, deren Eltern in festen Beziehungen leben, bis zum zweiten Lebensjahr mit Mutter und Vater gemeinsam auf.

In gleichem Maße, wie ein Ende der Beziehung zwischen Kindsmutter und Kindsvater im Laufe der Zeit wahrscheinlicher wird, entwickeln sich für die jungen Frauen Möglichkeiten zu einem partnerschaftlichen Neuanfang mit einem anderen Partner. Die Anzahl der Partner, die hier, aus der Perspektive des Kindes betrachtet, als „soziale Väter" ins Bild treten, steigt zwischen dem ersten und dritten Interviewzeitpunkt an. Besonders „abrupt" ändert sich die Zahl der neuen Partner zwischen dem ersten und zweiten Interviewzeitpunkt: Lebte vor der Geburt ihres Kindes nur noch eine Frau mit einem neuen Partner zusammen, sind es nach der Geburt 14 Interviewpartnerinnen, die jetzt einen neuen Partner haben. Zum dritten Interview sind es 15.

Erwähnenswert ist hierbei, dass diese neuen Partnerschaften meist nur von vergleichsweise kurzer Dauer sind bzw. nur einige Monate halten. So verrät ein Blick in die Daten, dass die Beziehung der einen jungen Frau, die zum Erstinterview einen neuen Freund hatte, nach dem zweiten Interview gescheitert ist. Noch auffallender ist, dass nur eine der 14 jungen Mütter, die zum zweiten Interview einen neuen Partner hatten, auch im dritten Interview noch in dieser Beziehung lebt. Die 15 jungen Frauen, die zum dritten Interview in einer neuen Beziehung leben, hatten ihren Partner in dem Jahr zwischen dem zweiten und dritten Interview kennen gelernt.

Die neuen Beziehungen der jungen Frauen scheinen insgesamt relativ schnell zu scheitern. Das muss jedoch nicht in ihrer Situation als junge Mutter begründet sein, berücksichtigt man, dass Beziehungen in der Jugendphase generell weniger stabil sind und schneller auseinander brechen können als in späteren Jahren.

Abschließend zeigt eine weitere Abbildung, wie viele Partnerschaften unsere Interviewpartnerinnen während der zwei Jahre hatten. Es wird erkennbar, dass die meisten jungen Frauen einen oder zwei Partner nach dem Kindsvater hatten.

Abb. 23

ANZAHL DER PARTNERSCHAFTEN INNERHALB DES BEFRAGUNGSZEITRAUMS

Anzahl Partnerschaften	Anzahl Mädchen
1	16
2	12
3	6
„mehrere“	2

1.6 Kind(er) und erneute Schwangerschaften

Wie erwähnt, hatten zwei junge Frauen bereits vor Beginn unserer Studie ihr Kind bekommen. Die anderen 45 Interviewpartnerinnen berichteten uns im ersten Interview von ihrer Schwangerschaft. Schließlich erreichten wir bis zum Ende des Untersuchungszeitraums 36 junge Frauen, die uns außerdem von der Geburt ihres Kindes und ihrer ersten Zeit als Mutter erzählen konnten.

Der Begriff der „erneuten“ Schwangerschaft wurde bewusst gewählt, er ist nicht mit dem Begriff „zweite Schwangerschaft“ gleichzusetzen, denn fünf unserer Interviewpartnerinnen waren vor der berichteten Schwangerschaft schon einmal schwanger gewesen, drei davon ließen einen Schwangerschaftsabbruch vornehmen, zwei Jugendliche verloren ihr Kind durch einen natürlichen Abort.

Geburt

Die Kinder unserer 36 Interviewpartnerinnen (19 Mädchen und 17 Jungen) wurden im Zeitraum von November 1998 bis September 1999 geboren, die meisten Kinder kamen im Frühjahr und Sommer 1999 zur Welt. Bei fast allen verlief die Geburt komplikationsfrei, vier Kinder kamen per Kaiserschnitt, ein Kind mit Hilfe einer Zange zur Welt. Ein Mädchen wurde mit einer körperlichen Behinderung geboren.

Abb. 24

Begleitpersonen bei der Geburt

	(Mehrfachnennungen möglich)
Partner	21
Mutter	9
keine Begleitperson	4
Betreuerin	3
Schwester	2
Freundin	2
Vater	1
Mutter des Partners	1
Vater des Partners	1
Schwester des Partners	1

Alle Interviewpartnerinnen brachten ihr Kind im Krankenhaus zur Welt. Für 31 junge Frauen verlief die Geburt ohne Komplikationen und es war ihnen gestattet, mindestens eine vertraute Person als Begleitung mit in den Kreißsaal zu bringen. Drei entschieden sich, allein bzw. nur von Hebamme und Ärzteschaft begleitet, zu entbinden. 15 Mädchen hatten eine vertraute Person, zehn Mädchen hatten zwei Personen bei sich. Zwei junge Frauen hatten die Unterstützung von drei ihnen nahe stehenden Personen.

Zwei Drittel der jungen Frauen wurden von ihrem Partner, d.h. in den meisten Fällen vom Vater des Kindes, begleitet. Davon abgesehen waren die sonstigen Begleitpersonen meistens weiblich: 18 junge Frauen wurden entweder von ihrer Mutter, ihrer Schwester, ihrer Freundin oder einer weiblichen Verwandten des Partners begleitet. Nur zwei Mal war außer dem eigenen Partner ein Mann anwesend, hier entweder der eigene Vater oder der Vater des Partners.

Erneute Schwangerschaften

Nachdem ihr Kind geboren war, wurden 13 unserer 36 Interviewpartnerinnen im Verlauf der Erhebung, d. h. spätestens zwei Jahre nach der Entbindung, erneut schwanger. Eine junge Frau wurde zwei Mal schwanger. Sie hatte zunächst vermutlich eine Fehlgeburt, bevor sie dann ein weiteres Mal schwanger wurde.[16] Von den insgesamt 14 Schwangerschaften waren vier ausdrücklich geplant.

Wer waren die „neuen" Väter? Sieben unserer Interviewpartnerinnen wurden vom Kindsvater des ersten Kindes erneut schwanger, die anderen sieben von einem neuen Partner. Zum Zeitpunkt des dritten Interviews leben zehn der dreizehn Frauen noch in einer Beziehung zu dem Partner, von dem sie ein Kind erwarten bzw. erwartet haben.

Abb. 25

Erneute Schwangerschaft

	Gesamt	Beziehung mit Kindsvater
Schwangerschaft abgebrochen	2	1
Kind verloren (natürlicher Abort)	2	1
schwanger	6	4
2. Kind geboren	4	4

16 Die junge Mutter macht dazu widersprüchliche Angaben. Sie spricht einerseits davon, dass sie das Kind „verloren" hat, andererseits berichtet sie von Schuldgefühlen, die sie deswegen empfindet.

2 Die jungen Väter

Ergänzend zu den demografischen Hintergründen und statistischen Angaben für unsere Interviewpartnerinnen werden in diesem Kapitel Informationen über die jungen Väter gegeben.

Die Gruppe der Väter, die hier demografisch betrachtet werden soll, umschließt zwei Teilgruppen, da der Begriff des Vaters unterschiedlich definiert werden kann: Er meint entweder den *leiblichen Vater* oder trifft auf denjenigen zu, der die *Vaterrolle für das Kind annimmt*. Nach dieser zweiten Definition kann nicht nur der Kindsvater diese Rolle übernehmen, sondern auch ein möglicher neuer Partner der Kindsmutter, der im Falle eines nicht präsenten Kindsvaters zum „sozialen Vater" werden kann. So gesehen können hier Informationen über zwei verschiedene „Vätergruppen" gegeben werden: Es sind dies

- die 47 leiblichen Väter, d.h. die Partner unserer Interviewpartnerinnen im ersten Interview und
- die 29 jungen Männer (leibliche oder soziale Väter), die zum Zeitpunkt des dritten Interviews feste Partner der Kindsmutter sind.

Für die analytische Auswertung waren, der zweiten Definition entsprechend, vor allem die Daten der 29 Väter relevant, die zum Zeitpunkt des dritten Interviews als Partner der Kindsmutter und damit als sozialer Vater für das Kind anwesend waren.

Um ein genaueres Bild jener Männer zu geben, die die ursprünglichen Partner unserer Frauen aus der Stichprobe und damit für die Schwangerschaft „mit verantwortlich" waren bzw. jetzt die leiblichen Väter der Kinder sind, sollen zunächst einige kurze Informationen über diese 47 Männer gegeben werden.

2.1 Kindsväter (1. Interview)

Im ersten Interview baten wir unsere 47 Gesprächspartnerinnen um Informationen über den Vater ihres Kindes.[17] Nach den Angaben der jungen Schwangeren notierten wir im einleitenden Fragenkatalog sein Alter und konnten außerdem Angaben darüber sammeln, ob er noch zur Schule geht bzw. welches seine gegenwärtige (berufliche) Tätigkeit ist.

---

17 Von den 47 Vätern waren 42 werdende Väter, zwei Väter, deren Kind bereits geboren ist. Zwei Männer haben sich später gemeinsam mit ihrer Partnerin zu einem Abbruch entschieden. Ein werdender Vater starb kurz vor der Geburt seines Kindes bei einem Verkehrsunfall.

Alter

Das Alter der Kindsväter bewegt sich zum Zeitpunkt des ersten Interviews zwischen 16 und 30 Jahren. Das Alter eines Kindsvaters konnte nicht ermittelt werden, da die jugendliche Schwangere es nicht angeben konnte. Für die anderen 46 Kindsväter illustriert die folgende Abbildung die Altersverteilung. Zum Vergleich ist ebenfalls die Verteilung für die Interviewpartnerinnen angegeben.

Abb. 26

Alter zum Zeitpunkt des ersten Interviews

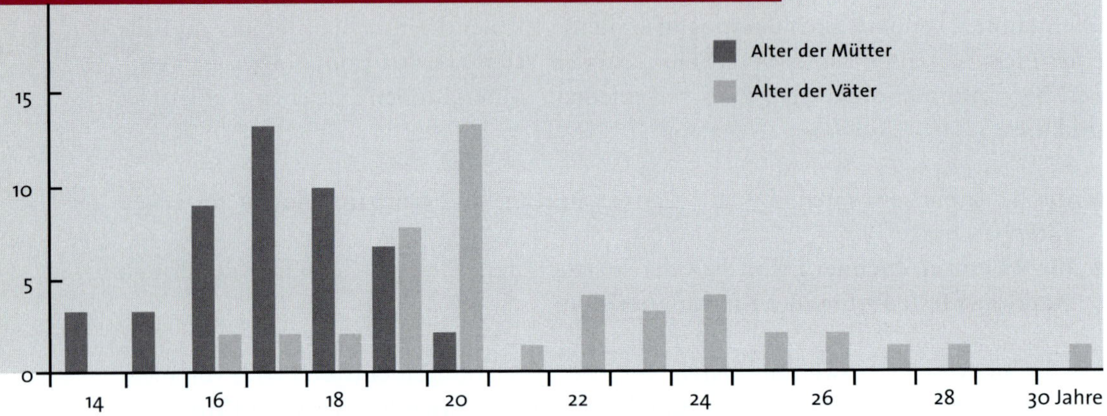

27 der Kindsväter sind jünger als 21 Jahre und liegen damit ebenfalls unter der Altersgrenze, die wir zur Teilnahme an der Untersuchung für die jungen Schwangeren festgesetzt hatten. Damit sind 19 Männer älter als die Ältesten unserer Interviewpartnerinnen. Das Durchschnittsalter beträgt 21 Jahre und zwei Monate. Auf Grund der relativ großen Altersspanne ist der Wert des Medians etwas aussagekräftiger. Er liegt hier bei 20 Jahren, das heißt jeweils die Hälfte der befragten Männer ist älter bzw. jünger als 20 Jahre.

Ein Vergleich der Mittelwerte zeigt, dass die jungen Männer (mit einem Durchschnittsalter von 21,2 Jahren[18]) in der *Gesamtheit* um ca. vier Jahre älter als ihre Partnerinnen (17,1 Jahre) sind. Ein Blick in die *einzelnen Partnerschaften* bestätigt diese Tendenz: von den 46 Männern sind 39 älter als ihre Partnerinnen, vier sind gleich alt, und in nur einem Fall ist die junge Frau um ein Jahr älter als ihr Partner. Die Altersdifferenz beträgt bis zu 13 Jahre. Ist der Kindsvater älter als seine Partnerin, so beträgt die durchschnittliche Altersdifferenz hier 4,2 Jahre.

---

18 Die Ziffer hinter dem Komma meint hier keine Dezimale, sondern die Monate.

Wohnorte und Wohnsituation

Der Aufenthaltsort der werdenden Väter wurde bei den 47 jungen Frauen im ersten Interview nicht ausdrücklich erfragt, auch sprachen nur sehr wenige Interviewpartnerinnen von sich aus dieses Thema an. Lediglich aus den Angaben, die die Frauen über ihre eigene Wohnsituation machten, kann nochmals gezeigt werden, ob Kindsvater und Kindsmutter getrennt oder zusammen leben. Zum Zeitpunkt des ersten Interviews leben elf Paare zusammen, davon teilen sich zehn Paare eine eigene Wohnung, ein Paar lebt bei den Eltern des Kindsvaters.

Schul- und Berufsausbildung bzw. gegenwärtige Tätigkeit

Ebenfalls aus den Aussagen unserer Interviewpartnerinnen erhielten wir einige Informationen über die hauptsächliche Beschäftigung der Kindsväter um den Zeitpunkt des ersten Interviews.[19] Anhand ihrer Berichte konnten wir die folgende Darstellung entwerfen.

Abb. 27

Tätigkeit der Kindsväter

(N=47)	1. Interview
Schule / Studium	6
Berufsausbildung / BVJ	12
erwerbstätig	7
Wehr- bzw. Zivildienst	5
arbeitslos / ohne Beschäftigung	16
keine Angabe	1

Insgesamt sechs der werdenden Väter sind im Bereich *Schul- und Hochschulbildung* involviert: Vier gehen noch zur Schule, einer von ihnen macht gerade das Abitur und will anschließend studieren, da er von Wehrpflicht und Zivildienst befreit ist. Zwei weitere der jungen Männer studieren bereits. Einer von ihnen wird in zwei Jahren sein Studium abschließen.

19 Zum Zeitpunkt des Erstinterviews waren 14 Interviewpartnerinnen nicht mehr mit dem Kindsvater zusammen. Es ist daher möglich, dass sie, was die Tätigkeit des Kindsvaters betrifft, nicht über neuere Entwicklungen seiner Lebenssituation informiert waren. In den meisten Fällen bestand aber weiterhin Kontakt zwischen beiden und es ist anzunehmen, dass die Informationen hinreichend aktuell sind.

Zwölf junge Männer befinden sich in der *Berufsausbildung*: Zehn von ihnen absolvieren eine Lehre, die beiden anderen besuchen das berufliche Förderprogramm (BVJ). Sieben der 47 werdenden Väter sind *erwerbstätig*, vier nach abgeschlossener Lehre, zum Teil berufsfremd, und zwei arbeiten und „verdienen selbst". Bei ihnen ist unbekannt, ob sie eine formale Ausbildung abgeschlossen haben. Ein weiterer hatte ebenfalls Arbeit, allerdings ohne abgeschlossene Lehre.

Drei der jungen Männer absolvieren ihren *Zivildienst* oder haben ihn gerade beendet. Einer der werdenden Väter leistet zum Zeitpunkt des Interviews seinen *Wehrdienst* und ein weiterer beginnt ihn demnächst. Beide wollen danach studieren.

Insgesamt 16 werdende Väter sind *arbeitslos bzw. ohne Beschäftigung*. Davon sind vierzehn von ihnen arbeitslos, fünf nach abgeschlossener Lehre (einer von ihnen verlor seine Arbeit nach einem Gefängnisaufenthalt), zwei von ihnen nach Abbruch ihrer Lehre. Drei leben von Sozialhilfe. Bei ihnen ist nicht bekannt, ob sie eine Ausbildung absolviert haben, ebenso bei weiteren vier Männern, von denen die jungen Schwangeren berichten, dass sie arbeitslos seien. Ein Kindsvater ist Asylbewerber und lebt erst seit einem halben Jahr in Deutschland. Sein unsicherer Aufenthaltsstatus erlaubt noch keine Berufsplanung. Einer der jungen Männer war zum Zeitpunkt des ersten Interviews inhaftiert.

Über einen der jungen Männer erhielten wir, was seine derzeitige Beschäftigung betrifft, von der jugendlichen Schwangeren *keine Angabe*.

2.2 Präsente Kindsväter und soziale Väter (3. Interview)[20]

Zum Zeitpunkt des dritten Interviews leben 29 unserer 36 Interviewpartnerinnen, die wir durchgehend befragen konnten, in einer festen Partnerschaft, nur sieben junge Mütter sind ohne festen Partner.

Wie bereits gezeigt, haben 14 unserer Interviewpartnerinnen den Kindsvater noch als festen Partner, der somit auch die Vaterrolle für das gemeinsame Kind übernimmt. 15 Paare haben sich erst nach der Geburt des Kindes zusammengefunden, hier übernimmt der neue Partner der jungen Mutter die Rolle des sozialen Vaters.

---

20 Die dritte Interviewserie mit den Frauen verlief zeitparallel zu der Interviewserie mit den Vätern. Wenn im Folgenden Angaben über die Männer gegeben werden, die sich genau auf diesen Zeitpunkt beziehen, so wird vereinfacht der Begriff des „dritten Interviews", was es für die Frauen ja war, als zeitlicher Bezugspunkt benutzt, auch wenn es genau genommen kein „drittes Interview" für die Männer gab.

In die Analyse der Eltern-Situation konnten nur jene 20 Väter mit einbezogen werden, die sich zu einem Interview bereit fanden. Dennoch sollen hier, im demografischen Teil, auch jene drei leiblichen und sechs sozialen Väter mit berücksichtigt werden, die nicht befragt werden konnten. Hier konnte wieder auf die Aussagen der jungen Frauen über ihre Partner zurückgegriffen werden. Bei den 20 bzw. neun Vätern handelt es sich also um methodisch unterschiedliche Datenbasen. Die Auswertungsergebnisse werden dennoch zusammengefasst wiedergegeben, lediglich die Abbildungen werden nach diesem Kriterium differenziert dargestellt.

Alter

Das Durchschnittsalter unserer 29 Interviewpartnerinnen, die zum dritten Interview in einer Beziehung leben, liegt bei 20 Jahren und einem Monat. Ihre Partner sind zwischen 19 und 33 Jahren alt. Das Durchschnittsalter liegt bei 23 Jahren und 7 Monaten, der Median bei 22 Jahren. Ein Diagramm gibt diese Altersverteilung für die jungen Väter wieder, zum Vergleich ist auch die Altersverteilung ihrer Partnerinnen angegeben.

Abb. 28

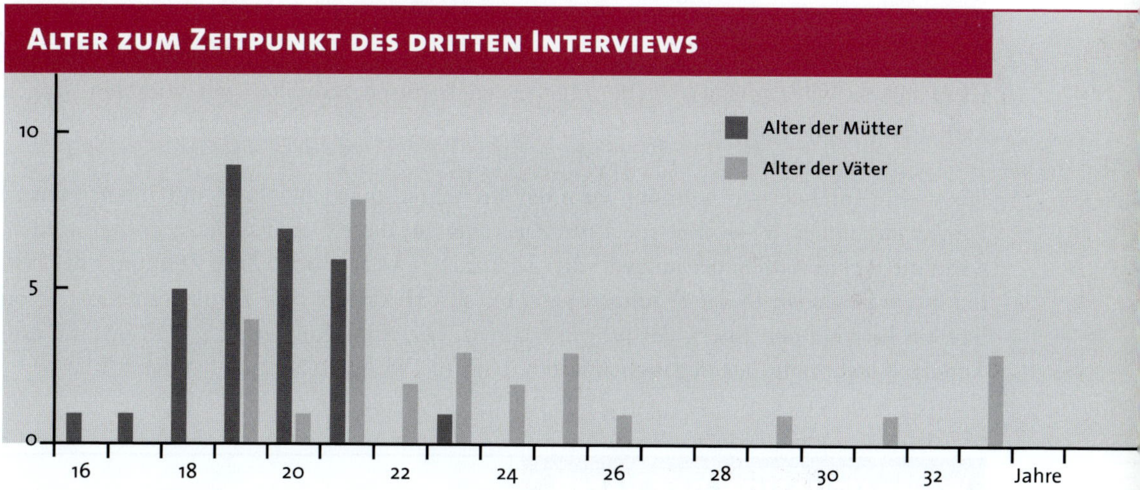

Das Diagramm zeigt bereits, dass das Durchschnittsalter der Väter *insgesamt* höher als das unserer Interviewpartnerinnen ist (vgl. 22,6 zu 20,1 Jahre). Ein Blick in die *einzelnen Partnerschaften* ergibt ein genaueres Bild. Bei 22 der 29 Paare ist der Partner älter als die junge Mutter. Davon sind fünf junge Väter mindestens zehn Jahre älter, die größte Altersdifferenz liegt bei 15 Jahren. Durchschnittlich sind die 22 Väter etwa um fünf Jahre und acht Monate älter als ihre Freundin bzw. Frau. In vier Partnerschaften sind Mutter und Vater etwa gleich alt, nur drei unserer Interviewpartnerinnen sind um ein bzw. zwei Jahre älter als ihr Partner.

Wohnorte und Wohnsituation

Wir konnten über den Aufenthaltsort und die Wohnsituation der 47 Kindsväter zum ersten Interviewzeitpunkt nicht genügend Angaben für eine Darstellung sammeln. Allerdings erhielten wir im Rahmen der persönlichen Interviews mit den 20 Vätern und durch die Aussagen ihrer Partnerinnen im dritten Interview ausführlichere, wenn auch nicht vollständige Informationen.

Was den *Wohnort* betrifft, so wohnen 20 der 29 Väter im selben Ort bzw. in unmittelbarer Nähe ihrer Partnerin.

Zwei junge Paare wohnen weiter voneinander entfernt. In einem Fall lernte die junge Frau ihren neuen Partner im Heimatort ihrer Eltern kennen, der etwa 60 km von ihrem jetzigen Wohnort entfernt liegt. Ihr Freund hat dort eine feste Arbeitsstelle, die er vorerst nicht verlassen möchte. Sie selbst ist erst seit kurzem umgezogen und hatte sich ihren neuen Wohnort sehr bewusst wegen eines speziellen Berufsschulangebotes ausgewählt, sodass ein erneuter Umzug für sie nicht in Frage kommt. Beide sehen sich regelmäßig an den Wochenenden. Auch das zweite Paar lebt momentan eine so genannte „Wochenendbeziehung". Beide leben auf bestimmte Zeit rund 600 km voneinander entfernt, nachdem der Kindsvater ein Angebot annahm, seine Diplomarbeit bei einer im Süden ansässigen Firma zu schreiben.

Über sieben Väter, die wir nicht interviewen konnten, erhielten wir von den jungen Frauen keine Informationen.

Für unsere Interviewpartnerinnen konnten wir schon angeben, ob sie mit ihrem (neuen) Partner zusammen leben. Entsprechend kann hier auf diese Daten zurückgegriffen werden, wenn die *Wohnsituation* der jungen Väter beschrieben werden soll: Zum Zeitpunkt des dritten Interviews leben 15 der 29 jungen Väter mit ihrer Freundin bzw. Frau zusammen, davon lebt ein Paar bei den Eltern des jungen Mannes. Die Abbildung zeigt, sofern uns die notwendigen Informationen zugänglich waren, auch die Wohnsituation der anderen Männer.

Abb. 29

Wohnsituation der Väter

(3. Interview)	Eigenaussage (n=20)	Aussage der Partnerin (n=9)	Summe
allein	3	0	3
mit Herkunftsfamilie	4	0	4
mit Partnerin	12	2	14
mit Partnerin bei Herkunftsfamilie	1	0	1
keine Angabe	0	7	7

Schulausbildung

Zum Zeitpunkt des dritten Interviews besucht keiner der 29 Männer eine allgemein bildende Schule. Vier jedoch sind an einer Universität bzw. einer Fachhochschule immatrikuliert und befinden sich somit im Bereich Bildung.

Es wurde ebenfalls versucht zu ermitteln, welches „Schulbildungsniveau" die jungen Väter erreicht haben. Sprachen wir persönlich mit den Vätern, so berichteten fast alle (19 von 20 Vätern), welchen Schulabschluss sie erreicht hatten und wir konnten die Interviews danach auszählen. In unseren Interviews mit den jungen Frauen, deren Partner wir nicht interviewten, wurde dessen Schulabschluss allerdings nur von einer einzigen Interviewpartnerin angesprochen, entsprechend können hier keine weiteren Informationen gegeben werden.

Abb. 30

Schulabschluss der Väter

	Eigenaussage (n=20)	Aussage der Partnerin (n=9)	Summe
ohne Schulabschluss	2	0	2
Hauptschule	6	0	6
Realschule	7	0	7
Fachabitur	3	0	3
Abitur	1	1	2
keine Angabe	1	9	10

Gegenwärtige Tätigkeit

Vollständigere Angaben erhielten wir im Hinblick auf die berufliche Ausbildung und Tätigkeit der jungen Väter. Wir fragten sie im Interview nach ihrer momentanen Beschäftigung. Die gleiche Frage stellten wir auch jenen Frauen, deren Partner nicht zum Interview bereit waren. Wir erhielten so relativ präzise Angaben darüber, wie sich die berufliche Situation für die 29 jungen Männer zum Zeitpunkt des dritten Interviews gestaltete.

Eine weitere Zusammenfassung der Kategorien lässt folgende Aussagen zu: Insgesamt sieben der jungen Väter befinden sich entweder in universitärer oder beruflicher *Ausbildung* und können ihren eigenen Lebensunterhalt noch nicht allein bestreiten.

Abb. 31

Tätigkeit zum Zeitpunkt des dritten Interviews	Eigenaussage (n=20)	Aussage der Partnerin (n=9)	Summe
Studium	3	1	4
in Lehre	2	1	3
in Ausbildungsberuf erwerbstätig	7	2	9
anderweitig erwerbstätig	5	4	9
Praktikum	1	0	1
arbeitslos/ohne Beschäftigung	2	1	3

Hingegen sind insgesamt 18 Männer *erwerbstätig*, sechs davon in ihrem Ausbildungsberuf. Sechs weitere sind ohne Ausbildung bzw. gehen einer anderen, nicht dem erlernten Beruf ähnlichen Tätigkeit nach.

Ein junger Vater absolviert zum Zeitpunkt des dritten Interviews ein *Praktikum*, ob als Berufsfindung oder als konkret vorgeschaltete Vorbereitung zu einer Berufsausbildung, bleibt unklar.

Drei Väter sind zum Zeitpunkt der Befragung *ohne Beschäftigung*: Zwei von ihnen sind erst kürzlich nach Deutschland gekommen und haben deshalb Probleme, sich beruflich zu orientieren. Während ein junger Mann aus dem ehemaligen Jugoslawien lediglich Duldungsstatus in Deutschland und weder eine Chance auf Arbeit noch Sozialhilfe hat, verlor ein junger Italiener wenige Tage vor dem Interview seinen Job in einer Eisdiele und sucht jetzt nach Alternativen. Die Situation des dritten jungen Vaters ohne Beschäftigung kann nicht klar nachvollzogen werden. Seine Freundin berichtet nur unzusammenhängend, dass er arbeitslos ist, aber wohl nebenbei und illegal etwas Geld mit einem Job als Türsteher verdient.

Berufliche Qualifikation

Zum Zeitpunkt der Befragung haben insgesamt 13 der 29 jungen Väter eine Berufsausbildung begonnen bzw. abgeschlossen.

Von den neun Männern, die ihre Lehre abgeschlossen haben, arbeiten alle in ihrem Beruf (vgl. Abbildung 31). Welche Berufsfelder sie gewählt haben und in welchen Berufen

Abb. 32

Stand der Berufsausbildung zum Zeitpunkt des dritten Interviews	Eigenaussage (n=20)	Aussage der Partnerin (n=9)	Summe
in Lehre	2	1	3
abgeschlossene Lehre	7	2	9
Lehre abgebrochen	1	0	1

die jungen Männer arbeiten, die keine Ausbildung abgeschlossen haben, soll ebenfalls dargestellt werden.

Abb. 33

Berufsfelder und (erlernter) Beruf	in Ausbildung	erwerbstätig in Ausbildungsberuf	anderweitig erwerbstätig
Technisch-handwerklicher Bereich	Metallbauer (2)	Maler und Lackierer, Gas-Wasser-Installateur, Metallbauer Industriemechaniker, KfZ-Mechaniker (2) Energie-Elektroniker	Maler Vorarbeiter (Trockenbau), Arbeiter (Trockenbau),
Land- und hauswirtschaftlicher Bereich	Fleischer	Landwirt	
Wirtschaft und Handel			Kommissionierer im Gemüsehandel, Vermögensberater
Service-Bereich		Postzusteller	Postzusteller
keine Angaben			(3) [21]

Wie die Grafik (Abb. 33) zeigt, sind viele der jungen Väter unserer Stichprobe in den so genannten „typischen Männerberufen" tätig. Gerade im Vergleich zu den gewählten Ausbildungsberufen der Frauen (vgl. Abb. 19) ist die Verteilung zudem wenig homogen und konzentriert sich stark auf den handwerklich-technischen Bereich.

21 Drei Väter konnten nicht eindeutig zugeordnet werden, da ihre Partnerinnen nur oberflächliche Angaben machten: Eine junge Frau erzählte uns lediglich, dass ihr Freund „arbeitet", Berufsfeld und Stellung sind damit unklar. Zwei Frauen konnten uns den Berufsbereich angeben: Ein Mann arbeitet für eine Chemie- und Kunststofffirma, der Partner der anderen Frau arbeitet aushilfsweise für eine Abriss- und Sanierungsfirma. Ihre Positionen sind unklar.

Die vier jungen Männer, die zum Zeitpunkt der Befragung an einer Hochschule immatrikuliert sind, studieren in den Fächern Bauingenieurwesen, Maschinenbau, Sozialpädagogik und Anglistik/Philosophie.

Familienstand

Von den 29 jungen Vätern sind zum Zeitpunkt des dritten Interviews sechs verheiratet (vgl. Abb. 21). Ein 33-jähriger sozialer Vater ist von seiner früheren Frau geschieden. Von 14 der 20 befragten Väter wissen wir, dass sie noch ledig sind. Von den neun Vätern, die wir nicht befragten, ist bei acht Vätern der Familienstand nicht eindeutig durch Äußerungen der Partnerin im Interview geklärt worden.

Abb. 34

Familienstand zum Zeitpunkt des dritten Interviews

	Eigenaussage (n=20)	Aussage der Partnerin (n=9)	Summe
ledig	14	0	14
verheiratet	5	1	6
geschieden	1	0	1
keine Angabe	0	8	8

Vaterschaften und Schwangerschaften in vorherigen Beziehungen

Hatten wir unseren Interviewpartnerinnen die Frage gestellt, ob sie schon einmal schwanger gewesen waren oder bereits Kinder hatten, so wollten wir nun auch von den Vätern wissen, ob in der Vergangenheit bereits eine Frau von ihnen schwanger war bzw. ob sie schon Vater geworden waren. Um diese Information baten wir nur die 20 Väter im direkten Interview.

Wir erfuhren, dass zwei der jungen Männer (in unserer Untersuchung jeweils soziale Väter) *bereits ein eigenes Kind* haben, das aber in beiden Fällen nicht bei ihnen lebt. Der eine der beiden (jetzt 33 Jahre alt) war bereits einmal verheiratet und war 22-jährig Vater eines „Wunschkindes“ geworden. Er erlebte die ersten Lebensjahre seiner Tochter, bevor er sich von seiner Ehefrau trennte. Die gemeinsame, heute 11 Jahre alte Tochter lebt bei ihrer Mutter. Der andere 31-jährige Vater hat ebenfalls schon ein leibliches Kind, das bei der Großmutter in seinem Heimatland Italien aufwächst. Wie alt das Kind ist, berichtete uns der junge Mann nicht.

Zwei junge Männer berichteten uns von der *Schwangerschaft in einer früheren Partnerschaft*. Die Freundin eines 21 Jahre alten Mannes hatte ungeplant ein Kind erwartet, informierte ihn darüber nicht und traf die Entscheidung zum Schwangerschaftsabbruch allein. In seiner neuen Partnerschaft ist er jetzt leiblicher Vater. Auch die frühere Freundin eines jetzt 23-Jährigen war mit 17 Jahren schwanger geworden (er war gleich alt), beide hatten sich nach reiflicher Überlegung für einen Schwangerschaftsabbruch entschieden. Mit seiner jetzigen Partnerin hat er ein gemeinsames Kind.

Für die anderen 16 jungen Männer bedeutet die jetzige Situation, dass sie sich zum ersten Mal in ihrem Leben mit ihrer Rolle als Vater auseinander setzen. Zehn davon sind Kindsväter, sieben neuer Partner einer Frau mit Kind („sozialer Vater").

Abb. 35

Schwangerschaften früherer Partnerinnen/ leibliche Kinder aus früheren Beziehungen

	Kindsväter	soziale Väter
leibliche Kinder	0	2
Schwangerschaft (dann Abbruch)	1	0
keine Schwangerschaft / Kind	9	7

3 Kontinuität früher Elternschaft im Generationenvergleich

Schon vielfach wurde in der (vor allem nordamerikanischen) Forschung ein Zusammenhang zwischen früher Elternschaft und früher Elternschaft der eigenen Eltern vermutet. An dieser Stelle kann diese These weder gesichert widerlegt noch unterstützt werden. Trotzdem soll ein kurzer Überblick darüber gegeben werden, wann die Eltern unserer Interviewpartner und -partnerinnen zum ersten Mal Mutter bzw. Vater wurden.

3.1 Die Eltern der Kindsmütter

Danach gefragt, wie alt ihre *eigene Mutter* war, als sie ihr erstes Kind zur Welt brachte, konnten fünf unserer insgesamt 36 Interviewpartnerinnen aus unterschiedlichen Gründen keine Angabe machen. So wuchs eine junge Frau bei Adoptiveltern auf und hat keinerlei Informationen über ihre leiblichen Eltern.[22] Eine andere junge Frau hatte ihre leibliche Mutter nie kennen gelernt, da diese bei ihrer Geburt verstorben war. Wie alt ihre Mutter damals war, weiß sie nicht.

Drei Interviewpartnerinnen konnten das Alter der Mutter bei der Erst-Geburt nicht exakt angeben, nannten uns aber nach bestem Wissen ein geschätztes Alter, und wir entschlossen uns, diese Schätzungen zu verwenden. Konkrete Angaben konnten 28 junge Frauen machen. Für das unten stehende Diagramm konnten somit die Daten von 31 Interviewpartnerinnen verwendet werden.

Wir fragten die Kindsmütter auch danach, wie alt ihr *eigener Vater* war, als sein erstes Kind geboren wurde. Hier stellte sich heraus, dass die jungen Frauen größere Informationslücken hatten (neun konnten gar kein Alter angeben) bzw. „länger überlegen" mussten (fünf konnten das Alter ihrer Ansicht nach einigermaßen gut schätzen). Über das Alter der ersten Elternschaft ihres eigenen Vaters konnten somit 27 unserer 36 Interviewpartnerinnen Auskunft geben.

Schon auf den ersten Blick lässt die folgende Grafik erkennen, dass sich das Alter der ersten Elternschaft für Mutter und Vater der Interviewpartnerinnen auf der Zeitleiste unterschiedlich verteilt: Es ist auffallend, dass die Mütter der Interviewpartnerinnen – betrachtet man die Durchschnittswerte – insgesamt jünger als die Väter der Interviewpartnerinnen waren, als ihr erstes Kind geboren wurde.

22 Eine weitere Interviewpartnerin wuchs bei Adoptiveltern auf und kannte ihre leiblichen Eltern nicht, bis sie ihre Mutter schließlich ausfindig machen konnte und sie wenige Tage vor dem dritten Interview zum ersten Mal traf. Sie konnte uns dann auch sagen, wie alt diese bei ihrer ersten Geburt war. Die Daten über ihren leiblichen Vater konnten wir nicht bekommen.

Abb. 36

ALTER DER ELTERN DER BEFRAGTEN KINDSMÜTTER BEI ERSTER ELTERNSCHAFT

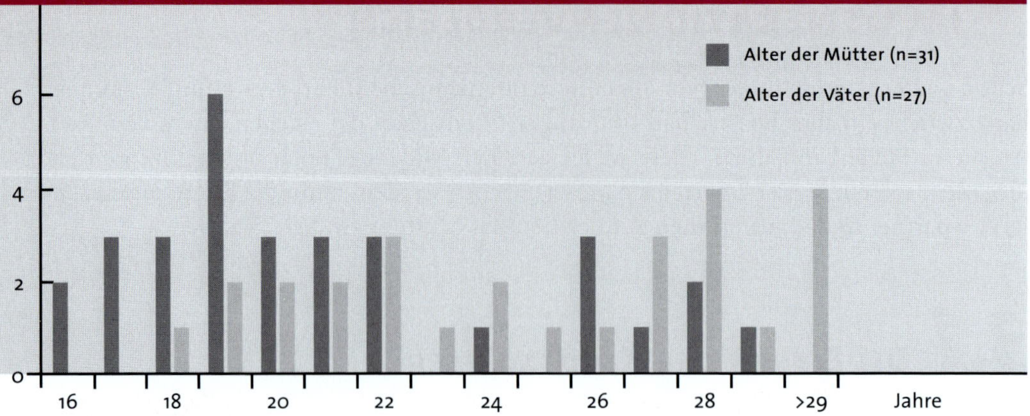

So liegt das Durchschnittsalter der Mütter bei der ersten Geburt bei 21,1 Jahren, für die Väter liegt es bei 25,8 Jahren. Während keine der Mütter älter als 29 Jahre war, waren vier Väter (teils deutlich) älter als 29 Jahre.[23]

Die Frage, ob hier eventuell eine „Weitergabe“ früher Mutterschaft von Mutter an Tochter zu beobachten ist, kann hier – wie oben erwähnt – nicht beantwortet werden. Es kann aber festgestellt werden, dass immerhin 17 der 31 Mütter unserer Interviewpartnerinnen selbst jünger als 21 Jahre alt waren (davon fünf minderjährig), als sie zum ersten Mal Mutter wurden. Nach unserer Definition (Festlegung der Altersgrenze auf unter 21 Jahre) haben demnach knapp 55% unserer Interviewpartnerinnen Mütter, die ebenfalls im Jugendalter ihr erstes Kind bekommen haben.

Auch haben einige Interviewpartnerinnen Väter, die im Jugendalter, also vor dem 21. Lebensjahr, Verantwortung für ein leibliches Kind übernommen haben. Dies trifft für fünf von 21 jungen Frauen und ihre Väter zu. Dieser Anteil entspricht 18,5% und ist damit geringer als der Anteil der Interviewpartnerinnen, deren Mütter sehr früh ihr erstes Kind zur Welt gebracht haben (55%).

3.2 DIE ELTERN DER KINDSVÄTER

Ebenso wie die Kindsmütter befragten wir auch die leiblichen Väter, wann ihre eigenen Eltern zum ersten Mal Mutter und Vater geworden waren. Die Größe der Stichprobe (n=12) ist hier allerdings gering. Denn um verlässliche Angaben zu erhalten, mussten wir

23 Die genauen Werte sind: 31, 33, 36 und 45 Jahre.

die jungen Väter selbst befragen und hatten schließlich nur die Informationen jener leiblichen Väter zur Verfügung, die zu einem Interview bereit waren.

Von den zwölf befragten leiblichen Vätern konnten elf genaue Angaben über das Alter ihrer *eigenen Mutter* zur Geburt ihres ersten Kindes machen. Nur ein junger Mann war sich bei seiner Altersangabe etwas unsicher.

Was das Alter des *eigenen Vaters* betrifft, so konnten immerhin noch zehn junge Männer exakte Angaben machen. Nur zwei waren sich letztlich nicht vollends sicher, ob ihre Angabe stimmte. Wiederum sind die Altersangaben in einem kombinierten Diagramm für Mutter und Vater wiedergegeben.

Abb. 37

Alter der Eltern der befragten Kindsväter bei erster Elternschaft

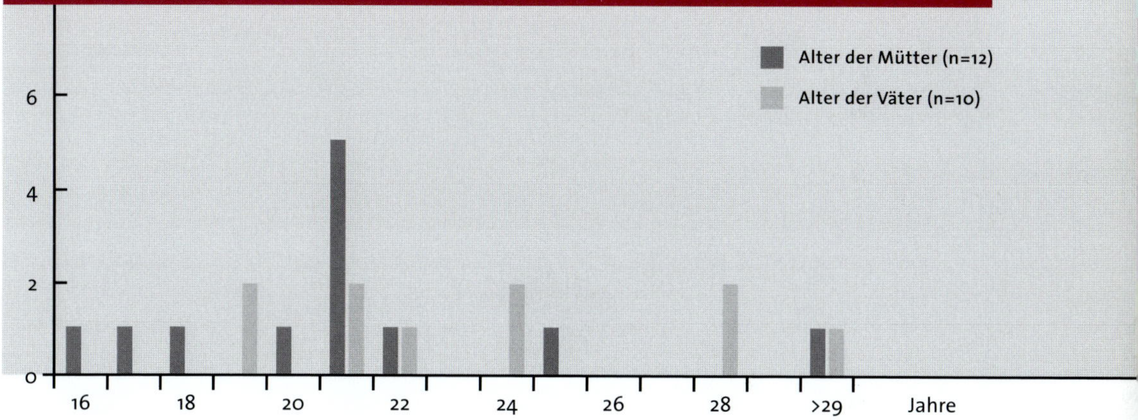

Die Daten veranschaulichen, dass auch bei den Eltern der Kindsväter die Mutter in jüngerem Alter als ihr Partner Elternschaft übernimmt. Für die erste Geburt liegt das Durchschnittsalter der Mütter bei genau 21 Jahren, das der Väter bei 23,7 Jahren.

Wollte man für die jungen Väter und ihre eigenen Eltern eine Aussage darüber treffen, ob sich jugendliche Elternschaft in der Generationenfolge fortgesetzt hat, so ist hier zunächst zu beachten, dass der Begriff der jugendlichen Elternschaft nicht für alle Kindsväter zutrifft: Zwar wurden ihre Partnerinnen im Jugendalter Mutter, von den zwölf befragten leiblichen Vätern waren aber nur sechs Väter bei der Geburt ihres Kindes jünger als 21 Jahre. Nur für diese sechs Väter ist ein Alters-Vergleich mit ihren Eltern sinnvoll – es sei aber angemerkt, dass diese Angaben auf Grund der sehr kleinen Zahl für statistische Aussagen ohne Bedeutung bleiben. Demnach haben zwei der sechs Kindsväter eine Mutter, die als Jugendliche ihr erstes Kind bekam (16- bzw. 20-jährig). Die eigenen Väter der jungen Männer waren alle über 21 Jahre alt.

Ausgewählte und weiterführende Literatur

Ahbe, T. (1999): Ressourcen – Transformation – Identität, in: Keupp, H., Höfer, R. (Hg.): Identitätsarbeit heute, Frankfurt/M., S. 207–226

Alan Guttmacher Institute (Hg.) (1996): Risks and Realities of Early Childbearing Worldwide, in: Issues in Brief, 12/1996, New York, Washington

Alfermann, D. (1996): Geschlechterrollen und geschlechtstypisches Verhalten, Stuttgart, Berlin, Köln

Allerbeck, K., Hoag, W. (1985): Jugend ohne Zukunft? Einstellungen, Umwelt, Lebensperspektiven, München

Amendt, G. (1999): Vatersehnsucht. Annäherung in 11 Essays, Bremen

Annuss, E. (1996): Umbruch und Krise der Geschlechterforschung. Judith Butler als Symptom, in: Das Argument 216/1996, S. 503–524

Anzieu, A. (1996): Beunruhigende Weiblichkeit. Zum Thema Adoleszenz, in: Bohleber, W. (Hg.): Adoleszenz und Identität, Stuttgart, S. 64–82

Arbeitsgruppe Bielefelder Jugendforschung (1990): Das Individualisierungs-Theorem – Bedeutung für die Vergesellschaftung von Jugendlichen, in: Heitmeyer, W., Olk, T. (Hg.): Individualisierung von Jugend, Weinheim, München

Arbeitsgruppe Bielefelder Soziologen (1973) (Hg.): Alltagswissen, Interaktion und gesellschaftliche Wirklichkeit, Reinbek bei Hamburg

Ax, D. (2000): Verwundete Männer. Zu vaterloser Kultur und männlicher Identität in den westlichen Industriestaaten, Stuttgart

Baacke, D., Heitmeyer, W. (1985): Neue Widersprüche. Jugendliche in den 80er Jahren, Weinheim, München

BauSteineMänner (Hg.) (1996): Kritische Männerforschung. Neue Ansätze in der Geschlechtertheorie, Berlin, Hamburg

Beck-Gernsheim, E. (1989): Mutterwerden – der Sprung in ein anderes Leben, Frankfurt/M.

BECK-GERNSHEIM, E. (1989): Die Kinderfrage – Frauen zwischen Kinderwunsch und Unabhängigkeit, München

BEHNKE, C. (1997): Frauen sind wie andere Planeten. Das Geschlechterverhältnis aus männlicher Sicht, Frankfurt/M.

BEHNKE, C., MEUSER, M. (1999): Geschlechterforschung und qualitative Methoden, Opladen

BERTRAM, B., MÜLLER, U. (1992): Geschlechterbeziehungen hüben und drüben. Ein Deutschland – zwei Patriarchate? Bielefeld, Hannover

BIER-FLEITER, C. (1992): Konflikte in der Schwangerschaft. Eine empirische Untersuchung über das Schwangerschaftserleben werdender Mütter in einem Mütter- und Kleinkinderheim, Frankfurt/Main

BIER-FLEITER, C., GROSSMANN, W. (1989): Mutterschaft in der Adoleszenz – Biographien jugendlicher Mütter, Frankfurt/M.

BILDEN, H. (1999): Das Individuum – ein dynamisches System vielfältiger Teil-Selbste, in: KEUPP, H., HÖFER, R. (Hg.): Identitätsarbeit heute, Frankfurt/M., S. 227–249

BINDEL-KÖGEL, G., BÜNEMANN DE FALCÓN, R. (1993): „Junge Mütter – eine Problemgruppe?“, in: Sozialmagazin. Die Zeitschrift für soziale Arbeit, 9/1993, S. 14–19

BINDEL-KÖGEL, G., BÜNEMANN DE FALCÓN, R. (1993): Frühe Mutterschaft – eine Provokation?, Pfaffenweiler

BIRTSCH, V., HARTWIG, L., RETZA, B. (Hg.) (1996): Mädchenwelten – Mädchenpädagogik, Perspektiven zur Mädchenarbeit in der Jugendhilfe, Frankfurt/M.

BLUMER, H. (1969): Symbolic Interaktionism. Perspective and method, Englewood Cliffs, N.J.

BLUMER, H. (1973): Der methodologische Standort des Symbolischen Interaktionismus, in: ARBEITSGRUPPE BIELEFELDER SOZIOLOGEN (Hg.): Alltagswissen, Interaktion und gesellschaftliche Wirklichkeit, Reinbek bei Hamburg, S. 80–146

BLUMER, H. (1981): George Herbert Mead, in: RHEA, B.: The Future of the Sociological Classics, Boston, Ma, S. 136–169

BOHLEBER, W. (1996): Einführung in die psychoanalytische Adoleszenzforschung, in: BOHLEBER, W. (Hg.): Adoleszenz und Identität, Stuttgart, S. 7–40

Bohnsack, R. (2000): Rekonstruktive Sozialforschung, Einführung in die Methodologie und Praxis qualitativer Forschung, Opladen

Bosse, H., King, V. (Hg.) (2000): Männlichkeitsentwürfe – Wandlungen und Widerstände im Geschlechterverhältnis, Frankfurt/M., New York

Böger, C. (1995): Erziehung und weibliche Identität. Zur Thematisierung der Geschlechterdifferenz in der pädagogischen Semantik, Weinheim

Böhnisch, L., Winter, R. (1997): Männliche Sozialisation – Bewältigungsprobleme männlicher Geschlechtsidentität im Lebenslauf, Weinheim, München

Brandes, H. (1992): „Ein schwacher Mann kriegt keine Frau“. Therapeutische Männergruppen und Psychologie des Mannes, Münster

Brandes, H., Bullinger, H. (1996): Handbuch Männerarbeit. Zur Therapie und Beratung von Männern, Weinheim

Bredemeier de Dingo, I., Fischer, J., Krieger, W. (1995): Berufsfindung und Lebenschancen der heutigen Mädchengeneration, Berlin

Bruner, E. N. (1984): Experience and Its Expressions, in: Turner, V. N., Bruner, E. N. (Hg.): The Anthropology of Expressions, Urbana, Illinois

Brüderl, L. (1988): Belastende Lebenssituationen – Untersuchungen zur Bewältigungs- und Entwicklungsforschung, Weinheim, München

Bründel, H., Hurrelmann, K. (1999): Konkurrenz, Karriere, Kollaps. Männerforschung und der Abschied vom Mythos Mann, Köln

Bullinger, H. (1984): Wenn Männer Väter werden – Schwangerschaft, Geburt und die Zeit danach im Erleben von Männern, Reinbek bei Hamburg

Bundeszentrale für gesundheitliche Aufklärung (Hg.) (1996): Der Mann im Kinde, 1. Fachkongress zur sexualpädagogischen Jungenarbeit 27.–29.2.1996 in Bad Honnef, Köln

Bundeszentrale für gesundheitliche Aufklärung (Hg.) (1996): Kontrazeption, Konzeption, Kinder oder keine – Dokumentation einer Expertentagung, in: Forschung und Praxis der Sexualaufklärung und Familienplanung, Köln

Bundeszentrale für gesundheitliche Aufklärung (Hg.) (1999): Wissenschaftliche Grundlagen, Teil 2 – Jugendliche, in: Forschung und Praxis der Sexualaufklärung und Familienplanung, Köln

Bundeszentrale für gesundheitliche Aufklärung (Hg.) (2001): „meineSache“ – Mädchen gehen ihren Weg, Fachtagung zur Sexualpädagogischen Mädchenarbeit, 19.–21. Juni 2000, Hohenroda, Köln

Bundeszentrale für gesundheitliche Aufklärung (Hg.) (2001): Jugendliche Schwangere und Mütter, in: FORUM Sexualaufklärung und Familienplanung, 1/2001, Köln

Bundeszentrale für gesundheitliche Aufklärung (2002): Jugendsexualität, Wiederholungsbefragung von 14- bis 17-Jährigen und ihrer Eltern, Köln

Burkart, G. (1994): Die Entscheidung zur Elternschaft. Eine empirische Kritik von Individualisierungs- und Rational-Choice-Theorien, in: Baier, H., Schäfers, B., Tenbruck, F. H. (Hg.): Soziologische Gegenwartsfragen, Band 56, Stuttgart

Butler, J. (1991): Das Unbehagen der Geschlechter, Frankfurt/M.

Bültmann, G. (2000): Sexualpädagogische Mädchenarbeit, in: Bundeszentrale für gesundheitliche Aufklärung (Hg.): Forschung und Praxis der Sexualaufklärung und Familienplanung, Köln

Bünemann, de Falcón, R. (1993): „Zwischen Einstieg und Rückkehr ins Berufsleben“, in: Sozialmagazin. Die Zeitschrift für soziale Arbeit, 9/1993, S. 23–27

Denzin, N. K. (2000): Symbolischer Interaktionismus, in: Flick U., von Kardorff, E., Steinke, I. (Hg.): Qualitative Forschung. Ein Handbuch, Reinbek bei Hamburg, S. 136–150

DER SPIEGEL (2001): Beyer, S., Wellershoff, M.: „Comeback der Mutter“, 29/2001, S. 66–76

DER SPIEGEL online (2001): Barth, U.: „Studieren mit Kind. Mal windeln, mal Wissenschaft“, URL: http:www.spiegel.de/unispielgel/studium/0.1518.163226.00.html (Zugriff: 29.10.2001)

Deutsche Shell (Hg.) (2000): Jugend 2000, 13. Shell Jugendstudie, 2 Bde., Opladen

Deutsche Stiftung Weltbevölkerung (1998): Auf dem Weg in eine neue Welt. Zur Sexualität und reproduktiven Gesundheit von jungen Frauen weltweit, Hannover

Döge, P. (1998): Männer in der Geschlechterforschung? Der Beitrag kritischer Männerforschung zur Geschlechterforschung, in: ZIF-BULLETIN 17/1998, S. 131–139

Du Gay, P., Hall, S., Janes, L., Mackey, H., Negus, K. (1997): Doing Cultural Studies. The Story of the Sony Walkman, London, New Delhi

Erler, M. (1996): Die Dynamik der modernen Familie. Empirische Untersuchung zum Wandel der Familienformen in Deutschland, Weinheim, München

Faulstich-Wieland, H. (1995): Geschlecht und Erziehung – Grundlagen des pädagogischen Umgangs mit Mädchen und Jungen, Darmstadt

Fend, H. (1994): Die Entdeckung des Selbst und die Verarbeitung der Pubertät – Entwicklungspsychologie der Adoleszenz in der Moderne, Band 3, Bern

Flaake, K., King, V. (Hg.) (1998): Weibliche Adoleszenz. Zur Sozialisation junger Frauen, Frankfurt, New York

Flick, U. (2000): Design und Prozess qualitativer Forschung, in: Flick, U., von Kardorff, E., Steinke, I. (Hg.) (2000): Qualitative Forschung. Ein Handbuch, Reinbek bei Hamburg, S. 252–265

Flick, U., von Kardorff, E., Steinke, I. (Hg.) (2000): Qualitative Forschung. Ein Handbuch, Reinbek bei Hamburg

FOCUS (2001): „Zwischen Unschuld und Unzucht" u.a., in: FOCUS, 28/2001, S. 122–137

Foucault, M. (1980): Power/Knowledge: Selected Interviews and Other Writings 1972–1977, Hassocks, Sussex

Friedrich, M. (1993): Mädchen und AIDS, in: Das Bundesministerium für Gesundheit (Hg.), Baden Baden

Friedrich, M. (2001): „Was nun? Zu Lebensentwürfen jugendlicher Schwangerer und Mütter", in: Bundeszentrale für gesundheitliche Aufklärung (Hg.): „meine-Sache", Mädchen gehen ihren Weg, S. 91–99

Friedrich, M., Trauernicht, G. (1991): Eindeutig – zweideutig. Mädchen – Sexualität – Jugendhilfe, Münster

Friedrichs, J. (Hg.) (1998): Die Individualisierungsthese, Opladen

Fthenakis, W. (1985): Engagierte Vaterschaft. Die sanfte Revolution in der Familie, Opladen

Geissler, B., Oechsle, M. (1994): Lebensplanung als Konstruktion: Biografische Dilemmata und Lebenslauf-Entwürfe, in: Beck, U., Beck-Gernsheim, E. (Hg.): Riskante Freiheiten, Frankfurt, S. 139–167

Geo (2001): Die Väter, 1/2001, S. 144–172

Georg, W. (1998): Soziale Lage und Lebensstil. Eine Typologie, Opladen

Gerhards, J., Schmidt, B. (1992): Intime Kommunikation. Eine empirische Studie über Wege der Annäherung und Hindernisse für „safer sex", in: Das Bundesministerium für Gesundheit (Hg.), Baden-Baden

Glaser, G., Strauss, A. L. (1998): Groundet Theory – Strategien qualitativer Forschung, Bern

Goebel, G. (1997): Kinder oder Karriere – Lebensentwürfe junger Akademikerinnen und ihre persönlichen Netzwerke, Frankfurt/M., New York

Hafeneger, B., Jansen, M., Klose, Ch. (Hg.) (1998): „Mit fünfzehn hat es noch Träume ..." – Lebensgefühl und Lebenswelten in der Adoleszenz, Opladen

Hagemann-White, C. (1997): „Adoleszenz und Identitätszwang in der weiblichen und männlichen Sozialisation", in: Krebs, H., Eggert-Schmid, A. (Hg.): Lebensphase Adoleszenz, Mainz

Hall, S. (1996): The West and the Rest: Discourse and Power, in: Hall, S., Held, D., Hubert, D., Thompson, K. (Hg.): Modernity. An Introduction to Modern Societies, Cambridge, Ma., S. 184–228

Haller, V. (Hg.) (1994): Mädchen zwischen Tradition und Moderne – Folgen des Werte- und Normenwandels für die Geschlechtsidentität der Mädchen am Beispiel unterschiedlicher kultureller Ausgangsbedingungen, Innsbruck

Hartmann, P. (1999): Lebensstilforschung. Darstellung, Kritik und Weiterentwicklung. Opladen

Hausen, K. (1978): Die Polarisierung der „Geschlechtscharaktere". Eine Spiegelung der Dissoziation von Erwerbs- und Familienleben, in: Rosenbaum, H. (Hg.): Seminar: Familie und Gesellschaftsstruktur. Materialien zu den sozioökonomischen Bedingungen von Familienformen, Frankfurt/M., S. 161–191

Hausser, K. (1999): Identitätsentwicklung – vom Phasenuniversalismus zur Erfahrungsverarbeitung, in: Keupp, H., Höfer, R. (Hg.): Identitätsarbeit heute, Frankfurt/M., S. 120–148

Hayes, Ch. D. (1987): Risking the future: Adolescent Sexuality, Pregnancy and Childbering, Washington DC

Heilmann, Ch. M. (1995): Frauen sprechen – Männer sprechen. Geschlechtsspezifisches Sprachverhalten, Tagung der dt. Gesellschaft für Sprachwissenschaft, August 1994, München

Helfferich, C. (2001): frauen leben. Eine Studie zu Lebensläufen und Familienplanung, in: Bundeszentrale für gesundheitliche Aufklärung (Hg.): Forschung und Praxis der Sexualaufklärung und Familienplanung, Köln

Helsper, W. (1999): Das „postmoderne Selbst" – ein neuer Subjekt- und Jugend-Mythos?, in: Keupp, H., Höfer, R. (Hg.): Identitätsarbeit heute, Frankfurt/M., S. 174–205

Hillebrandt, F., Kneer, G., Krämer, K. (Hg.) (1998): Verlust der Sicherheit? Lebensstile zwischen Multioptionalität und Knappheit, Opladen, Wiesbaden

Hollstein, W. (2001): Potent werden – das Handbuch für Männer. Liebe, Arbeit, Freundschaft und der Sinn des Lebens, Bern

Hübner et al. (1998): Sexual- und Verhütungsverhalten 16- bis 24-jähriger Jugendlicher und junger Erwachsener, in: Bundeszentrale für gesundheitliche Aufklärung (Hg.): Forschung und Praxis der Sexualaufklärung und Familienplanung, Köln

Hundsalz, A., Klug, H.-P., Schilling, H. (Hg.) (1995): Beratung für Jugendliche – Lebenswelten, Problemfelder, Beratungskonzepte. Eine Veröffentlichung der Bundeskonferenz für Erziehungsberatung e.V., Weinheim, München

Hurrelmann, K. (1997): Lebensphase Jugend. Eine Einführung in die sozialwissenschaftliche Jugendforschung, Weinheim, München

Jahnsen, D. (Hg.) (2000): Blickwechsel. Der neue Dialog zwischen Frauen- und Männerforschung, Frankfurt/M., New York

Janig, H. (1994): Familiäre Unterstützung, Schulbildung und Berufsbildung jugendlicher Mütter, in: Janig, H. (Hg.): Psychologische Forschung in Österreich. Bericht über die erste wissenschaftliche Tagung der Österreichischen Gesellschaft für Psychologie, Klagenfurt, S. 85–89

Kahl, H., Bergmann, R. L., Röseler, G. (1998): Teenage-Schwangerschaften. In: Bundesgesundheitsblatt,11/1998, S. 478–483

Kaplan, L. J. (1993): Abschied von der Kindheit. Eine Studie über die Adoleszenz, Stuttgart

Keupp, H., Höfer, R. (Hg.) (1999): Identitätsarbeit heute, Frankfurt/M.

Kluge, N. (1998): Sexualverhalten Jugendlicher heute – Ergebnisse einer repräsentativen Jugend- und Elternstudie über Verhalten und Einstellungen zur Sexualität, Weinheim, München

Krüger, H.-H., von Wensierski, H.-J. (1991): Jugend-Zeit: Kontinuitäten und Diskontinuitäten in jugendlichen Biographieverläufen, in: **Helsper, W.** (Hg.): Jugend zwischen Moderne und Postmoderne, Opladen, S. 241–255

Lemert, C. (1997): Postmodernism Is Not What You Think, Malden, Ma.

Lenz, K. (1986): Alltagswelten von Jugendlichen. Eine empirische Studie über jugendliche Handlungstypen, Frankfurt, New York

Loos, P. (1999): Zwischen pragmatischer und moralischer Ordnung. Der männliche Blick auf das Geschlechterverhältnis im Milieuvergleich, Opladen

Metz-Göckel, S., Nyssen, E. (1990): Frauen leben Widersprüche – Zwischenbilanz der Frauenforschung, Weinheim, Basel

Meuser, M. (1998): Geschlecht und Männlichkeit. Soziologische Theorie und kulturelle Deutungsmuster, Opladen

Ministerium für Justiz, Frauen, Jugend und Familie des Landes Schleswig-Holstein (Hg.) (2003): „Sie ist doch selber noch ein halbes Kind …“ – Fachtagung zu jugendlichen Elternschaften am 10. Oktober 2002, Kiel

Mosse, G. L. (1997): Das Bild des Mannes. Zur Konstruktion der modernen Männlichkeit, Frankfurt/M.

Möller, K. (Hg.) (1997): Nur Macher und Macho? Geschlechtsreflektierende Jungen- und Männerarbeit, Weinheim, München

Munding, R. (1995): Sexualpädagogische Jungenarbeit, in: **Bundeszentrale für gesundheitliche Aufklärung** (Hg.): Forschung und Praxis der Sexualaufklärung und Familienplanung, Köln

Nave-Herz, R. (1994): Familie heute – Wandel der Familienstrukturen und Folgen für die Erziehung, Darmstadt

Neckel, S. (1991): Status und Scham. Zur symbolischen Reproduktion sozialer Ungleichheit, Frankfurt/M.

Notz, G. (1991): „Du bist als Frau um einiges mehr gebunden als der Mann". Die Auswirkungen der Geburt des ersten Kindes auf die Lebens- und Arbeitsplanung von Müttern und Vätern, Bonn

Oppermann, K. (1997): Frauensprache – Männersprache. Die verschiedenen Kommunikationsstile von Männern und Frauen, Frankfurt/M.

Osthoff, R. (1999): Schwanger werd' ich nicht alleine ... – Ursachen und Folgen ungeplanter Teenagerschwangerschaften, Landau

Osthoff, R. (2000): Wenn Mädchen Mütter werden – Probleme und Bewältigungsversuche betroffener Teenager, in: DGG-Informationen zur Sexualpädagogik und Sexualerziehung, 3–4/2000, S. 1–3

Pasquale, J. (1998): Die Arbeit der Mütter – Verberuflichung und Professionalisierung moderner Mutterabeit, Weinheim, München

Peuckert, R. (1996): Familienformen im sozialen Wandel, Opladen

Poser, M. (1994): Weibliche Lebensentwürfe. Zwischen Kontinuität und Bruch, Bielefeld

pro familia (1998): „Patchwork-Familien", in: pro familia, Zeitschrift für Sexualpädagogik und Familienplanung, 1/1998 Gießen

Pust, H. (1996): Die sichere Lust – Verhütung für den Mann, Ritterhude

Remberg, A. (1999): Beratungsarbeit mit jungen nicht deutschen Frauen und Migrantinnen in Schwangerenberatungsstellen, in: FORUM Sexualaufklärung und Familienplanung, 2/1999, S. 3–6

Remberg, A. (2001): „»... ich lass' mich nicht unterkriegen« – Ergebnisse einer empirischen Untersuchung zur Situation jugendlicher Schwangerer", in: Betrifft Mädchen, 3/2001, S. 4–7

Remberg, A. (2001/02): Die erste gynäkologische Untersuchung – ein ganz normales Erlebnis?, in: Korasion, Fachzeitschrift für Kinder- und Jugendgynäkologie, 3/2001, S. 25–29 (1. Teil), 1/2002, S. 4-7 (2. Teil)

Remberg, A., Weiser, S. (2003): „Wie konnte das passieren?“, Schwangerschaft im Jugendalter, in: pro familia magazin. Deutsche Gesellschaft für Familienplanung, Sexualpädagogik und Sexualberatung, 3/2003, S. 12–15

Remberg, A. (2003): „Ein leerer Geldbeutel ist eine schwere Last“ – Die materielle Situation jugendlicher Eltern und ihr Umgang mit Geld, in: Sozialmagazin. Die Zeitschrift für soziale Arbeit, 10/2003, S. 28–34

Rhea, B. (Hg.) (1981): The Future of the Sociological Classics, Boston, Ma.

Richter, R., Verlinden, M. (2000): Vom Mann zum Vater – Praxismaterialien für die Bildungsarbeit mit Vätern, in: **Sozialpädagogisches Institut NRW – Landesinstitut für Kinder, Jugendliche und Familie** (Hg.), Köln

Schaefer, Ch. (2001): Teenager und schwanger? Daten und Fakten zur Jugendsexualität, in: Korasion, Fachzeitschrift für Kinder- und Jugendgynäkologie, 3/2001, S. 35–36

Schäfers, B. (1998): Soziologie des Jugendalters, Opladen

Schmidt, G. (Hg.) (1993): Jugendsexualität. Sozialer Wandel, Gruppenunterschiede, Konfliktfelder, Stuttgart

Schmid-Tannwald, I., Kluge, N. (1995): Sexualität und Kontrazeption aus der Sicht der Jugendlichen und ihrer Eltern 1994 – Ergebnisse einer repräsentativen Erhebung in der Bundesrepublik Deutschland aus dem Jahre 1994, unveröffentlichter Forschungsbericht im Auftrage der **Bundeszentrale für gesundheitliche Aufklärung**, Köln, München, Landau

Schmid-Tannwald, I., Kluge, N. (1998): Sexualität und Kontrazeption aus der Sicht der Jugendlichen und ihrer Eltern. Eine repräsentative Studie im Auftrag der BZgA, in: Forschung und Praxis der Sexualaufklärung und Familienplanung, Köln

Schnack, D., Neutzling, R. (1996): Die Prinzenrolle. Über die männliche Sexualität, Reinbek bei Hamburg

Schwarz, A. (1998): Mädchen auf ihrem Weg zu einer selbstbestimmten Sexualität. Theoretische und empirische Betrachtungen zur sexuellen Entwicklung pubertierender Mädchen vor dem Hintergrund einer Analyse des wissenschaftlichen Diskurses zum Phänomen der Sexualiät, Frankfurt/M., Berlin u.a.

Sielert, U. (1993): Jungenarbeit. Praxishandbuch für die Jugendarbeit, Teil 2, Weinheim, München

Sonnenburg, G. (1993): „Minderjährige Mütter – Kinder sind vom Umtausch ausgeschlossen“, in: Deutsche Lehrerzeitung, 16, S. 9

Sozialmagazin (1993): Junge Mütter – Provokation oder Problem, in: Sozialmagazin. Die Zeitschrift für soziale Arbeit, 9/1993

Sozialpädagogisches Institut im SOS-Kinderdorf e.V. (Hg.) (2001): Jugendämter zwischen Hilfe und Kontrolle, München

Sozialwissenschaftliche Forschung & Praxis für Frauen e.V. (Hg.) (1999): Mädchen zwischen patriarchalen Zuschreibungen und feministischen Ansprüchen. beiträge zur feministischen theorie und praxis, 51, Köln

Starke, K. (2001): Fit for SexPower? Eine sexualwissenschaftliche Untersuchung zu BRAVO GiRL! Frankfurt/M., Berlin, Bern u.a.

Stauber, B. (1999): „Starke Mädchen – kein Problem?“, in: **Sozialwissenschaftliche Forschung 6 Praxis für Frauen e.V.** (Hg.): Mädchen zwischen patriarchalen Zuschreibungen und feministischen Ansprüchen, Beiträge zur Feministischen Theorie und Praxis, 22. Jg. 1999, Nr. 51, S. 53–64

Stauber, B. (2001): „Junge Frauen und Männer in Jugendkulturen“, in: Deutsche Jugend, Zeitschrift für die Jugendarbeit, 49. Jg. 2001, 2, S. 62–70

Tillmann, K.-J. (Hg.) (1992): Jugend weiblich – Jugend männlich, Sozialisation, Geschlecht, Identität, Opladen

Turner, V. N., Bruner, E. N. (Hg.) (1984): The Anthropology of Expressions, Urbana, Illinois

Verband alleinerziehender Mütter und Väter e.V. (Hg.) (2001): Allein erziehend, Tipps und Informationen, Bonn

Wanzeck-Sielert, Ch. (2002): Sexualpädagogische Hypothesen im Kontext von Jugendkultur- und Sexualforschung, in: **Bundeszentrale für gesundheitliche Aufklärung** (Hg.): FORUM Sexualaufklärung und Familienplanung, 1/2002, S. 26–31

Wilks, C. M. (ed.) (1997): Dear Diary, I'm Pregnant – Teenagers Talk about their Pregnancy, Toronto, New York

WINTER, R., NEUBAUER, G. (1999): Kompetent, authentisch und normal? Aufklärungsrelevante Gesundheitsprobleme, Sexualaufklärung und Beratung von Jungen, in: BUNDESZENTRALE FÜR GESUNDHEITLICHE AUFKLÄRUNG (Hg.): Forschung und Praxis der Sexualaufklärung und Familienplanung, Köln

WINTER, R., WILLEMS, H. (Hg.) (1992): Was fehlt, sind Männer – Ansätze praktischer Jungen- u. Männerarbeit, Schwäbisch Gmünd, Tübingen

WINTER, R., NEUBAUER, G. (2000): Dies und das. Das Variablenmodell „Balanciertes Junge- und Mannsein" als Grundlage für die pädagogische Arbeit mit Jungen, Tübingen

ZULEHNER, P. M., VOLZ, R. (1998): Männer im Aufbruch – wie Deutschlands Männer sich selbst und wie Frauen sie sehen. Ein Forschungsbericht, in: MÄNNERARBEIT DER EVANG. KIRCHE DEUTSCHLANDS UND DER GEMEINSCHAFT DER KATH. MÄNNER DEUTSCHLANDS (Hg.), Ostfilden

WWW.SEXUALAUFKLAERUNG.DE

Unter der Adresse http://www.sexualaufklaerung.de werden insbesondere die Medien der Abteilung Sexualaufklärung, Verhütung und Familienplanung präsentiert. Die Internetseiten bieten einen Überblick über Veröffentlichungen zu aktuellen und abgeschlossenen Studien, Expertisen, Untersuchungen, Kampagnen und Modellprojekten für die verschiedenen Zielgruppen.

Unter anderem werden die Bände der Reihe **FORSCHUNG UND PRAXIS DER SEXUALAUFKLÄRUNG UND FAMILIENPLANUNG** jeweils mit einer kurzen Zusammenfassung der Inhalte vorgestellt. Jeder Band kann direkt über das Bestellsystem der BZgA bestellt werden. Soweit verfügbar, werden auch PDF-Dateien zum Download angeboten.

Auch der regelmäßige Informationsdienst der BZgA **FORUM SEXUALAUFKLÄRUNG UND FAMILIENPLANUNG** wird detailliert vorgestellt und zum Download angeboten.

Die Kurzfassungen von Studien und Wiederholungsbefragungen sind ebenfalls als Online-Angebot verfügbar. In der Reihe **FORSCHUNG UND PRAXIS DER SEXUALAUFKLÄRUNG UND FAMILIENPLANUNG** sind mittlerweile über zwanzig Publikationen erschienen; sie wird kontinuierlich erweitert. Einige Bände sind als Printversion nicht mehr erhältlich – als elektronisches Dokument jedoch verfügbar.

Über das Angebot www.sexualaufklaerung.de sind auch die Fachdatenbanken der BZgA zu erreichen. Das Angebot umfasst derzeit sechs Fachdatenbanken und wird kontinuierlich erweitert. Zum Themenfeld Sexualaufklärung und Familienplanung sind folgende Datenbanken verfügbar

- Frauengesundheit und Gesundheitsförderung: Literatur, Daten und Organisationen
- Pränataldiagnostik und unerfüllter Kinderwunsch: Informationsmaterialien, Aufklärungsbroschüren, Medien, Maßnahmen